Realities and Relationships
Soundings in social construction

Kenneth J. Gergen

Japanese translation rights arranged with
Harvard University Press
through Japan UNI Agency, Inc., Tokyo.

序　文

『もう一つの社会心理学 Toward Transformation in Social Knowledge』の上梓は、私にとって、社会構成主義研究の大きな転機となった。それ以前の研究は経験主義心理学の批判が中心だったが、もう一つの社会心理学——すなわち、社会構成主義に基づく社会心理学——の可能性が具体的な形をとるようになったのである。それらのアイディアを念頭に置きつつ、文献を渉猟し、議論をするうちに、私は、関係性理論のエピファニー（物事、事件、人物の本質が露呈する瞬間を象徴的に描写する文学手法）とでも呼ぶべきものにどっぷりと浸っていた。そして、社会構成主義についての議論を繰り返していくうちに、新たな理論や創造的な実践が生まれるのを、興奮を覚えつつ実感するようになった。社会構成主義の探究は、学問分野、職業、国の違いを超えて広まったのだ。本書は、こうした状況における私の思考の軌跡を記したものである。ある意味では、書くことは議論の流れを凍りつかせてしまう一面をもつが、これまでの議論の精神を未来への糧とできれば幸いである。

さて、こうした展開を、歴史的文脈の中に位置づけてみよう。ルネ・デカルトは、『方法叙説 Discourse on Method』の中で、その後何世紀にもわたって強い影響力をもつことになる見解を述べている。それは、懐疑をめぐる苦悩の声からはじまる。もし、懐疑を重ねるならば、知識の拠り所をどこに求めればよいのか？　確固とした疑いようのない知識を保証することなどできるのか？　デカルトも言うように、権力者は自分の知識が正しいと主張するかもしれないが、権力者であっても間違いを免れるわけではない。あるいは、われわれの五感も信頼できない——われわれはしばしば五感に欺かれる。さらに、われわれの心の中に四方八方から入ってくる観念も、われわれを惑わせる。では一体、われわれは何を信頼できるというのか？　この難問に対して、デカルトは次のように回答する――私が疑っていること、このことだけは疑いようがないではないか、と。すなわち、私の理性は、私が見聞きしたことすべてを疑うように命じるかもしれないが、理性自体を疑うことはできない、というわけだ。そして、もし理性の存在を信頼できるのであれば、私は自分自身の存在をも確信できることになる――**「我思う、ゆえに我あり Cogito ergo sum」**、である。

こうして、個人の心――感覚データを組織化し、論理的に推論し、知的に思索する能力――が称揚され、西洋文化は何世紀にもわたって懐疑の猛威を免れてきた。人々は、理性の力をもち、客観的世界に注意深く相対する人間は、常に移ろいゆく環境を乗り越え、自らの力で成功を収めることができると信じ、勇気づけられた。そして、こうした理性信仰の中、知識の合理的基盤の研究が重視されてきた。実際、十九世紀の実証主義から二十世紀の超越論的リアリズムに至るまで、研究者たちは、基礎づけ主義の伝統を堅持し、人間の理性が行為を支配していることを自明視してきた。

ここで、デカルトの主張を貫く縦糸を再考してみよう。われわれは、デカルトが懐疑を宣言したことについては同意できる。しかし、デカルトはいかなる理由で、懐疑のプロセスと理性のプロセスを同一視しているのだろうか？　いかなる根拠で、懐疑のプロセスは、外界とは独立して外界を写す、個人の心の活動であると言えるのだろうか？　なぜ、この同一視そのものは、デカルト流懐疑の対象にならないのだろうか？　そもそも懐疑は、心の中の理性のプロセスではなく、言語的に遂行されるプロセスである。実際、デカルトは、権力者、五感、入力観念などの誤謬可能性について「述べている」が、「述べる」とは言説的実践にほかならない。その言説的実践もまた心の中での推論を表現したものかどうかは、議論の分かれるところである。しかし、懐疑は言説的実践だ、このことだけは懐疑の対象ではない。

もし懐疑が言説的プロセスであるならば、われわれはデカルトとはおよそ異なる結論を導くことになる。なぜならば、言説は、単独の個人の所有物ではないからだ。有意味な言語は、社会的な相互依存の産物である。それには少なくとも二人の行為の調整が必要であるし、言葉の意味について互いの合意がなければ、言語は成り立たない。このことを認めるならば、われわれの考えや行為に確信を与えてくれるのは、個人の心などではなく、関係性であることがわかる。もし、相互依存関係——意味ある言説の共同生成——が存在しないならば、「物」も「行為」もそれらを懐疑する方法も存在しない。だから、デカルトの格言は、次のように正しく言い換えなければならない——**「言説あり、ゆえに我あり communicamus ergo sum」**、と。

近年、こうした観点に立って、基礎づけ主義に代わる新たな知識の理論を打ち立てようとする試みが、様々な学問分野から出現している。これらの試み——ポスト経験主義、ポスト構造主義、アンチ基礎づけ主義、ポストモダンなどと様々な呼び方があるが——に共通するのは、言語が関心の中心であることだ。われわれがいかなる方法を用いて世界（自分自身をも含む）についての知識をもとうとも、それは本質的に言説的構成の産物なのである。さらに、世界の性質についての研究は、言語を通じてなされるのであるから、科学的知識の基盤も、言説的コミュニティをおいて他にない。すなわち、心と物——あるいは、理性と事実——は、もはや超越論的妥当性をもつとはみなされない（実際、「心」や「世界」が自明の事実であるのは、西洋の言語体系での話である）。あるいは、日常生活における様々な関係性を外側から俯瞰して、正や善の普遍的原理を明らかにしようとする試みも間違っている。結局、意味はすべて関係性から生じるのであり、その関係性の渦の中からこそ未来が立ち現れるのだ。

このような試みの中で共有されている前提群は——その詳細や強調点は論者によって異なるが——、「社会構成主義」と称されている。本書の各章で、私は、社会構成主義の主な前提を明示し、整理しようと試みた。すなわち、社会構成主義に対する様々な批判に答え、社会構成主義の理論、研究、実践への可能性を示し、心理学、ひいては人間科学一般における社会構成主義的研究の展望について論じた。本書は三つの部分からなっている。第Ⅰ部では、社会構成主義とは何かについて紹介している。第1章では、「頭の中の知識」という概念が行き詰まりを見せていることを——認知心理学を例にして——明らかにした。第2章では、「頭の中の知識」を乗り越える、社会構成主義について素描した。すなわち、ここ数十年にわたって様々な分野でなされている経験主義批判を概括し、そこからさらに、批判を超えて、人間科学に豊かな可能性をもたらす社会構成主義の基本的前提を抽出した。第3章では、社会構成主義に対する様々な批判を取り上げた。社会構成主義をニヒリズムに等しいと考えている者は多いし、社会構成主義の相対主義――存在論的にも、道徳的にも――を断固として拒絶する者もいる。これらの批判に答えることを通じて、社会構成主義とは何かを明らかにしようと試みた。社会構成主義に対する批判の中で最も重要なのは、それが道徳的・政治的に無力であるという批判である。第4章では、この問題について論じた。すなわち、このような批判そのものが問題を抱えていることを指摘するとともに、社会構成主義は相対主義であるがゆえに、かえって積極的な道徳的・政治的含意をもつことを論じた。

社会構成主義に基づく人間科学においては、「批判」――日常的な社会的行動に対する批判、および、科学者コミュニティの営みに対する批判――が重要となる。なぜならば、批判は、社会的構成のレパートリーを広げるだけでなく、社会変容の重要な契機だからだ。このようなわけで、第Ⅱ部の各章は、批判に焦点を当てている。第5章では、第Ⅰ部の議論をふまえて、行為の認知主義的説明には致命的欠陥があることを明らかにし、認知主義を社会的認識論で置き換えることによって、心理学により豊かな可能性がもたらされることを論じた。第6章では、精神衛生の専門家による精神疾患言説の生成に焦点を当て、それが社会に有害な影響を与えることを論じた。すなわち、精神衛生の専門家は、「病理」と「治療」を作り出すことによって、深刻な――しかも、解決がきわめて困難な――社会状況を作り出していることを明らかにした。第7章では、科学において客観性が達成される手段に批判の目を向けている。具体的には、客観性がいかなるレトリックの産物であるのかを明らかにするとともに、客観性の言説が果たす役割について論じた。

第Ⅲ部では、批判から転換へと強調点が移る。すなわち、第Ⅲ部の各章は、理論の批判的再構成を超えて社会構成主義の積極的可能性を示すことを意図している。社会構成主義は、知識が、個人（の頭の中）ではなく関係性の産物であると考える。しかし、西洋では伝統的に、個人ばかりが重視されてきたため、関係性をめぐる言説はあまり発達してこなかった。そこで、第Ⅲ部の各章では、「関係性が現実を作る」という前提に基づく言説を生み出すことを試みている。最初の三つの章は、それまでの章でレトリックを強調したことを敷衍して、「語り」の問題へと関心を向けている。すなわち、これら各章は、語りの産物としての自己に焦点を当てている。第8章では、アイデンティティがもっぱら語りによって構成されること、その語りは、共同的交流の産物であることを論じた。第9章では、語りの重要性をさらに掘り下げ、感情の問題を取り上げた。すなわち、感情が個人の心の中にあるのではなく、関係性のパターン――生きた語り――の産物であることを論じた。第10章では、語りについての議論をセラピー実践の領域へと拡張した。すなわち、第9章、第10章の議論をクライアント－セラピスト関係に適用し、語りの現実がセラピーを支配していることを論じた。さらに、このことがセラピーを超えていかなる含意をもつかを論じた。

最後の二章では、関係性理論をさらに拡張している。第11章の中心的関心は、コミュニケーションの問題である。われわれはいかにして意味を作り共有しているのか？　この問題に対して、間主観性に基づく意味の理論という誤った観点を捨てて、関係性理論の立場から回答する。すなわち、ポスト構造主義の文芸批評は理解の不可能性を強調するが、脱構築主義の議論を社会構成主義の視点から換骨奪胎することによって、新たな意味の理論を提示する。この意味の理論に基づいて、第12章では、虚偽の問題を論じた。もし、社会構成主義が客観的事実の概念を否定するならば、虚偽についてはどのように理解すべきだろうか？　関係性理論に基づくこの問題への回答は、公的・私的領域における虚偽の問題に新たな展望をもたらすものである。

私は、以上の各章が、心理学者のみならず人間科学への批判の声に関心をもつ研究者にとって有用なメッセージとなることを、切に願っている。本書は様々な読者層を想定して書かれている。第Ⅰ部の各章は、主として、伝統的な行動科学に不満を覚え、新たな科学の可能性に関心をもっている人々を対象にしている。しかしさらに、これら各章は、伝統的科学者に対して、従来の学問的実践を徹底的に疑問視する知的潮流を明らかにする意図をももっている。この知的潮流は、かつては学界のごく一部に限られた動きだったが、今や学問分野の垣根を越えて広がり、学界全体に活発な議論を巻き起こしている。近年のこうした動きに巻き込まれている社会科学者に対して、第Ⅰ部の各章は、この知的潮流がもたらした深い懐疑を乗り越える展望を与えるはずだ。すなわち、これら各章は、脱構築主義的批判から再構成へと転換し、この知的潮流の意義を生産的に捉えることを意図している。

第Ⅱ、Ⅲ部は、すでに社会構成主義になじみのある研究者にとって役立つだろう。ここでは、社会構成主義がもたらす様々な成果を探求している。ここで私が目指したのは、まず、学問間の垣根を取り払い、今や世界中の研究者を結びつけている議論に参加し、新たな探求をすることの意義を示すことである。さらに、これまでになされている活発な議論のいくつかを詳しく取り上げ、これからの理論と実践にとって最も重要な転換——知識や行為の個人主義的説明から関係性理論に基づく説明への転換——について議論を活発化させることをも意図している。本書は、こうした試みの出発点であり、将来、こうした議論がさらに活発になることを強く願っている。

もちろん、本書で提起した問題の多くは、現在、多くの研究者が取り組んでいる問題である。したがって、幅広い論点を統合するためには、薄氷の上を、足元の小さな割れ目は無視して、急いで渡らなければならなかった。もちろん、なるべく多くの論点を取り上げようとはしたが、現在「どの議論が重要か」について判断するのは非常に難しかった。多くの問題は今なお論争中であるし、実際、多くのテキストでも明確な結論は述べられていない。それぞれの問題についてより深く考えたい読者や、こうした議論が現れたより広い文脈にのみ関心がある読者は、巻末の大量の引用文献を参照されたい。

本書の各章は、構想の段階から、友人、編集者、同僚からの恩恵を大いに受けている。第1章は、科学哲学会 the Boston Colloquim on the Philosophy of Science（一九八三年、ボストン）での発表がもとになっている。第2章は、「社会科学における知の可能性」Potentialities for Knowledge in Social Sciences（一九八三年、シカゴ大学）での発表に基づいている（その後、Fiske and Schweder（1986）に所収）。第3章は、理論心理学会 the Society for Theoretical Psychologyでの議論から生まれた。この章のアイディアの多くは、理論心理学会で発表したものである。第4章は、「社会科学における価値」Value in the Social Sciences（一九九一年、ジョージタウン）での議論から大いに刺激を受けている。第5章は、「社会心理学の未来」The Future of Social Psychology（一九八七年、パリ）での発表を大幅に改訂したものである。この会議のプロシーディングスは、European Journal of Social Psychology 19巻（1989）として刊行されている。第6章は、「心理学言説の歴史的次元」Historical Dimensions of Psychological Discourse（一九九一年、ハイデルベルグ）での議論から生まれたものである。また、第7章は、Annals of Scholarship 8巻（1991）の客観性の問題に関する特集論文を改訂したものである。

第8章、第9章の議論は、Mary Gergenから計り知れない助力を受けている。その一部は、Advances in Experimental Social Psychology 21巻（1988）に刊行されている。John Kayeには――彼は研究者でもありセラピストでもあるのだが――、第10章の草稿を完成するのに大いに協力していただいた（これはMcNamee and Gergen（1992）に刊行されている）。第11章は、一九九一年のジャン・ピアジェ学会 the Jean Piaget Society でそのアイディアを最初に発表し、そこでの議論から多くを得た。第12章は、「社会的社会心理学」Societal Social Psychology（一九八八年、バッドハンブルグ）の参加者による多くの批判を取り入れている。

本書を執筆するにあたって必要な時間と資金を与えてくれた諸団体に、深く感謝したい。まず、the Netherlands Institute of Advanced Study, the Alexander von Humboldt Foundation, tthe Rockefeller Foundation, the Rockefeller Study Center in Bellagio から奨学金を得たことに感謝する。また、Swarthmore College を休職して Fundacion Interfas in Buenos Aires に在任していた期間は、Eugene M. Lang 教授はじめ学部の皆さんから暖かい支援をいただいた。本書の各章は、その構想段階から多くの人たちの助力を受けている。特に、次に挙げる方々は、有益なコメントや批判をし、議論に根気よくつきあってくれた。記して感謝の意を述べたい――Al Alschuler, Tom Andersen, Harlene Anderson, Mick Billig, Sissela Bok, Pablo Boczowski, Ben Bradley, Jerome Bruner, Esther Cohen, David Cooperrider, Peter Dachler, Wolfgang Frindte, Saul Fuks, Gabi Gloger Tippelt, Carl Graumann, Harry Goolishian, Rom Harré, Lynn Hoffman, Tomas Ibanez, Arie Kruglanski, Jack Lannamann, Gerishwar Misra, Don McClosky, Sheila McNamee, Shepley Orr, Barnett Pearce, Peggy Penn, John and Anne Marie Rijsman, Dan Robinson, Wojciech Sadurski, Dora Fried Schnitman, Gun Semin, Richard Shweder, Herb Simons, Margaret and Wolfgang Stroebe, Diana Whitney, Stan Wortham。Lisa Gebhart と Joanne Bramelyには事務や文献の整理で世話になった。彼女らの助力がなかったら、本書は完成しなかっただろう。Harvard University Press の Linda Howe は、熱心で卓越した編集能力で私をサポートしてくれた。John Shotter は、常に私のよき理解者であるとともに、私にインスピレーションを与えてもくれる。最後に、私を触発してくれるよきパートナーであり、常に私を勇気づけ、肯定的な再構成を可能にしてくれるMary Gergen に最大級の謝辞を述べたい。

社会構成主義の理論と実践――目　次

目　次

第Ⅲ部　「自己」概念から「関係性」概念へ

第Ⅰ部——方法論的個人主義から社会構成主義へ

第1章　「頭の中の知識」という観念の行き詰まり

ここ二、三十年、心理学は、「知識は個人の頭の中にある」という観念をめぐって、一大変革期に入りつつある。本章で明らかにするように、心理学は、今や、閉塞状態にある――心理学の知も、「頭の中の知識」という個人主義的な知識概念も、もはや説得力を失いつつある。もちろん、過去への逆戻りは許されない。目指すべきは、「頭の中の知識」に代わる、新しい知識概念、そして、それを支える新しい研究の営みである。それを実現するものこそ、本書のテーマ、社会構成主義にほかならない。

「頭の中の知識」という観念は、とりわけ西洋文化において、最も重要な概念の一つであった。その証拠に、西洋においては、個人の心（ないし、頭）の状態――幸福感、心的傾向、才能、欠点、など――が文化の中心部分を占めてきた。また、心理学に限らず、哲学、経済学、社会学、文化人類学、歴史学、文学、コミュニケーション研究などにおいても、「頭の中の知識」という観念が、様々な現象を説明する際の中心概念となっている。

さらに、公共政策の選択においても、個人の心（ないし、頭）の状態が決定的に重視されている――「知識は個人の頭の中にある」という観念こそが、各種制度の存立根拠となっている。例えば、知識を身につけるのが個人（の心）であるがゆえに、個人を訓練し、知的に豊かにする教育制度への投資が根拠をもつ。自由な選択の能力をもつのが個人（の心）であるがゆえに、個人に道義的責任を問うことや、裁判で個人を裁く制度が、正当化される。個人が理性的に思考する能力を有するがゆえに、民主主義制度が信頼される。個人が利潤最大化・損失最小化という動機を有するがゆえに、自由な市場経済制度が信任される。個人が愛情関係を持続する能力を有するがゆえに、婚姻制度や家族制度が、社会を構成する基礎となる。

このように、「知識は個人の頭の中にある」という信念と、それと結びついた制度や慣行が、西洋という比較的狭い文化の中で生まれ、浸透していった。実際、西洋文化は、何世紀にもわたって、他の文化とは（関連してはいるが）基本的に異なる独自の伝統を保持している。さらに、西洋文化は、他の文化との間で財やサービスの交換、思想や価値観の交換、武力遠征などを行ってきたが、他文化を自文化よりも優れている（少なくとも、同等である）とみなすことはなかった。だから、もし文化の普及があるとすれば、それは「西洋から諸国へ」でしかありえなかった。しかし、今世紀になって、世界の情勢はドラマティックに変化している。次から次へと出現するテクノロジー（電話、自動車、ラジオ、ジェット機、テレビ、コンピューター、人工衛星など）は、世界中の人々をかつてないほど緊密に結びつけ、相互依存を促進した。「自分たちとは全く異なる」価値観、思想、経済行動、社会実践に、これほど頻繁かつ集中的に接することは、かつてなかったことである。相互依存のネットワークは、政治、ビジネス、科学、通信などの世界で、ますます拡大しつつある。そして、これら以外の領域でも、例えば、エコロジー、エネルギー、経済、健康などに関して、世界の人々の間で、より複雑な相互依存関係が自覚されるようになってきている。

こうしたドラマティックな変化の中では、西洋社会の閉鎖性、優越感、覇権主義を維持することは、もはや不可能であるように思われる。すなわち、西洋の伝統が、グローバリゼーションの進行に適したものであると単純にみなすことはできないし、今後ますます要求されるであろう相互理解・相互評価・相互寛容の促進に役立つとみなすこともできない。あるいは、「頭の中の知識」という観念と、それに基づく制度を重んじる西洋文化の伝統が、徹底した相互依存の世界とうまく調和すると楽観視することもできない。今や、西洋の伝統を反省的に吟味し、西洋的信念や西洋的実践の功罪を問い直し、新たな可能性を模索することが求められている。ただし、それは、急進的変革を意味するものではないし、異質なものや未知のものを盲目的に受け入れることでもない。そうではなくて、われわれが何を保持し何を吸収するか、その選択可能性を広げることが求められている。重要なのは、他文化の声により十分に耳を傾けるために、自らの伝統の何を堅持し、自文化へのこだわりをいかに緩和するかである。

私が「頭の中の知識」という前提——多くの点で、西洋文化の中心にある前提——を再考しようとするのは、このためである。もし個人が周囲の世界を正確に思考できると信じられなければ、道徳・政治・経済・家庭生活などの領域における個人の意思決定が、価値をもつとは考え難くなる。もし知識が個人の所有物でなければ、これらの領域における個人の選択はほとんど信頼することができなくなる。同時に、こうした信頼の上に成り立っている制度は、その基礎を失ってしまう。さらに、「頭の中の知識」という観念が崩壊寸前であることが、多くの学問分野で注目を集めつつある。問題はきわめて深刻で、西洋文化は、文化的・制度的基盤が揺らいでしまうような危機的状況にあるとさえ言える。これらの問題点のいくつかは、後半の章で取り上げる。しかしながら、本書は心理学の土壌から生まれたものであるから、まずは、心理学における「頭の中の知識」という前提について考察したい。心理学は、一世紀にわたって「頭の中の知識」の科学的探求に従事してきたが、その結果一体何が得られたであろうか？　心理学は現在いかなる位置にあり、未来にはいかなる希望をもてるのだろうか？

このことは十分考えるに値する。というのも、科学としての心理学は、他のどの学問分野にも増して、個人の心理過程について、妥当で信頼できる説明を与えるという課題に取り組んできたからだ。そうした旗印のもと、心理学は、知識の獲得と活用の過程に関する有効な知見を、できる限り提供しようとしている——すなわち、人が周囲の環境を認知し、情報を収集・貯蔵し、刺激随伴性に基づき、必要な事実を再生し、問題を解決し、合理的に計画し、それらの計画を実行に移すための最も効果的な方法を、明らかにしようとしている。それゆえ、上述のすべての制度——教育、法、経済から宗教、家族まで、「頭の中の知識」を前提とした制度——は、心理学の知見の恩恵を受けることができるはずだ、とされている。かくして、今世紀の心理学の変遷に注目することは、西洋文化の聖域の内部を注意深く観察することでもある。すなわち、それは、個人主義という堅牢な金庫に入り込み、その富の実態を分析することを意味する。

しかしながら、この探求は、ハッピーエンドには向かわない。後で論じるように、一世紀にわたる探究の結果、心理学は、概念的に行き詰まってしまったからだ。そもそも心理学は、西洋思想の二つの主な伝統、すなわち、経験主義と合理主義の産物である。経験主義の伝統は、二十世紀の心理学の大部分を支配してきた行動主義に最もよく表れている。その後、行動主義は、認知主義（合理主義）に取って代わられた。認知主義は、一時期隆盛をきわめたが、その勢力は衰えつつある。実際、合理主義の影響が消えれば、伝統的な心理学には見るべきものは残らないだろう――行動主義（経験主義）の伝統に回帰することもできないだろうし、さりとて、認知主義（合理主義）の方向でのさらなる発展も難しい。では、なぜ、心理学はこのように行き詰まってしまったのだろうか？　このことを考えることによって、われわれは、新たな心理学を構想することができる。「頭の中の知識」に代わる新しい知識概念はいかなるものか？　人間行動についての斬新な言説はいかにして可能か？　新たな人間科学にはいかなる展望があるのか？　文化的実践の転換はいかになしうるか？

第1節　「知ること」を知る

「知識は個人の頭の中にある」ことを前提にして、知識の獲得について研究しようとする試みには、矛盾がある。というのは、一方では、そのような研究は、われわれが知識を獲得するプロセスやメカニズムを知らないことを前提にしているからだ。だからこそ、それを知ろう、研究しようということになる。ところが、他方では、研究しようとすること自体、すでに、どうすれば知識を獲得できるか（すなわち、知識を獲得するプロセスやメカニズム）を知っていることをも意味している。もし、知識について全く知らなかったとしたら――どのようにして知識を獲得すればよいか、妥当な知識とはいかなるものか、知識をいかに活用したらよいか、等について全く知らなかったとしたら――はたして、知識を得るために研究しようなどと思い立つであろうか。そもそも、知識を得るために研究するということは、知識獲得プロセスについての知識をもっていること（「知ること」を知っていること）を前提にしているのだ。この矛盾をかわすために、心理学は、知識の獲得プロセスという人間の重要な機能を研究する必要性を主張する一方で、研究自体の正当性は外部から調達してきた。すなわち、心理学は、研究の正当性を、他の学問領域――より確実で説得力のある論証をする学問領域――に求めてきた。

心理学の研究に正当性を与え、「知ること」についての研究を支えた言説には、メタ理論的言説と方法論的言説の二種類がある。第一に、メタ理論的言説とは、科学という営みを哲学的にどのように考えるかについての言説であり、具体的に言えば、論理実証主義に基づく言説であった。論理実証主義は、心理学の研究を正当化する上で、格好かつ強力な言説であった[1]。なぜならば、論理実証主義に基づく哲学的言説は、素朴な常識と合致するのみならず、重要な哲学的伝統、すなわち、イギリス経験主義哲学と大陸合理主義哲学とも結びついていたからだ。そして、経験主義も合理主義も、「心」（ないし、頭の中の知識）が研究対象たりうることを認めていた。第二に、方法論的言説は、実証的方法論、とりわけ、実験室実験の論理に基づく言説であった。自然科学の疑いようのない成功、しかもその成功が実証的方法によってもたらされたという事実によって、心理学は、ごく自然に、実証的方法に頼ることができた。かくして、心理学は、「心」の説明に、メタ理論的正当性と方法論的正当性を与え、自らの言説をパワーアップしたのだ。

ここで、まず、心理学の理論、メタ理論、方法論という三種類の言説の各々を、中核的命題群（intelligibility nucleus）という概念を用いて考察してみよう。理論、メタ理論、方法論のいずれも、相互に関連した一群の命題群である。その命題群は、命題群の使用者コミュニティに対して、確かに何かを記述している、確かに何かを説明しているという感覚を与えることができる。そのような命題群を、中核的命題群と呼ぼう。ある言説は、そのコミュニティの基準に照らして「理解できる」とき、中核的命題群に含まれる。一口に中核的命題群といっても、大域的・包括的な場合（普遍的宇宙論や哲学的存在論の場合のように）もあれば、局所的・特殊的な場合（私が所属するスワースモア大学における教育過程に関する理論のように）もある。あるいは、広く合意されている場合（民主的手続きに関する理解のように）もあれば、少数の人々にのみ通用する場合（宗教的セクトのように）もある。さらに、「理解する」のは、口頭でのみとは限らない。理解は、様々に定型化された活動形態を通じてもなされる——例えば、論文を書くという活動、実験をするという活動、投票をするという活動、祈りを捧げるという活動、などの形態を通じて。実際、命題ネットワーク（すなわち、中核的命題群）は、あらゆる行為形態にとって本質的な構成要素なのである——この点については、章を改めて論じることにしよう。

　ここで重要なのは、複数の中核的命題群は、それぞれ相対的に独立して存在していることもあれば（例えば、軍事戦略家が霊能力者と話すことはめったにない）、相互に関係していることもある、ということだ。最も基本的なレベルでは、複数の中核的命題群の間では、互いを支持し合う程度が異なる――相互に完全に支持的な場合もあれば、完全に対立する場合もある。概して言えば、ある中核的命題群が、隣接する中核的命題群によってどの程度支持されるかは、両者が命題を共有している程度による。例えば、プロテスタントの各宗派は、教義（という命題）を共有しているがゆえに、互いを支持し合うことができる。互いを支持し合う傾向は、プロテスタントとカトリックの間よりも、プロテスタント同士の方が強いが、それは、カトリックとは共有する教義がより少ないからである。同じように、三位一体説（という命題）の共有ゆえに、キリスト教とイスラム教や仏教との間でよりも、キリスト教の各派同士の方が、互いに支持し合う傾向が強い[2]。

　このように考えると、「頭の中の知識」を研究する心理学が正当化されるかどうかは、他の関連する中核的命題群との間で前提を共有する程度による。例えば、科学的心理学は、神霊存在説の支持を得ることはできないが、それは、両者が依拠する中核的命題群がほとんど無関係である（あるいは、対立している）からである――科学の体系的な因果的世界に、第一運動者としての神が存在する余地はない。同様に、経験を主体的に組織化する機能を強調する現象学的方法論にコミットすることは、「頭の中の知識」を刺激入力の累積とみなす心理学理論とは相容れないだろう。

　思うに、二十世紀前半には、個人の機能についての心理学諸理論と、メタ理論・方法論の両レベルにおける言説との間には、緊密で相互支持的な関係が存在していた。具体的には、行動主義理論は、それを強く正当化する言説の下でこそ、成功を収めることができた。しかし、その後、心理学は、行動主義から認知主義へと大きく転換した。ここで重要なことは、理論レベルにおけるこの転換は、メタ理論と方法論のレベルでの転換を伴わなかった点である。すなわち、論理実証主義のメタ理論と実験的方法論を捨てようとでもしようものなら、ごうごうたる非難を浴びることは必至であり、それを維持せざるをえなかった。その結果、「頭の中の知識」についての認知主義的説明は、今や、孤立無援の状態に陥ってしまった。認知主義の理論は、それを正当化する言説を（メタ理論も、方法論も）欠いており、現在まで生き延びているのが不思議なくらいなのだ。だから、認知主義への批判がより明示化され、もはや認知主義を正当化することができないことが明らかになれば、認知主義は衰退するだろう。言い換えれば、認知主義の中心的前提である「頭の中の知識」という概念が危うくなるのである。

第2節　パラダイムシフトと言説

以上のような見解の根拠を説明するには、まずもって、これらの見解が導き出された、より広い枠組みを素描しておく必要がある。これは、同時に、次章以降で取り上げる重要なテーマの紹介でもある。以下、パラダイムシフトというおなじみの観点から、基本的枠組みを素描する。より具体的には、「知識を生成する共同体」において、ある理論的視座が定着したり、他の理論的視座に取って代わられるのを、どのように理解したらよいかについて述べる。言うまでもなく、パラダイムシフトについては、すでに多くの議論がなされている。しかし、ここでは、それらの議論に異議を唱えることも、それらの議論を受け継ぐこともしない。そうではなくて、科学的営みの一側面、しかも、今まであまり議論されてこなかった側面をクローズアップすること、これが私のねらいである。すなわち、私が注目したいのは、科学者コミュニティ内部の言説的営みである。というのも、従来、パラダイムシフトについての議論は、主として、特定の性格、価値観、発見、科学技術、社会政治的環境などをめぐってなされてきたからだ。しかし、そもそも、科学者コミュニティがコミュニティであるのは、記述や説明のための言語を共有しているからである。そうであれば、科学者コミュニティの言説的営みを考察することによって、パラダイムシフトについて理解を深めることができるはずだ。

ここで、前述の中核的命題群を思い起こそう。中核的命題群とは、科学者コミュニティの内部で共有されている一群の命題群のことであった。事実上すべての科学的言説は、「何が存在するのか」を明示するとともに、それらの存在がいかなる性質をもつのかを説明している。さらに、想像上の存在を仮構するのも言説的営みであり、存在するもの同士が、なぜ、どのように連関しているのかを理解するための構造を想定するのも言説的営みである。このように、科学的営みを言説的営みとして捉えるならば、科学と数学や神学との間に違いはない。数学や神学と同様、科学においても、中核的命題群は、外部の事象とは無関係に、理解可能なものとして存立する。だからこそ、子供は、宇宙誕生のビッグバン理論（科学的言説）や、天国のこと（神学的言説）を、掛け算の九九（数学的言説）と同じ要領で学習できる。さらに、これら中核的命題群は、外部の事象と、いかようにでも結びつくことができる――その結びつき方は、その中核的命題群そのものによって決定されるわけではない。だからこそ、人は、九九の表や、聖霊の概念を、いつ、どこで適用すべきかを学ぶことができる。ただし、中核的命題群が理解され説得的になるためには、外部の事象との結びつきは必要ではない――例えば、ダーウィンの進化論は、何に対してどのように適用すべきかについて、今やほとんど合意がないにもかかわらず、文化の内部では説得力を保っている。

以上、中核的命題群が、外部の事象から自立していることを述べた。しかし、このことは中核的命題群の中心的特徴の一つにすぎない。さらに重要なことは、中核的命題群の形成そのものが、すでにして、その中核的命題群を崩壊させる可能性を懐胎しているということである。ある存在（と関係性のネットワーク）を主張することは、その存在を否定する根拠をも生み出してしまうのだ。なぜそのように言えるのか？　これに答える手がかりとして、カントの『実践理性批判』の議論を引用してみよう。カントは次のように述べている――人が、社会生活を送ることができるのは、当為（何々すべし、すべからず）の観念があるからである。しかし、当為の観念（例えば、「勤勉に働くべし」という観念）は、すでにして、それに反する可能性（「勤勉に働かない」という可能性）を含意してしまう。したがって、社会的行為は、その否定を想定しうる場合にのみ、行為として存立し、理解可能となる――これがカントの主張である。これと軌を一にする主張を、ヘーゲル（Hegel, 1979）の存在と無の概念にも見ることができる。ヘーゲルは、存在をあますことところなく把握するには、その存在の否定、すなわち、その不在をも把握する必要がある、と述べている。つまり、何かを「かくかくしかじか」であると理解するには、同時に、それが別様でもあること、「かくかくしかじか」ではないことを理解する必要がある、というわけだ。近年では、同様の主張を、ソシュール（Saussure, 1983）の記号論にも見ることができる。ソシュールは次のように述べている。「ある言語的能記は、他の言語的能記との差異によって、意味を獲得する。つまり、言語は（したがって、意味は）、差異のシステムの上に成り立っている。言語を含めて、ほとんどの構造化された記号システムは、二値的な差異のシステムである。例えば、男（man）という言葉は、その否定である女（woman）という言葉との二値的差異によって、コミュニケーションのための（言語としての）力を獲得する。同様に、上（up）という言葉は下（down）という言葉との二値的差異によって、感情という言葉は理性という言葉との二値的差異によって、意味を獲得する」。以上のカント、ヘーゲル、ソシュールの主張をさらに拡張して、私は次のように主張したい――中核的命題群のシステムは、すべて、その否定の可能性を存立条件とする、と。すなわち、宗教にせよ、政治思想にせよ、科学における理論にせよ、中核的命題群のシステムは、ことごとく、そのシステムの否定が想定されてはじめて存立するのである。

ある中核的命題群とその否定との間の緊張関係は、A・J・グレマス（Greimas, 1987）の「意味の四角形」を用いることにより、よりよく理解することができる。すなわち、「意味の四角形」によって、意味を形成するただ一つの二値的差異（存在／その否定）にのみ焦点を合わせるのではなく、差異の可能な形式（群）を図式的に示すことができる。図１・１を見てみよう。図１・１に示されているように、経験主義という言葉は、普通、合理主義という言葉と対立関係にあるものとされている。実際、哲学的認識論における過去数百年にわたる論争は、その大部分がこの二項対立をめぐる論争であり、両者は互いに相手陣営の誤りを指摘することによって、自らを支持・擁護してきた。しかしながら、図１・１を斜めに横切る直線は、経験主義―合理主義という伝統的二項対立以外の、他の二項対立の可能性を示唆している。すなわち、経験主義は、経験主義―経験主義以外のすべて、という二項対立によって捉えることもできる（もちろん、「すべて」の中には、経験主義以外のすべての哲学的立場だけでなく、哲学的立場以外のものも含まれる）。同様に、合理主義は、合理主義―合理主義以外のすべて、という二項対立によっても捉えられる。最後に、もう一つ、二項対立がある（これについては、本章の最後で改めて論じる）。その二項対立とは、西洋哲学―東洋哲学、という二項対立である。翻って考えれば、経験主義も合理主義も、ともに西洋固有の哲学であり、その西洋哲学は、仏教―神道という二項対立を含む東洋哲学と、二項対立の関係にある。

このように、ある中核的命題群の意味が豊かになり、その重要性が増すとしたら、それは、その中核的命題群を否定する力（その否定、その不在、それに対立する立場）も顕在化している場合である。言い換えれば、ある中核的命

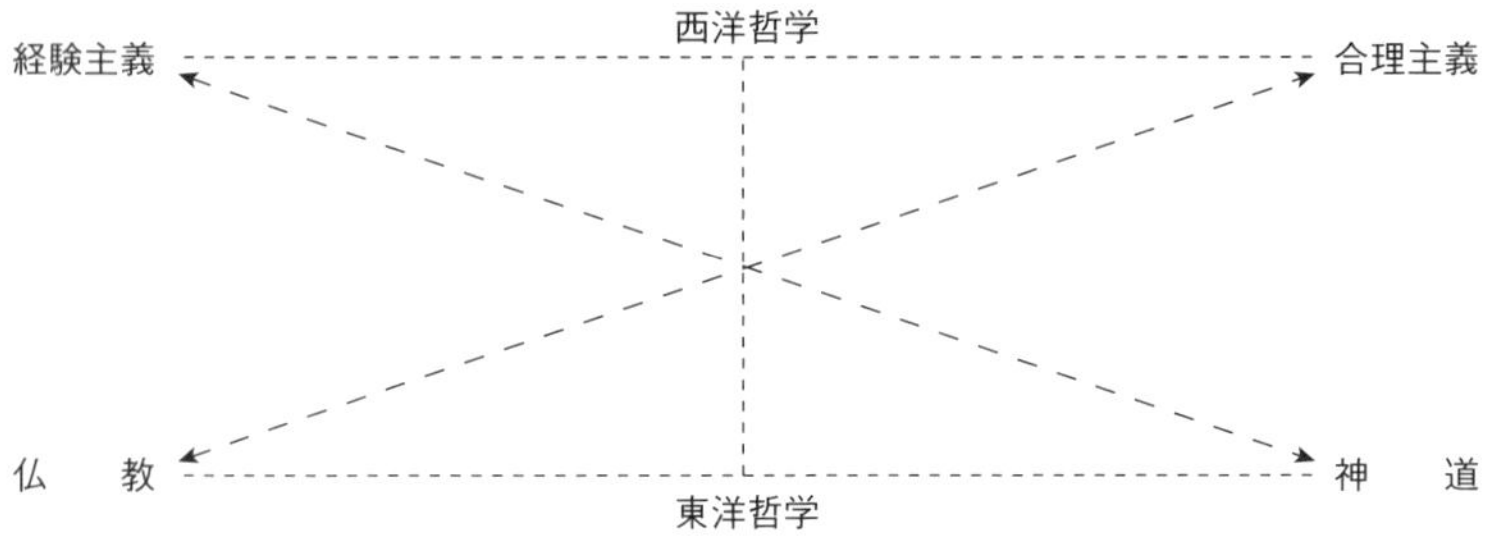

図1.1　意味の四角形

題群に基づいて、ある存在が確信されるときには、同時に、その存在が否定される可能性も顕在化する。例えば、人間行動についての理論を提案したり、「知ること」についての哲学を提唱したり、方法論を提起したりすることは、同時に、それに対して様々な異議を唱える基盤をも提供してしまう。もっとも、多くの場合、中核的命題群のシステムは、さしたる否定の脅威にもさらされず、存続し続けている（かのように見える）。しかし、それは、中核的命題群を共有する共同体が、自分たちの基本理解に反逆する「危険分子」との接触を避けているからにすぎない。例えば、大学における専門的コミュニケーション・システムの構造（専門誌や電子メールシステム）や、大学の典型的な建物配置（各学科が独立している）は、知を生成する共同体のメンバー（大学教官）同士に対立が生じないことを、実質的に保証している。公式・非公式の報償システム――「正しい」考え方をする教官を昇進させたり終身教官の地位を与える、「将来性のある」研究者に研究費を与える、など――もまた、現存するパラダイムの神聖さを保持する機能を担っている。

　つまり、フーコー（Foucault, 1980）の言葉を借りるならば、知と権力の間には密接な関係がある。知の構造（すなわち、中核的命題群）は、様々な異種文化圏を秩序づけ、報酬を序列的に配分する根拠となる。例えば、ある学問領域で行き交う支配的言説は、その領域において、何が制裁されるべきで、何が名誉に値するかを指定する。しかし、名誉のハイアラーキーが確立されるときには、同時に、支配的構造を否定する言説もまた確立される。支配的言説は、まさに、それが支配的であるがゆえに、二項対立を顕在化させるのだ。二項対立は、支配的言説が成文化され、神聖視されるほど、一層、顕在化しやすくなる。むしろ、支配的言説が曖昧さを残し、つつかれる弱みをもっている間は、異端の言説を容易に取り込むこともできるのだが、一旦、支配的言説が公式に制度化されるや否や、異端の言説は排除されてしまう。しかし同時に、異端の地では、一致団結の気運が盛り上がり、支配的言説を否定する動きが激しくなるだろう。そして、それまではバラバラだった異端の声が一致団結するならば、反撃の火の手は、とめどもなく大きくなっていくだろう[3]。

第3節　批判から転換へ

ここまでの議論をふまえて、科学における理論的転換の可能性について考えていくことにしよう。支配的言説に対抗するための手段には、立派なものとそうでないもの、狡猾なものと未熟なものなど、多くのものがある。しかし、われわれが啓蒙思想の土壌から育まれた知識生成コミュニティの一員であることを考えれば、支配的言説への挑戦は、理性に訴えるものでなければならないし、昨今の表現を用いるならば、言説的方法に訴えるものでなければならないだろう。すなわち、ある立場、理論、存在論の優劣は、言説の交換によってこそ決められねばならない。そうした言説的交換のルール——何が議論の優劣の基準となるのか——は、今なお論争中である[4]。しかし、中核的命題群の視点から見るならば、少なくとも次のことが言える。すなわち、ある言説構造の影響力を統制し、減少させ、無効にしようとする試みは、その構造外の用語を必要とする。なぜならば、ある言説構造の中で使用されている用語を用いて、当の言説構造を否定しようとしても、論理的な自己矛盾に陥るか、その言説構造の枠内での単なる言い換えに終わるからだ。上述の例で言えば、経験主義を、経験的研究によって真でないと証明することはできないし、現象学を、主観的な経験を根拠に批判することもできない——議論の勝ち負けが相殺し合い、結局、何の進歩も生まれない。

そこで、意味の四角形の対立項に立ち戻ってみよう。ある中核的命題群の対立項をうまく見つけるには、意味の四角形に示されている他の中核的命題群——二値的な背反関係にある命題群、対照関係にある命題群、次元を異にする命題群——に注目すればよい。例えば、経験主義の言説の支配性に対抗するには、合理主義哲学（二値的）、現象学（対照的）、仏教（非西洋）の言説を展開するのが有効である。ここで、これらの対立項を、**否定の形式**——所与の中核的命題群システムを覆すことを意図した言説戦略――として見てみよう。ある中核的命題群に基づいて主張をすることは、誰かをダンスに誘うことに似ている。誘われた人（つまり、主張を聞いた人）は肯定してダンスに応じるかもしれないし、誘われたがゆえに、拒否の態度（否定の形式）を自覚的にとるかもしれない。

否定の形式のもつ能力について、より詳しく考えてみよう。言説的交換の初期の段階においては、否定の形式は、批判的攻撃を通して、支配的言説に影響を与える――批判的攻撃には、支配的言説が排除している諸要因や諸過程の指摘、様々な基準による欠点の明示、様々な抑圧的要因の非難、その拠って立つ動機の非難、などが含まれる。ここで、この段階を、パラダイムシフトの**批判フェーズ**と呼ぶことにしよう。批判フェーズにおいては、否定の形式が、支配的な中核的命題群を批判するために使用される。しかしながら、この批判フェーズにおいては、批判は、必然的に、批判を理解可能にする別の中核的命題群に依拠することになるだろう。なぜならば、既存の中核的命題群の否定を正当化するには、否定しようとする中核的命題群には含まれない命題が必要だからだ。かくして、批判の対話は、批判対象の中核的命題群とは部分的にしか一致しない中核的命題群、あるいは、全く異なる中核的命題群の用語を用いてなされることになる。例えば、感情を考慮していないという理由で認知理論を批判することは、同時に、感情が中心的であるような存在論を構想し、実体化することを意味する。あるいは、特定のイデオロギーに根ざしていると して科学理論を非難することは、科学的事実が決して価値中立的ではないという新しい中核的命題群を主張することを意味する。

異なる中核的命題群からのこうした問いかけは、言説のパラダイムシフトにおける**転換フェーズ**の幕開けである。批判のみを追求している段階では、他の中核的命題群の用語はまだ説得的ではない。批判の影響力が十分になるのは、語られざる文脈、すなわち、批判が依拠しているが、批判の内部では決して明記されることのなかった言説の全体が、明示化されるのをまってである。例えば、認知理論は、感情に対して無関心という理由で論難されるかもしれない。しかし、認知的視点が覆されるのは、「感情という現実」が十分に明瞭になってのことだ――例えば、心を認知領域と感情領域とに分割し、後者の生物学的優位性を示すことによって。すなわち、理論が十分に転換するには、「感情からの批判」の含意が明らかになり、「もう一つの世界」が明確に形をとらなければならない[5]。

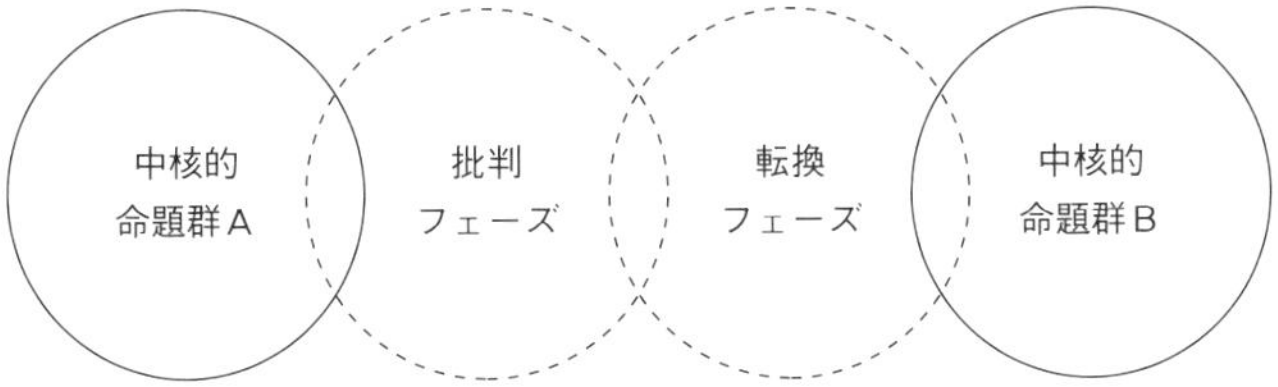

図1.2　中核的命題群の転換プロセス

図式的に見てみよう。まず、ある中核的命題群のシステムがあり（図1・2の中核的命題群A）、ある領域（例えば、天文学、人間の推論、美的嗜好などについての理論）についての相互に関連した命題を包含しているとする。この命題群は、理念的には、首尾一貫し、自己充足的である。すなわち、命題群は相互に矛盾しないし、その命題群が想定する世界のみを顕在化する。次に来るのが批判フェーズである。批判フェーズは、様々な否定の形式によって開始される。すなわち、中核的命題群Aに含まれる一つないし複数の命題が、中核的命題群Aには含まれない用語を用いた議論によって批判される。批判フェーズは、批判的言説の含意が精緻化されるにつれて、転換フェーズへと入っていく。潜在的な命題ネットワークが徐々に明示化されると、もう一つの中核的命題群Bが現れる。この中核的命題群Bは、世界の「存在論」の中で――例えば、何がそこにあるのかを、名づけ、解釈する中で――使用される頻度が増えるにつれ、次第に、中核的命題群Aに匹敵する信頼性をもつようになる――日常会話や常識の水準に近づくことになる。かくして、科学の領域において、新たな中核的命題群が望ましい（予測、技術、治療などの）結果をもたらすのであれば、その異端性は蓋然性へ、蓋然性は確実性へと移行することになる。これが、知的進歩のプロセスなのだ。

もちろん、ここで述べているのは理論の転換プロセスの理念型であって、現実の学界では事態はより複雑で錯綜している。しかしながら、こうした理念化は、現代心理学がたどった理論の転換プロセスを理解するのに役立つ。ここで話を先に進める前に、パラダイムシフトをめぐる他の見解と私の見解との違いをはっきりさせておこう。私は上述の図式を、理論転換の一般的な説明として提案しているわけではないが、この図式の射程と含意を、他の見解と比較しておくことには意味があると思われる。まず、パラダイムシフトをめぐるこれまでの議論は、クワイン（Quine, 1960）やクーン（Kuhn, 1970）

に負うところが大きい。彼らは、言葉と世界との関係を問題にした。クワインによれば、科学理論は、「データによって決定されるもの」ではありえない――この点については、次章で詳しく論じよう。また、クーンによれば、科学革命は、いかなる意味においても、仮説検証ルールの系統的適用によって生じるのではない。同時に、私の見解は、社会過程こそが現実を変化させることを強調する、科学史や科学社会学とも軌を一にしている――この点も、後の章で詳しく論じる。しかしながら、私のアプローチと、多くの社会学的・科学史的アプローチには相違点もある。すなわち、科学史や科学社会学では、経済的文脈、権力、個人の動機、対人的影響関係などの要因が注目されるのに対して、私のアプローチは、あくまでも言説のプロセスに注目する。もちろん、これらの要因が言説的に表現され、言説的プロセスの主要部分を占めることは十分にありうることだが、私のアプローチの特徴は、言説的プロセスの平面を見つめようとするところにある。

私の説明は、クーンの定式化の問題点をカバーすることもできる。クーンによれば、パラダイム転換の推進力は、変則的な例外事象――既存の中核的命題群では捉えられない事象――の侵入である。クーンが主張するように、既存のパラダイムからは理解不能な（ないし、予測不能な）例外事象が現れることがある。これらの例外事象が蓄積されると、ある時点で、理論上の「ゲシュタルト（構造）転換」が生じる。そこで出現する新たな理論は、それまで例外であった事象を説明するし、それが真に有効な理論であれば、既存のパラダイムにおけるすべての知見をも説明する。しかし、クーンのこうした説明には、いくつかの問題がある。まず第一に、例外事象がどのように発生するのかを説明することができない。クーンは、例外事象を、「予想外の現象」、「基本的に新奇な事実」、「規則的な反復からなる物語の中に生じたとてつもない挿話」（p.52）、特に、「通常科学を支配するパラダイムに基づく期待を裏切る性質」（pp.52-53）を示す異常なデータだと述べている。しかし、理解のためのパラダイムが――クーンも述べているように――われわれが事実をいかに構成し、解釈し、表現するかを決定するのであれば、「予想外の現象」は、いかにして、既存の理解に背き、あるいは、異議を唱えるのであろうか[6]？　実際、中核的命題群のパラダイムは、例外事象の発見に先行しなければならないのであって、その逆ではないのだ。この問題に対して、私としては次のように答えたい。すなわち、クーンがパラダイムシフトの駆動力として捉えた例外事象は、中核的命題群の間に生じた緊張、すなわち、ある既存の命題に対する否定として捉えるべきである。そうした緊張は、ある事象を命名し、説明することの不可避の副産物であり、理論的な理解が孕む不安定性の源泉でもある。

以上から明らかなように、科学におけるパラダイムシフトとは、意味を創造する社会的交渉の進化にほかならない。事実の発見、例外事象の発見、科学技術などは、いかにも科学的理解の転換に重要な役割を果たしているように思われる。しかし、そもそもそれらが重要に見えるのは、それらを構成する中核的命題群があるからだ。あるいは、論理的整合性、理論の包括性といった基準が、科学を合理的にしているわけでもない。それらの基準は、ある範囲の言説領域の内部で、しかも、言説の交換を効率的にするレトリカルな方法として通用しているにすぎない。しかし、だからといって、どんな言説でもまかり通るわけではない――少なくとも、社会的実践を伴う領域においては。言説的慣習は、社会的実践を通じて次第に形成され、社会的実践と相互規定的な関係にある。したがって、社会的実践から乖離した言説が形成されることはありえない。われわれの立場は、このことに留意した上で、ある時代における言説的慣習を、注意深く精査していこうとするものである。その際、支配的な言説的慣習や制約に対抗し、弱体化させようとする動きに、常に、敏感でなければならない。

第4節　心理学における理論的転換

過去一世紀の間に、心理学は、印象的な理論を構築してきた――人々をあっと言わせるほどではないにせよ。その理論の多くは、相互に重複するいくつかの――それぞれが独自の中核的命題群をもつ――クラスターに分類される。それらのクラスターの中には、心理学の中で中心的地位を占めるものもあれば、そうでないものもある――このことは、例えば、教科書に取り上げられる頻度、心理学部の必修単位に占めるウェート、研究費の申請数などに反映される。周知のように、二十世紀の大部分において、心理学の学界を支配したのは、**行動主義**のクラスターであり、それ以外の理論は、事実上、周辺的な位置を占めるにすぎなかった。しかし、この数十年の間に、行動主義の理論は、実質的に衰退してしまった。それに代わって主流になったのが、**認知主義**である。実際、そこには、大きな言説的転換が生じている。以下では、この転換を、これまで述べてきた言説的プロセスの観点から明らかにしていく——行動主義の中核的命題群と認知主義の中核的命題群とは、いかなる関係にあるのか？　それらの言説的基盤はどこにあるのか？　なぜ、この転換が必要であったのか？　以下に示すように、認知主義は——「知ること」についてのあらゆる個人主義的説明とともに——、この言説的転換の結果、正当性を失ってしまった。今、この正当性の空白を埋めるべく、「頭の中の知識」に変わる新しい観点が求められている。

（1）行動主義の時代

まず、行動主義の観点が、二十世紀の前半に広く支持された理由を考えてみよう。この理由には様々なものを考えることができるが、ここでは言説的文脈に焦点を当ててみよう——すなわち、この時期に有力であった他の中核的命題群には、どのようなものがあったのだろうか？　それらの中から、どのようにして行動主義が支持され正当化されたのであろうか？　ここで最も重要なことは、**行動主義理論**と**実験的方法論**と**論理実証主義のメタ理論**は、中核的命題群がかなりの程度、オーバーラップしているということである。すなわち、数十年にわたって、これら三つの言説は、相互に支持し合ってきた。人間行動に関する行動主義的説明は、実験的方法論の中核的命題群、および、論理実証主義的メタ理論の中核的命題群によって正当化されてきたのだ。言い換えれば、人間行動に関する理論の正しさは、二つの補助的言説によって保証されてきた。一つは、理論命題が事実に基礎をもつことを正当化する言説——「実験によって、刺激と反応との間の因果関係が明らかになる」——であり、もう一つは、科学的努力が哲学的誠実さに基づいていることを保証する言説——「科学は、合理的基盤の上に築かれる」——である。

このことを明確にするために、まず、論理実証主義と、行動主義理論との関係を考察してみよう。論理実証主義のメタ理論は、まず、自然界と科学者の間には、原理的に、明確な一線が引かれることを前提する。科学者の仕事は、外界の姿を厳密に写し取る理論を構築することとされる。すなわち、「科学者の基本的な仕事は、事実を最大限正確に明らかにすることである。そして、明らかにされた事実は、科学者の間で伝達され、蓄積されていく」（Brown and

Ghiselli, 1955）。さらに、論理実証主義のメタ理論によれば、科学者は、客観的知識を獲得するために、いくつかの能力をもたなければならない。そのうち最も重要なのが、正確に観察し、論理的に推論する能力である。初期の観察は、科学者に、現象についての初歩的知識を与えてくれる。このような観察を帰納的論理の諸原理と結びつけることによって、科学者は、様々な現象が生じる条件について、仮説（群）を立てることができるようになる。すなわち、科学者は、まず観察を行い、そして、観察された事象間の関係の規則性を説明する仮説群——「もし先行条件がXならば、結果はYである」というような——を導き出すのが理想とされる。ところで、心理学の場合、研究の中心は個人の行動であり、個人の行動は、現実世界の諸状況を先行条件とする帰結とみなされる。先行条件とその帰結との関係——および、それらの関係の仮説的説明——について、一般的かつ法則的な仮説を立てると、心理学者は、演繹的論理に基づいて、まだ観察されていない関係パターンを予測することができるとされる。こうした予測もまた、「もし…ならば…である」という形式で記述される。

これら演繹的に導出された仮説に基づいて、科学者は、再び、外界と接し、統制された観察を通じて、仮説命題群の妥当性を検証する。すなわち、新たな観察の結果は、提起された仮説命題群を支持するか、修正するか、棄却するために用いられる。つまり、科学者は、観察による検証を通じて、当初の仮説が信頼に足るものであるのか、修正されるべきものなのか、棄却されるべきものなのかを明らかにするのである。しばしば**仮説演繹法**と言われるこのプロセスの概要は、図１・３の上半分に示してある。観察—仮説導出—検証—仮説修正のプロセスは際限なく続けられ、正確で、十分に明瞭で、妥当で、相互に関連する命題のネットワークが生み出されるのが理想とされる。これらの命題群は、「客観的知識」を伝達するとされ、人間行動の予測とコントロールを促進するとされる。ブラウンとギセリ（Brown and Ghiselli, 1955）の言葉によれば、「科学の目的は、現象を理解することである。ある現象を理解していると言えるのは、その現象の変化をうまく予測できるとき、あるいは、ある目的を達成するために、その変化をコントロールできるとき、である」（p.35）。

仮説演繹法についての以上の説明をふまえて、次に、人間行動についての行動主義的説明と、仮説演繹法との関係を見ていこう。以下で示すように、論理実証主義のメタ理論に現れる、知識の進歩についての語り（narrative）は、

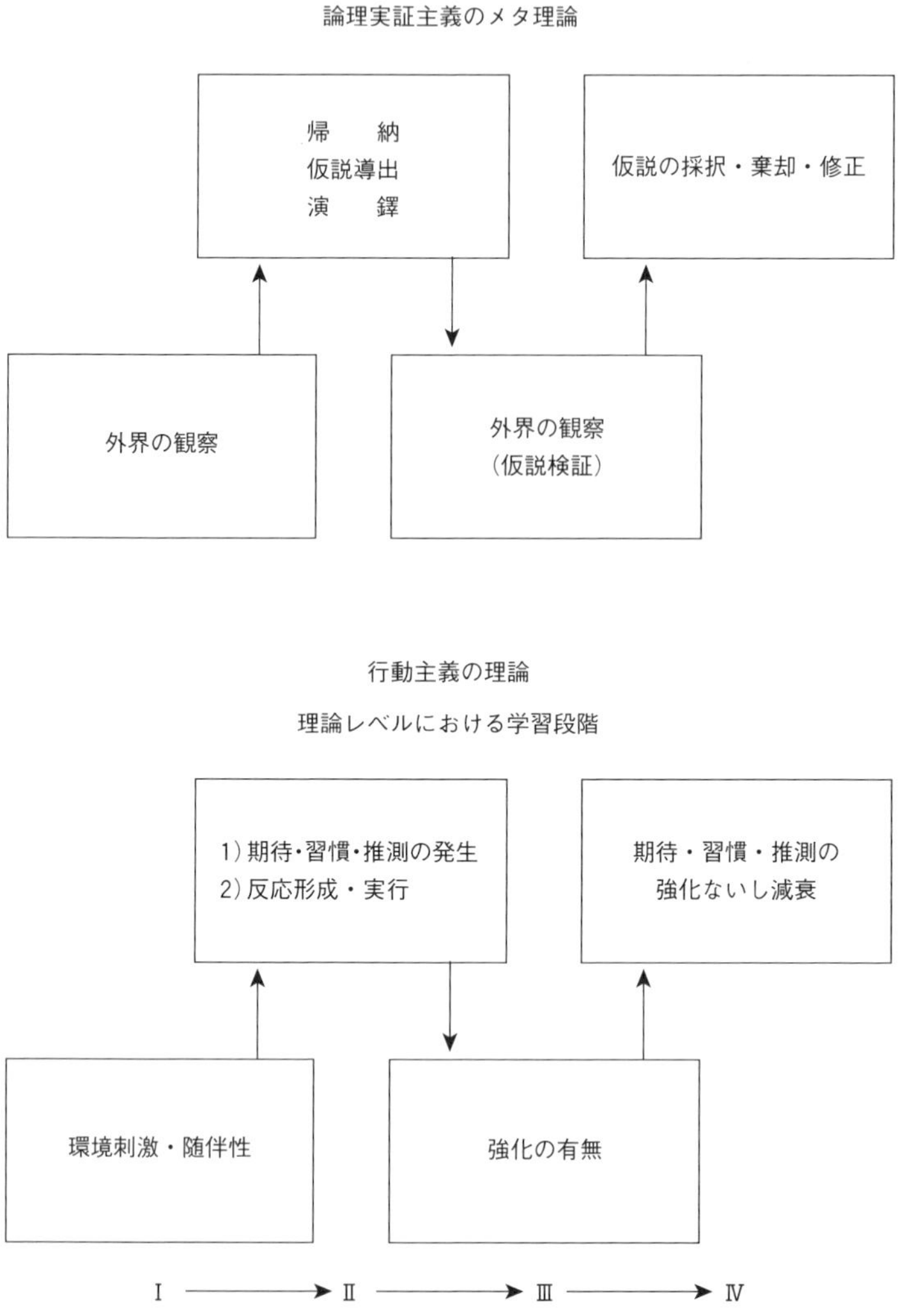

図1.3　科学知の進歩（論理実証主義）と学習過程（行動主義）の類似性

人間の学習についての行動主義的説明にも現れている。すなわち、心理学者が、理論的先入観に左右されることなく――少なくとも、そう信じて――、人間行動の性質を「観察」し、「発見」しようとする（つまり、知ろうとする）とき、その心理学者は、すでに、「知ること」についての理論を「導き出して」しまっているのであり、心理学者の研究活動は、その「知ること」についての理論によって正当化されているのである。

次のように考えてみよう。まず、行動主義の理論には、強固な環境決定論的バイアスがある。行動主義の観点からすれば、人間の行動とは、環境からの入力によって導かれ、統制され、刺激を受けた、一連の「反応」である。かくして、行動主義理論のレベルにおける「刺激入力」は、論理実証主義的メタ理論のレベルにおける「外界の性質」に相当する概念にほかならない。すなわち、人間行動の主要な決定因としての刺激入力は、メタ理論における外界の性質――理論構築を促す刺激としての性質――と、事実上、同じ機能をもつ（図１・３を参照）。

次に、観察と論理のプロセス（フェーズⅡ）に関しては、行動主義における二つの主要なパラダイム――急進的行動主義と新行動主義――を区別しなくてはならない。ワトソンやスキナーのような**急進的行動主義者**は、徹底的に「科学的」たらんとし、観察可能なもののみを研究対象とし、心的状態のような仮説的領域についての陳述を回避した。したがって、急進的行動主義にあっては、仮説演繹プロセスの第二段階が何を意味するのかは、一見、明らかではない。心的過程において「観察」や「論理」に対応するものを明らかにするのは困難だからだ。しかしながら、第二段階は、有機体の内的動作に関する記述ではなく、行動として示される結果の記述に現れる。すなわち、合理的思考が生じる内的過程については何も言えないが、人間は適応価を最大化するように行動する――すなわち、合理的に行動する――というわけだ。ワトソン（Watson, 1924）が言うように、「人間は、他のどの哺乳類よりも未熟な状態で誕生するが、後天的に獲得する習慣ゆえに、非常にすばやく学習し、他の動物たちを凌駕する」（p.224）。さらに、スキナー（Skinner, 1971）は、次のように述べる。「オペラント条件づけの過程は、……自然淘汰を補うものである。重要な結果をもたらす行動であっても、環境の中で十分に安定したものでなければ、進化に貢献することはできないが、それは、個人の人生において、オペラント条件づけを通じて有効なものとなりうる。このようにして、その個人が世界を扱う能力が大幅に増大する」（p.46）。実際、急進的行動主義者は、いかなる心的過程も特定しないけれども、人間行動を、合理的で問題解決的なものとして記述する。かくして、仮説演繹法の第二段階は、暗黙のうちに理論に組み込まれているのである。

論理実証主義的メタ理論の制約が緩和されることにより（Koch, 1966）、急進的行動主義は、徐々に、新行動主義の理論（S―O―R理論）に道を譲っていった。なぜならば、初期の論理実証主義の教義、すなわち、理論言語と現実世界の観察との正確な対応を最重視する教義には、あまりにも制約が大きいことがわかったからだ。そもそも成熟した科学にとっては、観察可能な現象を直接には指示しない理論言語こそが重要である。例えば、「重力」「力の場」「磁力」などの用語は、どれも自然科学の領域では非常に有用であるが、直接観察可能な指示対象をもたない。メタ理論のレベルにおけるこの制約緩和によって、心理学は、「仮説的構成体」（MacCorquodale and Meehl, 1948）の概念を手に入れることができた。仮説的構成体とは、刺激と反応を媒介する仮説的な心的状態を指す概念である。こうして「心」について語る道が開かれ、行動主義者は、論理実証主義のメタ理論の中心である観察と論理のプロセスに機能的に対応する用語を用いることができるようになった。例えば、クラーク・ハル（Hull, 1943）は、「習慣強度」「誘因強度」「抑制ポテンシャル」などの用語を、所与の状況に対して適切な反応を生起させるメカニズムを説明するために使用した。また、期待―価値理論（Rotter, 1966; Ajzen and Fishbein, 1980）では、理論レベルにおける「期待」は、メタ理論レベルにおける「仮説」と同等のものとして使用された。さらに、社会的学習理論のアルバート・バンデューラ（Bandura, 1977）は、同じく「期待」という概念を使用するとともに、「暗黙の問題解決」「思考による検証」などの過程を、心理学の概念レパートリーに付け加えた。

論理実証主義のメタ理論においては、知識獲得の第三ステップは仮説検証であるが（図1・3）、学習理論は、その代わりに強化の概念を用いる。スキナー（Skinner, 1971）、ソーンダイク（Thorndike, 1933）、バンデューラ（Bandura, 1977）のような学習理論家によれば、強化とは、ある反応パターンを選択・維持し、その他の反応パターンを「消去する」ことである。その際、選択・維持される反応パターンは「適応的」と言われ、消去される反応パターンは「非適応的」と言われる。この意味において、仮説検証は、強化と同じ機能を果たしている――複数の行為の中から、適切なものを指定する、という意味において。このように見てくると、仮説演繹法の第四ステップ、すなわち、理論の拡張と修正の段階が、スキナー派の言う「行動形成」過程の後の段階、あるいは、より認知主義的な学習理論の言う「期待確認」過程の一段階に対応していることがわかる。いずれの場合においても、個人の心的機能が、徐々に環境に適応していくものとみなされている。このように、仮説演繹システム全体が、行動主義の様々な学習理論の中に現れている。

以上の議論の結論として、クラーク・ハルの『行動の原理』からの引用に優るものはないだろう。ハルは、科学の本質にまずふれ、仮説演繹法について詳しく述べている（文章の前の番号は、図1・3の各段階を示す）。

Ⅰ　科学の原理や公準は、鋭い推測を伴う経験的観察によってもたらされる。その原理や公準に立脚し、先行する諸事象との結びつきの可能性をも考えることによって

Ⅱ　推論や定理が得られる。それらの中には、当該状況における経験的結果と一致するものもあれば、一致しないものもあるだろう。観察された結果と一致する論理的演繹を与える命題群は

Ⅲ　維持され、一致しないものは棄却されるか修正される。この試行錯誤の過程が進むにつれて、少数の主要な原理が次第に絞られてくる。それらの

Ⅳ　原理の内容は、次第に、観察と一致するようになる。こうして生き残った命題群からの演繹は、百パーセント確実とまでは言えないにせよ、非常に信頼のおけるものとなる（Hull, 1943, p.382）。

科学についてのハルの見解と、ハル自身の学習理論との間には、顕著な類似性がある。ハルは、自分自身の学習理論を、次のように要約している（ここでも、文章の前の番号は、仮説演繹モデルの各段階を示す）。

多くの実験によって示されているように、基本的な学習過程の内容は、次のようなものである。すなわち、ある欲求の条件が存在し、…（略）この条件は、

Ⅰ　環境からの刺激エネルギーによって触発される。このことは、…（略）

Ⅱ　適応的であるかもしれない多くの反応ポテンシャルを活性化する――そのポテンシャルは、有機体の進化によって規定される。こうしたランダムな（一連の）反応が、その時点で支配的な欲求の低減をもたらすならば、間接的な効果、すなわち、

Ⅲ　強化として知られる効果が生じる。すなわち、（1）もともと反応を媒介していた、特定の受容器―効果器の結合が強められ、（2）すべての受容器が解放される傾向が見られ、ほぼ同時に、問題の反応を媒介する効果器との間に、新たな結びつきが形成される。（1）は、基本的な試行錯誤型学習として知られているものであり、（2）は、条件反射型学習として知られているものである。結果として、同じ欲求が、同一の、ないし、類似の状況で再び生じたとき、刺激は同じ効果器を、最初のときよりも、より確かに、より速やかに、より強力に活性化する。こうした活動は、

Ⅳ　適応的には絶対確実なものではないが、長い目で見れば、学習に基づかない偶然の反応を積み重ねるよりも、確実に、欲求を低減させるだろう。かくして、こうした受容器―効果器結合の獲得は、概して、生存に役立つ――すなわち、適応的となる（Hull, 1943, pp.386-387）。

このように、科学と人間の学習過程には、類似性がある。行動主義の学習理論は、科学のメタ理論を模写しているのである。

二十世紀前半の数十年間、メタ理論と理論は、ともに、主流の方法論ともシンクロナイズしていた。言うまでもなく、観察的手法、とりわけ、統制された実験は、それ自体、経験主義哲学によって支持されていた。心理学は、現実世界の性質――論理実証主義にとっての「物質的先行事象」、行動主義理論にとっての「刺激世界」――を、「独立変数」という概念で、方法論的言説の中に取り入れた。実際、実験条件は、有機体とは独立に存在し、実験条件における有機体の行動に論理的に先行するものとされた。すなわち、独立変数の操作は、有機体の行動を方向づけ拘束する因果の力から独立しているとされた。他方、有機体の「結果としての行動」は、「従属変数」――独立変数の操作によって引き起こされ、それゆえ、独立変数に従属する――の概念によって捉えられた。すなわち、方法論的言説における従

属変数は、論理実証主義的メタ理論における「物質的結果事象」、行動主義理論における「行動反応」にほかならない。実際、実験で何が生じたかの説明は、実験状況を記述する用語の選択と相俟って、当時のメタ理論的、理論的観点と十分に共鳴し合うものであった。すなわち、論理実証主義のメタ理論は、機械的に関係する実体からなる秩序ある世界を想定し、実験的方法論は、因果関係を正確に特定することを保証し、結果として得られる人間行動の理論は、人間の行動がその先行条件に依存することを示していた。かくして、行動主義の時代には、メタ理論、理論、方法論は、緊密に結びついていたのである[7]。

（2）批判フェーズ：中核的命題群の衰退

行動主義の時代——相互支持的な言説群の時代——に広く浸透していた楽観論や使命感は、今日ではほとんど残っていない。論理実証主義のメタ理論、行動主義の理論、実験的方法論の言説が、その後、厳しい批判にさらされたからだ。すなわち、これら三種類の言説すべてが、理論の転換過程における批判フェーズに突入したのだ。まず、メタ理論のレベルでは、論理実証主義は、常に、哲学の領域内部でよりも、他の領域に翻訳される中で、高く評価されていた。哲学において、長期にわたって論争の焦点だったのは、科学における個人的経験の位置づけの問題、物質的事象と経験との関係をめぐる問題、観察対象と言語との結びつきの可能性をめぐる問題などであった。しかしながら、二十世紀半ばから、科学哲学において、論理実証主義は、痛烈な批判を浴びせられるようになった。経験主義の前提すべてに対して、容赦のない批判が加えられた——伝統的な分析的言明／総合的言明の分離に対する批判（Quine, 1953）、理論構築法としての帰納法に対する批判（Hanson, 1958；Popper, 1959）、証明の論理についての批判（Popper, 1959）、操作的定義の可能性についての批判（Koch, 1963）、言葉と対象との関係についての批判（Quine, 1960）、理論的理解と予測の相互依存性についての批判（Toulmin, 1961）、競合する理論の共約可能性についての批判（Kuhn, 1962）、事実と価値の分離に対する批判（MacIntyre, 1973）、理論負荷的でない事実の可能性についての批判（Hanson, 1958; Quine, 1960）、科学的手続きの基本的合理性に対する批判（Barrett, 1979; Feyerabend, 1976）、理論の反証可能性についての批判（Quine, 1953）、科学的知識の中立性に対する批判（Habermas, 1971）、法則モデルの人間行動への適用可能性についての批判（White, 1978）などである。今や多くの哲学者が述べているように、科学的知識の哲学は、**ポスト経験主義の段階**に入っている（Thomas, 1979）。すなわち、いくつかの取るに足らない例外を除けば、科学を根本的に合理的なものとみなそうとする試みは、概ね消滅している[8]。

理論のレベルでは、心理学において、行動主義に対する全面的な攻撃が展開された。初期の批判の多くは、シグムント・コッホ（Koch, 1963）を中心とするものであった。それらの批判には、媒介変数（すなわち、S—O—R理論）による説明に対する批判、仮説的構成概念と観察対象との結びつきについての批判、実験の理論検証能力への過信についての批判、行動法則の一般性についての批判、などが含まれる。その後、学習法則の種間一般性という行動主義者の仮定に対する批判、行動原理を歴史依存的とする批判、行動主義理論のイデオロギー性についての批判などが、次々と提起された。

中でもとりわけ劇的な影響力をもったのは、生得主義に基づく批判である——それは、人間行動が、刺激入力からだけでは決して説明できないと主張する限りにおいては、一九三〇年代のゲシュタルト心理学による批判と共通していた。例えば、チョムスキー（Chomsky, 1968）が見事に示したように、言語使用の能力は、原理的に、環境からの強化によっては導かれえない。また、ピアジェ（Piaget, 1952）らによれば、抽象的思考能力は、学習によって獲得されるものではなく、子供の自然な発達によるものである。より一般的に言えば、有機体は、固有の生得傾向——情報を探索し処理する傾向、仮説を立てる傾向、目標に向かう傾向など——を備えていることが主張された。こうした議論の出現により、一方向的な因果関係——刺激→反応という因果関係——の連鎖という考え方も崩壊した。そして、多くの点で、有機体はそれ自身の自律的な行動原因をもっていると主張された。

経験主義のメタ理論、および、行動主義理論が衰退するのに伴って、実験的方法論への批判も広がった。初期の批判では、実験結果が、実験者によるバイアスや、実験者の要求特性の影響を受けていることが強調された（Rosnow, 1981の要約を参照）。それとともに、実験操作の倫理上の問題（Smith, 1969; Kelman, 1968）、被験者に対する実験者の操作的態度の問題（Ring, 1967）、実験の生態学的妥当性の問題、実験結果が熟練した演出の産物だとする批判（McGuire, 1973）などが提起された。さらに、批判心理学やフェミニズムなどは、イデオロギー批判の観点から、実験が、資本主義社会や男性中心社会に固有の支配と統制のシステムを複製していると論じた（Hampden-Turner, 1970；Reinharz, 1985）。現在、心理学の中心的な研究者コミュニティでは、実験に代わる新たな研究方法が模索されている――それには、フィールド研究、質的研究、事例研究法、対話的研究法、などが含まれる。

（3）転換フェーズ：コンセンサスなき認知主義の時代

見てきたように、行動主義の全盛時代に形成された、メタ理論と理論と方法論の緊密な協力関係は、綻び始めている。論理実証主義のメタ理論、行動主義の理論、実験の方法論は、すべて、多くの批判にさらされている。今や、理論的転換のための批判フェーズは、十分に熟した観がある。しかし、はたして心理学は転換フェーズに突入し、新たな中核的命題群が作り出されたであろうか？　心理学の現状はいかなるものであり、将来はどうなるのであろうか？　こうした問題を考えていくには、意味の四角形（図1・1）に立ち戻るのが有効だろう。以下、述べてきたような批判をふまえた上で、新たな中核的命題群を位置づけ、理論的転換の可能性を模索しよう。

まず、メタ理論のレベルでの転換可能性を考えてみよう。経験主義の衰退によって、批判勢力の知的世界から新たな科学哲学が生まれるとしたら、それはいかなるものであろうか？　私の考えでは、反経験主義の主な主張は、三つのカテゴリーに分類できる。第一は、**パラダイム内の批判**、すなわち、経験主義的メタ理論の前提のいくつかを修正するが、科学が根本的に合理的であるという前提は堅持しようとする立場である。こうした立場の代表が、ポパー（Popper, 1963）の議論である。ポパーは、伝統的な経験主義の帰納主義的前提を痛烈に批判したが、それを「批判的合理主義」で置き換えることによって科学の合理性を堅持しようとした。ラカトシュ（Lakatos, 1970）、ローダン（Laudan, 1977）、バスカー（Bhaskar, 1978）の議論も、いくつかの点で議論の余地はあろうが、このカテゴリーに位置づけることができよう。すなわち、彼らは、経験主義の前提のいくつかを否定する一方で、主客二分法のようなキー概念を保持し、同時に、超越論的合理性を探求し続けている。実際のところ、こうしたパラダイム内の批判では、私の考える急進的な理論的転換に至ることはないだろう。

第二の批判は、批判フェーズに織り込まれた「**経験主義―合理主義」の二分法に基づく批判**、すなわち、経験主義に伝統的に対立する観点――合理主義――から導出される批判である。周知のように、西洋における「知ること」についての諸理論の歴史は、人間の知識が経験的な入力によって作られるとする説明と、精神こそが知識の源泉であるとする説明との間を、振り子のように往復してきた。経験主義の伝統をくむ哲学者――ロック、ヒューム、ミル――によれば、個人の知識は、大部分、環境の経験から形成されるものである。すなわち、個人が知識を得るのは、観察を通じてであって、現実世界との経験的接触なしには、知っていると言えることはほとんどない、とされる。他方、合理主義の伝統をくむ哲学者――スピノザ、デカルト、カント――によれば、人間の心に固有の性質こそが、知識の発達にとって必須とされる。すなわち、生来の理性――世界を編制する能力――がなければ、知識を所有していると信じることなどできない、とされる。これらの議論を受けて、論理実証主義の科学哲学は、伝統的な経験主義を改良し、二十世紀の科学哲学を作り上げた。したがって、述べてきたような経験主義―合理主義の二分法をふまえるならば、合理主義陣営からの批判が期待できるだろう。例えば、ハンソン（Hanson, 1958）やクーン（Kuhn, 1962）の議論は、ある意味で、合理主義の伝統に基づいたものである。すなわち、ハンソンによれば、心の概念は、外的事実の同定に先行しなくてはならない。また、クーンによれば、パラダイムシフトは、ゲシュタルト・シフトと似ている――それは、データによってではなく、固有の心的傾向によって生じる。

合理主義に基づく批判の言説は、科学的知識についての新たな理論に結実するだろうか？　面白いことに、合理主義の前提を徹底的に拡張して、新たな知識の理論を作り出そうとした哲学者はいない。私の考えでは、この可能性は、過去三世紀にわたる哲学的論争の結果、実質的に不可能になっている。中でも、唯我論の問題、生得的知識の問題、物心二元論、政治的保守主義の問題（第5章を参照）によって、こうした探求は挫折してきた。実際、経験主義が、合理主義的な基礎づけ主義によって覆されることは、ありそうにない。

メタ理論のレベルにおける第三の批判は、上述の二つの批判とは**全く次元を異にする立場からの批判**、すなわち、論理実証主義とも合理主義とも異なり、両者をまとめて一極に置いたときに、その対極となるような立場からの批判である。この批判は、最も効果的でないが、同時に、最も効果的でもある。すなわち、この批判は、支配的な中核的命題群の関心に合致するようなやり方でアピールしなければ、効果がない――実際、しばしば、何を言っているのかわからない、本筋から脱線している、対話に乗らない、などとみなされるという点で、最も非効果的である。しかし、同時に、この批判は、次の場合、最も効果的でもある——（1）批判対象が、自分を擁護する手段をほとんどもたない場合、（2）批判が、既存の観点に対して、有意義な観点を新たに与える場合、である。例えば、経験主義にとって、合理主義からの批判は、事実上、儀式的なものである——議論と反論の応酬は何世紀にも渡って繰り返され、にもかかわらず、「新たな議論の展開」はほとんど生じなかった。批判的言説（すなわち、合理主義）の中核的命題群は、よく理解されているし、その欠点も明らかになっている。しかしながら、この二項対立の外部からの批判の場合、こうしたことは当てはまらない。なぜならば、批判に対する反論が十分に準備されてこなかったからであり、新たな中核的命題群からの批判が、既存の中核的命題群の理解を超えているからである。

全く次元を異にする立場からの批判として、二つの批判——イデオロギー批判と社会的批判——に注目してみよう。イデオロギー批判は、経験主義に内在する道徳的・政治的バイアスに注目する。例えば、マッキンタイア（MacIntyre, 1981）とハーバーマス（Habermas, 1971）は、「知ること」についての経験主義的概念が、人類の幸福にとって有害であると指摘している。実際、経験主義的概念は、道徳的・政治的基準で吟味することができない——経験主義が、道徳的・政治的バイアスから免れていることを示す手立てがない。事実、経験主義者は、道徳的・政治的善をめぐる対話に参加することを、周到に避けてきた。社会的批判も、イデオロギー批判と同じく効果的である。社会的批判とは、科学の中核的命題群を生み出す様々な社会的過程に注目する立場である。例えば、クーン（Kuhn, 1962）は、パラダイムへのコミットメントの共同体的基盤を強調し、科学的知識が社会に根拠をもつことを論じている。同様に、ファイヤアーベント（Feyerabend, 1976）も、合理性が、文化的伝統の一形態であることを明らかにしている。ここでも、こうした批判に対して、経験主義者は、十分反論することができなかった。実際、経験主義陣営からなされた反論は、面白くない、建設的でない、ズレているなどといった、およそ的外れな反論ばかりであり、そのことがかえって、社会的過程に基づく理論が「知ること」についてのもう一つの理論として浮上する土壌を作ってしまった。次章で、われわれは、イデオロギー批判を他の知的批判とともに社会的批判に統合し、「知ること」についての新たな理論——**社会構成主義**——を提示することになる。重要なことは、経験主義と合理主義のどちらも、新たに構成される二項対立の極とはならないことだ。経験主義も合理主義も、「頭の中の知識」という概念を自明視している。それに対して、新たな立場（社会構成主義）は、知識が**共同的関係の産物**であることを主張する。

哲学者が経験主義に代わる有力な基礎理論を打ち立てることができないのと対照的に、心理学は、急速に理論的転換を果たした。大まかに言えば、その理由は、行動主義に対する批判が、伝統的な「経験主義―合理主義」の二項対立を前提とし、もっぱら、合理主義に依拠してなされたからである。批判者は次のように言う――行動主義の理論は、人間に固有の理性を考慮することもできないし、思考過程の領域を考察することもできないし、意識や意図の問題を扱うこともできない。これらの批判はすべて、合理主義の枠内からの議論である。

さて、われわれにとって最も重要なのは、心理学においては、こうした批判の前提が明らかにされたために、批判が、新たな存在論へと転換したことである。例えば、チョムスキー（Chomsky, 1968）は、言語獲得（を含む、人間の行為一般）は、環境からの強化によって理解することはできないと論じ、行動主義批判に重要な貢献を果たした。チョムスキーが、子供が上手に文章を構成する際に見せる抜群の柔軟性を、生得的傾向――文法的知識の「深層構造」から説明していたまさにそのとき、合理主義の存在論も形成されつつあったのだ。その後、この合理主義の存在論は、現在で言う「認知革命」に結実した。認知主義は、例えば、スキーマ、情報処理、環境走査、スキーマ駆動型記憶など、個人の「心」に内在するメカニズムを研究の俎上に乗せ、合理主義哲学の現代バージョンとなった。このように、心理学理論の転換は、事実上、完了している――行動主義から合理主義へと。

最後に、方法論のレベルについて見ていこう。方法論は、論理実証主義のメタ理論と同じような軌跡をたどっている。すなわち、実験的手法に対する確信が弱まった一方で、批判は、広く信頼を得ることのできる代案を提出できていない。[9] 転換が失敗してきた主な理由は、実験に対する批判の多くが「パラダイム内」の批判だったことである。すなわち、実験に対する攻撃――外的妥当性の欠如の問題、実験者効果や要求特性の問題、倫理的不適切性の問題――は、どれも、実験そのものの原理的困難性を指摘するものではない――実験による知識生成の可能性については疑いがもたれていない。こうして、実験に対する批判は、実験を無意味であるとして放棄するのではなく、実験の効率性を改善する方向へと向けられた――例えば、現場実験、二重盲検法、研究倫理委員会の設置などは、こうした試みの例である。

さらに、方法論を転換させようとするこうした試みは、ある共通の問題に直面する。すなわち、理論を保証する装置としての方法論概念そのものが、「方法による真実の発見」を強調する経験主義の伝統と、分かち難く結びついているのである。それゆえ、フェミニズム、現象学、解釈学などにおいて、経験主義の方法に変わる新たな方法を模索している者は、その新たな方法が経験主義の厳密な基準――妥当性、信頼性、中立性、など――に適合していることをなんとかして示そうとしている。なぜならば、こうした（経験主義の）基準を満たさない限り、科学者集団に、自分たちがまさに科学的研究をしていることを認めさせることができないからだ。例えば、対話的方法論――被験者と科学者との対話から、新たな洞察を得ようとする方法論――は、「科学的」方法の道具としては信頼されていない。そして、もちろん、（新たな方法論が）経験主義的方法と同等であると示そうとすれば、一般に、経験主義的方法の批判という目標は達成できなくなる。例えば、質的調査が、質問紙調査や観察法と同じくらい厳密であることを示そうとすれば、経験主義的な科学の概念を暗黙のうちに認めてしまうことになる。

他方では、「合理主義的方法論」とでも言うべき方法論も生まれていない。すなわち、個人が生まれつき合理的で、情報を求め、概念を記憶するという観点を、科学的実践のレベルにまで拡張したときに、いかなる方法論が帰結するのかを、誰も探求してこなかった。行動主義の時代には、心理学は、個人を、一人の科学者とみなしていた――市井の人々は、専門的な科学者と比べて、単に系統的でなかったり、厳密でなかったりするだけであった。そこでは、科学と人間の心理は、一つの一貫した全体を形成していた。しかし、認知主義の全盛時代には、そのような一貫性を生み出そうとする試みはなされなかった――人間行動についての支配的な見解を真剣に考慮して、科学的知識の本質が探求されることはなかった。その結果、現在、実証的方法論――これは、論理実証主義的メタ理論と行動主義の理論に親和的である――と、認知主義の理論との間に、奇妙な乖離が生じてしまっている。

この方法論と理論の乖離は、一貫性がないと皮肉を言って済まされるものではない。認知主義による人間行動の概念化は、まさに、実証的方法の正当性を破壊する。すなわち、認知過程は遺伝的に決定されており、「トップダウン」で作動する――個人は、生得的構造を基盤として、情報の選択・分類を行う――という認知主義の主張は、個人が外界についての正確な知識をもつことができないことを意味する。なぜならば、この場合、個人が世界についてもつ表象は、経験――「外界」に存在するもの――によってではなく、認知システムそのものの要求によって規定されると考えられているからだ。[10] 人間行動についてのこの観点を、科学的実践のレベルに当てはめて考えると、科学者が「自然についての権威」という信頼を失ってしまうことがわかる。すなわち、実験的手法は、「認知的バイアスを矯正する」ことはできないことになる。なぜならば、実験者といえども、不可避的に、認知システムに要請されるやり方で研究を遂行するしかないからだ――例えば、既定のスキーマに従って実験を行い、その人の情報処理傾向に正確に従ってすべてのデータを解釈するしかない。さらに、実験者は、実験的操作と統制について正当化することができなくなる。なぜならば、認知理論の観点からすれば、被験者は、実験条件の何に注目し何を無視すべきかを決定する認知過程を、実験にもち込むからだ。他方、実験者の側は、被験者の行動を、自分がそもそももっているスキーマと合致するように解釈する。かくして、「独立変数」「従属変数」という論理の全体が無意味化してしまう。要するに、認知心理学は、自分たちの理論が、理論の経験的吟味の可能性を否定してしまうという、やっかいな状況にあるのだ。逆に言えば、実証的方法に依拠することは、論理的には、認知革命を基礎づけている人間観そのものの否定を意味するのである。

第5節　「頭の中の知識」という観念は衰退するか？

本章では、「頭の中の知識」という、長い間自明とされてきた観念に疑問を唱えてきた。この観念は維持できるのだろうか？　世界状況の変化を考えるとき、確固とした観念のままであり続けるのだろうか？　われわれは、科学としての心理学の状況を明らかにすることによって、この疑問に答えようとしてきた。なぜならば、心理学は、「知ること」について、最も系統的に知識を生み出してきた学問領域だからだ。見てきたように、知識をめぐる心理学の主流は、この一世紀の間に大きく変化した。すなわち、心理学の理論は、行動主義から認知主義へと大きく転換した。しかし、図1・4に示すように、この転換は莫大なコストを伴うものであった。

行動主義は、その主張と完全に調和した言説的文脈の中から登場した。すなわち、行動主義は、支配的な科学哲学によって強く支持されたし、方法についての適切な言説にも恵まれていた。その後、論理実証主義のメタ理論も実証的方法論も衰退したが、「頭の中の知識」という観念を支持する有力な後継理論は、未だ現れていない。そのため、今日の認知理論の立場は、不安定である。というのも、認知理論の知識観は、それを支持する科学哲学（メタ理論）をもたず、また、その基本的前提と相反する方法論に依拠しているからだ。実際、認知心理学は、理論を支持する二つの主要な言説形式を奪われている――認知理論の合理性を正当化してくれる科学哲学、および、理論が真実であることを適切に保証してくれる方法論の二つの言説を。

こうしてみると、認知主義は、ほどなく十九世紀の心理主義と同じような運命をたどると思われる。もちろん、それを支えるメタ理論的・方法論的基盤がなくても、認知主義が自己維持的に存続することはありうる。私の考えでは、現在の認知主義の隆盛は、コンピューターとの連携によるものである――コンピューターは、認知理論のメタファーであり、技術的な検証を支えてもいる。実際、認知過程をコンピューターの機能と同一視したり、コンピューターを人間の意思決定過程のモデルとして用いたり、コンピューター・モデルの成功は人間の精神がまさにそのように機能していることを示すと結論したりすることによって、認知心理学は、自らの研究活動をうまく正当化してきた――たとえ、それが悪循環であるにせよ。こうして、様々な領域が自給自足で存続しているのが、現在の心理学のアカデミックな風景なのである。それぞれの領域でコミュニケーションすることもなく、もっぱら、自己の世界観にしがみついている。

しかしながら、認知主義が心理学における確固とした主導的立場になれるかといえば、その可能性はきわめて低いだろう。本章で分析したように、認知主義の主張を明確にすれば、その否定の条件が構成されてしまうからだ。そして、その否定が次第に明瞭になるにつれて、否定に抵抗する力は失われていくだろう――確固とした事実が措定不能なこと、認知主義を基礎づける哲学がないこと、前世紀の哲学論争をふまえれば、堅持できる前提もほとんどないことが明らかになるだろう。現在でさえ、コンピューター・メタファーは、多くの批判にさらされている。第5章で述べるように、今や、自己批判的文献が山積し、認知主義のパラダイムは、内部崩壊しようとしている。

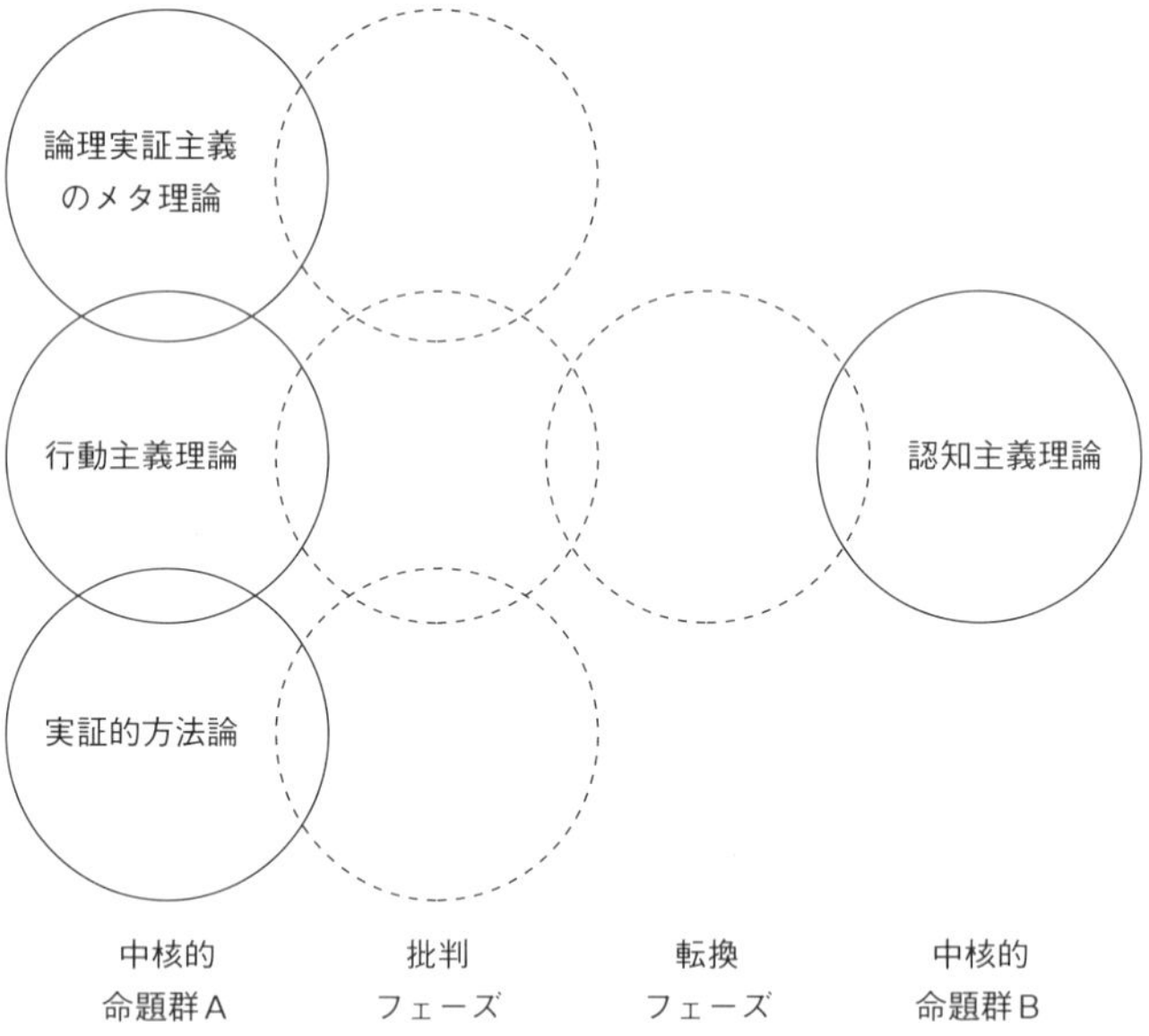

図1.4　孤立無縁の認知主義理論

では、新たな批判フェーズに突入し、何らかの形態の行動主義への回帰が生じるのであろうか？　心理学のこれまでの歴史――十九世紀の心理主義、二十世紀の行動主義から認知主義へ――を考えてみれば、このような回帰はありうることである。あるいは、経験主義と合理主義との間に生じた哲学論争――何世紀にもわたって繰り返され、何の解決も見なかった論争――を思い出してみても、行動主義への回帰はありえない話ではない。では、なぜ、理論がこれ以外の方向――行動主義―認知主義、経験主義―合理主義以外の振り子――に振れることがないのだろうか？　思うに、そのような新たな方向性は、タブー視されているのだ。新たな方向に踏み出すには、まずもって、行動主義がすでにさらされてきた批判――パラダイム内の批判、合理主義の立場からの批判、イデオロギー批判と社会的批判――を乗り越える道を示すことが必要だろう。また、本章の分析が示唆しているように、人間行動の新しい観点を支える科学哲学が存在しないのも問題である。さらに、昨今の知的潮流の変化、すなわち、「頭の中の知識」から知識の共同的構成へという変化のきざしを、推し進めていく必要もあろう。今やわれわれは、啓蒙思想の遺産と「経験主義—合理主義」の二項対立を乗り越えなければならない。次章からは、この問題を探究していくことにしよう。

注

［1］科学としての心理学と論理実証主義の結びつきの展開については、Koch（1963）、Toulmin and Leary（1985）を参照。

［2］もちろん、いかなる場合であれ、中核的命題群の相互支持の程度を決定するプロセスには、他にも多くのものがある。例えば、支持は、共有された前提に基づくだけでなく、派生物の類似性に基づくかもしれない。すなわち、もし類似の結果（インプリケーチャー）が、全く独立している（ないし、対立さえしている）二つのシステムによって好まれるならば、その二つのシステムは、相互支持的に作用するだろう。

［3］超心理学（parapsycology）は、おそらく、心理学から排除された最も典型的なケースだろう。宗教心理学、実存心理学、人文主義的心理学、現象学的心理学も、ほとんど受け入れられなかった。さらに、臨床心理学も、支配的なメタ理論と方法論から切り離されたため、「正しい心理学」の一員であることが疑われるようになってきている。

［4］こうした言説的交換の基準を明示する試みとしては、van Eemeren and Grootendorst（1983）を参照。

［5］言説の様相が、すべて、潜在的には論争的かどうかは——例えば、マレーシアの歴史の評価が、星の運動の理論に疑問を付したように——、興味深い問題である。その際、論争が意義あるものであるためには、相互に共通する前提が必要である。例えば、経験主義と合理主義が何世紀にもわたって論争を続けてきたのは、基本的に、両者が「頭の中の知識」という観念を共有し、それが文化的に重要な意味をもったからである。存在論や価値観をめぐって、このように実質的な合意がなければ、論争はほとんど不可能だろう。つまり、一般的に言って、差異は、共通性の維持に依拠して存立する——否定は、肯定に基づく否定なのである。

［6］クーンの説明において同時に問題なのは、理解における「ゲシュタルト・シフト」というメタファーである。このメタファーは、単一の図が両立不可能な二通りの見え方をする——図と地が相互に反転する——という、錯視の研究に基づいている。しかし、理論は、本質的に、言語による産物である。そうすると、このメタファーは難問に突き当たることになる。すなわち、いかにして知覚レベルのシフトが言語に影響するのか（逆も同様）？　知覚の変化は、必然的に、世界についての説明を変化させるの

か？　音声と記号（つまり、言語）の変化は、われわれの知覚を変化させるのか？　実際、これらの問いに答えることは難しい。Kuhn（1977）は、その後、説明を改訂しているが、その説明も同様に認め難い。すなわち、クーンは、その後の改訂において、経験主義的な基礎づけ主義に代えて、いわゆる「エピステーメーの価値群」にパラダイムシフトの根拠を求めている。クーンによれば、予測の正確さ、説明の包括性、内的一貫性などの伝統的基準は、理論を評価する際の基準になるかもしれないが、それは、そうした基準が人々にとって価値をもつ限りでのことである。このように価値の問題を考慮に入れている点で、クーンは、科学の合理主義の一歩手前で踏みとどまっている。しかしながら、個人主義に基づいている点（価値を選択するのは個人とされている）、記述の正確さの判断基準を想定している点で、批判を免れないだろう。

［7］当時における、理論的言説、メタ理論的言説、方法論的言説の相互支持の影響を理解するには、実験手続きをめぐる一般的な見解を、他のありうる見解と対照させてみるのがよい。例えば、ある形而上学的立場にコミットしているからこそ、「独立変数」が「原因」であると言うことができる。しかし、同様に、「刺激条件」を「アフォーダンス」とみなすこともできるし、「知覚上の」を「現実の状態」や「儀礼的ダンスへの招待」に対立するものとしてみなすこともできる。要するに、「実験は因果関係の証拠となる」と言うことには、レトリカルな利便性以上の意味はないのである。

［8］Feyerabend（1976）の経験主義批判は、強力ではあるが、ある意味で、経験主義を擁護してしまってもいる。彼は、科学が「事実として」どのように進歩するかを信じる中で、ある一定範囲の客観的事実の存在を前提にしてしまっている。たとえ一定範囲であるにせよ、客観的事実の存在を前提にすることは、客観的観察による事実認定を批判する彼の立場とは矛盾する。

［9］次章で見るように、この十年ほどの間に、方法論について多くの代案が提起された——フェミニズム的方法論、対話的方法論、反省的方法論、など。しかしながら、これらは既存の二項対立の内部に位置づけられるものではない。そうではなくて、これらは、人々と科学の両方についての観念を変化させ、伝統的な二項対立を廃棄することを目論むものである。

［10］認知過程を（受動的ではなく）能動的なものとして、ないし、決定力のあるものとして見ることは——すなわち、認知過程に固有の傾向や要求があるとみなすことは——、認知主義運動の最も初期の頃からの特徴である。例えば、Miller, Galanter, and Pribram（1960）では、個人の行動は、活動の構造を階層的に秩序づけている内的プランによるものとされている。以来、鋳型を**マッチングし**、特徴を**検出し**、選択的に**注意を向け**、メンタルモデルを**構成し**、情報を**処理する**過程は、すべて、認知理論において中心的役割を果たしてきた。これらのプロセスはすべて、外界そのものによっては規定されないという意味において、基本

的なプロセスとみなされた。広く用いられている認知スキーマ概念は、その典型である。スキーマは、「プラン、概略、構造、フレームワーク、プログラムなどと同じ意味で使われてきた。これらすべてが前提しているのは、スキーマは、認知的で心的なプランであるということだ——それは、抽象的であり、行為の指針として、情報を解釈する構造として、問題解決のための組織化されたフレームワークとして役立つ」(Reber, 1985)。

第2章　社会構成主義の出現――「現実を描写すること」をめぐって

「知識は個人の頭の中にある」という観念が行き詰まりを見せる中で、心理学以外の学問領域では、すでにいくつかの知的変革が起こっている。これらの知的変革は、「頭の中の知識」という観念に対する代案、すなわち、「知識は社会関係の中にある」という代案を共通のテーマにしている。本章では、まず、このテーマをめぐって沸き起こりつつある議論を概括し、それらの議論が社会構成主義の人間科学に対してもつ含意を述べる。ポイントは、「言語は世界を忠実かつ客観的に描写することができる」という伝統的信念が崩壊しつつある、ということである。具体的には、イデオロギー批判、文芸論的・修辞学的批判、社会的批判に焦点を当てる。次に、これら諸批判から社会構成主義の中心的前提を導き出し、社会構成主義に基づく研究がいかなるものであるのか、その概要を述べる。後で述べるように、社会構成主義は、伝統的な学問的営みの放棄を迫るものではない――そうではなくて、伝統的営みを新たな枠組みの中に位置づけ、強調点を変えることを主張する。より重要なのは、社会構成主義が、新たな知的営みをもたらす点である――すなわち、社会構成主義によって、人間科学の射程と意義が大きく拡大する。

伝統的には、社会行動学の至上目的は、人間行動の客観的メカニズムを明らかにし、その性質を説明することであった。そしてその説明は、文化や時代の違いを超えて、すべての人間に妥当する説明でなければならなかった。したがって、社会行動学は、愛と憎悪、権力と服従、理性と情熱、病気と健康、仕事とレジャーなどについて、それらを一般的な立場から説明するよう努めてきた。さらに、十分な説明がなされたならば、次には予測がなされる――例えば、子供はどのように成長するのか、どうすれば偏見は低減されるのか、どうすれば学習が促進されるのか、親密さはどのように失われるのか、どうすればGNPは増大するのか、などなど。

ところで、自然科学の研究者と同様に、社会行動学の研究者も、これらの説明を、主に言語によって研究者仲間と伝え合い、また、社会に伝達する。研究者が研究成果を記述し描写する際に頼れるのは、言語をおいて他にない。つまり、客観的事実を運ぶもの――現在においても、未来に向けても――、それが言語なのである。このように、ある文化から他の文化へと、あるいは、現在から未来へと、真実を運ぶのが言語であるとすれば、（学問という）種の存続は言語の機能に依存しているとさえ言えるだろう。

今述べたことに、別段、目新しさを感じなかった読者も多いだろう。しかし、ここでちょっと立ち止まって、伝統的な言語観を再考してみよう。そもそも言語は、事実を「記述」し「描写」するという重大な役割を担いうるのであろうか？　言語が他者に対して真実を「運ぶ」媒体であると、確信してよいのだろうか？　われわれがそのように考えているとすれば、それはいかなる根拠に基づくのか？　ここで日常生活における「記述」を考え直してみよう。例えば、われわれは、ある人を「知的だ」「暖かい」「落ち込んでいる」などと記述することがあるが、その際、その人の身体は、絶え間なく変化している。すなわち、その人の行動は、詳細に見れば千変万化、常に変化し続けている。それに対して、われわれの記述は、静的で固定したものである。それでは、どのような意味で、言語がその人の行動を「記述」していると言えるのだろうか？　あるいは、次のようなことを考えてみよう。サラの表情や、テッドの声の調子や、アイルランド・カトリックとプロテスタントの関係について、それらを「敵対的」と言い表したとする。では、そのとき、「敵対的」という語は、正確には何を描写しているのだろうか？　言うまでもなく、それぞれの出来事の外観は全く似ていない。それでは、「敵対的」という語は、いかなる意味で、共通のものを表現していると言えるのだろうか？

これと同様のワード（言葉）とワールド（現実世界）の乖離は、専門的なレベルでも存在する。例えば、精神分析では、分析者は、（クライアントの）移ろい変わる異常な行為群を、限られた語彙を用いて記述する、並外れた能力をもっている。そこでは、被分析者は、たどってきた人生の変遷にかかわらず、「抑圧的である」「葛藤状態にある」「防衛的である」などと診断される。あるいは、行動主義の実験では、実験者は、観察内容が様々に変化するにもかかわらず、それらを、所定の理論言語を用いて記述する。すなわち、観察対象がネズミであろうと大学生の被験者であろうと、その行動は、同じ反応として記述される――例えば、「罰に対する回避行動」のように。さらに、実験室では、非常に厳密な観察方法が採用されて、理論（という言語的記述）と照合される。それならば、たまには破棄される理論があってもよさそうなものだが、現実に実験結果（という現実世界の記述）によって理論が破棄されたケースはほとんどない。

ここで、記述言語と現実世界との関係について考え直してみよう。科学哲学が述べているように、理論の予測力は、その理論言語が、どの程度、現実世界の現象に対応するかによって決まるとされている。もし、科学言語が、現実の事象との明確な対応をもたないならば、理論の予測力は疑わしいものとなるし、観察の積み重ねによる理論の改善もありえないことになる。すなわち、系統的な観察を続けることによって知識が進歩していくという期待が、崩れ去ってしまう。さらに、より一般的に言えば、科学的説明の客観性について、根本的な疑問が生じるだろう――科学的説明の言語が現実世界に対応していないのならば、その説明の正しさは何によって保証されるのであろうか？　この問題は重要である。なぜならば、過去数世紀にわたって、客観性、すなわち、理論と現実の一致こそが、科学が大いなる権威をもつ根拠だったからだ。

こうしたことから、論理実証主義の哲学は、言語（理論）と現実（観察）の間に緊密な関係を構築しようと努めてきた。論理実証主義運動の核心には、「意味の検証原理（verifiability principle of meaning）」（「意味のリアリズム（meaning realism）」とも呼ばれる）がある。そこでは、命題の意味は、観察を通じて検証されるか否かにかかっている。したがって、観察による確証や修正に開かれていない命題は、論じる価値のないものとされる。しかし、問題は、命題と観察の関係をいかに説明するかにあった。ラッセル（Russell, 1924）は、客観的知識は、一群の「原子的命題」に還元される、したがって、知識が真であるか否かは、一つ一つの原子的命題の正しさにかかっている、と主張した。これに対して、シュリック（Schlick, 1925）は、命題を構成する各語の意味は、直示的に（「指し示し」によって）定められるべきだと主張した。また、カルナップ（Carnap, 1928）は、事物は、頭の中の「原初的観念」によって叙述できる、したがって、科学的命題といえども私的な（頭の中の）経験に還元できると主張した。さらに、ノイラート（Neurath, 1933）は、命題は、「プロトコル文」、すなわち、知覚の生物学的過程に基礎をもつ文を通じて検証されるべきだと主張した。以上の主張に共通するのは、すべての言明は、物理学の言語に還元可能でなければならないという考え方であり、物理的還元可能性によってこそ、科学の諸分野の間には、基本的な統一性が保証されるという考え方であった。

しかし、言語と現実世界との間に明確で安定した結びつきを確立しようとするこのような試みは、本質的に未解決の問題をも残していた。すなわち、検証原理を構成する命題自体は、本当に検証の対象になったのだろうか？　もしなっていないのならば、検証原理は、いかなる意味において信頼しうるものなのであろうか？　もし、ある命題によって指示される対象が、連続的に変化していたとすれば、その命題は瞬間的に真であったにすぎないのではなかろうか？　また、もし、命題は、その命題を構成する個々の言葉の指示対象の総和以上の意味を表しているとすれば、その意味は、いかにして理解されるのか？　検証の対象となるのは、命題の意味なのか、それとも、個々の言葉だけなのか？　さらに、検証とは一体何なのかという疑問もある。「検証」というのは、「検証された」と思う心の状態のことなのであろうか？　もしそうだとすれば、心の状態に関する命題が検証されるとは、いかなることか？　また、原子的命題と言うが、それに対応する原子的事実の一つ一つを、どのように識別すればよいのか？――以上のような疑問が解決される見込みは、ほとんど立ってない。

とりわけ、ポパー（Popper, 1959）とクワイン（Quine, 1960）の議論は、科学的記述の経験的基盤の再考を促した。ポパーは、観察から一般的な理論的言明を帰納することには、いかなる論理的根拠もないと論じた。すなわち、特定の対象の観察に基づく言語的説明を、一般的・普遍的な説明に結びつける論理的な手段は存在しないというわけだ。これに関して、ポパーは、ライヘンバッハによる「発見の文脈」と「正当化の文脈」の区別を受け継いでいる。発見の文脈――科学者が、最初に、言語と現実世界の対応を主張する文脈――は、ポパーによれば、「科学的知識の論理とは無関係のもの」（p.31）であった。実際、科学者が新たなる存在を発見し、それを研究対象としていかに認定するかは、論理的に正当化されているわけではない。さらに、クワイン（Quine, 1960）は、「正当化の文脈」も論理的に正当化されないと主張した。クワインは、直示的定義の可能性に疑問を抱いたのである。彼は、次のように問う――科学的用語の定義は、ある物的対象を、直示する（皆が共通に指し示す）ことによって成立するのだろうか？　科学的存在を表す用語の適切さは、その用語によって直示される刺激対象の性質によって正当化されるのだろうか？　クワインは、有名なガバガイの例（pp.26-57）を用いて、それが不可能であることを示した。さて、今、現地人が、「ガバガイ」という語を、走っているウサギ、死んだウサギ、ポットの中のウサギ、あるいは単にウサギのいそうな気配を指すために使っているとしよう。この場合、「ガバガイ」によって指示されている対象がウサギであると言えるだろうか？　極端な話、現地人は、「ガバガイ」という語で、その都度、ウサギの異なる部位や性質を指示しているにもかかわらず、翻訳者が、勝手に、ウサギ全体を指示していると思いこんでいるのかもしれない。そうしてみると、言語と現実世界を結びつける直示的方法などないことがわかる。直示的定義が、実用上役に立つことが多いのは確かだが、科学的記述は、記述対象の性質によっては定義できないのだ。クワインによれば、科学的理論は、現実によっては「規定不能な代物」なのである。

事物の記述や説明において、客観的な描写を行う方法がなさそうだということは、今や、広く受け入れられている（Fuller, 1993; Barnes, 1974）。一方、科学哲学以外の領域では、様々なテンポのドラム・ビートが、次第に音を強めながら、鳴り響いている。これらのドラム・ビート——ポスト経験主義、ポスト構造主義、ポストモダンなどと呼ばれるが——は、もはや、ワード（言葉）とワールド（現実世界）の正確な結びつきにこだわったりはしない。そうではなくて、これらの議論は、伝統的な言語観——言語が、客観的知識を記述し、反映し、含意し、運搬し、蓄積する、という観念——に対して、根本から挑むものである。この挑戦は、言語の本質や、社会生活における言語の役割について、徹底的な再考をせまるものである。さらに重要なことは、これらの動きが、「頭の中の知識」に代わる新たな知識観を形成し始めていることだ。前章で、われわれは、科学哲学における批判的研究が、経験至上主義の系譜を断ち切ったこと、一方、心理学においては、同じ議論が繰り返されてきただけであることを見てきた。さらに、心理学における実証的方法論批判は、それに代わる有望な選択肢を生み出さなかった。しかしながら、現在胎動している批判の動きは、哲学・科学以外の言説世界から出現している。それらの含意を統合し洗練させるならば、言語、および、真理と合理性の概念に対するわれわれの考えは、大きく転換することになるだろう。それは特に、心理学、ひいては人間科学を見つめ直すことにつながっていく。

第1節　イデオロギー批判

二十世紀の大部分にわたって、科学者と経験主義哲学者の両者は、科学を道徳的議論から切り離すことを強力に推し進めてきた。科学の課題は、よく言われるように、「それが何であるか」を客観的かつ正確に説明することであり、「それがいかにあるべきか」は、原則的に、科学の関心事ではない。理論的記述や説明が、特定の価値観を反映したものであれば、それは信頼のおけない偏見に満ちたもの――真実を歪めるもの――とみなされる。もちろん、科学技術が様々な目的――戦争の遂行、大衆のコントロール、政治動向の予測など――のために使用されるべきかどうかは、科学者たちにとって重大な関心事かもしれない。しかし、これまで何度も述べたように、その決定は、科学そのものからは決して導かれない――科学と道徳の関係は、このように考えられてきた。しかし、ベトナム戦争の悲惨な経験は、多くの社会科学者にとって、長い間自明視されてきたこの考えを揺るがすきっかけとなった。科学が主張する中立性は実は脆いものであり、それはもはや道徳的に承服できないと考えられたのである。なぜならば、科学は、凶悪な戦争を否定する理由を提供しなかったばかりか、戦争テクノロジーの発展に手を貸してすらいたからだ。こうして、「べきである」という言葉を（科学の中に）再生し活性化させる、十分な理由がそろった。

価値や道徳を科学の中に再生させようとするこうした動きは、多くの研究者に、一時は廃れかけていた哲学的分析への関心を呼び起こした――すなわち、道徳的観点を重視する、啓蒙主義的合理性批判である。とりわけ、いわゆるフランクフルト学派（ホルクハイマー、アドルノ、マルクーゼ、ベンジャミンら）の一九三〇年代の著作は、大きな影響力をもった。フランクフルト学派は、カント、ヘーゲル、マルクスなどの知的系譜を受け継いでいる――すなわち、科学が描き出す物質的世界に対して、個人の自由と道徳的責任が優越することを強調したカント、理性と道徳性が文化的実践に埋め込まれていることを論じたヘーゲル、いかなる形式の合理性が受け入れられるかは、階級の利益によって決まることを示したマルクスらの系譜である。ストレートに言えば、フランクフルト学派が攻撃したのは、啓蒙主義運動――自らの理念をあたかも時代と文化を超えた普遍的理念かのごとくに思い込み、それを啓蒙していく運動――であった。フランクフルト学派は、啓蒙主義こそが、社会的・人間的諸問題の元凶であると主張した。実証主義的な科学哲学、資本主義、ブルジョワ的自由主義などは、まさに現代の啓蒙思想運動であり、これらがコミュニティの衰退、道徳的価値の低下、支配関係の固定化、人間的喜びの抑圧、自然破壊などの害悪をもたらすものとされた。こうした分析は、「批判理論」と呼ばれ、これらの制度を支持し合理化する信念やイデオロギーがその標的となった。批判理論の目的は、イデオロギー上の**解放**である。例えば、科学的に真とされる主張も、その主張に示されるイデオロギー的なバイアスを吟味すべし、というわけだ。すなわち、批判理論は、真実を神秘化する呪縛から、われわれを解放してくれるのだ[1]。

批判理論は、文化を資本主義イデオロギーの奴隷であることから解放しようとする点で、主としてマルクス主義と軌を一にしていた（いる）が、議論の形式は、マルクス主義の精神的束縛から解き放たれている。不正や抑圧に関心をもついかなるグループにとっても、イデオロギー批判は、支配体制（科学、政府、軍隊、教育、など）が自明視している現実を揺るがすための有力な武器である。イデオロギー批判は、一般に真実や合理的と考えられている主張に潜む、価値的なバイアスを明らかにしようと試みる。そして、もし、そうした主張が特定の個人や特定の階級の利害を代表していることが示されれば、それらは、もはや客観的で普遍的なものとはみなされなくなるわけだ。

例えば、フェミニズムによる膨大な批判は、今や、その影響力の範囲と重要性において、マルクス主義を凌いでいる。ここでは、マーチン（Martin, 1987）の行った分析――生物学がいかに女性の身体を特徴づけているかについての分析――を取り上げ、フェミニズムによる批判が脱構築的可能性をもつことを示しておこう。マーチンの関心は、特に、教室や実験室で使用される生物学のテキストにおける、女性の身体の記述の仕方に向けられている。彼女が明らかにしたのは、テキストの中では、女性の身体は、典型的には、種の再生産を主目的とする**工場**のようなものとして扱われているということだった。このメタファーは、月経や更年期のプロセスは、機能障害とまでは言わないにせよ、無駄なものである、ということを意味する――なぜならば、それは「非生産」の時期だからだ。実際、典型的な生物学のテキストでは、月経は否定的な用語で記述されている――例えば、「黄体ホルモンと卵胞ホルモンの分泌が低下すると、増殖した子宮内膜から、ホルモンの**サポートが失われる**」、「血管の**収縮**は、酸素と栄養の**供給を減少**させる」、「子宮内膜の**退行萎縮**が始まると、全体の組織が**剥離**し始め、月経が始まる」、「ホルモン刺激の**消失**は、**細胞組織の死**を引き起こす」、など。さらに、あるテキストには、月経は、「胎児の**喪失**に対する、子宮の嘆き」のようなものであると書かれていた（強調は引用者）。

マーチンが言うように、これらの科学的記述は、とうてい中立的とは言えない。これらは、月経や更年期が、ある種の衰弱や故障であることを、読者に巧妙に伝えている。つまり、これらの記述は、軽蔑的な意味を広範に伝えているのである。女性にとって、そのような説明を受け入れることは、自分自身が自らの身体から疎外されることを意味する。というのも、これらの記述は、否定的な自己判断の根拠となるからだ――それは、多くの成人女性にとっては毎月訪れることであり、閉経後はその状態がずっと続くことになる。上に挙げたのは、女性の身体についての否定的な特徴づけの一例にすぎない。こうした否定的バイアスは、決して、「女性の身体についての事実」から生み出されたわけではなく、女性を再生産工場と見る男性側のメタファーの産物である。マーチンによれば――他の多くの批評も指摘しているように――、科学は、政治としての意味をもつのである。[2] バトラー（Butler, 1990）は、このことを次のように述べている――「存在論は、……出発点ではない。それは、その存在論自身を必然のものとして政治的言説に位置づけることによって密かに作用する、規範的指令である」（p.148）。

この種の批判的分析――一見客観的で公平に見える説明に潜む、イデオロギー的・道徳的・政治的バイアスを明らかにする分析――は、今や、人文科学、自然科学のあらゆる分野に見ることができる。例えば、多くの隠れた人種差別をなくそうとする黒人によって、世界的に自明視されている同性愛嫌悪をあばこうとするゲイの人たちによって、西洋人によって書かれたエスノグラフィーの裏にある帝国主義的思考に関心をもつ地域研究者によって、現状肯定の歴史記述に不満を覚える歴史家によって、社会学や心理学の理論のもつ道徳的・政治的意味に関心をもつ研究者によって、こうした批判的分析は使用されている。[3] ここで、こうした批判の合唱が広まっていることの最も重要なポイントは、「言語は真実を伝えることができる」「科学は、世界を客観的かつ正確に記述しうる」という常識が否定されつつある点だ。イデオロギー批判は、考察の焦点を、（科学理論の）主張そのものから、その主張を生み出したイデオロギーや動機に移すことによって、その主張が真かどうかという問いを無効化する。すなわち、真実を主張する者の隠された意図――（それ以外の主張を）抑圧し、権力を行使し、富を蓄積し、自文化の優位性を維持しようとする意図――を明らかにし、そうすることによって、その主張の説得力を覆すのである。実際、これらの批判は、記述と説明の言語を、動機の言語として再構成する――中立性を主張することは「神秘化」とみなすことができ、事実についての主張は「操作」を示すものである、などと。そうすることによって、イデオロギー批判は、「真実を運ぶ言語」という観念を打ち砕きつつある。

第2節　文芸論的・修辞学的批判

「言語は世界を正確に記述・説明しうる」という観念に対する第二の批判は、前節のイデオロギー批判とは異なる知的土壌、すなわち、文芸理論の土壌から育まれてきた。文芸理論は、科学的な記述や説明に潜む価値観を明らかにするのではなく、そうした説明が文学的表現の慣習によって――事象そのものの性質によってではなく――規定されていることを示そうとする。ここで、文芸論的批判について考察するには、「科学理論は事実に基盤をもつ」という見解に対するクーン（Kuhn, 1962）とハンソン（Hanson, 1958）の批判に立ち戻るのがよいだろう。クーンが言うように、科学理論は、先験的信念のかたまりである――それは「自然の中に何が存在し何が存在しないかを、科学者に知らせる」（p.109）機能をもつ。すなわち、事実がパラダイム（科学理論）を作るのではなく、パラダイム（科学理論）が事実を作るのである。あるいは、ハンソンによれば、科学における事実描写の根拠は、観察に先立って、観察者の視点の内部にある。実際、クーンもハンソンも、観察に先立つ先験的な枠組みを、認知の枠組みとみなしている。すなわち、科学者は、理論という先験的なレンズを通して、物質世界を、**「見る」**のである。だから、クーンにとって、パラダイムシフトとは、知覚におけるゲシュタルトシフトに対応するものにほかならない。あるいは、ハンソンによれば、「観察者は、すでに確立された背景的知識に一致するように、観察しようとするのみである。これこそ、観察の目標である」（p.20）。

しかし、これらの科学批判は重要ではあるが、「頭の中の知識」という観念を保持しているという点に根本的な問題がある。つまり、彼らによれば、世界を特定の仕方で構成する先験性は、個々の科学者の認知傾向（観点、視座、解釈）の中に求められる。では、個人主義的観点に陥ることなく、これらの批判のエッセンスを継承するには、どうすればよいだろうか？　この問題に対する回答は、先験性について再考することから得ることができる。われわれが、頭の中のカテゴリー・システムを通して「世界を見」、経験していると信じる根拠はほとんどない。実際、第5章で詳しく述べるように、認知的先験性がどのように形成されるのかについて、説得力のある説明はできないのだ。しかしながら、世界構成のプロセスを、認知的なものではなく、言語的なものと見るならば、先験性は理解可能である。すなわち、特定の言語形式（ジャンル、慣習、発話コード、など）への先験的なコミットメントを通してこそ、何が「現実」であるかが明らかになるのだ。ネルソン・グッドマンの『世界形成の方法Ways of Worldmaking』は、この観点をよく示している。「私があなたの世界について尋ねたら、あなたは自分の経験する世界についていろんなことを語ってくれるだろう。それを通じて、あなたは、自分の世界をどのような枠組みで語るかを私に伝えてくれるのだ。では、いかなる枠組みにも依拠せず、自分の世界について語ってほしいと私が頼んだら……。あなたは何か語れるだろうか？　何を語ろうとするにせよ、われわれは、語るための枠組みに制約されているのだ」（p.3）。グッドマンの言葉によれば、**認知**ではなく、**記述**こそが、事実としての世界を構成するのである。

この論点は、「言語は真実を運ぶ」という観念に対する、文芸論的・修辞学的批判へと連なる。記述や説明が言語的ルールによって規定されるとするならば、「記述の対象」は、記述や説明の中に自らを刻印できなくなる。したがって、科学的記述や説明にしても、言語的ルールによる規定に従うと考えるならば、科学的記述や説明の対象も──いかに対象が記述や説明とは独立に存在するかのように描かれようとも──その存在論的地位を低めてしまう。

科学的説明が文芸的表現によって規定されているという主張の最たる例は、ポスト構造主義の文芸理論に見られる。こうした主張の意義を明らかにするために、ポスト構造主義の議論を生み出した構造主義の主張を手短に見ておこう。われわれの観点からすると、社会科学や人文科学における構造主義運動は、「鏡としての言語」観に対する挑戦の初期形態と見ることができる──それは、近年の、より過激なポスト構造主義的主張の先駆けとなるものであった。構造主義は、一般に、**外的なもの**（明らかなもの、所与のもの、観察されたもの）と、**内的なもの**（構造、力、過程）の二元論をとる。よく言われるように、外的なものは、内的なものなくしては存在たりえず、内的なものに受け取られることによって形を与えられる。つまり、外的なものは内的なものを通じてはじめて存在たりうる。話し言葉や書き言葉をこのように見るならば、（外的なものとしての）言説と、それを決定する構造あるいは力とを区別することができる。この意味で、たいていの構造主義理論は、客観的事実中心の言語観、すなわち、言語によって記述された対象のリストが、そのまま世界のリストとなっているとする言語観を否定する。構造主義者の主たる関心は、言語による表象が、表象された世界**ではなく**、構造や力によって影響されるそのあり方に向けられている。例えば、構造主義言語学者のソシュール（Saussure, 1983）は、ラング──「それぞれの話者の心の中に存在する、文法システム」（p.14）——とパロール——文法システムが外在化することで形成される、意味をコミュニケーションするのに必要な音声と記号の組み合わせ——の二元論を主張する。実際、表出されたコミュニケーションの不規則ではかなく多様なあり様（パロール）は、より基礎的で構造化された内的なラングの表れである、とされる。このような観点からすると、言語学者の課題とは、言語の表面的な表現にとらわれずに、言語を生成するシステムや構造を発見することとなる。

人間科学における探求の多くは、構造主義の試みと軌を一にしている。その好例が、話された言葉（「顕在内容」）を用いて、無意識の欲望（「潜在内容」）の構造を明らかにしようとした、フロイトの試みである。また、マルクス主義の著作は、経済、価値、個人についての資本主義的理論に潜む、生産の物質的様式を強調する点において、しばしば、構造主義的とみなされている。[4] 構造主義運動により直接結びついているのが、広範な文化様式や文化遺物を、基本的な二値理論に基づいて説明しようとした、レヴィ＝ストロース（Levi-Strauss, 1969）の試みである。同様に、チョムスキー（Chomsky, 1968）は、きちんと作られた文章（「表層構造」）のすべてを生成する「深層構造」を考えている。さらに、初期フーコー（Foucault, 1972）の概念であるエピステーメーも、歴史のある時点において多様な知識を生み出す、関係や条件の配列構造を仮定している点で、構造主義と多くを共有している。

構造主義の思想は、「言葉は真実を運ぶ」という信念に対する挑戦である。なぜならば、いわゆる「客観的説明」が、事象それ自体ではなく、構造化されたシステム——意味の内的システム、無意識の力、生産様式、言語固有の傾向、など——によって規定されているのであれば、科学的説明がいかなる意味で客観的なのかは決定できないからだ。つまり、科学的記述は、**対象主導**（object-driven）ではなくて、**構造主導**（structure-driven）なのである。

面白いことに、構造主義のグループでは、真理や客観性の概念に対する批判は、あまり発展しなかった。それどころか、構造主義者のほとんどは、彼らの構造概念が、合理的・客観的基盤をもつと考えていた。具体的には、無意識、普遍文法、経済的・物質的条件などの構造が、客観的であると主張してきたのだ。しかし、こうした主張に対しては、次第に、批判が広まりつつある。おそらく、ポスト構造主義への重要な転換点は、構造の説明それ自体もまた言説であるという、自己反省的認識に由来している。すなわち、もし、対象についての言説が、現実世界の対象ではなく潜在的構造によって規定されており、なおかつ、その潜在的構造についての説明もまた言語によって形成されているとすれば、潜在的構造についての説明が潜在的な現実を描写しているとは言えなくなる。仮に、潜在的構造の言語的説明が、現実の描写であるとするならば、それはまさしく経験主義あるいは素朴実在論の言語観にほかならず、構造主義の妙味は失われてしまう。一方、構造主義がこのような自己反省的認識に至るならば、言語によって事実を描写するという立場はもはや取りえないのであって、構造主義は自らが依拠してきた二分法――表層言語と内的決定因――の放棄をせまられるはずである。要するに、われわれが言説の世界に逃れ難く織り込まれているがゆえに、「潜在的な構造」――言語の奥底にある現実の力――という構造主義の前提が崩れたのである。

記号論は、こうした結論のラディカルな意味に、早くから自覚的であった。例えば、ロラン・バルトは、『ロラン・バルト』とタイトルを付けた「自伝」の中で、生活史を表現するあらゆるルールを破ろうとした。彼は、年代的記述を避けること、自分のことを第三者に語らせること、様々な話題についての意見をランダムに挿入すること、過去にほとんど言及しないことによって、「現実の生活史」と思われているものが、言語的手法の産物であることを示そうとした。しかし、哲学的により透徹した議論を展開したのは、ジャック・デリダの後期の著作と、脱構築運動である。デリダによれば、構造主義者の企て（および、すべての西洋的認識論）は、不幸なことに、「存在の形而上学」に汚染されている。デリダは、次のように問う――なぜ、言説が、内的存在（思考、意図、構造、など）の外的表現であると仮定しなければならないのか？　言い換えれば、不可視の主観性が、言語を通じて現前すると仮定するのは、いかなる根拠によるのか？　デリダは、言語がいかに意味を獲得するのかを分析し、この疑問のもつ意味を徹底的に示している。デリダによれば、言葉の意味は、言葉の聴覚的・視覚的特徴の差異――例えば、bit, bet, bat, butは、母音の変化に応じて異なる意味をもつ――に依存するだけでなく、遅延の過程――言葉の意味が、様々な状況で、文書・口頭で、公式・非公式に生み出される、後続の言葉によって与えられる過程――にも依存する。かくして、bitという言葉は、馬に乗るとき、困難な仕事を引き受けるとき（「彼は敢然と事に当たったHe took the bit in his mouth」）、劇場について話すとき（「彼女は端役だったShe took a bit part」）、小さなセクションやアイテムに言及するとき（「この断片は、すべての中で一番面白いThis bit is the funniest of all」）、などに使用される。さらに、これらの言葉やフレーズそれぞれの意味は、他の意味や文脈との遅延によって決まる。例えば、「端役bit part」は

「小さなsmall」役のことであるが、この「小さな」という言葉も、デリダの言葉を借りれば、無数の状況において使用されてきた「痕跡」を帯びている。

かくして、言葉の意味を確定しようとすれば、増殖し続ける多くの言葉たちと出会うことになる。すなわち、語られた言葉の意味を確定することは、無限のテキストへと押し戻されることを意味するのである。したがって、発話は、人々の頭の中に観念やイメージ（所記）を与えるようなものではない。つまり、発話は、能記として頭の中に所記を生じさせるのではなく、われわれを「能記の無限の戯れ」に誘うものである。デリダは、差異と遅延を同時に表すために差延という造語を用いて、言葉それ自体の意味が不明瞭であることを明らかにしている。こうした分析を通じて、著者の現前（意図や私的意味）は否定される。そして、内なる意味に代わって、本質的に曖昧で決定不能な、記号表現の過程が重視されるに至る。

著者の意図の脱構築から、言語の対象の消失までは、わずかである。著者の意図が意味の重要な座を占めないように、言説にとって、外的世界はもはや決定的重要性をもたない。デリダが様々な哲学的議論について示したように、哲学の著作も、こうした筆記の形式にほかならない。すなわち、哲学的著作が意味を獲得するのは、その著作が存在を仮定したり推論したりするもの（論理、心的表象、先験的観念、など）によってではなく、他の哲学文献を参照することを通じてである。つまり、哲学にとって、テキストの外部には何も存在しないのである。哲学が延々と存続可能なのは、その自己言及的企てによっているのだ。哲学のテキストを、その結論を導いた文芸的戦略の観点から分析しようとする試みは、こうした議論の延長線上にある。例えば、多くの系統の哲学的議論は、あるメタファーに基づいており、もし哲学的議論からそのメタファーを取り去ってしまえば、追求すべき議論や目標はほとんど消え失せてしまう。西洋的認識論の歴史に対するローティ（Rorty, 1979）の批判は、こうした文脈に位置するものである。ローティは次のように述べる——西洋的認識論の歴史は、すべて、「鏡としての心」という不幸なメタファーから生じている。すなわち、心を、外界の出来事を反映する「鏡のような本質」をもつものとみなすメタファーである。実際、経験主義者と合理主義者の長きにわたる論争は、テキストの外界についての論争ではなく、経験主義文学と合理主義文学との間の戦いなのだ。その中心にあるメタファー（「鏡としての心」というメタファー）を取り去れば、論争は大部分意味を失ってしまう。

他にも多くの研究者が、権威あるテキストを構築する文芸的装置に関心を示している。次のニーチェ（Nietzsche）の言葉は示唆的である——「それで一体、何が真実だろうか。隠喩、換喩、擬人法の羅列……それは、長い使用の後に、人々にとって義務的で、固定的で、正統的なものとして捉えられるようになっている。真実というものは幻想である。ところが人は、それが幻想であることを忘れている」（p.174）。かくして、われわれは、歴史的現実（White, 1973; 1978）、法的合理性（Levinson, 1982）、哲学論争（Lang, 1990）、心理学理論（Sarbin, 1986; Leary, 1990）の文芸論的基盤を探求しようとする様々な試みを見出すことができる。あるいは、文化人類学者は、記念碑的なエスノグラフィーを生み出すような文学的実践に鋭い関心をもち、西洋的な著述の慣習が、われわれが理解しようとする文化そのものを見ることを妨げていると論じてきた（Clifford, 1983; Tyler, 1986）。

文芸論的批判は強い影響力をもちうるが、本質的に、書かれたテキストに依拠しているがゆえに、その影響力は限定されている、と考えている者は多い。すなわち、しばしば文芸論的分析に欠けているのは、人間のコミュニケーションとしてのテキストへの関心、特に、読者を感動させ説得する能力への関心である、とされる。こうした欠点を補完するのが、修辞学的研究である。よく言われるように、われわれは、現在、この二千五百年に及ぶ伝統の中で、いわばルネッサンスを経験しつつある。修辞学的研究は、長きにわたって、言語がいかに説得力を獲得するかに関心をもってきた。しかし、伝統的には、メッセージの**内容**（実体）と**形式**（提示の様式）とが明確に区別されてきた。経験主義の伝統の中でも、この区別は採用され、レトリック（つまり、形式）についての研究は顧られていない。すなわち、科学は、内容に関わるのであって、純粋な内容を伝達することに関心がある、とされる。そして、その内容を提示する形式（「パッケージ」）は、あまり関心が払われないだけでなく、研究の説得力が形式に依存するようでは、その研究は意義を失う、とされる。科学的議論に必要なのは内容であって、「単なるレトリック」は不要、というわけだ。[5] しかしながら、「言語は真実を運ぶ」という観念がポスト構造主義の文芸理論によって否定されたように、「内容とは、メッセージとは独立した対象の、客観的に真の記述である」という前提ももはや否定されつつある。「内容」とされていたものはすべて、説得の形式として批判的に分析される。実際、修辞学的研究の発展は、文芸論的批判の発展と並行している——すなわち、どちらも、表象の対象（「事実」、「議論の合理性」）から、表象の形式へと関心を移行している。

例として、「人類の進化」という生物学的事実について考えてみよう。ランダウ（Landau, 1991）が述べているように、人類の進化についての説明は、過去の出来事（や化石に残された痕跡）に基づいているのではなく、語りの形式によって支配されている。特に、主な原始人類学的説明はすべて――ジュリアン・ハクスレーからエリオット・スミスに至るまで――、「ウラディミール・プロップが、彼の古典的著作『民話の形態学 Morphology of Folktale』で提唱した、英雄物語の構造と類似している」（p.10）。つまり、英雄物語が、進化理論を明示化するために必要な既存構造を提供しているのである。物語の形式が適切でなければ、進化理論は、基本的に、理解不能だろう。同様に、科学者が採集する様々な化石や遺物が、進化理論の証拠として通用するのは、それらを証拠とみなす言説の形式があるからにほかならない。

　科学者は、「内容」を主張する際、事実言語（世界の事実を記述する）と比喩言語（事実を芸術的に変化させる）とを明確に区別し、事実言語を比喩言語よりも重視してきた。しかし、上で述べたように、事実言語たりうる言語など存在しない。そうであれば、科学者の言語はことごとく比喩言語ということになり、科学的記述に含まれる比喩（メタファー）を分析することが重要となる。例えば、フェミニズムの批判家は、男性メタファーが、生物学（Hubbard, 1983; Fausto-Sterling, 1985）、生物物理学（Keller, 1985）、人類学（Sanday, 1988）における理論構築を、いかに導いているかを示している。あるいは、心理学者の研究関心は、特に、機械メタファー（Hollis, 1977; Shotter, 1975）に基づいている。メタファーは、観察された事実に由来するのではなく、観察世界を解釈するためのレトリックの既存構造である。例えば、理論家が、「機械としての人間」というメタファーにコミットするならば、それによって彼の理論は大いに制約を受けることになる。すなわち、人間の行為の性質にかかわらず、機械メタファーを好む理論家は、人間を環境から切り離し、環境を刺激ないし入力と定義し、これらの入力に反応するものとして人間を構成し、（相互作用する要素からなる）内的構造として心的領域を理論化し、行動を各単位に分割し……などせざるをえなくなる。機械メタファー以外にも、例えば、有機体メタファー、市場メタファー、演劇メタファー、支配―従属メタファーなどがあり、すべて、説明を理解可能なものにするために利用することができる（Gergen, 1991a）。それぞれのメタファーには利点と欠点があり、それぞれが異なる人間観に基づいているが、われわれにとって最も重要なのは、それぞれのメタファーが固有の存在論を構成するということである。

　このような、科学的理論の修辞学的基盤を理解しようとする試みは、経済学（McCloskey, 1985）、心理学（Bazerman, 1988; Leary, 1990）、ひいては、人間科学一般（Nelson, Megill, and McCloskey, 1987; Simons, 1989; 1990）でも始まってい

る。

第3節　社会的批判

真理、合理性、客観性に対する、イデオロギー批判、および、文芸論的・修辞学的批判をさらに強力にしたのが、第三の批判勢力、すなわち、社会的批判である。社会的批判は、社会構成主義の出現にとって、特に重要である。その思考の歴史は、マックス・ヴェーバー、マックス・シェーラー、カール・マンハイムら、科学的思考の社会的起源に専心した人々の業績に遡ることができる。彼らが特に関心をもったのは、様々なアイディアが形作られる文化的文脈と、それらのアイディアが科学的実践と文化的実践の両方に結実するそのあり方である。マンハイムの一九二九年の著作（翻訳版は『イデオロギーとユートピア Ideology and Utopia』（1951））は、おそらく、社会的批判の意義を最も端的に表している。すなわち、（1）理論的コミットメントは、社会的起源——経験的起源や超越論的合理的起源ではなく——をもつ、（2）社会集団は、しばしば、特定の理論をめぐって組織される、（3）それゆえ、理論的不一致は、集団間（ないし、政治的）コンフリクトの問題である、（4）したがって、何が知識とみなされるかは、文化と歴史に依存している。

こうした初期の主張と軌を一にする見解は、広範に見られる。例えば、ポーランドとドイツでは、フレック Fleck が『科学的事実の起源と発展 Genesis and Development of a Scientific Fact』（1935年初版）を著し、実験室においては「知識がなければ、何も見ることはできない」と述べ、知識の起源を社会的環境に求めた。イギリスでは、ウィンチ（Winch, 1946）が、大きな影響力をもった著作、『社会科学の理念 The Idea of a Social Science』を著し、社会科学の理論命題そのものが、社会科学の対象である「現象」を構成することを示した。フランスでは、グルヴィッチ Gurvitch が『知識の社会的枠組み The Social Frameworks of Knowledge』（1966年初版）を著し、科学的知識の根拠を、特定の共同体の産物としての理解の枠組みに求めた。アメリカでは、バーガーとルックマン（Berger and Luckmann, 1966）が『日常世界の構成 The Social Construction of Reality』を著し、科学の礎石としての客観性を否定し、「社会的に形成され、制度化された主観性」に科学的知識の根拠を求めた。

しかしながら、こうした観点のもつ重大な意味がようやく認識され始めたのは、一九六〇年代後半の道徳的・政治的動乱の文脈においてであった。おそらく政治的革命と科学的革命の類似性を明らかにした点で、クーン（Kuhn, 1962）の『科学革命の構造The Structure of Scientific Revolution』は、その後広範囲に及ぶ議論の先駆けとなった（一時期、クーンのこの著作は、アメリカで最も頻繁に引用された）。クーンの主張は、三十年前のマンハイムの主張と基本的に同様のものである――すなわち、彼は、何が正当で重要な問題であり、何を証拠とみなし、進歩をいかに定義するかを決定する際に、科学者コミュニティが重要な役割を果たしていることを主張した。さらに、クーンは、相異なる理論の優劣を決定する際に伝統的な経験主義的基準を用いることの問題点を明示し、理論パラダイムこそが事実を作ると主張した。そして、「パラダイム間の共約不可能性」問題から驚くべき含意を導き出し、「真実を探求する科学的視点」などというものは幻想であると主張した。彼は、次のように述べている――「われわれは、パラダイムの変化が、科学者たちをより一層真実に近づけるという（明示的なまたは暗黙の）考えを、放棄せねばならない」（p.169）。

クーン以降、重要な著作が次々と生み出されていった。例えば、ファイヤアーベント（Feyerabend, 1976）は、『方法への挑戦Against Method』という辛辣な著作において、クーンの立場をより徹底している。彼が示したように、科学的合理性についての伝統的基準は、科学の進歩とは無関係であることが少なくない。また、ミトロフ（Mitroff, 1974）は、『科学の主観的側面The Subjective Side of Science』において、科学的コミットメントの感情的側面を検討し、様々な科学的判断が、いかに、性格や権威に依存しているかを明らかにした。さらに、社会学者のバーンズ（Barnes, 1974）とブルア（Bloor, 1976）は、一九七〇年代中頃までに、知識社会学における「強力なプログラム」の可能性を示した。彼らは、事実上すべての科学的説明は、社会的な利害――政治的、経済的、職業的利害など――によって決定されていると主張した。実際、科学から「社会的なもの」を取り去ってしまえば、知識とみなされるものは何も残らないだろう。

「強力なプログラム」が論争を巻き起こす一方で、現在の研究の多くは、より周到なものとなっている。社会構成主義の出現にとってとりわけ重要なのは、科学を生成するミクロ社会学的過程を明らかにすることである。この点に関して、社会学者たちは、実験室において「事実」が作り出される社会的過程（Latour and Woolgar, 1979）、科学者コミュニティ内部における自己正当化の言説実践（Mulkay and Gilbert, 1982）、シンボリックな資本形式としての科学的知識（Bourdieu, 1977）、帰納的推論の背後にある社会的実践（Collins, 1985）、データ解釈法に対する集団の影響（Collins and Pinch, 1982）、科学的記述のもつローカルで文化・歴史依存的な性質（Knorr-Cetina, 1981）を探求してきた。

これら多くの探求は、エスノメソドロジーの領域とも、軌を一にしている。ガーフィンケル（Garfinkel, 1967）らによれば、記述の用語は、科学においてであれ、日常生活においてであれ、根本的に**文脈依存的**な性質をもつ――それらの用語の意味は、使用される文脈に応じて様々に変化しうる。すなわち、記述は、一定の状況内でこそ出来事を指示できるのであって、一般的な状況における意味などもっていない。記述用語の本質的な不可能性（すなわち、定義不能な性質）は、人々が当たり前の世界をいかに作り上げているか――何が精神病の問題、自殺、少年犯罪、ジェンダー、心の状態、アルコール依存症……であるかを、人々はどのようにして決定しているのか――についての多くの研究によって示されている（Garfinkel, 1967; Atkinson, 1977; Cicourel, 1974; Kessler and McKenna, 1978; Coulter, 1979; Scheff, 1966を参照）。これらの研究においても主張されているように、ある出来事が何の例とみなされるかを規定するローカルなルールは、社会関係の中で生み出される。このように見てくると、絶対確実な科学的方法論を打ち立てることにより、真実に到達できるとする、伝統的な科学哲学の主張は、もはや、維持し難い。つまり、「科学の哲学」は、事実上、「科学の社会学」を意味しているのである。

第4節　私的な知識の不可能性

以上述べてきた三つの批判は、「言語は事実を運ぶ」という伝統的な言語観に対する、強力な挑戦である。同時に、これらの批判は、経験主義者と実在論者の主張――系統的な科学は、「意味」の問題を顧慮することなく、あるいは、文化的文脈にとらわれることなく、それが何なのかについて、また、何が事実なのかについて説明を与えることができる、という主張――に疑義を唱える。こうした主張は、哲学において、広範な、ときには白熱した論争を巻き起こした（例えば、Trigg,

1980; Grace, 1987; Krausz, 1989; Harris, 1992を参照）。そして、その反響から、伝統的な学問領域を見直し、対話を促進し、知的変革を歓迎し、新たな学問領域を生成していこうとする前向きの議論が生み出されている。実際、学問領域の前提——学問領域は、現象の自然な分類に基づいており、領域固有の研究方法が要求され、固有の論理と存在論を有する、という前提——は、もはや維持できなくなっている。多くの者が信じているように、こうした知的革新は、学界における**ポストモダン的転換**へとつながった[6]。

しかし、三つの批判は、それが知的革新をもたらしている点では一致しているものの、批判の内容そのものは相互にかなり異なっている。特に、ワード（言語）とワールド（世界）、すなわち、能記と所記の意味論的関係については、三者間で異なっているどころか、矛盾さえしている。イデオロギー批判は、世界の描写は、世界そのものではなく、著者自身の利害関心に依拠していると主張する。したがって、「何が真実であるか」は、いかなるイデオロギーにコミットしているかで決まるとされる。文芸論的批判も、言語の「対象」の実在性は否定するが、イデオロギーではなく、文脈をクローズアップする。したがって、「何が事実であるか」は、言説の歴史に依存するとされる。他方、社会的批判における言語観は、前二者とは対照的である。すなわち、「何が事実であるか」は、イデオロギーでも、歴史的文脈でもなく、社会的過程によって決まるとされる。

三つの批判は、重要な点で異なっているだけでなく、それらの提唱者の間にも緊張関係がある。イデオロギー批判論者のほとんどは、自分たちの仕事は解放に役立つと考えているが、「言語が事実を運ぶ」可能性を放棄しようとしているわけではない。彼らによれば、イデオロギー的関心がしみ込んでいる知的主張は、批判の対象と考えられ、実際に批判がなされるが、それは、そうした主張が多くの大衆を惑わすからである。そして、物事（例えば、階級、ジェンダー、人種的圧力など）の真の性質を理解することによって、人は解放されると考えられている。しかしながら、文芸論的批判と社会的批判においては、「先入観のない」記述などありえないとされる。前者は、すべての記述の根拠を、テキストとレトリックの慣例に求めるし、後者は、社会的過程に求める。したがって、物事の「真実」の記述など存在しないとされる。これに対して、イデオロギー批判は、文芸論的批判および社会的批判の立場は、政治的にも道徳的にも破綻しているし、それ自体、イデオロギー的関心（例えば、見せかけのブルジョワ自由主義）の産物にほかならない、と反論する[7]。同じように、文芸論的批判は、社会的批判を脱構築の俎上に乗せ、それを西洋の文芸論的伝統の産物であるとみなす。さらに、社会的批判論者は、分析対象を、文学ギルドを含むまでに拡張し、脱構築理論そのものが社会的過程の産物にほかならないと主張する。このような相互の批判は、他の批判から、表面的な権威を剥ぎ取り、それぞれの批判の本質を鮮明にし合っている。

かくして、われわれは二重の問題に直面している。第一の問題は、上述のことから明らかなように、三つの批判の間の緊張関係を和らげ、統一的見解を打ち出していくにはどうすればいいかという問題である。第二の問題は、より微妙であるが、同じく重要な問題である。すなわち、何らかの統一的見解を打ち出すことができれば、われわれのそもそもの絶望は回避されるのだろうかという問題である。確かに、これらの批判は、経験主義の覇権や、それと結びついた「知識は頭の中にある」という観念、さらには、最終的なゆるぎない言説が存在するという主張に対する、非常に強力な対抗勢力である。しかし、これらの批判は、われわれを懐疑の渦に巻き込み、熾烈な論争を生起させ、未来に向けての活力を奪いもする。さらに、これらの批判は、真実の主張を攻撃しているがゆえに、本質的に、真実の主張に寄生しているとも言える。すなわち、「真実を伝える」学者たちが、バカを演じるのをやめ、批判の知的高みに向かうのであれば、高見からの批判の余地はなくなってしまう――そうなれば、批判はその意義を失ってしまうだろう。したがって、もし、人間科学の営みを放棄することを望まないのであれば、われわれは批判を超えて進まなければならない。すなわち、批判フェーズから転換フェーズへと進まなければならない――脱構築から再構築へと。求められているのは、より肯定的な可能性を開く統合の道である。

私の考えでは、第三の批判、すなわち、社会的批判こそが、科学の再構築、より明確に言えば、社会的構成としての科学的実践に向けて、最も有望な道を示してくれる。それは、残りの二つの批判が抱える欠点のためでもあるし、社会的批判に固有の長所のためでもある。まず、イデオロギー批判の問題点を考えてみよう。何よりも、イデオロギー批判は、自らの正当性を証明する術をもたない。すなわち、もし、批判の標的（実業家、男性、白人など）が、自分の説明は自己利益ではなく社会全体の利益に基づいていると主張するならば、イデオロギー批判には、この議論に決着をつける方法はない。批判者は、行為者当人よりも、その行為者のことをよく理解していると言えるのか、それとも、単に、疎外されて不信感を抱いた犠牲者にすぎないのか？　批判者は、自分自身の主張がイデオロギーに汚染されていないと言えるのか？　批判者の説明は、正確で客観的なのか？　そうした主張には、いかなる根拠があるのか？　もし批判者の説明が正確で客観的であるとすれば、そのことは、「言語は現実を反映する」という可能性を復権させることになる。そうであるならば、それはもはや経験科学への批判とはなりえない。要するに、イデオロギー批判は、攻撃対象である経験主義の方向性を、何らかの形で取り入れざるをえないのである。

文芸論的批判も、統一的言説としては、欠点がある。主な難点は、テキストという、自ら作り出した監獄から抜け出ることができない点にある。文芸論的立場に立つと、デカルト的懐疑に対して確信をもって答えることができるように見える——「テキストあり」と。しかし、その確信も長続きはしない。なぜならば、「テキストあり」という結論そのものが、テキストの産物にすぎないという懐疑が再び生じるからだ。結局、テキストの外側には何も存在しないことが、もっと適切に言えば、科学と呼べるような何物も存立しえないことが、明らかになってしまう。そうなれば、人間科学の問題——貧困、紛争、経済、歴史、政府など——に対する関心は失われてしまうだろう。なぜならば、これらは、ある文芸論的・修辞学的歴史の中に存在する言葉であるにすぎないからだ。また、なされるべき社会的批判もなくなり、抵抗すべき何もなくなり、擁護すべき何もなくなり、さらには、取るべき行動も存在しなくなってしまう。なぜならば、「取るべき行動」という考えそのものが、言語的慣習の延長だからだ。こうした議論から導かれる救いようのない無力感に加えて、文芸論的・修辞学的批判は、人間のコミュニケーションを何も説明できない、という難点もある。なぜならば、コミュニケーションというまさにその観念が懐疑にさらされる——コミュニケーションは、テキスト内の言葉にすぎないからである。それに、もし、われわれが、言語的慣習を通してしか世界を理解できないのであれば、同じ慣習に則っていない人を理解する手段は何もないことになる。すなわち、確実に理解できるのは、事実上、自分と完全に同一の誰か以外にありえない、ということになってしまう[8]。

考察をさらに進めよう。「言語が（すなわち、テキストやレトリックが）世界を構成する」とは、一体どういうことだろうか。結局のところ、言葉は、受動的で空虚なものである——それだけでは、何の意味もない単なる音声か記号にすぎない。しかし、言葉は、人間関係の中で使用され、コミュニケーションの中で力を与えられる限りにおいて、積極的で意味のあるものとなる。だから、テキストによる現実構成について語るには、著者—読者関係が必要となる。要するに、社会による現実構成の方が基本的なのである。社会関係を重視することによって、われわれは、文芸論的・修辞学的批判を理解可能にすることができるばかりでなく、テキストの牢獄から脱出することもできる。すなわち、われわれは、テキスト・レトリックによる現実構成という関心を保持しつつ、そうした分析から得られた洞察を利用することができる。

さらに、これから見ていくように、文芸論的・修辞学的批判の多くの概念は、人間科学の理論的・実践的射程を豊かにしうるものである。すなわち、語り（ナラティブ）、隠喩（メタファー）、換喩（メトニミー）、著者の立場などの概念は、理論に関しても、様々な実践（研究、セラピー、コミュニティへの介入などのような）に関しても、人間科学の新たな展望を切り開いてくれる。同時に、文芸論的分析も、テキストを、より広い社会的環境の中で、文化的過程を反映しつつそれに影響を与えるものと捉えることによって、テキストを理解する可能性を豊かにすることができる。実際、このことは、脱構築理論との蜜月以来、多くの文芸論的分析がとってきた方向性にほかならない（例えば、Bukatman, 1993; DeJean, 1991; Laqueur, 1990; Weinstein, 1988を参照）。

社会的批判へコミットすることにより、文芸論的・修辞学的批判の大部分を吸収しうるばかりでなく、イデオロギー批判の要点を維持することにもなる。つまり、イデオロギー分析から、心理還元主義の傾向と、絶対的な現実という概念を、取り除いてやればよい。おそらく、ミシェル・フーコー（Foucault, 1978; 1979）の業績は、社会的批判とイデオロギー批判をつなぐ最も有効な手段を提供している。フーコーによれば、言語（あらゆるテキストを含む）と社会的過程（権力関係の観点から表される）の間には、密接な関係がある。特に、種々の専門家集団（政府、宗教団体、学問分野のような）が、自らの存在を正当化し、社会的世界を分節化する言語を発達させ、それらの言語が実践の中に位置づけられるにつれて、人は、それらの専門家集団の支配に（喜んで）従うようになる。『監獄の誕生Disciplines and Punish』の中で、フーコーが特に関心を抱いているのは、「科学―法律複合体、すなわち、処罰する権力の基盤、正当性、ルールが由来し、そうした権力の影響を拡大させ、しかも、その途方もない特異性を隠蔽する、科学―法律複合体」である（Foucault, 1979, p.23）。このことと最も関連して、フーコーは、現代の多くの制度（精神衛生関連のものも含む）が、進行中の社会生活の中に徐々に入り込み、その支配力を拡大する場所こそが、「個人の主体性」にほかならないと喝破する。彼は、次のように述べている。「心は、権力の道具としての記号論とともに、権力が刻印される場所である」（Foucault, 1977, p.102）。

この文脈では、言語を批判的に吟味することを通じてこそ、われわれは、文化内の様々な関係性を理解し、それによって新たな未来について考えることができるようになる。われわれは、批判を、言語に潜む偏った関心を暴露するものとしてではなく、言説そのものの実践的意味を明らかにするものとして捉えなければならない。この場合、その言説がウソかホントかということは、もはや問題にならない。むしろ、その言説が、進行中の関係性においていかなる機能を担っているのかが、関心の焦点となる。では、動機と真実の問題をわきに置くとして、既存の言説は、いかなる社会的影響をもつのだろうか?

この種の社会的批判には、イデオロギー批判や文芸論的批判に向けられたのと同じ再帰的懐疑が向けられている。すなわち、その立場は、まさにその拠って立つ前提ゆえに、真ではありえない、という懐疑である。実際、社会的過程を根拠とするいかなる批判も、それ自身、社会的過程の産物である。しかしながら、イデオロギー批判の場合――イデオロギー批判そのものがイデオロギーの表現であり、テキストの脱構築そのものがテキストであるという再帰的閉鎖性――とは異なり、社会的批判は、無限の牢獄にとらわれることはない。なぜならば、社会的批判の場合、もう一つの言説空間、すなわち、新たな関係性の領域へと移行することができるからだ。すなわち、社会的批判にあっては、再帰的懐疑は、無限後退へ陥ることを意味するのではなく、代替可能な現実を認識し、さらなる関係性を求める声を獲得する手段なのである。この意味で、社会構成主義は、自身の理論を自己反省的に脱構築し、そのことによって、ある立場を顕揚しつつも、その立場から権威を剥ぎ取り、他の立場との会話を歓迎することができる（特に、Woolgar, 1988を参照）。

第1章でのパラダイムシフトの説明を考えれば、社会的批判が、暗黙裡に想定する存在論をあぶり出すことによって、言説のパラダイムを批判フェーズから転換フェーズへとシフトさせることができる。そのためには、人間科学に対する社会構成主義の可能性について、多くの対話が必要となる。そうした対話は、現在、自然科学から人文科学にまたがる、多くの著作に表れているが、その共通テーマは、批判を超えて、科学を再構築することにほかならない[9]。

第5節　社会構成主義の前提

以上述べてきた議論は、どのような特徴をもっているのだろうか？　社会的批判の中心的前提を研ぎ澄ますならば、社会構成主義に基づく知識の理論はいかなるものになるのだろうか？　科学的実践にはどのような意義があるのだろうか？　社会構成主義の前提は、個々の社会構成主義者によって微妙に異なるし、前提を明示し固定してしまうと対話の機会が閉ざされてしまうとして、あえて前提を明示しようとしない論者もいる。しかし、社会構成主義の前提を、暫定的に整理して提示することには、重要な意味があると思われる。なぜならば、そうすることによって、われわれは、現時点における、社会構成主義の前提を把握し、連帯と論争の資源を位置づけ、考察をさらに進めるための前線基地を築くことができるからだ。社会構成主義の中心的前提は、次の五つに整理することができる。

1、世界やわれわれ自身を説明する言葉は、その説明の対象によって規定されない。　われわれが「それが何であるか」を表現し、コミュニケーションするとき、そこでいかなる音声、記号、身振りが使用されるかについては、何の必然性もない。この第一の前提は、部分的には、言語の対応理論への批判や、観察から一般命題を導出する帰納論理を打ち立てることの不可能性に基づいている。あるいは、この前提は、能記と所記の関係が恣意的でしかありえないとする、ソシュール（Saussure, 1983）の議論に多くを負っている。さらに、世界や人々についての説明が、中核的命題群にいかに依存し、かつ、当の中核的命題群にいかに影響を与えるかを示している点で、記号論的分析や文芸論的批判を直接的に取り入れたものでもある。あるいは、ある解釈を他の解釈よりも優れていると認定する、科学の社会的過程や社会的条件に焦点を当てる試みとも軌を一にしている。最もラディカルに言えば、この前提が言わんとすることは、われわれが状況を記述するにあたって、**原理的**な制約は何もない、ということだ。すなわち、根源的なレベルにおいては、科学は「何でもあり」なのである。しかしながら、原理的に何でもありだからといって、実際に何でもあり、というわけではない。ここで重要となるのが、次の第二の前提である。

2、世界やわれわれ自身を理解するための言葉や形式は、社会的産物である——すなわち、歴史的・文化的に埋め込まれた、人々の交流の産物である。社会構成主義にとって、記述や説明は、あるがままの世界の産物でもないし、個人の遺伝的・構造的性向によって決定されるものでもない。そうではなくて、それらは、人間行為の調整の産物である。言葉は、進行する関係性の文脈の中でのみ意味をもつのだ。ショッター（Shotter, 1984）によれば、言葉は、個人の行為の結果でも個人の反応の結果でもなく、共同行為の産物なのである。あるいは、バフチン（Bakhtin, 1981）によれば、言葉は、本質的に、「人と人の間にある」。このことが意味しているのは、理解することは、ある反復的な関係性のパターンに参加すること、あるいはこう言ってよければ、伝統に参加するということだ。すなわち、何らかの関係性を維持することによってのみ、われわれは意味を理解することができるのである。かくして、世界やわれわれ自身についての理解は、あらゆるとき、あらゆる場所で制約を受けている。

概して、文化的伝統は、言葉が十分に根拠をもっており、あるがままの世界を反映しているかのように見せることを可能にしてもいる。すなわち、理解の形式が十分持続的で、その形式だけが一義的に使用されるのであれば、その理解の形式は、「客観的」という看板を獲得し、メタファーではなく「文字通り正確な」という感覚を与えるだろう。あるいは、シュッツ（Schutz, 1962）に従えば、理解は、**文化に沈澱していく**——すなわち、自明の秩序の構成要素となっていく。しかし、「伝統を通しての真実」を強調することは、言語が埋め込まれている関係性を考慮に入れなければ、不完全である。なぜならば、言説を具体化するのは、単に持続性と一義性だけではなく、そうした言説を部分として含む、全体的な関係性だからである。例えば、「正義」や「道徳」（のような、高度な曖昧性を含む言葉）について深い関心を維持できるのは、それらの言葉が、より一般的な関係性のパターンに埋め込まれているからである。われわれが日々行っている精巧な社会的手続き——日常レベルでの非難と寛容、公的レベルでの裁判など——においては、「正義」や「道徳」といった言葉が中心的役割を担う。これらの言葉を取り去ると、こうした手続きの全体が崩れてしまう。こうした慣習的な手続きの中にとどまることこそが、正義と道徳が達成可能であることを知ることにほかならない。

同様に、科学の世界では、透徹した客観性という感覚がもたらされる。すなわち、「モノ」「プロセス」「出来事」を表す言葉の配列を選択し、その記述言語が適用されるケースについて合意を得ることによって、「客観的妥当性」の感覚を副産物として生み出すような、会話的世界が形成される（Shotter, 1993b）。つまり、科学者は、様々な状況における様々な行動パターンを、「攻撃行動」「偏見」「失業」などと呼ぶであろうが、それは、攻撃や偏見や失業が「その世界に」存在しているからではなくて、これらの言葉を使うことによって、様々な行動パターンを、社会的に有意味なやり方で指示することができるからである。かくして、科学者コミュニティは、例えば、「攻撃の本質」について合意に達し、そこで得られた結論を「客観的」と呼ぶことを正当と感じるのである。しかしながら、指示対象と、それを確立する社会的過程を切り離してしまえば、単なる形式主義に堕すのみである。

以上の主張は、もう一つの重要な論点とも結びついている。一般に言われるように、科学理論の価値は、何よりも、予測力にある。科学の能力はあるがままの真実を明らかにすることにあるとする経験主義者に反対する道具主義者（instrumentalist）でさえも、予測の有用性については信じて疑わない。すなわち、予測力に優れた理論がよい理論である、というわけだ。自然科学に比べれば、十分な予測力に欠ける社会科学の各分野でさえも、理論が信頼されるのは、応用力があるため、すなわち、様々な実践的場面に適用できるためである。「よい理論ほど実践的なものはない」というクルト・レヴィンの言葉は、自明の理とされている。しかし、ここでの議論が示しているように、理論そのものは、予測もしないし、その適用条件を定めもしない。理論命題そのものは無内容であり、「具象世界」における意味を欠いている。したがって、理論そのものからは、その理論をどのような具体例に適用して予測すればよいのかは、決して導くことはできない。理論は、科学者コミュニティにとって、「予測の技術」を発展させたり、何が「応用」かについて協議する際の、非常に貴重な道具なのである。予測や応用が言語で形成され、コミュニティに共有されるのであれば、理論は欠くことのできないものである。しかし、攻撃、利他性、偏見、摂食障害、失業などについての予測は、それらの言葉を当たり前に使用している関係性の中に参加していなければ、ただの言葉遊びにすぎない。すなわち、学術雑誌、本、スピーチなどで、抽象的で普遍的な理論を伝えるだけでは、予測や応用に関しては、実践的にはほとんど役に立たないのである[10]。

3、世界や自己についての説明がどの位の間支持されるかは、その説明の客観的妥当性ではなく、社会的過程の変遷に依

存して決まる。すなわち、世界や自己についての説明は、それが記述し説明しようとしている世界の変化とは関わりなく、支持されることもある。逆に、それらの説明は、われわれが世界の不変的性質だと考えているものとは関わりなく、廃棄されることもある。実際、記述や説明の言語は、それが指示する現象とは関わりなく変化しうるし、指示する現象が変化しても、理論的説明が必然的に変化するわけではない。この命題は、クワイン＝デュエムの仮説——言外の補助的命題をどんどん付け加えていくことにより、理論は、そうでなければ理論を棄却する根拠となったであろう多量の観察にもかかわらず、支持され続ける——に基づいている。この命題は、パラダイム変化期で科学的知識がたどる社会的過程を言い当てている。さらに、実験室における意味的交渉を強調する、科学的知識の社会学からも多くを得ている。この命題は、さしあたって、社会構成主義が「科学の進歩」をどのように捉えるかを述べたものである。この命題から明らかなように、方法論的手続きは、いかに厳密であろうと、原理的に科学的記述や説明の言語を矯正する役には立たない。言い換えれば、前章で詳しく述べたように、方法論は、競合する科学的説明に裁定を下すための装置などではない。ポリティカルに言えば、われわれは、文化の中に存在するもう一つの声、すなわち、受容可能な存在論、認識論、それに伴う方法論を欠いていたために、長い間拒否されていた声に対して、ドアを開く必要がある。そのような声は、必要なデータがないからといって、黙殺されてはならない。[11]

ただし、ここでの議論は、次のような危険な結論を導くものではない。すなわち、伝統的方法論は、科学的記述とは無関係であり、廃棄しても科学的著作の全体に影響を与えることはなく、科学者の信頼性や科学的営みの社会的価値とは何の関係もない、などと主張するものではない。ここで主張していることは、方法論は、ある記述や説明が他のものよりも優れている（「より客観的」であり、「より真実」に近い）ことを、文脈から離れて超越的に保証することはできない、ということだ。しかしながら、科学者コミュニティの**内部**では、実証的方法は、主張が真実であること、結論に信頼がおけること、調査者が誠実であること、科学的営みが社会にとって意味があることを示すために使用されうるし、現に使用されている。上述のように、科学者コミュニティは、きわめて強固な存在論——ただし、あくまでもローカルな存在論——を作り出すことができる。すなわち、科学者コミュニティは、持続的な交渉、慣習的な実践、その実践への新参者の社会化を通して、「物事の本質」についての合意を達成する。そのコミュニティの内部では、命題は検証されることもあれば、反証されることもある。そして、モノや道具や統計的表現は、これらの実践に組み込まれているがゆえに（「データ」、「認識」の手段、信頼性の指標を形成する）、検証や反証のプロセスに入り込むのである。このようにして、科学者は、フェロモン、短期記憶、人格特性などといった言説的リアリティが、本当に存在するのか、それとも存在しないのかを、確証することができる。また、その現象は存在しているのか、その現象は他のどんな現象と共起するのか、その現象はより大きな母集団の中ではどれくらいの確率で生起するのか、などを確かめるために、方法論的な改良をなすこともできる。さらに、科学者コミュニティのメンバーは、こうした出来事を報告することによって相互信頼を形成し、そのゲームのやり方が間違っていたり狡猾であったりする者を、合法的に罰したり排除したりする。科学のテキストには、こうした活動の結果が詳しく述べられている。要するに、科学というローカルな慣習の中では、予測と結果が実際に一致しうるのである。

4、言語の意味は、言語が関係性のパターンの中で機能するあり方の中にある。言語と事実の対応を否定する点で、前述の三つの批判はいずれも、言語の意味は、言語とは独立して存在する事実によって決まるという、単純な意味論を否定している。すなわち、命題の意味は、指示対象たる世界との規定関係から導かれるわけではない。しかし、社会的なフレームによって言語の意味論を再構成することができる。すなわち、指示行為を社会的儀式とみなし、その実践が歴史的・文化的に埋め込まれたものと考えるならば、言葉の意味を意味論的に捉えることが可能となるのだ。ここで、意味論が、社会的語用論の派生物となることに注意しよう。意味論が役に立つのは、関係性があるからなのだ[12]。

以上の点で、社会構成主義は、言葉の意味は社会的使用の産物であるとするヴィトゲンシュタイン（Wittgenstein, 1953）の考えと、軌を一にしている。ヴィトゲンシュタインによれば、「言語ゲーム」——と彼は比喩的に呼ぶ——の中で、すなわち、その言葉が進行中の関係性のパターンの中で使用されるあり方を通して、言葉が意味を獲得する。例えば、「打者」「投手」「ベース」「ホームラン」という言葉は、どれも、野球というゲームを記述する際に欠くことができない。常識的には、野球というゲームは、記述行為に先だって存在しており、ある記述の正確さには優劣がありうる——どう見ても「ボール」の球を「ストライク」と判定した審判が、どれだけ口汚く罵られるかを想像してみれば、このことは自明だろう。しかし、ヴィトゲンシュタインに言わせれば、野球を記述する言葉は、野球とは切り離された記述詞ではなく、それ自体が野球を構成する要素である。例えば、投手が投手であるのは、ゲームの規則に従っているからにほかならない。実際、言葉が意味を獲得するのは、その言葉がルールの内部でいかなる機能を果たすかによる。すなわち、「ゲームを記述する」という行為は、ゲーム自体の内部で、関連する言葉が前もって配置されていることの派生物なのである。「では、この言語のその言葉は、何を意味するのか？」とヴィトゲンシュタインは問う。「もちろん、その言葉が意味するのは、その言葉の使われ方である。もしそうでなければ、何がその意味を示すというのか（そのようなものはない）」（6e）。同様に重要なのは、ヴィトゲンシュタインの生活形式という概念である。生活形式とは、個々の言語ゲームが埋め込まれている、より広範な社会的営みのパターンである。例えば、野球というゲームは、一般に、「レジャー活動」であって、仕事の領域とは区別されている。すなわち、それは、様々な伝統的慣習（例えば、賭け事や、息子を最初のゲームに連れて行く、というような）によって構成される、文化的な娯楽である。すなわち、ゲームにおける言葉の意味は、より広範な社会的パターンにおける、ゲームの意味に依存しているのである。

この観点——意味が、広範な社会生活のパターンに埋め込まれたミクロな社会的交換から生じるとする観点——は、社会構成主義にとって決定的に重要である。すなわち、このように考えることによって、科学理論を含む言語が文化の中で使用されるそのあり方に、関心が向けられることになる——様々な「言葉の配列の仕方」は、進行中の関係性の中でいかなる機能を果たすのか？　社会構成主義は、ある説明が真実かどうか、妥当性があるかどうか、客観的であるかどうかは問わない。あるいは、理論からいかなる予測が導かれるか、その陳述は話者の意図や感情をどれだけ正確に反映しているか、発話がどのような認知的過程によって可能になるのか、といったことも問わない。そうではなくて、社会構成主義にとっては、いかなる一握りの言葉も、関係性のパターンの一部なのである。すなわち、言語は、外部の領域——外的な指示対象や内的な衝動——をありのままに写す地図や鏡などではなくて、特定の生活モード、慣習的行為、支配—従属関係などの副産物である。したがって、真実の主張に対しては、次のことが問われなければならない——「その主張はどんな役に立つのか」「その主張が重要なのは、いかなる慣例においてなのか」「その主張により、どんな活動が促進され、どんな活動が妨げられるのか」「その主張により、誰が被害を受け、誰が利益を得るのか」。

5、既存の言説形式を吟味することは、社会生活のパターンを吟味することにほかならない。こうした吟味は、他の文化集団に発言力を与える。中核的命題群を共有する共同体の中では、言葉と行為には確固とした結びつきがあるため、ある主張の「経験的妥当性」を吟味することができる。しかし、この吟味の仕方は、科学においても日常生活においても有用ではあるが、本質的に非再帰的である――すなわち、評価の仕方そのものを評価したり、その評価がどのような世界を構築するのかを評価したり、その評価がより広範な社会生活といかなる関係にあるのかを評価する術をもたない。例えば、科学が、実験を通じて、科学的命題の信頼性や受容可能性を吟味することができるのは、科学者コミュニティが、理解を共有するコミュニティとして存在しているからにほかならない。同じことは、精神分析学や唯心論についても当てはまる。しかしながら、こうしたコミュニティ内部で通用している妥当性や望ましさの基準は、その基準自身が妥当で望ましいかの基準にはなりえないし、さらに重要なこととして、そうした基準にコミットすることが、関連する様々なコミュニティの人々の生活にいかなる影響を与えるのかを評価する基準にもならない。だから、例えば、科学は、その霊的な価値を問うことはできないし、精神分析学は、本来、無意識のプロセスを信じることの文化的利点や責任について論じる術をもたない。あるいは、軍事戦略の用語や理解からは、戦争の道徳性を評価することはできない。

したがって、重要なのは、様々な中核的命題群を、その外側から批判的に吟味し、そうした中核的命題群が、より広範な社会生活にいかなる影響を与えるのかを探求することである。すなわち、もし、われわれが、経済学、軍事戦略、生態学、心理学、フェミニズムなどの言葉を使って世界を構成するならば、文化は何を得て何を失うのだろうか？　これらのコミュニティの語彙や実践が増大すると、社会生活はどのように改善ないし改悪されるのか？　ただし、こうした吟味をする際、外部の中核的命題群や実践が「正しい」わけではない。例えば、道徳的、政治的な憤りが、こうした問題に対する「最終的な回答」を与えるわけではない。しかし、そうした吟味は、本質的に、他の意味生成コミュニティの――あるいは、他の生活様式の――産物であるがゆえに、異なる意味生成コミュニティが参入するためのドアを開くことになる。もし、吟味が、それを注視する人々によって取り入れられるような仕方でコミュニケーションされるのであれば、関係性の境界はやわらぐだろう。かつては異質であった記号が相互に還流するようになり、かつては異質であったコミュニティが結びつきはじめる。こうして、吟味の対話は、人道的な社会に向けての重要なステップとなる。

第6節　社会構成主義に立った人間科学

以上述べてきた前提は、前章できわめて問題があることを明らかにした知識観、すなわち、「知識は個人の頭の中にある」という観念に対する代案になりうる。われわれは、今や、これら社会構成主義の前提がもつ積極的な意味を明らかにしていかなければならない。社会構成主義の前提は、人間科学をどのように再構成するのか？　何が求められていて、何が棄却されるのか？　伝統的な経験主義者や保守的な科学者にとっては、社会構成主義の議論は、悲観的で、何の希望もないものと映るかもしれない。しかし、それは、科学の古臭い考えにしがみつき、真理、知識、客観性、進歩などの不明瞭な概念に固執し続けているからだ。われわれに言わせれば、伝統的な経験主義の概念は、視野が狭く、方法論が貧困で、表現力も乏しく、社会的にもほとんど役立たない。これとは対照的に、社会構成主義は、正しく推し進めていけば、人間科学の可能性を広げてくれる。その新たな可能性はさまざまな分野で芽を出し始めており、すでに新たな探求が始まっている。

本章の残りの部分では、社会構成主義の立場から生み出される優れた萌芽的な考えのいくつかを述べ、併せて、様々な伝統的研究を社会構成主義の観点から再検討することにしたい。社会構成主義の可能性を吟味するためには、前章で述べた、人間科学の視座の転換についての説明を想起するとよい。そこで私は、伝統を維持し、疑問視し、変容させる必要について論じておいた。これらをふまえた上で、様々な科学的実践について、以下の三つの観点から考察を加えることにする。すなわち、（1）科学は、既存の制度や生活様式にいかなる貢献をするのか、（2）科学には、どれほどの批判能力があるのか、（3）科学には、文化を変容させる力がどれほどあるのか、という観点である。もちろん、以下の分析は、一つの方向性を示唆するものにすぎない。というのも、あらゆる科学的実践は、社会集団が異なれば異なる機能をもつし、多様で矛盾する「意図せざる効果」をもつこともしばしばであるからだ。しかし、以下では、科学的実践をこのように整理することによって、科学のもつ機能や効果を強調することにしたい。

（1）安定した社会における科学的実践

最初に、比較的安定した状況下、あるいは、持続的な伝統の下での、人間科学の可能性について考察しよう。まず、言語という形式について考えてみよう。言語は、言語自体が埋め込まれている関係性のパターンから分離不能であり、関係性のパターンの構成要素でもある。こうした言語は、普通、暗黙の存在論——「それが何であるのか」の目録——、および、暗黙の道徳律——「いかにあるべきか」の基準——を含んでいる。つまり、DNA分子を研究している生物学者にせよ、修正第1条を審議している最高裁にせよ、何が存在するのかについての前提が共有され、いかなる行為が適切なのかについての合意がなされていなければならない。そのような慣習なしには、生物学者のコミュニティも、最高裁というコミュニティも、存在しえないだろう。さらに、ローカルな対面的集団について言えることは、程度の差はあれ、国家レベル、大陸レベルにも当てはまる。日本文化とノルウェー文化を対照させて語ることができるのも、こうした慣習があるからにほかならない。

このように考えれば、人間科学は、既存の伝統に対して実質的な貢献を果たすことができる。具体的には、二つの主要な機能がある。すなわち、第一に、人間科学は、**現在の生活形式を維持し強化する**のに役立つ。第二に、人間科学は、**伝統の中で、人々がよりよく生きること**を可能にする。第一の機能は、理論的な言説、すなわち、科学による世界の記述や説明によって、十分に実現される。すなわち、人間科学は、明瞭で洗練された言語——特に、人間についての言語——を提供することによって、社会の支配的な中核的命題群、および、それに基づく実践に、実質的な影響を与えることができる。人間科学の中核的命題群は、人間行為にラベルを貼り、人々の成功と失敗の原因や行動の根拠についてユニークに語ることを可能にする。例えば、人間行為を個人の心的過程の観点から説明するならば、同じ行為を社会構造の観点から説明するのとは大きく異なる実践が含意されることになる。すなわち、前者の理論からは、社会的逸脱者を非難し、罰し、治療するという実践が導き出されるのに対して、後者の理論は、そうした結果を生み出してしまったシステムの再編という実践を志向する。あるいは、学習理論は、暗黙のうちに、逸脱行動には行動プログラムの再訓練が必要であると示唆するのに対して、生得説は、逸脱的な気質の持ち主を隔離することを強調する。さらに、機械論的な理論は、個人の責任を否定する傾向にあるが、ドラマトゥルギー理論は、個人の主体的能力や自己コントロール能力をアピールする。重要なことは、いずれの場合においても、理論的な言説が、ある重要な社会の考え方、および、それと結びついた生活様式を維持し強化する、ということである。

人間科学の第二の機能は、慣習的制約の中での適応行動を促進する点である。すなわち、人間科学は、相対的に安定した行為パターンや、ラベリングについての共通認識の可能性を前提として、政策の策定、その政策プログラムの実施、有用な情報の文化への流布を可能とするような予測を提供できる。例えば、文化が共有するリアリティの中で、人間科学は、学術的成功、精神分裂病の衰弱、精神疾患の比率、投票パターン、犯罪率、離婚率、学校の中退率、妊娠中絶の要求、製品の成功、GNPなどについて、比較的信頼のおける予測をすることができる――「治療」が達成されるようにセラピストをクライアントと結びつけたり、組織場面において組織コンサルタントが「問題を解決」できるようにしたりする。こうした予測の領域こそ、伝統的な経験主義が、最も重要な役割を果たした領域である。すなわち、サンプリングの手続き、記録装置、質問紙調査、実験、統計分析などといった行動科学の遺産は、予測力を高めるために有効利用できる。経験主義の伝統が持続し、人々がそれに価値を置き、指示規則が広く共有されている限りにおいて、そのような予測は有効である。

しかしながら、以上のことは、人間行動の一般理論の検証を続けようと主張しているわけではない。見てきたように、そのような研究は、正確で予測力のある理論を、経験的に間違っている理論と区別しうるという、伝統的な根拠で正当化することはできない。そのような研究をしたところで、一般的な仮説を確証することもできないし、棄却することもできない。なぜならば、いかなる理論であれ、その真偽は、所与の文脈における意味連関によって決まるからだ。同様に、仮説検証的研究の大多数は、社会的予測という要請にも応えることができない。なぜならば、仮説検証的研究は、たいてい、当該の理論の妥当性を証明するという目的で行われるからだ。つまり、そのような研究で注目される行動は、単に実験室における測定やコントロールに好都合という理由で選ばれているのであって、社会的には大して重要なものではない。例えば、ボタン押し、質問紙のマル付け、不自然なゲームでの成功、実験装置での成績などについていかによい予測をしようとも、そんなものは社会にとってほとんど関心を惹くに値しない。実際、このような研究に膨大な時間を費やし、莫大な数の被験者や被験動物を犠牲にし、国のお金を使い、出版のために骨を折り、キャリア・アップしていく（あるいは、しない）からといって、そうした研究が正当化されるわけではない。もちろん、仮説検証の一切を放棄せよと言っているのではない。ごく少数ではあるが、統制された研究の中には、理論に表現力を与え、レトリカルな価値を与えるものもある。しかし、ここで強調したいことは、理論的言説こそ、おそらく、人間科学が社会生活にもたらすことのできる、最も重要な貢献であるということだ。

（2）慣習的思考を打破する科学的実践

社会の大多数にとって、慣習的に定義されるような公共財への貢献は、少なからぬ重要性をもっている。文化的価値は、あまりにも不安定で、あまりにも変化しやすく、常にそれに反する勢力を抱え込んでいるものだ。同時に、文化的リアリティが一枚岩であることはめったにない。われわれは、いわば、競合する中核的命題群の海を泳いでいるようなものなのだ――そこでは、ギリシャ・ローマ時代、キリスト教、ユダヤ教などから連なる言説の波が絶え間なく押し寄せ、全く異なる言説が混ざり合って、新たな（びっくりするような）言説の可能性を、絶えず生み出し続けている。だから、文化で特定のリアリティが支配的であったり、それに基づく実践が主流を占めていようとも、必ず、マイノリティ集団――自らのリアリティが否定され、無視され続けるという苦しみを受け、前向きのビジョンをもちつつも、多数派の安定と神聖さを守るために黙殺されている集団――が存在しているのだ。

社会構成主義に立つならば、科学の言語は、ある種の行為を促進し、ある種の行為を回避させる、実践の装置にほかならない。したがって、科学者は、好むと好まざるとにかかわらず、あるいは、自覚的か否かにかかわらず、必然的に、道徳的・政治的唱導者であらざるをえない。科学者による価値中立の主張は、自分の研究が社会生活の様式を維持したり破壊したりしうることから、単に、目を背けているにすぎない。だから、社会構成主義は、自らの研究者としてのコミットメントを私的感情と切り離したり、事実と価値を区別しようとするのではなく、研究者としての全人的表現を求める。言い換えれば、よりよい社会を実現するような理論、方法、実践を重んじる。この意味で、社会構成主義は、社会で支配的なリアリティと、それと結びついた生活形式に挑戦する。以下、挑戦の主な形式を、三点にわたって考察していこう――すなわち、**文化批判**（**cultural critique**）、**内在的批判**（**internal critique**）、**相対化の試み**（**scholarship of dislodgment**）である。

おそらく、言説を重視する立場からは、現状を撹乱するための、最も直接的で広範に利用されている手段は、**文化批判**であろう。二十世紀の大部分において、実証を志向する科学は、倫理や政治に加担することを意図的に避けてきた。しかし、今や明らかなように、科学の価値中立性など空想にすぎない。すなわち、研究者は、常に、かつ必然的に、何らかの価値的基準に立脚しているのであって、良かれ悪しかれ社会生活に影響を与える。したがって、人間科学には、「自然の鏡」の受動的な手先になるのではなく、正当にかつ責任をもって、自らの研究を広めていくことが求められる。言い換えれば、われわれ人間科学者は、専門領域から「～べきである」という当為命題を消し去るのではなく、専門領域と関連する道徳的・政治的問題を理解可能にすべく、専門的スキルを積極的に活用しなければならない。社会的批判は、人間科学にとってとりたてて新しいものではないが、こうした表現の重要な形式の一つである。精神分析学派と批判学派の伝統にある研究者は、精巧な社会分析が大きな影響をもたらす可能性を、早くから強烈に示した。その可能性は、行動主義の（あるいは、経験主義の）時代にはほとんど無視されていたが、一九六〇年代以降、きわめて多様な形をとって、再び、開花し始めている。近年のカルチュラル・スタディーズの隆盛は、こうした動きの力強さを物語っている。こうした動きについては、第5章で詳しく述べる。

社会的批判は、重要な意味で、補完されなければならない。すなわち、社会的批判は、様々な対象を批判し、文化一般の常識の再考をせまるが、その反面、人間科学そのものを問い直そうとはしていない。しかし、人間科学は文化に影響を与える言語と実践を生み出しているのだから、人間科学に対する批判的評価もまた必要だろう。そこで、社会構成主義は、社会的批判に加えて、内在的批判をも強力に推進する。すなわち、科学者には、自らがいかなるリアリティを構成し、それがいかなる実践をもたらすのかを、監視し、批判し、疑問をぶつけることが求められる。内在的批判も、人間科学にとっては目新しいものではない。例えば、前章で述べたように、認知革命の出現には、行動主義の内在的批判が必要不可欠であった。しかしながら、われわれに言わせれば、この種の内在的批判の議論は、文化全体への価値という点からすれば、ほとんど重要性をもたない。なぜならば、こうした議論は、科学そのものの外側に立つことに失敗しているからだ。すなわち、科学に固有の価値観や、それが社会生活にもたらす意味は、全く問題にされていないのだ。ここで重要なのは、科学的現実を生成するのに加担する関心・価値観とは異なる関心・価値観を明らかにするような、批判の形式である。そうした批判の例は、イデオロギー批判の説明の部分でも述べておいたし、第5章でもさらに論じることにする。

次に、既存の学問領域にゆさぶりをかける、第三の形式について考察しよう。文化批判も、内在的批判も、特定の価値観へのコミットメントを大前提としている──平等、公平、葛藤低減、などのような。しかし、社会構成主義は、第三の探求をも要請する。すなわち、特定の価値観にしばられることなく、慣習的なものを打ち破るための探求である。いかなるリアリティであれ、それが物象化され、当たり前になれば、関係性は固定され、選択は閉ざされ、様々な少数意見は聞こえなくなってしまう。例えば、平等の存在を前提にすると、不平等に目が届かなくなってしまう。あるいは、コンフリクトが解決されると、そのコンフリクトの渦中にいる人々の苦しみに鈍感になってしまう。このように考えると、相対化の試みは非常に重要である。相対化の試みとは、慣習的思考の呪縛から脱する試みである。ある意味で、文学における脱構築は、こうした試みのモデルとなる。すなわち、脱構築が、ある作品の中心的アポリアに取り組むとき、いかなる平明なテキストであれ、洗練された原理であれ、よく練り上げられた計画であれ、懐疑の対象となる。脱構築の試みが示しているように、明確でエレガントで説得力のあるテキストであっても、注意深く検討すれば、その根拠は破綻し、その論理は崩壊し、その意味も決定不能となる。

さて、脱構築的分析は、相対化の試みとして人間科学にとって有用であるが、よりレトリカルに強力な試みは、支配的な言説がいかに構成されているのかを示そうとする試みである。その典型が、修辞学的批判と社会的批判である。先述のように、修辞学的分析は、ある言説が、説得力、合理性の感覚、客観性、真理性を獲得するメカニズムに注視する。分析によって、メタファー、ナラティブ、意味の抑圧、権威へのアピールなどが顕わになれば、合理性や客観性はその支配力を失ってしまう。あるいは、言説の裏に潜む作為が気づかれると、その言説の説得力は失われる。同様に、社会的批判が、真実の背後に潜む関係性のプロセス──交渉、権力の行使、政治力学、など──を分析することによって、その真実はもはや普遍的なものとはみなされなくなる。すなわち、時代と文化を超えて、事象を記述する「唯一の方法」と思われていたものは、ローカルで特殊なものにすぎないとみなされるようになる。

相対化の試みは、他にもある。中でも特に注目に値するのは、文化的・歴史的な再文脈化である。はじめはローカルな価値観、前提、根拠であったものが、普遍的なものへと拡大するように思われることは珍しくない。実際、特定のコミュニティの価値観や、特定の科学の真実は、普遍性――あらゆる時代のあらゆる人々にとって、善であり真であること――をもつものとされている。それに対して、特定の価値観と真実の背後にある文化と歴史についての研究は、そうした「普遍性」の主張を問い直す契機となる。すなわち、文化人類学者が、他の文化集団のローカルなリアリティを探求し、異文化に固有の環境の内部では異なるリアリティが妥当であることを示すように、文化的・歴史的再文脈化は、われわれのもつ合理性の限界を明らかにしてくれる。例えば、ウィンチ（Winch, 1946）が、ゾンディ・マジックの根拠を擁護するとき、彼は、同時に、西洋の科学を尊重し部族の魔術を軽蔑する西洋人の常識に対して疑問を投げかけている。歴史的再文脈化によっても、同様のことが達成できる。例えば、モロウスキー（Morawski, 1988）らは、心理学実験の解釈の変遷を追跡しており、また、ダンツィガー（Danziger, 1990）は、実験テーマの概念が歴史的事情に依存することを示しているが、そうすることによって、彼らは、方法論や研究テーマは確固たる普遍性をもつという考え方に挑戦しているのである。

（3）文化を変容させる科学的実践：新たなリアリティとリソース

人間科学には、文化的制度を維持する可能性とともに、それに対して反省的に疑問を投げかける可能性があることを述べてきた。最後に、人間科学の第三の可能性について考察していこう。それは、批判や撹乱を超えて、文化を変容させる可能性である。もし、現実や善といった概念が文化的構成物であるならば、われわれの文化的実践のほとんどは、等しく文化・歴史依存的とみなされるだろう。すなわち、自然なもの、普通のもの、合理的なもの、明白なもの、必然的なもののすべてが、原理的には、変化に開かれることになる。批判や相対化の試みは、こうした文化的動乱にとって重要ではあるけれども、それだけでは不十分である。なぜならば、基本的に、これらは、批判対象の文化に寄生している――すなわち、これらの中核的命題群は、批判対象の文化に依存している――からだ。社会変革のためには、新たなビジョンと語彙、新たな可能性のビジョン、それらをまさに実現していく中で新たな方向性を打ち出していく実践が必要である。こうした変容は、伝統的な社会科学の土壌、すなわち、既存の理論と研究の枠組みにおいても可能であるかもしれない。しかしながら、伝統的社会科学は、もっぱら、伝統的な中核的命題群の観点から理解されるため、いかに革新的であろうとも、伝統的立場を維持し続けることになってしまう。したがって、文化的変容は、新たな形式の科学的実践によってこそ、十全に実現できるように思われる。そこで、以下では、新たな科学における理論、研究、実践を考え、それがいかなる可能性をもつのかを考察していこう。

人間行動の概念は、人間関係を遂行するツールのようなものとして機能する。だから、社会変化の可能性は、人間行動についての中核的命題群の刷新から生じるであろう。[13] 理解のための新たな言語が発達すれば、可能な行為の範囲が拡大するのだ。例えば、過去においても、無意識の動機についての言語が洗練されたために、法廷において被告が用いる戦略も洗練された。また、内発的動機の語彙が豊かになったために、教育計画が強化された。あるいは、家族システムの理論が発展したために、個人的苦痛の治療法が増えた。私は、『もう一つの社会心理学』(Gergen, 1994a) の中で、**生成的理論**という概念を提唱した。生成的理論とは、文化で自明視されている諸前提とは対立し矛盾する視点を提供し、新たな中核的命題群を切り開いていくような理論のことである。例えば、フロイトやマルクスの理論は、間違いなく、二十世紀において最も生成的な理論であった。すなわち、どちらの理論も、文化の支配的前提に挑戦し、新たな行為パターンを生み出した。しかしながら、これらの理論は、今日ではもはや生成力を維持してはいない。生成力を維持するためには、これらの原典の革新的で型破りな解釈が必要であろう(例えば、フロイト理論をラカン派的に再解釈することによって、精神分析理論は、ポスト構造主義の対話に参入することができる)。また、影響力の点ではやや劣るものの、例えば、ユング、ミード、スキナー、ピアジェ、ゴフマンの理論は、多くの点で生成的であった。さらに影響力は限定されるものの、例えば、ギアツ (Geertz, 1973) によるバリの闘鶏の解釈や、フェスティンガー (Festinger, 1957) の認知的不協和理論は、重要な生成力をもっていた。どの理論も、程度の差はあれ、既存の中核的命題群を変容させたし、さらに重要なこととして、科学的・文化的リソースを拡張した。[14]

しかし、一方では、これらの理論がもつ保守的な性格も忘れてはならない。すなわち、これらの理論は、既存の文化的伝統を支えるとともに、その文化的伝統からレトリカルな力を借りている。より明確に言えば、理論は独特な社会行為であり、したがって、特定の人間関係を促進する。例えば、上記のそれぞれのケースにおいて、著者は、知識人としての権威を活用し、権威のハイアラーキーを維持している。また、批判は著者個人に対してなされるが、そのことは、個人が思考の源泉であるという人間観を維持している。あるいは、高学歴のエリート主義文体が使用され、低学歴の人々が用いる慣用語は、不適切で劣ったものとして排除される。さらに、それぞれのテキストはテーマを物象化しており、レトリックよりも現実の方が優位であることを主張している。このように見てくるならば，文化的変容への道のりは，学術的表現形態の転換をも含まなければならない。すなわち，人間科学が学術的表現形態の実験をすることによって——例えば，伝統的な著述スタイルに挑戦し，学問カテゴリーの壁を打ち破り，映像や音声をテキストに挿入する，など——，学者，学会，教育の本質，ひいては，人間関係の可能性が変容することになる。

以上のことからわかるように，人間科学は，新たで型破りな記述スタイルに価値を置き，そのような記述スタイルを取り入れていかなければならない。フェミニズムは，そうした動向の先頭に立っている。例えば，フランスのフェミニストであるイリガライ（Irigaray, 1974）とシクー（Cixous, 1986）が示しているように，たいていの学術的著作の記述スタイルは，男性中心的（直線的，二値的，無感情）である。それに対して，フェミニズムは，新たな表現形態を模索している。それは，彼女らが，本源的な女性意識にとってより適切であると考える表現形態である。また，文化人類学は，エスノグラフィーの西洋的慣習に疑問をもち，その慣習こそがある種の帝国主義を構成すると論じている。そこで，例えば，「研究対象者」を研究協力者としてエスノグラフィーに登場させる，研究対象者の自叙伝としてエスノグラフィーをまとめる，エスノグラフィーを研究者の母国文化を批判するために用いる，エスノグラフィーを詩歌に変える（ことによって，エスノグラフィーが事実ではなくて表現技法に基づいていることを明らかにする），などの実験が試みられている。他の実験的な試みとしては，マルケイ（Mulkay, 1985）は，同じ著作の中に複数の筆者がいる記述スタイルの可能性を探求し，メアリー・ガーゲン（Gergen, 1992）は，ポストモダンの草分け的ドラマ『パラサイトカフェでの死 Death at the Parasite Café』を書き，フォール（Pfohl, 1992）は，批判的な社会分析を遂行するために，理論，フィクション，自叙伝，写真のコラージュを展開している。さらに，研究者の中には，論文ではなく，映画という表現形態を活用する人も登場してきているが，このことは明らかに未来への大いなる挑戦と言えよう。

次に，理論的記述の問題から，研究方法論の問題に目を転じてみよう。文化を変容させようと思うならば，研究の主たる目的は，新たな行為様式の可能性を生き生きと描くことになる。すなわち，研究は，新たな行為の可能性に，実質的なイメージを与えるものでなければならない。すでに述べたように，従来の実験室実験でさえも，そのために役立つ。例えば，ミルグラム（Milgram, 1974）が行った服従についての野心的研究は，いかなる「仮説を検証」しているわけでもない。しかしながら、「命じられた悪」の可能性を読者に意識させ、ショックを与えるという点で、この迫真の研究は、上下関係はどこまで望ましいのか、義務はどこまで果たすべきなのかといった議論を煽るものである。

このように、従来の実験室研究も文化を変革する力をもってはいるが、それらは、その伝統的記述スタイルと相俟って、文化を保持する傾向の方が強い。すなわち、実験室実験は、新たな行為を例示する可能性をもっているけれども、人間行動の機械論的モデルに依拠し、被験者を疎外し、結果をコントロールすることによって、その可能性を台無しにしてしまっている。したがって、よりラディカルな変革のためには、従来とは異なる研究手続き、すなわち、従来とは異なる価値観や見解に立脚する方法論が求められている。そして、新たな研究手続きが明確になれば、人間関係の新たなモデルが必要になる。こうした動きは、今や、人間科学の様々な領域で生じ始めている。従来の研究にまつわるイデオロギー的問題や知的問題の多くを乗り越えようとする試みには、例えば、次のようなものがある。すなわち、定性的研究の探求（Denzin and Lincoln, 1994）、解釈学的探求（Packer and Addison, 1989）、対話的方法論（M.Gergen, 1989）、協同的探求（Reason, 1988）、自伝やライフ・ヒストリー（Bertaux, 1984; Polkinghorne, 1988）、語り分析（Brown and Kreps, 1993）、価値を認める問い（appreciative inquiry）（Cooperrider, 1990）、社会的介入としての研究（McNamee, 1988）、生きられた研究としてのフェミニズム研究（Fonow and Cook, 1991）、などである。いずれのケースにおいても、新たな研究方法論によって、新たな形式の社会生活が提起されている。

最後に、研究実践の領域にも注目しておく必要がある。セラピスト、カウンセラー、組織コンサルタント、教育者らは、多くの意味で、研究者よりも文化に対してははるかに大きな影響力をもっている。すなわち、こうした実践家の実践は、学者の難解な著作よりも、日常の人間関係に深く直接的に入り込む。つまり、彼らは、文化を変容させる大きな潜在力をもっているのだ。とりわけ重要なのは、社会的モデルとしての役割である。例えば、セラピストがクライアントとの新たな相互作用を発達させるならば、文化はそのやり方を、困っている人を助ける際の新たなやり方として採用するかもしれない。あるいは、コンサルタントが、（権威主義的解決ではなく）組織の階層を縦断する対話を作り出すとき、彼らは、暗黙のうちに、相互依存的解決というリアリティを作り出している。さらに、教育者が、共同による評価様式を追求するならば、生徒と先生の新たな関係を準備することになる。つまり、実践家は、既存の制度の単なる奉仕者でもなければ、象牙の塔で作られた論理や「知見」の奉仕者でもない。そうではなくて、彼らは、大きな変化に向かっての可能性を秘めた行為者なのである。[15] 私の考えでは、これからの十年は、研究者が実践家の技能を学ぶ時代になるだろう。

要約しよう。社会構成主義に立った人間科学に対して、伝統的な研究実践も価値ある貢献をなすことができる。しかしながら、その貢献は、きわめて限定されたものである。したがって、社会構成主義は、従来の研究実践を拡張しようとする。研究の革新のために重要なのは、次の三点である。第一は、**脱構築**である。そこでは、真実、理性、善についてのあらゆる前提が疑問に付される――さらに、疑問そのものの前提も疑問に付される。第二は、**民主化**である。そこでは、科学の重大な対話に参加する人々の範囲が拡張される。第三は、**再構成**である。そこでは、文化の変容に向けて、新たなリアリティと実践が作り上げられる。このような努力によって、人間科学を、社会生活の周辺に位置する現状から、文化的探求の中心へと推し進めること、それが私の希望である。

注

[1] 古典的著作としては、Adorno（1970）、Horkheimer and Adorno（1972）、Marcuse（1964）がある。こうした視座を、現代の学問にまで拡張したものとしては、例えば、Parker（1992）、Sullivan（1984）、Thomas（1993）を参照。

[2] 例えば、Butler（1990）、Fine（1993）、Harding（1986）、Haraway（1988）を参照。

[3] 例えば、Clifford and Marcus（1986）、Fabian（1983）、Mitchell（1982）、Rosen（1987）、Said（1979, 1993）、Schwartz（1986）、Stam（1987）を参照。

[4] この結びつきは、Althusser and Balibar（1970）において明示されている。

[5] この観点を具体的に示したものとして、Pinder and Bourgeois（1982）を参照。

[6] モダニズムとポストモダニズムの区別について、より詳しくは、Lyotard（1984）、Harvey（1989）、Turner（1990）を参照。社会科学におけるポストモダン的転回については、Rosenau（1992）、Kvale（1992）、Seidman and Wagner（1992）を参照。ポストモダンの学問と社会生活の変容との関係については、Connor（1989）、Gergen（1991b）を参照。

[7] Nencel and Pels（1992）の編著『知識の構成：社会科学の権威と批判 Constructing Knowledge: Authority and Critique in Social Science』は、こうした論争の激しさをよく示している。例えば、文化人類学においてテキストが重視されつつあることに対して、

新マルクス主義の文化人類学者であるフリードマン（Friedman, 1991）は、次のように述べている。「テキストの実験など、ポストモダン的マイノリティのぜいたくにすぎない……彼らは皆、「制度的権力」を行使できる立場にあるし、少なくとも、そうした立場をコントロールする集団に属している。……われわれが耳にする声は、権力の象牙の塔に巣くう、陳腐で退屈な連中の声だ……すなわち、個人的なナルシシズムと学問的なナルシシズムが混ざっていることが明白な、エリート的な皮肉だ」（p.98）。あるいは、Annelis Moors（1991）は、フェミニズムの視点から次のように述べる。「女性にとって問題となっているのは、ポストモダニズムによる差異の受容が、隠された事項をも含むかどうかであり、究極的には、女性の正当性要求に対して権力をもつ側の人々が無関心であるかどうかである」（p.127）。

［8］ある意味で、このことは、コミュニケーションの心理学的（あるいは、認知的）視点——他者の理解は、人間の内的過程に基づいて遂行されざるをえないとする視点——から得られる結論と同じである。テキスト分析や心理学的アプローチに対する社会構成主義の代案は、第11章で述べる。

［9］今や、述べてきたような議論と軌を一にする文献も大量にあり、「社会構成主義」に貢献する研究者も陣容を整えているが、伝統的科学の「社会構成主義的後継者」についての議論はあまり多くない。しかし、このプロジェクトについては、次のような重要な業績もある。例えば、Astley（1985）、Edwards and Potter（1992）、Lincoln（1985）、Longino（1990）、Shotter（1993b）、Stam（1990）など。

［10］行動科学における仮説検証型研究が不毛であるのは、こうした理由による。すなわち、研究そのものは、「客観的事象」の範囲、質問紙の評定のユニークな回答、ボタン押し、写真刺激、などを用いて行われている。しかし、こうした文化的にも時間的にも限定されたミクロなプロセスから得られる結論は、きわめて広範に通用するものとされている。すなわち、科学の文脈では、「攻撃」「精神病理」「推論能力」「知覚」「記憶」などが、一般的で普遍的なものとして語られる。しかしながら、こうした抽象的な結論は、文化的には何の意味もない事象と結びついている。したがって、これらの概念が、社会生活にどれだけ役立つかは、はなはだ疑わしい。このことについて、より詳しい議論としては、Sandelands（1990）を参照。

［11］主体と客体の間のギャップを架橋し、エスノグラフィーの形態を拡張しようとする、文化人類学者の最近の試みの集成として、Benson（1993）を参照。

［12］同様の議論は、統語論についても当てはまる。この意味で、「個人の頭の中」に文法規則、法則、論理の基盤を求めようとする試みは、間違っている。文法的慣習は、関係性のプロセスの中にこそ、正しく位置づけることができるだろう。

［13］心理学における理論研究の重要性を——実証という枠を超えて——示すものとしては、Kukla（1989）を参照。

[14] 同様に、Astley and Zammuto（1992）は、社会エンジニアが基礎的な知識に基づいて政策を適用するという、組織科学の伝統的観点を批判している。私の議論と同じく、彼らは、科学者を、組織場面で利用できるシンボリックな資源（言語）を生み出すものとしている。新たな言語は、新たなリアリティを構成し、そうした再構成によって、新たな行為パターンが理解可能なものとなる。

[15] 今や、社会構成主義の視点を実践に活かそうとする試みが、様々な分野でなされつつある——教育学（Bruffee, 1993; Lather, 1991）、セックス・セラピーと夫婦セラピー（Atwood and Dershowitz, 1992）、調停と苦情の手続き（Shailor, 1994; Salipante and Bouwen, 1990）、テレビや新聞の分析（Carey, 1988）、法的手続き（Frug, 1992）、など。社会構成主義のセラピーへの貢献については、第10章で論じる。

第3章　社会構成主義——批判に応える

社会構成主義は、知識がいかに生成されるか、知識がいかなる機能をもつのかについて、広く受け入れられている前提に異議を唱え、それに対する新たな視点を提供する。このことは、長い間、広く共有されてきた諸前提——客観性、真理、合理性、個人主義という諸前提——を脅かす。それゆえ、社会構成主義に対して批判の声が沸き起こったことは、ごく当然のことであるし、その中には重要な批判もある。多くの科学者にとって、知識が社会的に構成されるという主張は、認め難い主張であった。その理由は、いろいろある。社会構成主義が認められない理由としては、社会構成主義によって、客観性、研究の中立性、真理、権威、科学の進歩という重要概念が危険にさらされると考えられたこと、社会構成主義によって新しい科学が生み出されるとは考えられなかったこと、が挙げられるが、それだけではない。これらに加えて、社会構成主義が存在論的懐疑を含むこと、社会構成主義が提供する世界像が常に移ろいゆく両義的なものであること、社会構成主義自体ぬえのように捉えどころがないことといった理由もある。これらが相俟って、社会構成主義への疑問をさらに錯綜させている。さらに、社会構成主義によって、親密さ、経験、意識、創造力、自律性、完全性、民主主義といった重要な概念も、脅かされると思われている。もちろん、こうした疑問のすべてを一挙に解消することは難しいし、他のすべての中核的命題群が提起する多様な疑問に完全に応えられるような中核的命題群などありえない。しかし、対話を建設的に進めようとするならば、われわれは社会構成主義に対するいくつかの重要な質問に応えていかなければならない。特に、社会構成主義に対して広く流布している誤解をとき、多くの人が社会構成主義に感じている苛立ちを払拭することが重要である。

社会構成主義に対する質問は、様々な分野から、様々な理由に基づいて提起されている。したがって、議論を説得的に展開する、唯一の語り口があるわけではない。以下では、いくつかの重大な質問を取り上げ、それぞれについて論じていくことにする。読者の便宜のために、あらかじめ、取り上げる質問の要点を――あえて痛烈な表現で――掲げておこう。

1、社会構成主義は、本当に新しいのか？
2、社会構成主義は、個人的経験の現実性を否定するのか？
3、社会構成主義は、現実世界への関心をすべて放棄するのか？
4、懐疑論として、社会構成主義は一貫性に欠けるのではないか？
5、相対主義という点で、社会構成主義は道徳的に空虚ではないか？
6、社会構成主義は、いかなる理由で、異なる世界が構成されると主張するのか？
7、社会構成主義にとって、理論の価値とは何か？

議論を先に進める前に、このような質問をつきつけられたとき、社会構成主義者は普通どのように反応するか、簡単に記しておこう――「どうしてこんな議論につきあわなければならないんだ。だいたい、これらの批判が弁護しようとする従来の立場は、社会構成主義がとっくに欠陥を指摘しているではないか。古い伝統を延命させようとする連中と論争するよりも、社会構成主義のもつ意義を明示し、社会構成主義を推し進めていく方が、よほど生産的だ。それだけではない。社会構成主義の立場からすれば、こうした批判の方こそ――脱構築的批判を通じて――問い直されなければならない。つまり、上のような批判は、イデオロギー的帰結――例えば、現状肯定という帰結、男性中心社会という帰結、西洋至上主義という帰結――に基づいて、棄却されるかもしれないし、その批判の文芸論的・修辞学的な基礎、意味の決定不能性、説得の仕方を明らかにすることによって棄却されるかもしれないし、さらに、批判の口ジックの歴史文化依存性をたどることによって棄却されるかもしれない」。

社会構成主義者がこのように考えるのはもっともなことだが、一方、こうした反論は、危険な一面をもはらんでいる。すなわち、あるパラダイムと実践を共有している人々は、自分たちを、それ以外のパラダイムの人々から切り離そうとする、強い傾向をもつ。すると、異なるパラダイム間では、対話が全くなくなり、互いをどうしようもなく誤っているとみなす結果になる。一方、パラダイム内では、対話が循環し、自己満足に陥り、ますます秘儀的になっていく。その結果、仲間内の議論は神聖視され、外部の「わけのわからない連中」との対話はほとんどなくなってしまう。しかしながら、われわれとしては、対話を拒むのではなく、むしろ逆に、批判の声に注意深く耳を傾け、批判を生み出した共同体の実践に目を配り、異なる言説をもつ人々と積極的に対話をしようと思う。なぜならば、それによって、社会構成主義の言説がさらに豊かになり、他の領域との関係も維持され、社会構成主義の言説の潜在力——広範な文化的実践を活性化する力——も高めることができるからだ。

第1節　社会構成主義は本当に新しいのか？——その源流と展開

社会構成主義に対する質問の多くは、社会構成主義の知的源流についてのものである。例えば、歴史に興味のある者は、その起源を明らかにしようとし、あるいは、社会構成主義に反対する者は、それが過去の理論の焼き直しにすぎないと批判する。しかし、これらの素朴な質問には問題がある。まず、前者は、社会構成主義に起源が存在することを前提にしている——天才に起源を求めたり、無知から知への転換点という起源を求めたりする。しかし、意味の共同的構成を主張する社会構成主義では、すべての日常的な理解は、過去において形成された意味を適用することによって達成され、しかも、その適用の仕方に、単純な法則性はないと考える。したがって、社会構成主義という一つの理解形式の起源を求めることは、不可能なのである。例えば、もし「国家という船（the ship of state）」というフレーズの起源を理解しようとするならば、このフレーズを構成する各語が歴史上はじめて用いられたときの意味がいかなるものであったか、それ以前に生成されていた意味がこのフレーズの各語にいかに凝縮されているのか、政府の演説において国家を船に喩える用語法がどのようにして用いられるようになったのか、このフレーズが政治的説得のために用いられるようになった経緯はいかなるものか、これらのことを明らかにしなければならない――言うまでもなく、そんなことは不可能である。同様に、社会構成主義が過去の思想の焼き直しであるとする見解も、言語が固定された意味の表現にすぎないことを、言い換えれば、同じ「思想」が異なった言語で語られうることを前提にしている。しかしながら、意味が文脈依存的に構成され、しかも、その意味が不断の交渉によって変容すると主張する社会構成主義にとって、この伝統的な前提は受け入れ難い。ましてや、文脈の意味を固定しようとする試みなど、見当違いと言わざるをえない。

社会構成主義の立場を、他の立場との比較対照を通じて明らかにするために、現在の言語的慣習のもとで社会構成主義と関連する言説（群）に注目してみよう。社会構成主義という言説は、いつ頃登場したのだろうか？　これについては、前章で、ある程度論じておいた。すなわち、社会構成主義のルーツは、最近の三つの知的潮流――イデオロギー批判、文芸論的・修辞学的批判、科学の社会的批判――に遡ることができる[1]。したがって、社会構成主義のルーツを詳細に検討しようとするならば、これらの知的潮流の歴史を探求しなければならない――例えば、イデオロギー批判のルーツとしてのヘーゲルの思想、知識の言語的構成という観点のルーツとしてのコンディヤックとフランスの観念論者、などを。さらに、これらの知的潮流が、社会構成主義の展開の中で、ただ単に再生産されたわけではないことも明らかである――これらは、社会構成主義の展開の中で改訂され、社会構成主義の潮流に編み込まれていった。例えば、イデオロギー批判について言えば、伝統的には、「偏見の除去」「誤った知識からの解放」が強調されていたが、これらは社会構成主義のテーゼには含まれていない。なぜなら、これらは、現実の表象には客観的で正しいものが存在し、批判こそが正しい表象を導ける、と仮定しているからだ。また、イデオロギーを心理状態として捉える立場も、社会構成主義においては、社会的語用論の立場に取って代わられている。

同様に、文芸理論は、言語の模写説を否定し、意味の源泉としての理性を否定した点において、社会構成主義に大きな影響を与えている。しかし同時に、社会構成主義においては中心的役割を果たしている社会的語用論は、文芸理論においてはほとんど顧みられていない。また、知識社会学と科学史が、社会構成主義の展開において重要な意味をもつのは確かだが、これらの領域の基礎仮説はきわめて多様であり、社会構成主義が取り入れたのはその一部にすぎない。例えば、社会構成主義のバイブルでもある、バーガーとルックマン（Berger and Luckman, 1966）による知識社会学の古典、『日常世界の構成 The Social Construction of Reality』を見てみよう。そこで強調されている、視点の相対性、社会的過程と個人的視点の統合、言語による物象化の過程、これらは社会構成主義の言説において主要な役割を演じている。しかし同時に、「個人的主観」「社会的構造」の概念——バーガーとルックマンの中心的概念——は、社会構成主義においては破棄されている。というのも、例えば、バーガーとルックマンは、「社会は、客観的および主観的な現実として存在する」（p.119）と述べているが、このことは、社会構成主義の観点から見るならば、不明瞭な二元論に陥っているばかりか、物質—精神という二項図式を本質視するという過ちを犯していることになるからだ。

　次に、トーマス・クーン（Kuhn, 1962）の『科学革命の構造 The Structure of Scientific Revolutions』を見てみよう。これは、科学哲学を基礎づけ主義から脱却させ、理論の「進歩」が、社会で優勢な説明図式に依存することを喝破した点で、社会構成主義にとって重要である。しかし同時に、世界観の変化を、基本的に心理学的変化——視覚におけるゲシュタルト変化と同等の変化（pp.110-120）——とみなすクーンの立場は、現在の社会構成主義の立場とは相容れない。あるいは、その後、クーン（Kuhn, 1977）は、科学的実践の根拠をエピステーメー（その時代の価値観）に求めようとしているが、この試みは、われわれの立場からすると、後退したものと言わざるをえない。

　社会構成主義の言説と影響関係にある知的伝統は、以上にとどまらない。中でも、次の二つは注目に値する。すなわち、第一は、心理学の伝統であり、第二は、社会—心理関係理論の伝統である。まず第一の心理学的伝統、すなわち、しばしば**心理的構成主義**（**constructivism**）[2]と呼ばれる心理学理論について述べていこう。心理的構成主義は、個人の経験世界が、その個人の内界で構成されることを強調する。しかし、その主張には、外界そのものへの関心のあり方に応じて様々なものがある。例えば、ピアジェ（1954）の理論を見てみよう。ピアジェの発生的認識論は、しばしば「構成主義」と呼ばれている。その主な理論的主張は、個人（の頭の中の知識）が現実を構成する、という点にある。すなわち、子供は、現実を、すでにもっている理解のシステムに**同化**させ、理解する。しかし同時に、**調節**の過程もはたらき、認知システムの方も、現実世界の構造に適応して変化する、とされる。

心理的構成主義の中でより急進的な立場が、ジョージ・ケリー（Kelly, 1955）らの選択による構成理論（constructive alternativism）である。この理論によれば、人間行為の主な源泉は、個人が私的に世界を認識し、解釈するプロセスに求めることができる。しかし、結局のところ、その主張は、「あるがままの世界」の尊重を表明するものである。というのも、どのような構成概念が選択されるかは、ケリーが言うように、「後続の出来事を予期するのに最良と思われる選択肢が好まれる」（p.64）からだ。最も極端な心理的構成主義の立場は、第二次サイバネティックス運動におけるエルンスト・フォン・グラザースフェルト（von Glasersfeld, 1987, 1988）らの理論に見てとることができる。フォン・グラザースフェルトは、次のように述べている。「知識は、感覚やコミュニケーションを通じて、受動的に与えられるものではない――そうではなくて、認識主体によって、能動的に構成されるものである」（1988, p.83）。要するに、個人はありのままの世界と直接に接触することは決してない。したがって、心によって構成されていない世界については、何も語ることができない、とされる[3]。

これら心理的構成主義の立場は、二つの重要な点で、社会構成主義と軌を一にする。第一は、知識が構成されるものであることを強調している点である。この点で、心理的構成主義も、社会構成主義も、経験科学の基礎づけ主義――あるがままの世界の正確な反映こそ、正しい知識であるとする考え方――に懐疑的である。第二は、個人の心を外界の性質や状態を映す装置とみなす伝統的な観点に対して、異議を唱えている点である。すなわち、両者とも、知識が公平無私な観察を通じて心の中に「蓄積される」とする見解を疑問視する。それゆえ、両者とも、「行動科学」や自然科学的方法――そこでは、知識の形成に対して研究者自身が与える影響は考慮されない――に伝統的に付与されている権威を疑問視する。

しかし、こうした共通点はあるものの、心理的構成主義のテーゼは、しばしば社会構成主義と対立する。社会構成主義は、「心」と「世界」のいずれについても、その存在を自明視しない。したがって、心理的構成主義の大前提は否定されることになる。急進的な心理的構成主義――世界を心（による構成）に還元する考え方――も、満足のいく代案とはならない。なぜならば、社会構成主義から見れば、世界についての用語のみならず、心についての用語も、言語的実践の構成要素にすぎないからだ。言い換えれば，それらは言語によって形作られ，しかも，社会的交渉によって変化していくからだ。この点で，社会構成主義は，二元論でも一元論でもない（社会構成主義にとって，二元論か一元論かといった議論は，言葉の遊びにすぎない）。こうした問題については，沈黙するか，不可知の立場をとるのみである。さらに，心理的構成主義は，西洋における個人主義の伝統から抜け出ていない。すなわち，知識の源泉を，個人の頭の中のプロセスに求めている。しかしそれに対して，社会構成主義は，人間行為の源泉を関係性に求め，「個人の行動」を理解するにはコミュニケーションが必要であると主張する。

次に，社会構成主義と相互影響関係にある第二の知的伝統，すなわち，心の社会的基盤についての理論——「社会—心理的構成主義」と呼ばれることもある——について述べていこう。心理的構成主義——まず，心的世界を措定し，次に，心的世界と外的世界の関係を理論化する立場——とは異なり，社会—心理的構成主義は，個人レベルでの知識（とされるもの）を形成する社会過程を重視する。個人より社会を重視するこの考え方は，現象学的社会学（Schutz, 1962），象徴的相互作用論（Mead, 1934），ヴィゴツキーVygotskyらの理論（Wertsch, 1985）などの基本的特徴であり，認知心理学の様々な分野にも影響を与えている（例えば，Arbib and Hesse, 1986を参照）。個人の知識は究極的には社会過程に源泉がある，とする社会—心理的構成主義の立場は，社会構成主義の立場ときわめて整合している。しかしながら，こうした類縁性によって多くの対話がなされてきたものの，両者の間には相違点もある。それは，社会—心理的構成主義に立つ多くの理論家が，個人の心理過程に格別の地位を与えている点である。例えば，シュッツは，「認知的構え」「主観性」「注意」「理性」「目標」の概念が，行為の説明になくてはならないものと考えた。あるいは，ミードをはじめとする象徴的相互作用論者は，「象徴化」「意識」「概念化」「自己概念」といった心理的概念を洗練させることにエネルギーを費やした。さらに，ヴィゴツキーは，「抽象」「一般化」「意志」「連想」「注意」「表象」「判断」などの心理過程にとりわけ注目した。このように，社会—心理的構成主義は，心を実在視している。しかし，これとは対照的に，社会構成主義が最も関心をもつのは，ミクロ社会的な過程である。社会構成主義は，「心的機能の問題」の元凶である社会—心理二元論を否定し，人間行為の説明の座を関係性の領域に求める——この点については，後で再びふれよう。

以上のように、社会構成主義の主張は、様々な知的伝統と関連し多くを共有しつつも、強調点や基本的前提において異なってもいる。ここで重要となるのは、様々な学問領域の独自性をどの程度尊重すべきか、すなわち、個々の理論的立場の違いをどの程度尊重するかという点である。以上の分析においては、私は、従来のやり方にならって、社会構成主義の内的一貫性を示すとともに、他の立場の一つ一つについて、類似点と相違点を明らかにした。しかしながら、今や多くの学者が、隣接する学問領域から様々な概念やアプローチを導入しており、それぞれの学問領域の独自性へのこだわりは小さくなりつつある。また、学問領域の独自性については、伝統的には、体系的一貫性、美的整合性、明証性などの基準が重視されてきたが、こうした基準自体、多くの批判にさらされている。むしろ、「曖昧な学問領域」の方が、かえってレトリックの力をもち、かつ、現実を動かす力をもちうるとさえ言える。実践的には、学問的純粋性よりも他の目的が優先されるべき場合もあるし、異なる領域の言葉が混在することが望ましい場合もある。これらを社会構成主義への教訓と考えれば、本節で述べたような社会構成主義の一貫性を示す試みは、批判や転換に対して開かれていなければならないということになる。本書の読者は、特定の時代に生き特定の問題に直面しているはずだ。そのような読者に伝えたい本書のメッセージは、次のことである。すなわち、社会構成主義が強く批判するのは、「これが最終的な、ゆるぎない理論である」との主張であり、その批判の対象には当然「社会構成主義は絶対的に正しい」という主張も含まれる。

第2節　社会構成主義は、個人的経験の現実性を否定するのか？

多くの学者が社会構成主義の主張を歓迎するのは、社会構成主義が、西洋文化に特有の個人「崇拝」に異を唱えるからである。しかし、多くの学者は、共同性、関係性があまりにも強調され、心理過程が否定されることに違和感も覚える。というのも、社会構成主義は、われわれ自身を含む人間についての強固な信念を、疑問視するからである。例えば、社会構成主義のもとでは、「個人の心」が自明な存在であることを否定されるだけでなく、そのすべての構成要素――感情、合理的思考、動機、性格、意図、記憶、など――の事実性も否定される。すなわち、これら自己の構成要素は、すべて、文化歴史的構成物とみなされる（こうした観点のもつ意味は、後で十分に論じる。特に、第8章から12章を参照）。要するに、社会構成主義を受け入れると、個人存在の中核、すなわち、個人の経験なるものを否定せざるをえないのだ。もちろん、これに対しては不満の声もある。一般的には、次のようなものだ。「心（思考、態度、動機、など）についての言説を、西洋の構成物とみなすことは、一つの見識ではあろうが、私を否定し、私自身の経験の現実性まで否定するのは行き過ぎだ。なぜならば、意識経験は現実的であるからだ。私が現実に知ることができるのは、意識経験だけだ。それは、社会的構成に先立って存在するのであって、社会的構成の後に存立するものではない。その証拠に、私の意識経験がなかったら、私は言語を使うことも、社会生活を送ることもできないではないか」。実際、こうした主張はよくあるものであり、一見説得的である。では、社会構成主義は、これに対していかに応答すべきか？

意識経験が実在するという主張を崩す最初の段階として、脱構築の試みが有効だろう。次のように問うてみればよい。「経験」という言葉が指示するのは、正確には何か？　「経験」という言葉は、何を意味するのか？　ブルーナーとフェルドマン（Bruner and Feldman, 1990）が指摘するように、意識経験の概念は、単一の意味をもつわけではない。むしろ、意識経験の概念は、様々な伝統に応じて、様々な、しかもしばしば矛盾するメタファーと結びついている。例えば、主要な伝統は、意識存在を「受動的」（外的事象が意識を作る）と見る立場と、「能動的」（意識が意識対象を作る）と見る立場に大別できる[5]。われわれは、意識経験が、主観的なものではなくて、客観的なものであると言えるだろうか？　意識経験を記述する言語は、メタファーであることを超えて、「物自体」を描写できるのだろうか？　さらに、伝統的な基準によれば、「経験」の所有――「私はそれを経験した」と述べること――は、経験を「意識」していることを前提にしている。より直截に言えば、「私は、私の経験を、経験する」というわけだ。それにしても、意識が意識の中に入り込み、意識が意識の中に把持されるという前提は、いかがなものだろうか？　この前提を擁護することなどできるのだろうか？　さらに、私が「私の経験」について報告するのならば、私は、経験そのものではなくて、経験内容（「私は冷たく感じる」「私は雨を見る」）について報告しているのではないか？　はたして、意識内容

（その指示対象が、「外界」にあるもの）のすべてを取り去ったら、「純粋経験」とでも呼ぶべき何かが残るとでも言うのか？　そして、もし、私自身の内部で、私が何に言及しているのかを決定できないのであれば、われわれが同一の現象について話していることなど保証されるのだろうか？　私は、あなたの主観に入り込むことはできないし、その逆も同様である。ならば、われわれが「経験している」ことを互いに報告するときに、はたして同じことを意味しているなどと言えるのであろうか？　これらの難問は、長い間、哲学者を悩ませてきたし、現在に至っても解決の見込みすら立っていない。

こうした脱構築的分析は、「経験」という言葉が特定のデータと対応関係にあるという素朴な前提に、疑問を投げかける。経験の実在性を擁護しようにも、証明のしようがないのだ。このように、「経験」という言葉の指示対象を特定できないことを認めるならば、社会構成主義の立場に立って、**経験をめぐる言説**に参加するほか道はないはずだ。社会構成主義に立つならば、その言説がいかなる社会的影響をもつかが主要な問題となる。すなわち、その言説によって、いかなる社会生活が抑制され、あるいは、維持されるのであろうか？　このことは、二通りのやり方で考えることができる——通時的方法と、共時的方法である。まず、通時的方法について見ていこう。この通時的方法とは、「経験をめぐる言説」の歴史的変化、経験という言説が使用されるか否かを決める条件、経験という言説が（私的な心的事象、精神と物質との関係、人と世界の結びつきなどを示すために）使われてきたあり方、経験という言説を維持してきた種々の言説（群）、経験という言説が作り上げてきた関係性のパターンを説明する方法である。通時的方法によって、経験という概念が脱客観化されるだけでなく、言葉が外界の現実を描写するという常識も疑問視されることになるだろう。

次に、共時的方法について見ていこう。共時的方法とは、以上のような歴史的分析の意味を現在に当てはめ、このような言説がいかなる実践的機能をもつかを探求する方法である。ヴィトゲンシュタイン流に言えば、「私は意識をもっている」という主張が、いかなる社会的機能をもつかを問う、ということである。ヴィトゲンシュタインは問う。「私が私自身に対して**私は意識をもっている**と言うとき、その目的は何か？　そうすることによって、他者は、いかに私を理解しうるのか？」「もっとも、**私は見える**、**私は聞こえる**、**私は意識をもっている**のような命題は、確かに、現実に使用されている。例えば、私は医者に、今や私はこの耳で再び聞こえる、と言う。また、私は、私には意識がないと信じている人に、**私は再び意識をもっている**と言う、など」(1953, p.416)。いずれにせよ、何かを言うことは、何らかの社会的帰結を伴う。そして、命題と社会的帰結の結びつきは歴史に依存しており、それゆえ、社会生活は多様に細分化するのである。

しかし、以上のような主張は、経験の性質についての学問的研究に反対するものでもないし、日常生活における経験という言葉の使われ方にケチをつけるものでもない。社会構成主義は、言語の客観的基盤は否定するが、言語の使用まで否定するわけではない。すなわち、社会構成主義が主張するのは、心理学的言説の価値は、真実を反映するところにあるのではなく、社会関係を生成するところにある、ということである。例えば、現象学、フェミニズムなどの定性的・質的研究に携わる人が、学問的議論やセラピーの場面で「人々の経験の特徴を探求すること」を批判しているわけではない。実際、言葉を具体的状況の中で使用することは有効である。例えば、個人経験の現象学的説明は、記述言語の豊かさ(定量的研究者の用いる平板なテクニカルタームと比べて)と、その説明が対象とする個人への人間的関心という点で評価されるだろう。同様に、フェミニズムによる「女性の経験」の説明は、「女性の心の世界」を伝えているというよりもむしろ、日常的に周縁に追いやられている言説にわれわれの注意を向けさせ、その言説を政治的な場で使用することを可能にする。これと同じように、私は、日常関係における「私の経験」を語り続ける。それは、「私の経験」についての説明が、現実のもう一つの水準(「心の世界」)を反映するからではなく、語るのをやめれば、私が価値ある社会関係を築く可能性が小さくなってしまうからである。経験についての言説は、多くの文化的慣習――表出のパターン、共有、確認、など――の中に現れる。社会構成主義は、意識という実体は否定するが、意識という言葉が妥当に使用されることについて異議を唱えるものではない。

第3節　社会構成主義は、現実世界への関心をすべて放棄するのか？──「しかし、世界は実在する！」

述べてきたように、私的経験の現実性へのこだわりには、根強いものがある。しかし、より自覚的に科学的たらんとする人々は、私的経験という「前科学的遺物」をためらいなく放棄する。実際、実証的心理学は、十九世紀の精神主義の時代以来、私的経験の概念をほとんど扱ってこなかった。だが、実証主義者にとっては、私的経験の現実性よりもはるかに重要な問題があった。すなわち、物質世界の実在性の問題である。実証主義の立場から社会構成主義に向けられる批判──しばしば、したり顔で、あるいは、義憤とともになされる批判──の典型は、社会構成主義は、厳然と存在する現実を前に、ばかげた主張をしているというものである。具体的には、次のような様々な批判がある。「火のついたマッチをガソリンの容器に入れても、その結果はわからないと言うつもりか？」「世の中に、貧困、病気、飢餓が存在しているのを、否定するのか？」「死は、明らかに、人間存在の一部である。それが社会的構成の産物とは、まったくナンセンスだ。」「世界が実在しないと言うつもりか？　世界は、社会的でっちあげの産物とでも言いたいのか？」。

これらの批判は、日常的なレトリックの力を得て一見もっともらしく聞こえるが、いずれも、社会構成主義に対する誤解の結果である。まず、社会構成主義は、爆発、貧困、死を否定しないし、より一般的には「世界の実在」も否定しない。しかし同時に、社会構成主義は、それらの実在を肯定もしない。先に述べたように、社会構成主義は、「それは実在するのか」という問いに対しては沈黙する。それがいかなるものであっても、ただそれだけのことだ。「内界」に対する「外界」の基本的記述など存在しないし、経験や物質の基本的記述も存在しない。しかしながら、「そこに何があるのか」を明示化しようとした途端、われわれは言説の世界に入り込むことになる。まさにその瞬間から、社会的構成のプロセスが始動し、明示化の試みは、社会的構成のプロセスおよび歴史・文化の中に、分かち難く織り込まれることになる。そして、こうしたプロセスが始動すると、言語が実体化される。上で紹介したような現実主義者の批判がレトリック[6]の力をもつのは、まさに言語が実体化されているからにほかならない。例として、火のついたマッチをガソリンに投じると爆発するかという問題を、注意深く考えてみよう。社会構成主義者ならば、次の二つのことを問う。第一に、同じ状況を記述する、他のやり方があるだろうか？　言うまでもなく、イエスである。芸術家ならば色の色調と彩度の変化を説明するだろうし、詩人ならば高揚する精神を詳述するだろうし、化学者ならば熱をもった分子を分析するだろうし、シャーマンならば神秘の力を説明するだろう。こうした説明の多様性は、われわれを、第二の問いに導く。すなわち、ある説明は、他の説明よりも、客観的に正確だと言えるのか？　もしそうだとすれば、それはどんな根拠によるのか？　前章で述べたように、言葉と「実在」を対応させる方法など存在しない。両者の対応を決めるのは、特定の共同体の慣習のみである。すなわち、もし、ある言葉（の配列）が、「ありのままの現実を捉えている」かのように見えるとすれば、それは特定の慣習のなせるわざなのである。

以上の考えに基づいて、社会構成主義は権力の問題を看過している、という批判がよくなされる。イデオロギー上の問題はさしあたってわきに置きつつ、批判者は、社会構成主義が「権力に甘い」と指摘する。社会構成主義は、次のような最も基本的な事実すら考慮していないというのである。すなわち、権力が、階級、性別、人種に不平等に分配されていること、および、文化間の主導権争いをめぐっては、資源に大きな格差があることを、社会構成主義は見落としている、というわけだ。例えば、誰がメディアを所有しコントロールしているか、教育レベルと社会階層の間にいかに高い相関があるか、リテラシーについて人種・階級の間にいかなる格差があるか、を考えてみよ。さらに、個人的な関係についても、貧困者への抑圧、女性に対するレイプ、子供の性的虐待などの行動において、権力がいかに顕現するのかを、社会構成主義は全く説明できないではないか——批判者は、このように言う。

私の考えでは、社会構成主義は、決して権力の問題に無関心なわけではない。それどころか、権力の問題は、社会構成主義の中心的関心ですらある。むしろ、社会構成主義者がためらうのは、権力という概念がメタ理論を構成する基本概念であると前提すること、すなわち、権力という概念がなければ社会構成主義は成り立たないと前提することである。そもそも、権力という概念は、何に言及しているのか？　言うまでもなく、権力という概念は、多重的に構成されており、しかも、ルークス（Lukes, 1974）によれば、「本質的に対立を孕む」ものである。例えば、マキャベリ主義的な権力概念は、伝統的なマルクス主義のそれとは異なるし、マルクス主義の権力概念は、パーソンズ（Parsons, 1964）やギデンス（Giddens, 1976）のそれとは異なる。あるいは、それらは、フーコー（Foucault, 1978, 1979）以来の微細な権力の理論のたぐいとも異なる。しかも、これらの様々な権力概念は、しばしば対立する目的のために、様々な利益集団（マルクス主義、政治的保守主義、フェミニズム）によって現実に使用されているし、それらの集団の活動の支柱ともなっている。だから、社会構成主義が、「ガソリン」「点火」「爆発」などの概念が社会的構成物であるからといって、それらの概念を放棄しないのと同様に、ある集団にとって、ある時代の権力概念——社会構成主義の権力概念も含む——がとりわけ重要であることも否定しない。

社会構成主義への批判は、容赦なく続く。これらの記述が、ローカルな慣習の産物であることは認めよう。しかし、これらの慣習のうちのあるものが、他のものに比べて、先験的に優れているということはないのか？　例えば、あなたは自分の子供に、マッチの火が引き起こす「色の表示」よりも、「爆発」の可能性を教えるのではないか？　あるいは、あなたは自分の息子が肺炎にかかったら、シャーマンではなくて医者に連れて行くのではないか？　医者の言葉は、シャーマンの言葉よりも、有用で効果的な情報を与えてくれるのではないか？——批判者は、このように問う。こうした問題については、ポール・ファイヤアーベント（Feyerabend, 1978）が、『科学と自由な社会 Science in a Free Society』の中で論じている。彼は、科学の合理的基礎を慎重に批判した後、次のような問題を取り上げている。すなわち、西洋の科学的医学は、「前科学的」文化における治療実践と比べて、必ずしも進歩しているとは言えないのではないか、と。前者の知識は、後者のそれよりも、優れているのか？　ファイヤアーベントの答えは、非科学的文化の知識を賞賛し、西洋医学の主張を批判するものである。西洋医学は、優れているように見えるだけだ、と彼は論じる。「なぜなら、**科学の使徒はより強力な征服者であった**からであり、**彼らが他の文化の担い手を著しく抑圧した**からである」（p.102; 強調は引用者）。ファイヤアーベントは、続けて、中国の信仰療法士、漢方医、マッサージ師、催眠術師、鍼師などを賞賛する。彼が見出したのは、「西洋医学からは認められず軽蔑されているが、価値のある膨大な医学的知識」（p.136）なのである。

しかし、社会構成主義の立場からすると、ファイヤアーベントの議論は、問題への適切な回答とは言えない。問題は、科学的医学が、他の治療実践と比べて、進んだ知識をもっているかどうかではないし、医者がシャーマンよりも多くを知っているかどうかでもない。こうした問題は、ある見地を前提としなければ、決着をつけることができない。もし、西洋医学の見地に立つならば、西洋医学の優位性が――ファイヤアーベントの抗議にもかかわらず――示されることになるだろう。もし、西洋医学の見地に立って、いかなる病気が存在しているのかを決定し、その治療法を打ち立てるのであれば、西洋医学を脅かすものなど何もない。すなわち、社会構成主義の見地からすると、いかなる二つの医学システムをも比較可能にするような、一切の文化的文脈から離れた立場など存在しない。一般に、それぞれの共同体において、人々は、自分たちの実践、慣習、関係性のパターンを展開する。すなわち、ある共同体の内部では、ある特定の「出来事」が選び出され、名前をつけられ、さまざまな仕方で扱われる。例えば、医療従事者は、ある心身状態を選び、それを「病気」とカテゴリー化し、根絶しようとする。同じように、シャーマンは、他の「実体」に注目し、「ブードゥー」の徴候というレッテルを貼り、それらを除去しようとする。西洋医学に「ブードゥーの効果」が存在しないのは、シャーマンにとって「肺炎」が存在しないのと同じである。さらに、西洋の医者が、ハイエンではなくてブードゥーという言葉を使ったとしても、治療効果は上がらないし、「進歩」もしないだろう。同様に、シャーマンが、ハイエンという言葉を使ったところで、彼らの呪術的効果が上がるわけでもない。なぜなら、こうした用語は、出来事の写しなどではなく、ある環境内で人々の関係を調整するために用いられる、ローカルな会話法にほかならないからだ。「出来事」やその「撲滅」を記述し説明するのに用いられる言葉を、それが想定する指示対象と混同してはならない。例えば、西洋医学の用語法が、その用語法で「治療」と呼ばれるものの成功をもたらすわけではない。

かくして、私は、西洋文化の一員として、子供を西洋医学の医者に連れて行く。しかし、それは、西洋医学の知識が先験的に優れているからではなくて、私が西洋的価値が支配的な社会に参加しているからであり、私が西洋医学と同じように、出来事を「病気」と「治療」としてカテゴリー化するからである。医者が、われわれが言う意味で「成功」しうるのは、私が西洋的な意味での「治療」の実践に価値を置く共同体の一員だからである。しかし同時に、これら西洋的価値と、それと結びついた実践が、普遍的に望ましいものであるかどうかは、真剣に議論すべき問題である。[7]

実在論者の批判は以上で尽きるものではない。というのも、実在論には様々な形態があり、述べてきたような物質的実在論は、その中で、社会構成主義に対して批判的な立場の一つにすぎないからだ。そこで、次に、実在論の第二の類型、すなわち、超越論的実在論――バスカー（Bhasker, 1978, 1989）、アレ（Harré, 1988）、グリーンウッド（Greenwood, 1991）の立場を含む――について見ていこう。超越論的実在論は、経験主義の基礎づけ主義を批判する点では、社会構成主義と一致している。すなわち、社会構成主義と同じく、経験主義の価値中立性の前提を攻撃し、人間行動についてヒューム的説明が伝統的に好まれていることを批判している。しかしながら、超越論的実在論は、科学の基礎づけの試み――社会構成主義者のほとんどは、これを否定するのだが――を放棄するのではなく、科学的合理性の新たな根拠を模索している。この点で、超越論的実在論は、本書で述べている社会構成主義と、袂を分かつことになる（特に、Greenwood, 1991, 1992; Harré, 1992を参照）。

面白いことに、超越論的実在論は、経験主義が重視する「観察可能な世界」をほとんど顧みない。というのも、超越論的実在論にとっては、現実の重要な性質は、観察可能な事象の背後――「生成メカニズム」「生得的傾向性」「因果の力」などの領域――にあるからだ。科学の「対象」は、「現実の背後にある構造である。構造は、その構造が生み出す事象パターンとは独立に存在し、作用する」（Bhasker, 1991, p.68）というわけだ。かくして、科学の目的は、これら隠れた現実の性質を発見し、明らかにすることにあるとされる。しかしながら、超越論的実在論の試みは、経済や個人生活の基礎構造を措定しようとするマルクス主義者にとっては魅力的であろうが、やはり、基礎づけ主義への批判を免れるものではない。なぜならば、超越論的実在論は、あらゆる基礎づけ主義に固有の問題、とりわけ、基礎づけの根拠となる存在論を正当化することができないという問題をもつばかりでなく、次のような疑問――「基礎構造は、いかにして同定できたのか」「基礎構造と、観察可能な事象との関係は、いかに確認できるか」「ある構造的説明が他のそれよりも優れていることを、いかにして証明できるのか」など――に合理的説明を与えることができないからである。要するに、前章で述べた、科学の理論を現実の正確な反映とする見解の問題点は、超越論的実在論にも、すべて当てはまる。[8]

結局のところ、**根本的**な存在論――何が現実に存在しているのかについての目録の決定版――を作成しようとする試みは、すべて疑いの対象となる。マーゴリス（Margolis, 1991）は問う。「ある仮説の真偽を手っ取り早く決めたり、仮説の信頼性を高めるための、時を超えて妥当な基準が存在すると考えることに、いかなる根拠があるのか?」（p.4）。各人には、好みの生活様式があり、多くの抑圧された衝動がある。社会の大多数が全体主義に向かえば、それ以外の言説は嘲笑され、それ以外の生活様式は消滅の危機にさらされることになる。[9] 例えば、現実は物質から構成されていると宣言することは、意図、創造力、精神的深みなどについて語る人たちを中傷し、こうした言葉が不可欠であるような生活様式を脅かすことになる。超越論的実在論は、労働者階層を力づけるが、同時に、工学、保険統計予測、「応用」研究、実地訓練を低く評価する。現象学は、現実を、基本的に意識経験の産物とみなすが、彼らにとって、唯物論の主張はばかげたものである。精神分析は、経験される現実は、精神の内奥のエネルギーの表れにすぎないとし、精神力動説の立場から、経験主義の知識はすべて疑わしいとする。こうした様々な基礎づけ主義の間の論争は、一過的なものだろうか？　いつの日か、究極の基礎づけ主義が登場して、言説的営みを異にする他の基礎づけ主義を完全に葬り去るのだろうか？　われわれは、唯一の支配的言説を手に入れるようになるのだろうか？　社会構成主義の立場からすると、否である。われわれが、他のすべての言説的営みを捨て去り、唯一の言説的営みに到達することなどありえない。われわれは、言説の風景を貧困にするのではなく、豊饒にすることをこそ目指さなければならない。[10]

第4節　懐疑論として、社会構成主義は一貫性に欠けるのではないか？
——存在論的相対主義をめぐって

以上、実在論に対する社会構成主義からの批判を述べてきた。しかし、実在論への批判には、コストが伴う。最も大きなコストの一つは、「最初はもっともらしく聞こえるが、実は乱暴なことを言っている」という批判に応えなければならないことである。この批判によれば、実在論への懐疑はすべて、支離滅裂で破綻している、とされる。具体的には、次のような批判である。「懐疑論者は、真実も、客観性も、経験的知識も存在しないと言う。では、そもそも、その懐疑論者の主張自体は、いかなる根拠をもつのか？　懐疑論者の主張によれば、彼らの見解そのものもまた、真実でも客観的でもありえないし、経験的基盤をもちえないはずだ。この点で、懐疑論は一貫性に欠けている」。社会構成主義にも、こうした批判は当てはまる、とされる。なぜなら、先に述べたように、理解可能なことはすべて社会的に構成されるのならば、社会構成主義の言説も、社会的に構成された（社会的にでっちあげられた）ものにすぎないことになるからだ。かくして、社会構成主義は、真実ではありえない、というわけだ。

そこで、このような社会構成主義に対して一貫性の欠如を指摘する批判に応えていくことにしよう。以下、二種類の批判を挙げ、それぞれに応答していく。

1、社会構成主義は、それ自体、社会的に構成されたものではないのか？

これに対しては、社会構成主義の立場を一貫させるならば、イエスとしか答えようがない。社会構成主義についての議論は、結局のところ、社会的仮構にすぎないメタファーやナラティブによって結びつき、歴史的・文化的に拘束され、人々の関係性のプロセスの中で使用されるにすぎないと、批判者は言う。しかしながら、このような立場をとることで、熱心な批判者は、かえって社会構成主義を基本的に正当化しているのだ。すなわち、この場合、社会構成主義を否定しようとすることは、批判が否定しようとしている社会構成主義と、同じ前提に立脚していることになる。というのも、それは、社会構成主義の議論の、社会構成的な性質を立証することになるからだ。結局、批判者は、第一に、社会構成主義の代案、すなわち、社会構成主義に対するアンチテーゼを提出できていない。第二に、より重要なこととして、批判者は、対話を先に進めるために、社会構成主義の前提を受け入れている。すなわち、批判者は、今や、論敵と同じ存在論の空間に身を置いているわけだ――かくして、社会構成主義の主張には、さらに重みが増すことになる。

最も重要なことは、社会構成主義の「レトリック」を剥ぎ取ろうとする批判者の試みは、社会構成主義に重要な貢献をしてくれるいうことだ。というのも、それはちょうど次のことを意味しているからだ。すなわち、社会構成主義の実践的意味を問い直すこと、社会構成主義におけるレトリックを生み出す文学的装置をあばくこと、社会構成主義が出現した社会的過程を明らかにすること、社会構成主義の文化的・歴史的ルーツを探ること、社会構成主義の暗黙の価値観に異議を唱えること、など——これらはまさに、社会構成主義自身が求めているものにほかならない。このような議論が存在することによって、それがなければ表に出ることのなかった声も対話に入り込み、対話を拡張することができる[11]。こうして、批判の声が自分自身に向けられるとき、対話は拡張への道を歩むことができる。

2、社会構成主義は、真実という概念を放棄すると言う。ならば、社会構成主義自身が真実であることを主張しうるのか？

この批判は、一見するとより辛辣だが、実のところ大した意味はない。まず理解すべきは、真実があるという前提——それが経験的、合理的、現象学的、霊的のいずれであろうと——を固守するからといって、そのこと自体、「真実があるという前提が真実である」ことをいささかも保証しない、ということだ。例えば、経験主義者が客観的真実の存在を強く信じているからといって、そのことによって、経験主義者の主張の真理値が高められるわけではない。あるいは、分析的事実の存在を信じ、それを求めようとする営みは、分析的事実の存在が真であることを意味しない。実のところ、真実を主張することは、正当化の訓練——言葉をある仕方で配列することによって、他者に、命題群を受け入れてもらう訓練——を行っているだけのことだ。こうした正当化そのものは、命題群の真偽とは何の関係もない——単に、補助的な、ないし、随伴的な主張の域を出ない。こうした正当化が「真実を与える」ものであることを保証するためには、さらなる正当化が必要となる——例えば、「経験主義のメタ理論が経験主義の命題が真であることを保証する」ことが正当化されなければならない。

一般に、いかなる知識の理論も——経験主義だろうが、実在論だろうが、合理主義だろうが、現象学だろうが、他何であろうが——、その理論自身が真、ないし、妥当であることを、その理論に基づいて保証することはできない。しばしば、理論の真理性を保証するために、次の二つの方法がとられるが、そのいずれにも問題がある。第一の方法は、証明したい理論と同じ議論を用いて、その理論そのものを正当化しようとすることである——例えば、経験主義を正当化するために経験データを用い、合理主義を正当化するために合理主義のテクニックを用いる、というように。

しかしながら、容易にわかるように、こうした試みはそもそも循環論的である。すなわち、もともとの主張を、ただ単に再主張しているだけであって、主張自体を正当化することはできない。例えば、経験データを信用して経験主義を支持するには、前もって、問題となっている当の理論（経験主義）を受け入れていなければならない。同様に、合理主義の知識理論を支持するために合理主義に基づいた議論をすることは、単に、冗長でしかない――合理性が真であるのは、合理性が真であるからだ、というように[12]。第二の方法は、その理論を正当化するのに**別の基盤**を用いることである。すなわち、経験主義者が、合理主義的基盤に基づいて、経験主義が真であると主張したり、合理主義者が、経験データに基づいて、合理主義を支持したりするということである。しかしながら、この選択肢をとることは、もともと擁護しようとしている理論の妥当性を破棄することになる。なぜならば、ある知識の理論が、第二の知識の理論によって正当化されるのであれば、前者が妥当だという主張は、その主張を保証する第二の理論こそが妥当だという主張に、取って代わられることになるからだ。例えば、もし、経験主義の妥当性が、合理主義的方法によってしか示されないとすれば、合理主義が、真実を保証するより基本的な立場として、経験主義に取って代わることになる。

さて、社会構成主義の妥当性に対する批判に関しては、より重要な論点がある。それは、批判が依拠する暗黙の前提に関わる。すなわち、社会構成主義には一貫性がないとする批判がレトリカルな重みをもつのは、批判の前提に大いに依拠している。実際、批判者は、理論を受容する基準として、社会構成主義が疑問視する当の概念――「客観的真実」――をもち出す。批判者の主張は、次のようなものである。（1）様々な命題の真理条件を確立する根拠は十分にある、（2）客観的妥当性こそ、ある理論を受容するか拒否するかの基準として適切である、（3）社会構成主義は、客観的評価をしえないがゆえに、その真偽は決定できない。しかしながら、社会構成主義は、前章でも述べたように、（1）の前提を否定する。命題と世界を対応させ、命題がどれほど真実を写し取っているかを判定するなど、そもそもできないと考える。したがって、社会構成主義――に限らず、いかなる理論も――を評価する基準として、「現実との対応」をもち出すなど、もはや、許されない。様々な主張の適切さの判定基準としての「客観的真実」、共同的慣習を超えたところにある基盤など、理論の受容・棄却とは無縁である。

すなわち、社会構成主義は、自らが他のすべての理論よりも優れていることを示そうなどとはしない――そのための、いかなる基礎も、いかなる合理性も、いかなる方法も、提供しない。そうではなくて、社会構成主義は、何がしかの言説的世界――命題、主張、メタファー、語りなどからなる言説的世界――へ内在することをいざなうのである。つまり、社会構成主義の分析は、「選択された現実」に内在した分析であり、特定の「分析の対象」をクローズアップする。したがって、社会構成主義にとっては、世界の現実は一つではなく、多くのレトリックの一つ一つが実力を発揮できるよう、多くの「選挙区」（Woolgar and Pawluck, 1985）――多くの「選択された現実」――に分けられているのだ。しかし、同時に、社会構成主義的分析は、真―偽二分法の適用を要求しない。むしろ、社会構成主義は、読者を次のことに「招待」する――すなわち、ある命題群にともに意味や意義を与えること、その命題群から得られる可能性や実践を共有すること、その命題群を他の命題群とつき合わせて吟味すること、である。言い換えれば、社会構成主義の役割は、ダンス、ゲーム、生活形式への招待である。真実の範囲を限定しようとする基礎づけ主義とは違って、社会構成主義は、他の選択肢を棄却したりはしない。例えば、ガチガチの経験主義にとって、現象学の視点は疑わしいものであり、合理主義の視点はつまらないものであり、唯心論の視点は呪われたものである。それゆえ、経験主義にしてみれば、これらの視点が廃棄されたところで人文科学には何の影響もない。同様に、現象学や唯心論は、経験主義の根絶を歓迎するであろう。こうしたことは、既存の多様なメタ理論のすべてに当てはまる。しかし、社会構成主義は、「真実」――疑問の余地がない立場――を主張しないがゆえに、他の選択肢を排除したりはしない。そうではなくて、社会構成主義は、次のように問うてみることを促す。それぞれの理論は、われわれの生活様式にいかなる利益や損失をもたらすのか？　それぞれの理論は、いかなる意味で、われわれの幸福に貢献するのか？　また、いかなる意味で、われわれを混乱させるのか？　これらの問いに、唯一の正解などありえない。

第５節　相対主義という点で、社会構成主義は道徳的に空虚ではないか？

社会構成主義に対する最も手ごわい批判の一つは、強固な倫理観に基づくものである。批判者は、社会構成主義は、あまりにも自由放任にすぎる、と言う──社会構成主義は、何でも許容するが、それ自体は何も支持していないように思われる。すなわち、あらゆる価値、理想へのコミットメントに水をさし、道徳とは無縁の「何でもあり」を主張しているように見える。社会構成主義は、社会を批判し再生するための基盤を全く提供しないし、最悪の場合、我々の文明がしばしば犯してきたような残虐行為を抑止するのに必要な、道義心にさえ水をさす──批判者は、このように言う。何百万もの人々が絶滅するのを「許容する」理論的立場など認められない、というわけだ。こうした批判に対しては、きちんと応えておく必要があろう。しかし、この問題については第4章で詳しく論じることにし、ここでは導入的な議論をするにとどめたい。

まず、社会構成主義の観点を十分に拡張したときに、そこに道徳的・政治的視点が含まれるかどうかは、未解決の問題である。確かに本書では、道徳的・政治的なビジョンを明示していないが、しかし、社会構成主義のテキストには、いわば孔が多くあいており、読者はその孔から覗けば、労せずして明確な道徳的・政治的主張を見て取ることができるだろう。同時に、社会構成主義の観点がいかなる性質をもつかも、未解決の問題である。例えば、伝統的な社会階層や、経験科学の体系的言説に挑戦する社会構成主義の議論に、フェミニズムの影を見る人は多い。しかし同時に、社会構成主義を、フェミニズムの認識論を批判するという理由で、アンチ・フェミニズムと位置づける人もいる。あるいは、共同的な相互依存の強調に、マルクス主義の影を見る人もいれば、自由と平等の強調を、古くさい自由主義とみなす人もいる。さらに、関係性を自己に優先させる点で、社会構成主義を、きわめて道徳的であるとみなす人もいれば、個人の理性や意図を批判している点を、道徳心の終焉とみなす人もいる。では一体、社会構成主義は、道徳的に底が浅いのか、それとも、深遠なのか？　答えは、社会構成主義の理論そのものと、それに対する人々の解釈の双方に依存する。

しかし、さしあたっては、社会構成主義と、特定の価値観や政治的関与との結びつきは考えないことにしたい。言い換えれば、社会構成主義の立場を正当化するために、価値的コミットメントをもち出すことはしないことにし、もっぱら社会構成主義が「道徳的立場」をとらない場合の帰結を考察することに限定したい。この場合、道徳的相対主義の批判に対して、いかなる回答が可能だろうか？

ここで重要なのは、社会構成主義の相対主義が批判される場合も、批判する側の道徳的立場は、必ずしも明瞭に述べられているわけではないし、仮に述べられていたとしても、それが正当であるとか広く受け入れられているわけではない、ということだ。実際、道徳的正しさの観念は、どちらかと言えば、長期にわたって確固としたものではなくなってきていると主張する人は多い。例えば、教会が道徳的指令を下す権能は、啓蒙主義運動とそれに続く政教分離、および、科学の覇権によって、次第に失われてきている。あるいは、数世紀にわたる哲学的探求も、宗教的信仰に対する代案となりえていない。また、十九世紀の終わり頃には、科学の進歩によって、道徳的問題も首尾よく解明されるとの観測が広まっていた。しかし、「～である」から「～べきである」を導出できないことが次第に明らかになったため、科学者は、人々が何をすべきかを明らかにする責任を放棄した。そして、今世紀になると、哲学者の関心が言語の解明と科学の基礎づけに移ってしまい、道徳哲学は、事実上、消滅してしまった。かくして、確信ある道徳的言説を発することはきわめて困難な状況に立ち至っている。このように、今やどこにも確固とした道徳的基礎が見出しえないのだから、道徳的基礎を生み出さないという理由で社会構成主義を批判しても、それは致命的批判と考える必要はない。

この点に関連して、社会構成主義が、道徳的議論を促進したことは、評価されてよい。見てきたように、クーン（Kuhn, 1970）による科学的知識の基礎づけ主義の再評価、バーガーとルックマン（Berger and Luckman, 1966）による社会的人工物としての知識の分析、ハーバーマス（Habermas, 1971）による知識と人間的関心の関係の探求、これらはいずれも既存の「知識体系」の事実的・合理的基礎に対する挑戦であった。これらの探求は、社会構成主義の重要な基礎になるとともに、科学の権威を相対化し、経験主義がバイアスの源として忌み嫌ってきた、道徳的・倫理的・価値的関心の再考を促した。実際、こうした貢献は、平等権運動、反戦活動、フェミニズム、人道主義、マルクス主義、その他多くの思想によるイデオロギー批判に、レトリカルな重みを与えた。また、社会構成主義による「知識階層」神話の解体は、近年の道徳的言説に新たな生気を吹き込んだ。

しかし、社会構成主義の思潮は、道徳的議論を招来してはいるが、私の考えでは、それは必ずしも特定の道徳的立場が優位であることを支持するものではない。社会構成主義は、フェミニスト、エスニック・マイノリティ、キリスト教徒、イスラム教徒等々に、価値の問題に言及する力を与えるが、だからといってそのことが、社会構成主義の絶対的妥当性を保証するわけではないし、ある特定の道徳的事実が優れていることを示すわけでもない。社会構成主義が問題にするのは、ある価値的ハイアラーキー（ないし、特定の道徳的立場の優位性）を生み出す知識の理論が、望ましいものであるかどうかである。そもそも、社会構成主義の道徳的相対性を批判する者は、本当に、自らの立場をも超える善の基準を望んでいるのだろうか？　私の見るところ、社会構成主義が道徳的に空虚であることを批判する人たちは、普通、社会構成主義に代わる善の理論を探求しようとしているわけではない。彼らは、新たに何らかの道徳的コミットメントを欲しているのではなく、単に自分自身の道徳観の複製を欲しているにすぎないのだ。例えば、マルクス主義が、自由企業体制を支持する社会構成主義に対して沈黙することはないだろうし、フェミニズムが、男性支配の物価安定政策を指示する社会構成主義に対して沈黙することもないだろう。こうしてみると、社会構成主義が道徳的に空虚であるという非難は、不当であると言わざるをえない。なぜならば、こうした非難は、社会構成主義の主張が、批判者自身の道徳的選好とそぐわないというフラストレーションを隠蔽し、同時に、批判者自身の道徳的立場の弱点をさらけ出さないですむようにするための行為だからだ。ローティ（Rorty, 1991）の言葉を借りれば、「アンチ相対主義の要求が慣習的に発動されるのは、現代ヨーロッパの生活習慣を維持しようとする要求の表れとして、最もよく理解することができる」（p.28）。

より一般的には、自分自身がすでに価値を置いている生活様式を、正当化も維持もしないような善の理論、正義の理論を望む人など、ほとんどいないだろう。ここには、重大な問題がある。なぜならば、いかなる単一の価値であれ、道徳原理であれ、社会的善であれ、それらを徹底的に追求するならば、他の道徳的立場にとっては障害となるし、他の道徳的立場が支持する社会パターンを抹殺してしまうからである。例えば、公正さをとことん追求すれば、慈悲が失われる。正直さを最大限に重んじれば、個人の安全が脅かされる。共同体の幸福を重視すれば、個人の主体性が犠牲になる。それならば、誰が、いかなる権利でもって、善のハイアラーキーを作るというのか？　実際、社会構成主義を、ある特定の道徳的規準にのみ基づいて正当化しようとするならば、本来ならば狭い範囲にしか通用しないはずの立場を、いかにも普遍的道徳であるかのように見誤り、他の立場を抑圧することになるだろう。そのような道徳原理は、現代世界の悪しき潮流を断つのに役立つだろうか？——非難されるべきふるまいをしている人に、そのふるまいの道徳的過ちを気づかせるだろうか？　謝罪をし、自らの非を改めるよう導くことができるだろうか？　そして、皆にとって望ましい秩序を維持することができるだろうか？——これらはすべて疑わしい。なぜならば、われわれの道徳原理は、彼らの道徳原理とは異なるし、無関係の、あるいは、悪意あるものとして、容易に退けられてしまうからだ。完璧な道徳的立場などありえないことを忘れるべきではない——いかなる道徳的立場も、しばしば、信頼を損ね、疎外を促進してしまう。そして、特定の道徳原理が覇権をもつことの問題をふまえるならば、特定の善のハイアラーキーを擁護しない理論の方が、道徳的コミットメントが鮮明な理論よりも、人類の将来により資する可能性すらあるのだ。

このように主張するとき、今やおなじみのフレーズを繰り返さなければならない。すなわち、われわれの存在論——および、われわれの価値体系——は、社会的に形成されるものであるから、いかなる主張であろうとも、必ず、何らかの存在論を活性化している。実際、時々刻々と変化しつつある文化的パターンに何らかの影響を与えること、これこそが一つの主張が主張たりうる根拠なのではないだろうか。[14]だから、「道徳的基礎が必要だ」という主張が、一つの主張たりうるのは、それが何らかの存在論を活性化するからであって、その主張によって、人生が豊かになるとは限らないし、社会が道徳的になるとも限らない。だいたい、学者や天才の同意をまたなければ、いかにふるまってよいかわからないなど、考えただけでもぞっとするではないか。ただし、ここで言う相対主義の立場は、そこから他の立場の善悪を判断しうる立場、あるいは、行為を指図する立場——ハラウェイ（Haraway, 1988）は、それを「神のトリック」と呼ぶ——を意味しないことに注意されたい。これまで展開してきた議論をふまえるならば、社会構成主義は、そのような立場を提供するものではない。あるいは、フィシュ（Fish, 1980）の言葉によれば、本質的に、すべてを俯瞰的に相対化できる立場、すなわち、文化的伝統を離れて、他の立場を見つめることのできる立場など、存在しない。われわれは、必然的に、何らかの既存の中核的命題群に従って生活しており、そこには、価値の大小に関する言説も、道徳的な言説も含まれる。では、社会にとっての重要な価値が、道徳的言説によって実現されるのだろうか？　これについては次章で論じることにする。

第6節　社会構成主義は、いかなる理由で、異なる世界が構成されると主張するのか？——概念的相対主義をめぐって

次に、社会構成主義が相対主義であると批判する、もう一つの立場に目を転じよう。この批判も、相対主義に対する上述の批判と同様、根強いものである。批判者によれば、社会構成主義は——実際、本書がそうであるように——、しばしば理解の多様性を強調する。言い換えれば、「世界」が構成される方法の多様性を強調する。社会構成主義は、第一原理、基礎的な存在論、事実認識の普遍的基準に、異議を唱える。これに対して、批判者は、次のように反論する。すなわち、構成の仕方に違いがあると主張するためには、比較の基準がなくてはならない。構成の仕方が違うことを示すためには、何が事実かについての基準がなくてはならないし、複数の思考法が整合しないことを理解するためには、共通の合理性を仮定しなければならない。デイビッドソン（Davidson, 1973）によれば、「概念の相対主義、すなわち、異なる観点を強調する考え方の主なメタファーは、根本的なパラドックスを呈しているように思われる。異なる観点が意味をなすのは、それらを位置づける共通の調整システムが存在している限りにおいてである。しかし、共通のシステムの存在は、比較不能という大げさな主張と矛盾する」（p.6）。こうした議論は、しばしば、次のような批判にもつながっていく——もしも社会構成主義が正しいとすれば、異文化間での理解は不可能になるではないか。われわれは、それぞれ、自ら構成したローカルなシステムの内に縛られるしかないのか——批判者は、このように反論する[15]。

私の見解では、これらの批判は、すべて、言語についてのある伝統的な考えを前提にしている。すなわち、（1）言語は、事実を運ぶ道具であり、（2）合理的思考（内的観念や意味）を伝達する道具である、とする前提である。言い換えると、「私が世界を正確に観察し、言語を通じて私の考えをあなたと共有するならば、あなたもその世界を知るに至る」というわけだ。実際、この前提に基づくならば、自文化と他文化の現実概念を比較可能にする共通のデータがなければ、両者の相違を論じることなどできないことになる。例えば、われわれが**ウサギ**と呼ぶ動物を、現地人が**ガ**

バガイと呼ぶとき、そこには両者に共通の指示対象——社会的構成に先立って存在するデータ——が存在している、というわけだ。あるいは、文化間の概念の違いを主張するならば、共通の合理性が仮定できなくてはならない。例えば、私があなたに、ノイアー人の**クウォス**という概念が、西洋の神の概念とは違うことを示せるとしよう。この場合、私はノイアー人の概念を理解していなくてはならないし、それならば、原理的に、ノイアー人も西洋人を理解できなくてはならない。かくして、合理的思考には、共通の形式があるに違いない、とされる。

こうした批判に対しては、二通りの反論が可能である。第一の反論は、批判の前提を受け入れたものであり、第二の反論は、批判の前提を受け入れないものである。まず、批判者の前提を受け入れた上での反論、つまり、共通のデータの不在という社会構成主義的前提には立たない反論から始めよう。この場合、結局、何が言えるだろうか？　確かに、社会構成主義は、理解の多様性について強い主張をすることができなくなる。しかし、だからといって、普遍的知識——世界の本質や普遍的合理性——の共有という批判者の主張が正当化されるわけではない。このような主張をなしうるには、特定の文化的見地を超えて世界や理性を見通せる千里眼——真理と理性についての神の視点——をもっていなければならないが、当然のごとく、誰もそのような神の視点に立つことは不可能である。要するに、批判の前提を受け入れたとしても、何も意味あることは言えない——いかなる命題も洞察も導かれないのだ。かくして、いかなる共通の合理性も主張できないまま、批判は行き詰まることになる。

次に、第二の反論——批判の前提を受け入れない反論——について述べていこう。前章では、伝統的な言語観に対するものとして社会構成主義を位置づけたが、ここでの批判はその伝統的言語観の中核的命題群に依拠している。言語が、一方では真理を伝える道具であり、他方では合理的思考を伝える道具であるという観点が、根の深い問題を孕んでいることは、すでに述べた。それに対して、社会構成主義は、言語の語用論的観点——語や命題の意味は、社会におけるその用法に依拠するという立場——を重視する。この観点によれば、ある意味体系が自分のそれとは違うと言うことは、集団、時代、言語の歴史が異なれば、意味の生成のされ方も異なると主張することにほかならない。だから、命題や合理性の一致は、常に、ローカルに達成されるのであり、そのことは、学問的議論にも日常生活上の問題にも当てはまる。すなわち、意味システムにおける共通性と差異性についての学問的主張は、それ自体、言説的達成である。例えば、「アリストテレス物理学はニュートン物理学とは違う」という主張や、「西洋の魔法の概念はゾンディのそれとは違う」という主張は、それらが同一であるという主張よりも、容易に証明される。それらが相違していることは、現在の基準からすれば、テキストや実践をちょっと見るだけで、十分納得がいくだろう。しかし、それらが共通していることを明らかにするには、根気強い解釈作業が必要だろう。社会構成主義が文脈の違いを強調するのは、経験的事実に基づいてではなくて、そうすることが現在のわれわれの議論の形式により合致しているからである。最も重要なことは、批判が行き詰まってしまうのとは対照的に、このような観点に立つことによって、人間科学の実践の幅が広がり、豊かになることである。

第7節　社会構成主義にとって、理論の価値とは何か？

最後に、科学をめぐる一連の問題——科学の実践、過去の成果、未来の可能性——について論じよう。前章では、科学の基礎づけ主義の観点、すなわち、科学的合理性、科学の進歩、観察を通じた理論構築の可能性がきわめて疑わしいことを論じた。見てきたように、科学は観察を通じて反証された理論を放棄することによって進歩するという主張や、理論はそれ自体で予測を生み出すとする主張——長い間自明視されてきた主張——には根拠がない。しかし、理論に対するこうした批判を受け入れると、科学の進歩をどう捉えればよいのかが難しくなる。例えば、ほとんどの人は、宇宙旅行をしたり、エネルギー資源を利用したり、病気を治したりする能力が、何世紀もの間に著しく高まったことを認めている。こうした進歩は、理論なしには起こりえなかった——科学者が、原子理論なしに爆弾を作ったり、遺伝子理論なしに遺伝子組み換えの操作を行うなど不可能であった。したがって、われわれは、科学における理論の機能を再考しなければならない。ある形式の理論が他の理論よりも優れているとみなす基準はあるのだろうか？　社会構成主義の立場から、いかなる意味においてであれ、科学は進歩すると言えるのか？

（1）「遂行」としての記述

こうした問題を考えていくには、科学における記述の特徴を整理しておく必要がある。ここで、オースティンが一九六二年に提唱した、**事実確認文**と**行為遂行文**の区別が有用である。事実確認文とは、外在する世界を記述するための命題である。それに対して、行為遂行文は、それ自体が世界における行為であるような命題である。つまり、行為遂行文とは、現実を記述し報告する命題ではなく、したがって、真偽の判定ができない命題である。言い換えれば、例えば、「カバンにタグが付いている」という文は、事実確認的である――観察を通して、その発話の真偽を判定できる。それとは対照的に、「位置について、用意、スタート」「こんにちは」「あなたに乾杯」などの発話は、行為遂行的である――競争の開始や挨拶や乾杯は、それ自体、意味のある社会的行為である。オースティンのこの区別が有用なのは、言語の記述的機能から、言語の社会関係における実践的機能へと、われわれの注意を転換してくれるからである。ところが、実は、この事実確認文と行為遂行文の区別も問題を含んでいる。なぜならば、真理の対応理論（および、言語の写像理論）に対する批判はすべて、事実確認文、すなわち、真理値をもつ命題の前提に対しても当てはまるからだ。そこで、次のように問うてみよう。すなわち、接近する敵を記述することと、敵を呪うこととの間に、重要な違いはないのではないか、と。前者は、後者とは異なる実践的意味をもっていないのではないか？　改めて確認しておくならば、前者によって達成されることこそ、科学の営みの中核である。われわれは、事実確認文を、改めて概念化する必要がある。

このことを検討するために、まずは、行為遂行文について――オースティンにならって――吟味しよう。オースティンによれば、行為遂行文は、真実との対応によってではなく、ある手続きの適切性によって評価されなければならない。ここで手続きとは、ある種の社会的慣習にほかならない。すなわち、適切な発話は慣習的状況にうまく適合しているが、不適切な発話はそうではない、というわけだ。例えば、仲間とおしゃべりしているときに、突然、「位置について、用意」と叫んだとしたら、かなり怪しいと思われるだろう――その発話は、適切ではない。しかし、同じ発話も、子供たちの競争という文脈に移せば、適切なものとなる。このように、行為遂行文を正しく理解するには、発話それ自身よりも、発話がなされたより広範な相互作用パターンに注目する必要がある。端的に言えば、発話の遂行的価値は、拡張された社会関係のパターンから得られる。

オースティンによる分析は、次のことをも含意している――拡張された手続きや慣習は、言語的なものとは限らない、ということを。ヴィトゲンシュタイン（Wittgenstein, 1953）によれば、発話はより広い生活形式の構成要素であり、そこには（言語というよりも）行為と、対象ないし環境の両方が含まれる。ここでは、議論の要点を示すために、ジェスチャーと顔面表情の例を用いることにしよう――両者とも、特定の種類の遂行表現として、発話に意味を与える文脈を形作っている。例えば、「愛してる！」というセリフと同時に使用され、ロマンティックな関係パターンをうまく作り出す、非言語的表現は、限られたものでしかない。例えば、しかめっ面、意地悪そうな笑い、呆然とした顔つきは、「愛してる！」というセリフには相応しくない。あるいは、表情に限らず、様々な行為――走る、持ち上げる、動いている物をたたく、など――は、すべて、対人関係や生活形式の構成要素となりうる。これら行為の執行的価値が言葉の適切な文脈によって決まるのは、言語の遂行的価値がそうした行為のパターンに依存しているのと同じである。テニスを例にして考えてみよう。ここでの様々な発話は、まさにゲームの構成要素である。例えば、「次はあなたのサーブです」「30―0（サーティー―ラブ）」のようなフレーズは、テニスの不可欠な要素である。こうした発話の遂行的価値は、前後の身体的行為に依存する。一方、身体的行為がうまく進行するためには、こうした発話が必要である。この場合、テニスの手続きには、発話と行為に加えて、モノの集合――ボール、ラケット、ネットなど――も含まれていることも忘れてはならない。かくして、ゲームあるいは生活形式が社会的に達成されるためには、モノと行為と言葉のすべてが調整されていなければならない。

ここで事実確認文の問題に立ち戻ろう。われわれは、オースティンの「事実確認文―行為遂行文」という区別を手がかりにしたが、その際、外在する世界を記述するとされる事実確認文――科学における理論命題を含む――の正当性について疑問を述べておいた。さて、言語の遂行的機能についての分析を拡張すると、この区別を見直す必要があることがわかる。その際、「記述する」「説明する」「理論化する」といった行為に携わっているとき、われわれは、遂行的な活動、すなわち、生活形式に携わってもいることに十分注意しなければならない。オースティンの区別の第一項

——事実確認文ないし記述文——は、正確には、第二項——行為遂行文——の特殊ケースと考えることができるのだ。[17]つまり、ある発話が「正確」か「不正確」か、「真」か「偽」かを判断する際、その判断は、抽象的・理念的な対応関係に基づいてなされるわけではない。言い換えれば、写実的な正確さは、問題ではない。そうではなくて、こうした判断は、特定の状況における適切性・不適切性の程度に基づいてなされるのである。例えば、「世界は丸く、平らではない」という命題を考えてみよう。この命題は、写実的価値——客観的世界との対応づけ——によれば、真でも偽でもない。しかし、現在の基準に従えば、広東からカンザスに飛行する場合には、「丸い世界という事実」ゲームに参加するのが適切であるし、カンザス州内を旅行する場合には、「平らな世界とみなす」ゲームの方が適切である。

以上の議論が示しているのは、記述は、現実の写し、**鏡としての**機能をもつが、それはわれわれが記述を行うローカルなゲームや手続きの内部に限られる、ということだ。すなわち、われわれは、真理の対応説が正当化されるようなローカルな慣習を作り上げることはできる。しかし、その正当化は、言語のもつ写実力によってなされるのではなく、歴史的・文化的に埋め込まれた合意によってなされているのだ。この点を詳しく述べてみよう。まだ若くて貧乏だった頃、私は、夏に、左官の手伝いのアルバイトをしたことがある。私の大事な仕事は、親方のマービンが梯子のてっぺんに上り、天井の漆喰塗りの仕上げをしているときに、親方の言う通りに水と漆喰を混ぜて渡すことだった。混ぜ方は、微妙な作業や再加工がしやすいように、湿気を多くしなければならないこともあれば、気に入った形ですぐに固まるように、乾き気味にしなければならないこともあった。親方は、仕事具合に応じて、「skosh（湿気を多く）」とか「dry-un（乾き気味に）」とか怒鳴る。もちろん、働き始めた当初、私はこれらの言葉が全くわからなかったが、数日もすると、親方の望み通りの混ぜ方ができるまでになった。実際、「skosh」「dry-un」という言葉は、われわれの「漆喰塗りダンス」の一部となった——仕事を完璧に遂行するために、われわれの行為を調整してくれる言葉となった。

では、言葉と行為とモノからなるこの単純なダンスの副産物として、何が達成されているのだろうか。もし親方と私が、このダンスを二週間続けるならば、われわれは、何が「skosh」で何が「dry-un」かについて、ほとんど誤差なしに、合意に達することができるであろう。すなわち、もし私が「次はdry-unです」と言えば、このセリフによって、親方は、その漆喰がその時点で自分が欲しいと思っていたものであるかどうかがわかる。それは「dry-un」だったかもしれないし、そうでなかったかもしれない。しかし、いずれにせよ、何が「dry-un」で何が「skosh」かについては一致するようになるだろう。このことは、これらの言葉が、それ自体で世界を記述するからではない。そうではなくて、これらの言葉が、関係性の中でうまく機能するからこそ、その関係性におけるゲームの規則内で「事実確認語」として通用するようになるのである。様々な発話は、関係性の調整に成功するからこそ、その関係性の中で有用性を獲得する――その中で真偽を決定し、予測をすることもできるようになる。だから、言葉が（上の例で言えば、漆喰塗りの世界を）記述し描写するとの主張は、それらの言葉がある関係の共同的達成の中に埋め込まれていることの産物として捉えられなければならない。次に、このことが、科学における理論の機能にとってもつ意味を考えていこう。[18]

（2）科学の理論と予測の語用論

科学的営みの主要な目標の一つは予測である――伝統的にはこのように理解されている。このことは、いわゆる「自然科学」に最もよく当てはまる。実際、自然科学の技術は、前世紀には想像もできなかったことを可能にしている。一方、社会科学の予測力は自然科学と比べてはるかに劣るが、それでも、投票パターン、犯罪率、離婚率、その他様々な状況における行動について、偶然よりはましな予測をする技術が開発されてきた。これらすべての場合において、予測技術を生み出すプロセスは、様々な測度を開発し、それらを様々な母集団や文脈に適用し、様々な統計技法を開発・応用する科学者コミュニティに依拠している。これらの文脈では、提出された理論そのものは、予測とは関係がない。予測という営みは、何にせよ、理論的前提から論理的に導き出すことはできない。それならば、予測における理論の役割とは何であろうか。

すでに述べたように、理論の主たる機能は、科学者コミュニティにおける共同的プロセスに求めることができる。すなわち、理論言語は、予測を究極の目的とする実践的活動を構成する。つまり、テニスにおける「3対0」や「私の得点」と同じように、理論言語は、科学者たちが互いに研究活動を調整するための、共通の符牒の役割を果たしている。例えば、もしもあなたがいわゆる「学業成績」の予測に関心をもつ科学者集団の一員であるならば、あなたはこの語を使うだけではなく、例えば、「知能テスト」「不安指標」「達成動機」などのような、関連する用語をも用いる必要がある。こうした用語は、また、科学者仲間との関係、および、一群の事物――紙、鉛筆、採点基準、学生など――の両方に埋め込まれていなくてはならない。かくして、得られた理論――知能指数、達成動機、不安と学業成績を関連づける命題――は、われわれの予測能力の証明とみなされる。ただし、理論自体が予測するのではない。そうではなくて、理論言語のおかげで、実践者たちが表現したりコミュニケーションしたりできるがゆえに、予測が成り立つのである。

これまで、科学における理論には、二つの主たる機能があることを確認してきた。第一は、社会変革の文脈における機能であり（第2章参照）、第二は、予測の文脈における機能（本章）である。われわれとしては、次に、理論の評価の問題を考える必要がある。ここで、理論の実践的価値を評価するのであれば、そのための具体的基準――「真理値」に代わる基準――を導き出せばよいと思われるかもしれない。しかしながら、理論には多様な機能があることをふまえるならば、理論の評価に際しては、科学をより長期的にかつ通時的に捉えなければならない。すなわち、科学が時系列的なプロセスであり、理論の果たす役割が時点に応じて異なるのであれば、単一の評価基準のみを考えることは不適切である。理論の評価は、科学の時系列的プロセスのどの時点に位置するかに応じて、異ならざるをえない。言い換えれば、科学の発展の段階に応じて、異なる形式の理論が要請されるのである。このことは、第1章で述べた科学の中核的命題群の転換をふまえるならば、明らかであろう。

（3）通常科学の段階における理論の評価

ここで、科学の転換を、三つの段階に分けて考えてみよう。第一は、**通常科学**の段階である。この段階では、理論と実践の両方において、科学者の間に共通の了解が成立している。これに続く第二の段階は、**批判**の段階である。この段階では、支配的言説が、否定のレトリックにより批判にさらされる。第三の段階は、**転換**の段階である。この段階では、批判的言説の含意が洗練される。現実には、これら三つの段階――通常科学の段階、批判の段階、転換の段階――は、様々な学問領域において、同時並行的に生じているのだが、ここでの目的にとっては、これらを概念的に区別しておくことが有用である。なぜならば、そうすることによって、理論の機能の多様性を理解しやすくなるし、それぞれの段階で理論を評価する基準が異なることもまた理解しやすくなるからである。

まず、通常科学の段階について考えていこう。よく言われるように、科学の主要な目的の一つは、信頼できる予測をすることである――このことは、社会科学よりも自然科学において、より重要である。したがって、通常科学の段階における、理論の主たる機能は、予測をめぐる科学者の活動を調整することにある。これまで述べてきたように、理論は、予測という共通の目標を達成するために、個々人の努力を結合するための実践的装置としての役割を担っている。次に述べるような理論を評価する伝統的基準の多くが妥当と言えるのも、この点に限ってのことである。科学者コミュニティで確立している「言説―行為―対象」の慣習の中で、理論の**予測妥当性**は、決定的な重要性をもつ――例えば、ロケットの軌道は、理論によって示された予測を確証するのか、しないのか？　この慣習の中では、**理論的精緻化**もまた重視される――精緻化されていない、不正確な用語では、個別事象との関連を明らかにすることができないし、行為と対象の有効な区別も困難となる。この通常科学の段階では、**論理的一貫性**も重視される――それによって、科学者コミュニティの非公式な理解が公式化され、コミュニケーション可能な秩序が与えられる。同様に、理論の**適用範囲**（「様々な分野からの知見」をどれだけ統一的に説明できるか）も重視される――それによって、科学者コミュニティが統一を保つことができる。さらに、伝統的には、**節約の原理**が要求される――複雑なリズムは（単純なリズムと比べて）ダンスをするのが難しいように、概念的に不必要に複雑な理論は、科学者コミュニティ内の相互調整を妨げてしまう。

科学理論を発展させるという経験主義の理念の多くは、以上のような観点から正当化できる――ただし、次の二点に留意する必要がある。第一に、われわれに言わせれば、以上のような理論的要請は、超越的な妥当性を有するわけではない。すなわち、それらは、科学的合理性の基盤から導かれるわけではなくて、科学者コミュニティにおける言語の実用的使用から導かれるにすぎない。実際、もし言語が一連の出来事をめぐる行為を調整する装置であるならば、ある種の言語形式が実用的に見て有用になるのは当然である。第二に、以上のような経験主義の価値観は、科学活動の全範囲に一般化されるわけではない。こうした価値観が有用なのは、かなりの程度、特定の文脈――特定の領域内で予測をすることを最重要とする文脈――に限定される。ここでは、理論のこうした側面が重視される文脈を、**予測の文脈**と呼ぶことにしよう。考察をさらに続けよう。

通常科学の段階における理論の第二の機能について考えよう。先述のように、科学者の中核的命題群もまた、実践的なリソースとして、文化に入り込む――科学者の言説は、今ある文化の中に、存在論、価値、合理性、正当性を提供する。すなわち、理論は、科学者コミュニティの調整機能を果たすだけではなく、**文化的参加の文脈**においても重要な役割を担っている。この文化的参加の文脈においては、予測の文脈では有用であった理論の理念は通用しなくなる。例えば、予測力、差異化、論理的一貫性、節約性は、文化的参加の文脈においては、かなり的外れで、おそらく逆効果でもある。例えば、高度に差異化された理論は、文化の中に浸透しにくいだろう。あるいは、論理的一貫性を厳密に要求すれば、理論を理解できる人の共同体を小さくしてしまうだろう。さらに、節約の原理を要求することは、社会的関心を喚起するかもしれない理論的素材を捨ててしまうことになるだろう。要するに、科学者コミュニティにおいては鉄則とされている基準も、文化的参加の文脈ではほとんど通用しない。文化的参加の文脈で重要となるのは、予測ではなく、理解可能性を広げていくという人間科学的営みなのだ。

文化的参加の文脈においては、理論の評価基準は一つではありえない。なぜならば、文化にはきわめて多様な価値観――道徳的、政治的、宗教的など――があるからである。これらの一つ一つが一定の言説の枠組みを備えており、どれもが人間科学の評価基準になりうるのである。例えば、キリスト教は、人間を構成する要素として精神を重視している。マルクス主義は、政治的根拠をもって、機械論に対して有機体論を採用する。フェミニズムは、自己充足的個人主義を好む理論に対して、イデオロギー上の重大な限界を指摘する。ヒューマニズムは、環境決定論が人々の意識によからぬ影響を与えるとし、能動性を重視する理論を好む。このように見てくると、科学理論の評価基準の範囲を限定するのは、賢明ではないように思われる。この文脈において最も重要なのは、様々な文化的参加を呼びかける人間科学の対話である。文化は、いかにして、科学の中核的命題群を、自らの実践のために利用するのか？　どうすれば、科学者コミュニティを、文化の声に耳を傾ける開かれたコミュニティにすることができるのか？　科学の中核的命題群のもつ文化的価値を探るために、どのような自省的プロセスがスタートできるだろうか？　こうした挑戦は、まだ始まったばかりである。

（4）批判段階および転換段階における理論

述べてきたように、通常科学の段階においては、理論の評価基準は、予測という課題に関して科学者コミュニティを調整できるか否か、および、科学者コミュニティの文化へのコミットメントを反映し表現できるか否かの二つである。したがって、この段階では、科学者コミュニティをうまく調整する理論や、文化内のコミットメントと十分に一貫している理論が、高く評価される。しかしながら、もし科学的行為が、予測というお決まりの方向しかとらず、あるいは、伝統的な価値観にコミットするばかりであるならば、科学は停滞し、幅の狭いものとなってしまうだろう。理論が、科学や、より一般的な社会における広範な関係性のパターンを作り出す構成要素であることをふまえるならば、このことは明らかだ。理論の範囲を制限されたままにすることは、科学の可能性を狭めるばかりでなく、文化の潜在力をも狭めることになる。

例えば、理論が安定すれば、科学者の関係パターンも維持される。しかし、このことが実質的に意味しているのは、面白く説得的な予測の範囲もまた限定されるということである。確かに、理論を少々洗練したり、派生的理論を探索したりはされるだろうが、確立している存在論の外部にある「事実の領域」に目が向けられることはなくなる。例えば、知覚心理学が「ボトムアップ」の理論にとどまっていた間は——長年そうだったのであるが——、心理学が注意を払うのは、刺激変数が知覚に及ぼす影響に限定されていた。近年になって、「トップダウン」の理論が発展すると、知覚の遺伝的先行要因、すなわち、生得的傾向に関心が向けられるようになった。このように、環境説から生得説へという理論的視点の変化に応じて、新たな研究の試みが出現したのである。

次に、理論的言説が文化的実践に及ぼす効果について見ていこう。例えば、精神分析や認知療法など、良好な心理過程を求める理論は、もっぱら、個人の行為にのみ関心を向けさせる。そこでは、異常行動は、心的過程の結果とみなされ、治療では、欠陥をもつ個人が対象となる。しかし、社会システム理論が科学者たちの——さらには、より広範な文化の——語彙に入り込むにつれて、個人の問題を、集団——家族、教育システム、経済制度、など——の問題という文脈で捉える視点が現れた。このように、通常科学の段階にとどまることは、予測の範囲を限定し、問題解決の可能性を制限し、人間の潜在的可能性を開花させる機会を減少させることを意味する。

このことと関連して、前章で、生成的理論の概念を提出しておいた。生成的理論とは、理論の既存のシステムへの関わりを疑問視し、新たな行動選択肢を生み出すような理論である。私の考えでは、生成的基準こそが、理論の転換を可能にする。生成的な理論化は、たいてい、既存の説明を批判することから始まる。批判の概念的含意が洗練されるにつれて、新たな存在論や世界構成の輪郭が徐々に明確になり、新たな行動選択肢が生み出されてくる。生成的理論の性質は、通常科学の段階における理論に要請される性質とは、根本的に異なる。通常科学は、**字義通り**の用語法に立脚している——その語彙は、日常的に十分定着しているため、あたかも実在世界を指し示しているかのように思われているし、また、行為の調整に十分役立っているため、それらを放棄することなどできない。例えば、ロケット技術者は、オー・リングの存在を前提にしており、それが生死に直結する重要な部品であることを厳しく認識している（一九八六年のスペースシャトル・チャレンジャー号の事故は、オー・リングの故障が原因とされている）。これとは対照的に、批判段階と転換段階においては、従来の言語を混乱させ、常識とされているものの支配力を弱め、新鮮なイメージと選択肢を生み出すような表現形式こそが重視される。このように、生成的理論は、常識的存在論を退け、既存の表現様式を再構築し、常識的二分法を解体し、新たな現実の領域を提示するのである。

かくして、科学のプロセスは、相反する二つの傾向から成り立っている。第一の傾向は、意味のシステムを固定化し、予測力を磨き、伝統的価値観を肯定する傾向である。バフチン（Bakhtin, 1981）の言う**中心化する**意味の運動、すなわち、統合と排除への運動が、この第一の傾向に相当する。第二の傾向は、転換を目指す傾向——確立されたパターンや価値を疑問視し、科学と社会の両者にとって、選択肢の範囲を拡張する傾向——である。そこでは、いわば**脱中心化する**力が作動し、慣習を不安定にし、新たな言説を容認する。安定した状況下での理論評価の基準は、転換期におけるそれとは異なる。安定期には、社会的調整と価値の明示化を最大限実現する理論が重要視される。しかし、転換が優先される場合には、理論家は、不合理との境界にまで接近し、自明の前提群を不安定にし、批判的かつ大胆に議論することが求められるであろう。同時に、転換への動きも、最終的には、安定化への道をたどるであろう。当初、大胆であったものがありふれたものとなるにつれて、メタファーが字義通りのものとなり、可能性にすぎなかった価値が、新たな制度の中で実現し、転換的理論が、今や通常の理論となる。以上のように、理念的には、人間についての諸科学は、安定期から、崩壊期、挑戦期、それに続く安定期へと移行するのである。かくして、人間科学の理論は、自然を忠実になぞるものではないし、このプロセスを通して「真実」に近づいていくものでもない。そうではなくて、人間科学の理論は、文化のもつ予測力を拡張し、さらに、この点が最も重要なのであるが、文化の実践の可能性を拡大するのである。

おわりに

本章では、社会構成主義に対してしばしば向けられる主な質問に回答することを試みた。これらの質問に回答することは、これら多様な関心を消滅させることにはならないだろうし、また、そうなってはいけない。社会構成主義に対する批判は、社会構成主義の議論に脅威を感じる様々な立場からなされている。しかし、私の考えでは、社会構成主義は、破壊的なものとしてではなく、転換への力として機能すべきである。重要なことは、言語や生の諸形式を破壊することではなく、人々が、より十分かつ前向きに協調し合うための概念的・実践的手段を提供することである。批判者と社会構成主義者が、社会構成主義の可能性と問題点について探求し続けることによって（例えば、Stenner and Eccleston, 1994; Stein, 1990; Young and Mathews, 1992を参照）、両者の亀裂が深まるのではなく、対話への感受性が豊かになること、それが私の希望である。

注

［1］この点についての有益な解説として、Stam（1990）を参照。

［2］「社会構成主義」と「心理的構成主義」は、しばしば、区別なく用いられる。もちろん、概念の使い方については、こうでなけれ

ばならないという決まりがあるわけではない。しかし、議論を明確にするためには、これらの区別について押さえておく必要がある。両者は、相異なる知的伝統の中で育まれて来ており、その認識論的含意も、実践的含意も異なる。これらの概念の、現代における使用法を整理したものとしては、Pearce（1992）を参照。セラピー実践への含意に関する両者の相違については、Leppington（1991）を参照。社会構成主義と心理的構成主義の前提を批判的に検討したものとしては、Frindte（1991）を参照。

［3］Gergen（1997）でも論じておいたように、フォン・グラザーズフェルトの議論は、結局のところ、唯我論から後退する仕儀に陥っている。というのも、心理的構成主義の方法が究極的に「適応的」であると主張することによって、まさに「外界」を復権させているからだ。

［4］特に、von Glasersfeld（1988）とSteier（1991）『研究と再帰性Research and Reflexivity』を参照。Arbib and Hesseの『現実の構成The Construction of Reality』は、おそらく、認知主義（心理的構成主義）を、最も徹底的に言語の社会的概念と結びつけようとした試みである。しかしながら、認知主義者（二元論者、個人主義者）の議論は、イデオロギー的に問題の多い不毛なメタ理論を堅持している。この点については、第5章で、「認知の起源」の問題として、より詳しく論じる。

［5］レイモンド・ウィリアムス（Williams, 1976）は、「経験」という言葉は、十九世紀まで、具体的な心的状態（何か「思った」ことや、感じたこと）を指示するものではなかったことを指摘している。それ以前は――現在でも、まれに――、「経験」は、個人が直面し、経験する客観的環境に言及する言葉だった（「それは面白かったね That was quite an experience」）。

［6］テーブルを叩いたり、石を蹴ったりすることが、それ自体いかにレトリックの産物であるかについて、Edwards, Ashmore and Potter（1995）を参照。彼らが指摘するように、説得力のある中核的命題群の多様性を考えれば、テーブルの現実性を疑問視することは驚くほどたやすい。例えば、物理学者ならば、テーブルが固体であるという日常的常識が「虚偽」であることを、非常に効果的に示すだろう。

［7］社会構成主義の見地からすると、西洋文化における、いわゆる「医学的成功」もまた批判の対象となる。患者の身体状態にかかわらず、ただ延命することが「成功」かどうかは、大いに論争の余地がある。

［8］超越論的実在論者の間でさえも、こうした問題についての議論がなされている。例えば、Harré（1992）は、Greenwood（1992）による実在論を、「擁護できない」としている。なぜならば、「二価的な理論、すなわち、科学的命題は世界のあり方に応じて真か偽のいずれかであるとする理論では、実在論を擁護することはできないからだ」（p.153）。グリーンウッドの見解は、最も珍しい例だろう。というのも、Greenwood（1991）は、物理的実在論者とは異なり、心理状態が実在しており、経験的評価の対象たりうる、と主張している。同時に、彼は、そうした心理状態は、社会的に構成されたもの――文化的構成物――であるとも述べ

ている。実際、グリーンウッドは、様々な文化の意味システムに含まれる観察不可能な実在（心理状態）を――文化を超えた見地から――実証ないし反証する可能性を論じている。しかし、このことが可能であるならば、グリーンウッドは、魂が行為に影響を与えるかどうかを実証ないし反証できねばならないはずだ。

［9］様々な実在論を、言説形式として論じた研究として、一九九〇年の私の論文「現実とその関係性 Realities and Their Relationships」（Gergen, 1990）を参照。

［10］Edwards, Ashmore and Potter（1995）が論じているように、実在論は、まずもって、何が現実ないし真実であるか――魔法に対する物理学、精神に対する物質――を言明し、このことによってさらなる知的交流を閉ざしている。例えば、物質的実在論にとって、精神の存在について議論する余地はない。逆に、社会構成主義にとっては、「様々の立場に立って論じることができる点が…好都合である」。

［11］おそらく、この点についての古典的議論は、Albert（1985）によるものである。また、実在論の検証不能性については、Trigg（1980）を参照。彼が言うように、実在論の真偽を決定するような、観察可能な証拠など存在しない。「実在論の運命は、科学における成功や失敗によって決まるわけではない。というのも、普通の意味でのこれらの言葉は、実在論を前提としているからである」（p.188）。実在論は、不確かな形而上学を「基礎」としているにすぎない。

［12］再帰性についてのこの点が、私の主張する社会構成主義と、Guerin（1992）らの言う「社会構成主義」――科学の新たな経験的基礎を打ちたてようとする立場の「社会構成主義」――とを分かつポイントである。同様に、Harré（1992）は、「人間の存在」といった、いくつかの基本的前提で、社会構成主義を基礎づけようとしている。しかし、もちろん、こうした主張の根拠などないし、そのような主張は対話を終結させてしまうだけだ。というのも、基礎づけによって、それを超えては議論が不可能な境界――よく言えば、知的か否かを分かつ境界、悪く言えば、帝国主義的境界――が設定されてしまうからだ。この点、Haraway（1988）の試みは、優れている。というのも、彼女は、状況に埋め込まれた知識の多様性を論じ、そうした知識を、「孤立した個人ではなく、共同体」に位置づけているからだ。しかながら、彼女は、「具現化された客観性」を主張することによって「全体的エラーと誤った知識」を退けようとしているが、そのことによって対話を拒もうとしているように思われる。

［13］例えば、Critchley（1992）は、デリダ流の脱構築主義に内在する倫理的可能性を示している。

［14］Edwards, Ashmore and Potter（1995）によれば、「相対主義者であることと、特定の文化のメンバーであること――コミットメントをもち、信念をもち、現実についての常識をもつこと――とは、矛盾しない。すなわち、相対主義者は、思考に先立って現実や真実が存在すると安直に考えることはせずに、様々な事物について議論をし、疑問を抱き、擁護し、決定する」。

［15］Harré（1992）は、最近、これと同種の異議を表明している。それは、基本的に、彼の言う社会構成主義の「相対主義への傾倒」を避ける手段として提起されている。彼が指摘するように、社会構成主義の見地からは、観察者が異なれば、同じ環境であっても異なる仕方で現実が構成されるのであり、したがって、「正しい」説明を確定することは不可能である。しかしながら、この議論が説得的に見えるのは、社会構成主義が、「同じ環境」という現実——それ自体は構成の産物ではない現実——を主張しているからではないか、というわけだ。私の考えでは、そのような主張は必要ではない——これについては、第4節で述べたことが、そのまま当てはまる。さらに、概念的相対主義への批判は、社会構成主義が、異文化間コミュニケーションを説明できないことを批判するために、しばしばもち出される。もし、われわれが、自分自身の概念スキーマを通して以外に、異文化を理解する手段をもたないとすれば、異文化間で相互理解に至ることなどありえないはずである。しかるに、われわれは、実際に、異文化を理解しているように見える——例えば、翻訳が実用的であるように。ゆえに、社会構成主義は間違っている、というわけだ（Jennings, 1988を参照）。しかし、われわれに言わせれば、第11章で述べるように、概念スキーマを通した理解という考え方そのものが間違っている。この点を論じるには、コミュニケーションを関係主義の視点から捉え直すことが必要である。

［16］哲学者の中には、合理性についての普遍的基準を正当化することによって、この問題に応えようとする者もいる。例えば、Katz（1989）は、ここで述べたようなアンチ相対主義の議論を詳細に整理した上で、論争の内容は相対的であっても、論争の形式は普遍的でありうる、と述べている。例を挙げると、無矛盾の法則や一貫性は、普遍的基準の成分である、というわけだ。しかしながら、彼が結論として述べるように、「（こうした法則を）固守することは、私が望むほどには、簡単に決定できるものではない——われわれの議論にとっては、不幸なことだが。最低限、意味の**同一性**、すなわち、同義性を測る基準が必要である」（p.269）。もっとも、このことがいかにして可能かについて、彼は全く述べていない。おそらく、このことは、彼が擁護しようとしている無矛盾の基準そのものに依拠しており、そのことが議論に悪循環をもちこむだけでなく、学術的レトリックについての西洋的ルールをひそかに普遍化することになっているのである。

［17］オースティン自身も、事実確認文と行為遂行文を明確に峻別することの問題点に気づいており、後に、前者を後者の一種として位置づけようとしている。この点に関する透徹した分析として、Petrey（1990）を参照。

［18］相対主義の擁護として、Margolis（1991）の議論は称賛に値する。しかし、マーゴリスは、伝統的な批判を、筋道の通っていない批判として退け、新たな形式の相対主義（「頑健な相対主義」）を提案している。頑健な相対主義とは、真偽の二分法を、多値的な真理値（すなわち、異なる状況下における、真理の基準が異なる可能性）に置き換えたものである。われわれの見地からすると、マーゴリスの分析は、ある基礎づけの試みを、別のそれへと置き換えようとする試みに他ならない。ただし、彼が強調す

る、多値的な真理値の考え方は、ここでのわれわれの議論と一貫するものである。ここでの議論によれば、共同体が異なれば、評価の基準、すなわち、何が真理かが異なるのは当然のことだ。しかしながら、私としては、ここで、真理に代えて「適切性」を用いることにしたい。というのは、真理という言葉をめぐる学術的議論の混乱を回避したいからだ。われわれの議論とさらに近いのが、Longino（1990）の「状況依存的経験主義」の概念である。彼女が述べるように、「証拠に基づく推論は、常に、状況依存的であり、データが仮説の証拠となるのは、データである物事や事象と、仮説に記述されている状態やプロセスとの関係が、前提として成立している限りでのことだ。……研究に示されているどの価値が存続し、どれが消えるかは、社会的相互作用によって決まるのであり、だからこそ、理論や命題に表れているどの価値が存続するかは、その時点における科学的知識の表現とみなされるのである」（pp.215-216）。

第4章　社会構成主義と道徳的秩序

前章では、社会構成主義がいかなる道徳的・政治的意義をもつかについて、問題提起をした。述べたように、社会構成主義は、道徳・政治の問題に深く関わっているし、支配的な道徳的・政治的言説に対する強力な挑戦ともなる。しかし、社会構成主義は、特定の道徳的・政治的立場を支持するわけではない。もちろん、社会構成主義に基づく個別の著作からは様々なイデオロギーを読み取ることができるであろうし、社会構成主義者の中には特定のイデオロギーを支持する者もいるだろう。しかし、特定のイデオロギーに与することには問題もあることを忘れてはならない。なぜならば、もしそのイデオロギーが、道徳的・政治的に、特定の読者にとって好ましいものでないならば、それは読者にとっては抑圧となり、読者とのコミュニケーションを断ち切ってしまうからだ。しかし、だからといって、社会構成主義は、特定の道徳的・政治的立場にコミットメントすることを決して否定しない。そもそも道徳的・政治的行為を否定することは、社会生活——すなわち、意味のある生活——を放棄することになる。重要なのは、社会構成主義それ自体は、唯一のイデオロギーを支持するくさびにはならない、ということだ。

しかしながら、同時に、このような主張に対しては、社会構成主義が道徳的退廃をもたらすという批判がなされる。批判者は次のように言う——「社会構成主義は、まさに自らの道徳的立場を明確にできない点が根本的な問題である。社会構成主義の相対主義的スタンスは、それ自体、道徳に反するものである」、と。本章では、この批判に応えていく。まず、道徳の問題に取り組んだ、過去の優れた研究のいくつかを概観する。具体的には、過去の主要な学問的営み、とりわけ、人間科学と密接に結びついた学問的営みが、道徳的啓発のためにいかなる道徳的言説を生み出してきたかを述べる。次に、様々な道徳的言説がいかなる実践的帰結をもつのかを考察する。すなわち、道徳的言説によって、われわれが「道徳的社会」と呼べるような社会が、はたして実現するのかどうかを検討する。最後に、社会構成主義のもつ積極的な可能性について論じる。特に、社会構成主義の相対主義が道徳的貧困をもたらすとする批判については、断固としてこれを否定する。それどころか、もし科学者コミュニティが、相対主義に対して長らく抱いてきたヒステリー的反応を捨て、社会構成主義の積極的可能性を探求するならば、社会構成主義はよりよき社会の実現に貢献できることが明らかになるはずだ。

西洋の伝統において、道徳的関心の中核にあるのは「個人」である――個人を抜きにしては、道徳的議論はほとんど無意味であるし、個人の道徳心なしには文明社会は崩壊する、とされている。だからこそ、哲学は個人の判断が道徳的であるための基準を確立しようとし、宗教は個人の良心に関心をもち、法廷は個人の罪を裁く基準を確立し、教育機関は個人の価値を教え込もうとし、親は（個人としての）子供への道徳教育に関心をもっている。このように、倫理や道徳、究極的には「道徳的社会」の問題に関して、西洋の人々は見事に**「心」理学者**なのである。すなわち、道徳的な心こそが道徳的な行為をもたらし、道徳的な行為をする個人が十分たくさん集まることによって、「道徳的社会」が達成される、とみなしている。それゆえ、道徳的な心の秘密（より正確には、道徳的でない心の秘密を通じて、道徳的な心の秘密）を明らかにすることのできる心理学や哲学が、道徳的行為についての社会的関心に大きな影響を与えているわけだ。実際、道徳哲学の歴史は、カントの定言命法からロールズ（Rawls, 1971）の『正義論 Theory of Justice』に至るまで、その大部分が、行為者個人についての考察であった。同様に、初期フロイトの超自我形成の理論から、社会的学習のモデリング理論や現代の道徳的意思決定の理論に至るまで、心理学は、道徳的行為の基盤を記述し、その起源を明らかにするのに、中心的な役割を果たしてきたし、現在もそうあり続けている。

こうしたことをふまえて、以下では、道徳的行為についての近年の二つの主な立場、すなわち、個人の生得的な道徳心を主張する立場と、合理的な人間が集まることによって道徳的社会が成立するとする立場について、考察していくことにする。これらの立場は――前者を**ロマン主義**、後者を**モダニズム**と呼ぶことにするが――、どちらも様々な心理学の理論の中に現れ、また、どちらも社会的行為に対して様々な含意をもっている。しかしながら、これから論じていくように、ロマン主義的な道徳観とモダニズム的な道徳観には、どちらも、重大な欠陥がある。すなわち、どちらも、道徳的行為についての有効な概念とは言えないし、道徳的社会の存立のために必要な道徳原理を提供できないのだ。本章で明らかにするように、社会構成主義は、道徳的行為について特定の立場を称揚しようとするものではないが、その沈黙のゆえにこそ、人間の幸福に最も貢献しうるのである。

第1節　ロマン主義と生得的道徳性

十九世紀のロマン主義運動については、芸術、文学、哲学、音楽の分野にわたって、語るべきことが多くあるが、ここでは、ロマン主義的道徳観の前提を簡単に要約するにとどめたい。[1] ロマン主義にとって、人間行動の最も重要な領域――私（Gergen, 1991b）はそれを「深奥部」と名づけている――は、意識によって直接には把握できない領域であった。そこには、情熱、霊感、創造性、才気、さらには狂気といった、本源的な力があるとされた。さらに、その深奥部の中心には、人間の精神ないし魂があり、それは、一方では、神と結びついているが（それゆえ、神聖なものに感動する）、同時に、自然に根ざしたものでもあった（それゆえ、本能につき動かされる）。重要なことは、この深奥部の内部に、生得的な価値観や道徳感情があるとされていることである――よき人生を送るための指針、優れた仕事を可能にしてくれるインスピレーション、誘惑に抵抗する力、哲学や宗教が道徳を理論化する際の根拠、などが深奥部にあるとされた。例えば、シェリー（Shelley）は次のように力説している。「[道徳的]行為の本質や原動力は、外部からいかなる影響も受けない領域に由来する。すなわち、慈悲の心は、……人間の心に生得的である。だからこそ、われわれは、他人の幸福を願わずにはいられない」。こうした観点は、ムーア（G. E. Moore）の二十世紀初頭の著作『倫理学原理 Principia Ethica』にも通底している。ムーアは、道徳的行為の源泉として、個人が道徳的直観を生得的に備えていると確信し、次のように述べる――「それら（道徳的直観）は、証明や反証が不可能であり、証拠や推論によって示すことができない」。ムーアによれば、「人間的な愛情」と「審美的快楽」は、想像しうる最高の善であった。こうしたロマン主義哲学の様々な遺産は、「表現主義」や「情緒主義」の哲学に見て取ることができる。ロマン主義は、今では学問の世界における主導的役割を終えてしまったが、しかし、おそらく今もって、人々が日常生活において道徳的立場を正当化するための中心的な手段であり続けている。すなわち、「正しい」という直観、これが今もってわれわれの道徳的基準なのである。

第2節　ロマン主義的道徳観の衰退

私の見るところ、ロマン主義的道徳観は衰退の一途をたどったが、その主たる理由は、ロマン主義に取って代わる言説――きわめて合理的で、レトリックの力をもつ言説――の出現であった。中でも、次の四つの言説に注目しよう。

(1) 性悪説と信頼の問題

道徳的行為が生得的基盤をもつという楽天的な信念のルーツが、宗教にあることは確かである。もし、人が「神のイメージ」で作られた、聖なる神の被造物であるならば、確かに、その本能は信頼に値するだろう。しかし、啓蒙主義思想の出現と、それに伴う宗教の弱体化によって、そうした信念に疑問がもたれるようになった。実際、自然界には、人間が生得的に悪である証拠を、いくらでも見出すことができ、それらは楽天的な信念と矛盾する。こうした疑念は、深奥部に畏怖の念を覚えた、多くのロマン主義作家や学者の間にも広まった。彼らは、深奥部を確信するのみならず、深奥部を神から切り離し、そここそを善、そして悪の源と考えた。例えば、ボードレール、ポー、ニーチェにとっても、精神の内奥の力は、まさに圧倒的なものであり、そここそが善悪の源とみなされた。生得的な悪という観念は、フロイトの著作によってさらに説得力を増した。フロイトによれば、幼児は、完全にわがままで、「多型性目標倒錯」で、良心などもたない。道徳感情（超自我）は、成長につれて獲得されるものであり、幼児以来の不道徳な衝動や去勢不安を補償する防衛的意味をもつ、とされる。このような絶大な影響力をもつテキストによって、道徳生得説は次第に説得力を失っていった。

(2) ダーウィン説

二十世紀の初頭に、ダーウィンの『種の起源 On the Origin of Species』が学界および一般の人々に与えた影響は、いくら強調してもしすぎることはない。そのダーウィンの観点もまた、重要な意味において、ロマン主義的道徳観を否定するものであった。何よりも、ダーウィン説は、道徳問題に、徹底した世俗主義をもたらした。すなわち、彼は、創造説を覆し、創造者という前提を突き崩し、深奥部にあるとされるいかなる霊的衝動をも否定した。同時に、ダーウィン説は、モダニズムの立場に連なるものでもあった。ダーウィンによれば、様々な生物種は、本質的に、ホッブズの言う「万人の万人に対する闘争」の状態にある。だから、人間という種が生き残るためには、人間は、動物王国において、競争相手である他の動物よりも適応的でなくてはならない。そして、適応には環境についての客観的知識と、行為についての体系的評価が必要である以上、人間がこれらの能力を備えているとする人間観が重視された。かくして、ダーウィン説の視点から最も望ましいのは、観察と理性の力を最も重んじる人間であることになる。こうした人間観は、ロマン主義的個人観とも、ロマン主義的道徳観とも、相容れない。というのも、ロマン主義が描く人間は、適応によって生き残ることができないからだ——感情、情熱、狂喜によってつき動かされる個人では、環境に適応することなどおぼつかない。さらに、ロマン主義においては、道徳感情は、現実の状況判断ではなく良心を反映したものであるから、それが適応的行為を導くとは考え難い[3]。

(3) 自然科学の興隆

ダーウィニズムの影響と親和的であったのが、自然科学の発展であった。十九世紀には、医学、化学、物理学がめざましい進歩を遂げ、テクノロジーの発展は疑いようもなくなった。かくして、科学は、理想的な適応装置とみなされた。実際、科学主義は、ダーウィン説の伴奏のようなものだった。同時に、科学は、啓蒙主義、および、観察と理性を重んじる個人観に根ざしている。したがって、科学から見れば、道徳感情はそもそも非合理的とみなされた。生活の中で適応的にふるまうには、科学のように、鋭い観察と論理的な推論が必要であるとされた。科学にとって、道徳感情によって自分の行為を正当化することは、個人的な好みや願望を表明することに等しかった。

（4）比較文化的研究

ダーウィニズムと科学主義が影響力を増す中で、人間という種の歴史的変化や比較文化的相違を、客観的に明らかにしようとする研究が行われるようになった。エドワード・バーネット・タイラー（Tylor）の一八七一年の著作『原始文化Primitive Culture』は、道徳的・宗教的信念体系の比較研究の先駆けであった。このような研究によって、宗教の権威は、様々な面で、科学の権威に取って代わられた。というのも、これらの研究によって、道徳的・宗教的信念体系は、文化によってきわめて広範で多様であることが示されたからだ。もし道徳原理が文化的多様性をもつのであれば、キリスト教をはじめ、「道徳的直観」についてのいかなる主張も、それが他よりも優越しているとは言えなくなってしまう。かくして、生得的な道徳感情の主張は、文化的バイアスとみなされるようになった。そして、道徳感情や道徳的直観を基盤として普遍的な道徳原理を構築しようとする試みは、姿を変えた西洋覇権主義とみなされるようになった。

第3節　モダニズムと道徳

二十世紀になると、西洋文化において、ロマン主義的道徳観は、まともな道徳観としての地位を失ってしまった。それは、「深奥部」というロマン主義的観点が、ダーウィニズム、科学主義、比較文化的研究と矛盾するためだけでなく、基本的な道徳感情が普遍的であるとするロマン主義的道徳観そのものが説得力を失ったからだ。しかし、ロマン主義的道徳観が終焉を迎えるのは、二十世紀後半をまってのことであった。最後まで超越的な善や道徳の存在を主張し続けた様々な立場の中で、共産主義とナチズムは、とりわけ注目に値する。マルクスとエンゲルスは『共産党宣言Communist Manifesto』で、「露骨で、恥知らずで、直接的で、残忍な搾取」を促進する経済システムを非難し、人間の連帯と、抑圧からの自由を主張するために、生得的道徳感情を根拠にした議論を展開している。しかし、共産主義運動が結果として巨大な抑圧をもたらしたことは、生得的道徳説に内在する破滅的可能性を顕わにしてしまった。同様にロマン主義的道徳観に立脚しているのが、アドルフ・ヒトラーの『我が闘争Mein Kampf』である。その中で、ヒトラーは、国民が「耐え難い負担の下であえいでいる」現状を描き、「そうした困窮に対して英雄的解決を見出せない国家」を「無能」と非難する。ヒトラーにとって、「不安を助長する巨大な抑圧から人々を解放すること、すなわち、激しい苦悩の除去や、人々の魂の高揚に向けて」(Hitler, 1943; pp.509-510) 戦うことは、非常に重要なことであった。しかし、その結末については、改めて言うまでもないだろう[4]。

もちろん、道徳感情のレトリックが完全に意味を失ったわけではない。実際、公正、平等、権利といった概念が、人間を動かす強力な原動力となることを示す重要な運動も数多く存在する。しかしながら、そうした運動を原理的に正当化する道は、ほとんど残されていない。すなわち、ロマン主義に依拠する運動は、少なくとも科学と文学の内部では、上述のロマン主義批判を免れえない。

さて、種の保存や科学的合理性に基づくロマン主義道徳観への批判は、人間は観察と理性によって道徳的社会を構築できるという前提に立っている。こうした人間観――合理的で、鋭い観察力をもち、それゆえ、適応力をさらに高めることができる、という人間観――こそ、二十世紀に支配的となった人間観である。ハーバーマス(Habermas, 1983)が述べているように、こうしたモダニズムの人間観は、啓蒙主義の人間観を改めて具現化するものである。この人間観こそ、経験主義の科学哲学という言説、ホモ・エコノミクスの理論、政治学における自由と民主主義の言説、社会生物学の理論が形成される際に、重要な役割を果たした人間観にほかならない。そしてまた、二十世紀の多くの心理学理論も、この人間観を正当化してきた。例えば、学習心理学は、人間を環境随伴性に適応的な有機体として理論化したし、認知心理学は、人間行動の中核が合理的プロセスであるとした。こうして、心理学は、モダニズム(ないし、新啓蒙主義)の人間観の具体例を提供したのであった。

では、人間を合理的存在とみなすモダニズムの人間観において、道徳的（倫理的、イデオロギー的）行為はどのように位置づけられるのか？　私の考えでは、この問題に答えるには、啓蒙主義がモダニズムの人間観に与えた二つの影響を区別しなければならない。モダニズムの言説に与えた啓蒙主義の影響の第一は、ロック、ヒューム、ミルからコントに至る十九世紀**経験主義**の伝統である。経験主義は、精神に対する環境の先行性を強調する点で、人間が宇宙という壮大な機械の歯車であるという、二十世紀的個人観の基礎を作った。経験主義の立場からすれば、個人の行動は、体系的なインプットの結果にすぎない。そして、もし、人間の行動がすべて環境的先行条件の関数とみなされるのであれば――実際、論理実証主義や、社会科学における行動主義においては、そのようにみなされていたのであるが――、「道徳的選択」の問題など意味をもたなくなる。というのも、人々が道徳的にふるまっているとしても、その道徳的行為は、家族による社会化、宗教教育、ボーイスカウトやＹＭＣＡの性格形成プログラムなどの先行条件によって決定されるものにすぎないからだ。さらに、正確に言えば、道徳的行為とは何かという問題は、論理実証主義や行動科学など経験主義に立つほとんどの研究者にとって、取り上げるに値する問題ではない。経験主義の哲学や科学にとっては、「それが**何であるか**」こそが重要かつ回答可能な問題であって、「それがいかにあるべきか」という問題は回答不能であるからだ――それは、単なる形而上学的問題か、それ以下の問題である。そもそも、適切な科学的営みのためには、日常生活と同じく、世界を観察し、推論し、仮説を立て、それを検証する必要がある。個人的な価値観、倫理、政治的情熱は、そうしたプロセスの邪魔になるだけである。すなわち、それらは、科学においても、日常生活においても、適切な行為のための正確な判断を妨げるバイアスにほかならない、というわけだ[5]。

主としてこうした理由から、今日では多くの論者が、モダニズムの人間観が道徳的に空虚であることを認めている。すなわち、経験主義の科学者こそ理想的な個人であるとするモダニズムの人間観は、道徳感情をもたず、善悪の判断をせず、社会の現状に抵抗しない個人観をもたらす。科学者たるもの、いかなる道徳的立場にも与しないというわけだ。確かに、科学が精巧な兵器システムを生み出すことはあるかもしれないが、それに警告を発するか推進するかは、科学そのものの問題ではない、とされる。

こうした見地からすれば、「道徳的行為」を保証する手段は、社会化と教育をおいて他にないことになる――すなわち、「道徳的行為」を個人にすり込むこと、である。かくして、道徳の問題は、行為者個人の問題ではありえなくなってしまう。なぜならば、行為者個人は、他者の指示に従って行為しているにすぎないし、その他者たちもまた、さらなる他者の指令に従っているにすぎないからだ。そこには、善をめぐる考察など入り込む余地はない。仮に、そのような考察をしようとしたところで、何の結論も得られないだろう。なぜならば、経験主義から必然的に導かれる「善」の基準など存在しない――「である」から「べきである」を導出することなどできないからだ。経験主義においては、道徳の問題は、事実上、放棄されているのである。

モダニズムの言説に与えた啓蒙主義の影響の第二は、いわゆる**合理主義**である（第1章を参照）。とりわけ、デカルト、スピノザ、カントが強調したのは、観察の技術ではなく、個人は、生来、理性的であり、理性こそが「善」の本質にとって決定的に重要である、ということである。近代の哲学者は、この生得的合理性の議論をふまえて、道徳的行為を合理的に説明しようとしてきた。中でも、ロールズ（Rawls, 1971）の『正義論 Theory of Justice』とアラン・ゲワース（Gewirth, 1987）の『理性と道徳性 Reason and Morality』は、最も成功した例である[6]。

道徳的行為に対する合理主義的見解は、心理学においても自明視されている。すなわち、心理学は、実証的観察を通じて「鋭い観察者」という自らの立場を正当化する一方で、ある種の思考を論理的に洗練されているという理由で道徳的に優れているとしている。つまり、心理学においては、道徳的問題は科学によって解決されるものではなく、道徳的思考の能力が個人に生まれつき備わっていることが前提されている。したがって、道徳的意思決定の性質を、実証的に明らかにすることが重要となる――人は道徳的意思決定をどのように行っているのだろうか？　誰に促され、いかなる環境のもとで、道徳的意思決定を行うのだろうか？

こうした試みのうち最も野心的なものが、コールバーグ（Kohlberg, 1971）の道徳発達の理論である。コールバーグは、道徳的推論について生得説の立場をとり、生得的な道徳的能力についてロマン主義的前提を踏襲しているが、しかし、そこではロマン主義の「感情」は「理性」に置き換えられている。コールバーグは、次のように論じる。生後、個人の心の発達は、必然的に、抽象的な道徳的推論へと向かう。発達の初期段階――前操作期と具体的操作期――においては、個人の道徳判断は、社会環境から報酬を与えられるようなものか、社会集団から吸収したものである（実際、経験主義的な説明に信用がおけるのは、発達の最初期の段階についてのみである）。しかし、発達の最も成熟した段階では、個人は、自らの抽象的な道徳原理を生み出すようになる。

ここで指摘したいのは、道徳的行為を基本的な合理性で説明しようとする哲学の試みも、道徳的意思決定の発達段階を明らかにしようとする心理学の試みも、どちらも説得的とは言えないということである。哲学の試みについて考えてみよう。特定の合理的立場は、いかにして正当化できるのだろうか？　例えば、正義を基本的な合理性とするからには、なぜ正義が選好されなければならないのかを正当化するために、さらに基本的な合理性が要請されるはずだ。さらに、その基本的合理性がなぜ基本的と言えるのかと問われれば、さらに別の合理性をもち出して正当化するしかない。ここでもし、正当化が、結局のところ、願望（「何が正しいと私が思うか」）に基づいているとするのであれば、それは、ロマン主義への回帰にほかならない。さらに、後の章で見るように、基本的合理性の問題は、伝統的な西洋個人主義に内在する問題である。ナルシシズム、疎外、搾取などはそうした問題の例である。個人主義と道徳的思考との間に密接な結びつきがある以上、個人主義に対する批判はすべて、個人を中核に据える道徳原理に対する潜在的な批判にもなる。すなわち、「頭の中の知識」への批判（第1、5章を参照）はすべて、「理性に基づく道徳」というモダニズムの道徳観の否定となる。要するに、「内なる心」と「外なる世界」という二分法に固執する限り、「道徳的意思決定」という概念は危機にさらされるのである。

心理学の試みには、さらなる問題がある。例えば、個人が道徳的な意思決定を行う能力をもっていることを明らかにするために、科学的・決定論的世界観が採用されるのだが、そこには深刻な矛盾がある。すなわち、経験主義の見地からすると、（環境からの刺激によっては規定されない意思決定を行う）「独立した意思決定者」などありえない。一方、合理主義の見地に立ったとしても――認知、情報処理メカニズムといった心理学概念に現れているように――、（認知システムの要求を超えて意思決定する）自発的な意思決定という概念は否定される。科学とは対照的な見地を証明するために科学的見地に立つことは、有害無益でしかないのだ。コールバーグの道徳発達の理論は、この問題を免れているように見えるが、実はそうではない。すなわち、彼の道徳発達の理論は、決定論的である――各段階において作動するプロセスはすべて決まっている。唯一の例外は、最終段階である後因習的道徳推論の段階だが、そこでは、個人は自律的なものとして描かれており、もはや決定論的科学に基づいているとは言えない。

道徳を基本的合理性から説明しようとする哲学と心理学の試みには、さらなる問題がある。もし、個人が抽象的な道徳的思考能力をもち、正義、誠実、平等などの道徳原理にコミットすることを認めるならば、こうした道徳的能力とコミットメントは、道徳的社会をもたらすであろうか？　道徳的能力をもつ人々の数が遺伝や教育によって増えれば、社会生活の質は必然的に向上するであろうか？　そうは思われない。抽象的な道徳原理には、意味ある具体的内容が欠けているからだ。すなわち、抽象的な道徳原理の内部には、その道徳原理を具体化するルールがないし、その道徳原理をいつどこで適用すべきかを決定することもできない。例えば、「汝殺すなかれ」という道徳原理について考えてみよう。この道徳原理そのものは、行為への含意をもたない。すなわち、この道徳原理そのものからは、それを誰に対して、何に対して、どのような状況で適用すべきかは明らかでないし、「殺す」とは、どのような身体の動きを実際に意味しているのかも明らかではない。

道徳原理を具体的な行為と正確に結びつけて定義すれば、このような問題は解決できると考える人もいるかもしれない。例えば、「殺す」の意味を、「生命を奪うこと」と定義したとしよう。一見、このように定義すれば、具体的な行為が決まるように見える。しかし、よく考えてみると、このより正確であるはずの定義も、それ自体では抽象的である。すなわち、「生命を奪うこと」とは様々な具体的状況において何を意味しているのかが明らかではない。例えば、私が食べたり呼吸したりすることは、他人の栄養や酸素を奪う（すなわち、生命を危うくする）ことにならないか？　私が誰かと仲良くすることは、その相手を知らず知らずのうちに（私がもっている）有害なバクテリアの危険にさらすのではないか？　自分が死ぬか、相手が死ぬかという場面ではどうだろうか？　かくして、この厳密であるはずの定義も、実は全く厳密ではないことがわかる。今や容易にわかるように、抽象的な道徳原理を定義しようとすると、その定義もまた抽象的となり、その道徳原理をいつ、どこで、どのように適用すべきかを決定することはできない。同じことは、定義の説明、定義の説明の説明……にも無限に当てはまる。そこから、具体的な道徳的行為へとつながる道はない[8]。

ここに至ると、個々の事象に対する社会の判断、あるいは、共同体の判断に従えばいいと考える人もいるだろう。

すなわち、私たちの道徳判断は、抽象的命題によって**直接的に**導かれるのではなく、文化の中に深く参入することによって、とるべき行為の範囲を（実践的に）学習しているのだ。例えば、「汝殺すなかれ」が、「死ぬほど美味しいケーキ」、「悩殺的なドレスを着た人」、「男殺しの微笑」とは関係がないこと、親戚や知り合いに対するある種の行為を禁止すること、他の宗教・政治・民族集団に対しては条件次第で適用されること——これらのことが学習されるわけだ。しかしながら、このようにして道徳原理を無限後退の隘路から救い出すことは、心がもはや道徳的行為の中心ではないことを意味している。すなわち、何が道徳的かは、個人がもつ基本的な道徳原理によって決まるのではなく、いかなる道徳原理をいかに適用するかについての文化の基準によって決まるのである。もし、ある文化では、敵の子供以外の子供を殺してはならないと決まっているならば、他の文化の基準をもち出さない限り、個人はそれ以上考えることはできない。道徳的行為の支柱は、道徳的能力ではなく、文化的慣習なのである。

さらに私は、法律、憲法の理念、神学原理が、それぞれ、法廷、政府、宗教において何世紀にもわたって維持されてきたのは、まさに道徳原理が文化的慣習に基づいているためであると主張したい。すなわち、社会的・経済的・物質的状況が時とともに変化すれば、文化的慣習も変化する。例えば、正義・誠実・平等といった抽象的な道徳原理の意味は、具体的な行動のレベルでは、様々に変化可能である。だからこそ、憲法、法律、聖書の中に現れている抽象的原理は、適切であり続けることができるのだ——それらの具体的意味が、常に修正されるのだから。同時に、道徳原理は、特定の集団にいかなる道徳原理が適用されるかを決定もしないし保証もしない。例えば、合衆国憲法に謳われている人権は、第二次世界大戦中の日系アメリカ人にはほとんど意味をなさなかった。また、黒人、女性、同性愛者、十代の妊婦の憲法上の権利については今なお論争中である。これらのケースにおいて重要なのは、不変の道徳原理ではなくて、状況の変化の中で抽象的な道徳原理をいつどのように適用するかという問題である。この意味で、文化的慣習は、先験的な道徳原理に対立するわけではない。むしろ、文化的慣習によってその具体的意味が決まらなければ、道徳原理そのものの適切性が失われてしまうのである。

第4節　社会構成主義の観点から見た道徳的行為

以上、道徳をめぐるロマン主義とモダニズムの観点を概説し、これらの観点から道徳的社会を構想するには重大な難点があることを強調してきた。本節では、これらの観点に代わるもう一つの観点――社会構成主義――について考察していこう。まずは、アラスデア・マッキンタイアの『美徳なき時代After Virtue』（MacIntyre, 1984）について考察するのがよいだろう。マッキンタイアは、普遍的な道徳原理を明らかにしようとするロマン主義とモダニズムの試みを失敗とみなす論者の一人である。マッキンタイアによれば、現代の道徳論争は「際限がないし、決着のつきようがない」（p.210）。とりわけ、使用される文脈を超越した道徳原理や道徳的価値を確立しようとしていることが問題である。なぜならば、使用の文脈を離れれば、抽象的な道徳原理は、実践的重要性も評価可能性も失ってしまうからだ。これに対して、マッキンタイアは、道徳的行為の起源を共同体に求める。すなわち、個人が共同体の生活に埋め込まれ、他の共同体や自分たちの共同体にとって理解可能な自己についての語りを発達させてこそ、道徳的行為は可能となる。言い換えれば、自己についての語りがあり、それが共同体の生活に埋め込まれているからこそ、個人は道徳性について責任をもちうる。「自分の出生から死に至る語りの主人公となることは、……語りに現れる行為や経験について責任をもちうるということである」（p.202）。このように考えると、われわれが美徳とみなすものは、社会関係の網の目から切り離すことはできない。すなわち、「善とは、道徳とは、多種多様な（具体的）善行のまとまりを維持するのみならず、……実践と個人の人生に必要な歴史的文脈を与える関係性をも維持する」（p.207）。

こうした議論を通じて、マッキンタイアは、道徳的行為の焦点を、個人の心から人々の関係性へと移行させた。道徳的行為を維持し、また、それによって維持されうるのは、社会関係に埋め込まれた人々のみである、というわけだ。しかしながら、私の考えでは、マッキンタイアはこの立場を十分に徹底しきってはいない。この立場をより徹底すれば、個人は、もはや道徳的議論の中心的関心ではなくなるはずだ。もっとはっきり言えば、もし、われわれが埋め込まれている語りが進行中の相互作用の産物であるならば、道徳的行為の問題は、心の問題ではありえない。すなわち、道徳的行為は、心的状態、つまり心の中の私的行為の副産物などではなく、人々が参加している（あるいは、してきた）関係性から切り離すことのできない公的行為となる。この考え方からすると、道徳性とは、人が心の内部に所有する何かではない。そうではなくて、道徳性とは一つの行為であり、その行為の道徳的意味がある特定の文化の言説の内部でのみ理解できるような行為である。人は、ダンスやゲームに参加するように、文化の行為形式に参加する。その際、なぜ四分の三拍子でワルツを踊るのか、なぜ羽根ではなくてボールでテニスをするのか、といった疑問に対して心理学的な回答が必要ないのと同様に、人がなぜ道徳的・非道徳的かという問いに対して心理学的な回答など必要ない。道徳的行為は、特定の共同体内部における一連の整合的行為として理解することができる。つまり、道徳的行為は、個人の感情や理性の問題ではなく、共同体への参加の形式なのである[9]。

では、社会構成主義の観点からすると、個人の道徳感情、道徳的推論、価値観、意図などはどのように理解すべきだろうか？　このような心的状態への関心は、完全に放棄すべきだろうか？　この問題は複雑ではあるが、ここでは、社会構成主義は、これらの用語を放棄するのではなく再構築すると述べておきたい。この再構築には、道徳的主体の脱構築と、道徳的言説の再構成が必要である。再びマッキンタイアの議論を敷衍すれば、自分自身や関係性を理解するための語りは社会的説明形式なのであり、そのことは語りの内容についても当てはまる。その内容には、われわれが心的状態とみなすものも含まれる――例えば、「意図」、「道徳心」、「価値」、「理性」のように。つまり、心について話すことは、文化の語り形式に参加することである。例えば、「意図」を主張し、「価値」を所有することは、西洋文化における他者との関係性に参加することである（第6章、第9章も参照）。心理学や哲学は、道徳的行為に必要な心的要素に言及するが、そうすることによって、彼らは文化の語り形式に参加しているのである。かくして、道徳的行為の心的要素――これこそまさにロマン主義とモダニズムの主たる関心だったのだが――は、脱構築される。このように考えると、道徳感情や道徳的思考の言葉は、一個人の心の中にあって、その行為を規定する心的事象を指し示しているのではない。そうではなくて、これらの言葉は、共同体的実践の言語的（詩的、修辞的）形式として、再構成することができる。

心的言語の意味が心的状態からは決まらないのであれば、それはいかなる機能をもつのだろうか？　心的言語と道徳的行為はいかなる関係にあるのだろうか？　社会構成主義の立場からすると、「これは正しいと思う」、「そういう行為は私の原則に反している」、「それは道徳的ではないと思う」などの発話は、日常生活の構成要素である。すなわち、これらの発話は、様々な社会的慣例、やりとりのパターン、社会的課題を実行する際に、人々が使用するものである。これらは社会関係の中で機能して、様々な形式の行為を妨害したり、警告したり、称賛したり、推進したりする。それればかりか、人々のアイデンティティを確立し、将来の行為への指針を与え、集団の統一を達成させもする。実際、道徳的言説は、社会生活というゲームをしたり、社会生活というダンスに参加したりするのに利用可能な資源の一つである。すなわち、それは、われわれが道徳的と考えるやり方で、社会を作り上げることを可能にする、駒ないしポジションである。

以上の議論は、ある点で、テイラーの『自我の起源Sources of the Self』（Taylor, 1989）の議論と軌を一にしている。テイラーは、西洋の自己概念に潜む前提、すなわち、彼によれば、道徳的行為の基盤とされている暗黙の前提を、再構成しようと試みている。こうした暗黙の「枠組みは、道徳的判断、道徳的直観、道徳的反応のための背景を提供する。……枠組みを明示化することは、われわれの道徳的反応の意味を明らかにすることである」（p.26）。西洋文化の「道徳的トポグラフィー」を展開するこの試みは、単に、「近代の道徳意識の抑圧に対抗する」ものではない（p.90）。むしろ、テイラーも言うように、自己を語る言語――自己の道徳性を語る言語を含む――は、「道徳の源泉」である。それなしには、主体としての人間は成立しない。「自己を語る言語を捨てるということは、人間としてのまとまりを捨てること、主体としての人格を放棄することに等しい」（p.27）。

道徳的言説が、本質的に、文化の中で道徳的とみなされる行為を生成し維持するための資源であるとするテイラーの立場は、本章で述べてきた社会構成主義の立場と一致するものである。しかしながら、社会構成主義の立場からすると、個人の道徳的言説をゆるぎないものと考えている点、さらに、道徳的言説が道徳的社会を構築するのに適していると仮定している点は、大いに問題がある。確かに、社会構成主義は、テイラーとともに、道徳的言説を歴史的にたどる試みに従事している。しかし、社会構成主義は、そうした道徳的言説を必ずしも擁護するのではなく、そうした言語的慣習が社会生活において重要な役割を果たすようになった条件や状況を明らかにすることを試みる[10]。社会構成主義は、個人の道徳的言説を再構成するが、それは、個人の道徳的言説が道徳的行為に必須だからではなくて、それが、現代生活の喧騒の中で失われ破壊された発話や行為の潜在的な有効性を思い出させてくれるからである。と同時に、社会構成主義は、個人の道徳的言説や道徳的行為に内在する潜在的脅威についても注意を払わなければならない。次に、この問題について論じていこう。

第5節　道徳的言説の再考――本当に必要なのか？　望ましいのか？

個人の道徳的言説は、社会生活を組織化し一貫させるのに重要な役割を果たす。また、伝統的な道徳的言説を復活させることによって、われわれの社会生活の可能性は拡大される。しかし、だからといって、われわれは、道徳的言説が適切な社会生活にとって本質的に望ましいと結論することはできない。確かに、道徳的言説は、われわれの日常的行為に頻繁に現れ、相互行為を可能にし、特定の行為を躊躇させ、行為の様々な帰結を考えることを可能にしている。しかしながら、見てきたように、このことは、道徳的言説（倫理、価値、権利などの）が、「道徳的社会」の形成に不可欠であることを意味しているのではない。そうではなくて、道徳的言説という遂行表現（行為の遂行あるいは禁止を命ずる表現）が共同体の利益となるかどうかをこそ、問わなければならない――「善」や「道徳」についての発話は、必然的に、道徳的行為の可能性を高めるだろうか？

まず、「～べきである」、「義務」、「権利」、「原則」などといった言葉は、適切な社会生活にとって必須であろうか？　そうではないように思われる。例えば、とりたてて道徳的言説などなくても、適切な親子関係は達成されるだろう。同様に、たいていの友情、学生生活、職場の仕事は、道徳を推奨する語彙とはほとんど関係なく成り立っている。したがって、道徳的言説がないからといって、社会が退廃したり未開状態に後退すると信じる理由などない。人々は、道徳的な遂行表現がなくとも、自分たちの行為を十分に調整できるのだ。

さらに言えば、私の考えでは、道徳的言説が発展するかどうかは、基本的に、受容可能な相互行為パターンからの逸脱の程度によって決まる。すなわち、もし、ある個人や集団が公共的慣習を破るならば、道徳的言説は、その不愉快な行為を矯正する手段として用いることができる。実際、道徳的言説は、主として浸食の危機にある社会的行為パターンを維持する役割を果たしている。すなわち、道徳的言説は、適切な社会関係を生み出すというよりも、既存の行為群を維持・強化するためのレトリックとしての意味をもつ。道徳的社会にとっては、頭の中に道徳感情をもつ個人も、道徳的信条を掲げた社会制度も、必要ないのだ。

このことは、道徳的言説が既存の秩序の維持にとって重要でないことを意味するわけではない。しかしながら、もし、道徳的言説が主として遂行表現――特に、特定の伝統を維持する遂行表現――としての役割を果たすのであれば、道徳的言説が社会生活の質を高める最も有効な装置であるかどうかが問われなければならない。もし、道徳的言説が不可欠ではないのならば、社会生活の質を高める他の可能な手段と比べて、道徳的言説はどのような利点をもつのだろうか？

ここで有益なのが、有罪となった犯罪者についてのフェルソン（Felson, 1984）の研究である。この研究では、暴行罪に問われた犯罪者たちが、自分が犯罪行為に至ったいきさつを述べるように求められた。彼らの語りから明らかになったことは、犯罪者のほとんどが、自分が罪を犯した理由を、他者（多くの場合、被害者）の非道徳的行為（ルール違反）に求めていること、その非道徳的行為に対しては、（多くの場合、犯罪者自身によって）口頭で注意がなされたこと、それに対して、非道徳的行為をした人は、面子を守ろうとして敵意を表したこと、であった。この敵意が犯罪者が暴行をふるうきっかけとなったのだ。すなわち、道徳原理がその状況にもち込まれたことによって、事態は改善されるどころか急速に悪化したのである。

このような事態の悪化は、社会の道徳原理を探求するまさにその伝統――古くは神学やロマン主義的直観主義から、モダニズムによる合理主義的説明まで――によってもたらされることがしばしばある。ここで私が念頭に置いているのは、普遍的な道徳原理――時空を超えて通用する善悪の基準、道徳律、憲法の理念、普遍的権利など――を確立しようとする伝統である。こうした試みには問題があることを、ゲワース（Gewirth, 1987）が、道徳的行為を合理的に説明しようとする試みの中で明らかにしている。序文で、ゲワースは、まず、慣習を維持する道徳、すなわち、文化的価値観を表現し直しただけの道徳原理を批判している。彼は次のように述べている。

> このアプローチは……深刻な困難に直面する。と言うのも、道徳原理そのものの正しさや適切さが……確証されない限り、そのようなアプローチからは、その道徳原理が正しいとも適切とも言えないからだ。**対立する**文化、伝統、社会システムの支持者たちは、それぞれ自分たちの道徳原理が自明であると主張するだろうし、自分たちの規則や判断が道徳的に正しいと考えるだろう。したがって、ある道徳原理が特定の文化、イデオロギー、伝統を正当化しているからといって、その道徳原理が、他の**対立する**文化や伝統における道徳原理や道徳的判断よりも**優越している**ということには、決してならない（p.x）。

ゲワースは、さらに、次のように指摘している。「この事実に対して、古今の多くの思想家は、相対主義を否定し、確固とした道徳原理を打ち立てようとしてきた。最も優れた道徳原理を合理的に正当化することによって、それに**反する**道徳原理の誤りを証明することが期待されていた」（p.x）。しかし、ゲワースが続けて述べているように、優れた道徳原理を打ち立てようとする試みは、どれも成功していない――どの道徳原理も、批判者によって、重大な欠陥が指摘されている。ここから、ゲワースの努力は、他のすべての道徳原理に対して、ある一つの道徳原理が優越することを示す、「新たな合理主義的説明の探求」に向けられる[11]。

これらの文のいくつかのキーワードやフレーズを強調したのは、普遍的な道徳原理を確立しようとする多くの著作に中心的なメタファーを指摘するためである。それは、コンフリクトのメタファー――対立のメタファー、ライバルのメタファー――であり、他のすべてに対して優越する究極的な道徳原理や文化の探求である。より過激な言い方をすれば、それは、普遍的覇権の探求である。

このような覇権の探求は、しばしば、それがなければうまくいっていた社会生活――長い歴史をもち、うまくバランスのとれた社会生活のあり方――を破壊する。自分たちの集団のルールを普遍的とみなせば、他集団の生活様式を貶め、代わりに自分たちの慣習やルールを強制することになるからだ。例えば、キリスト教宣教師が他国に福音書をもたらすと、キリスト教の道徳原理は、その土地の習慣を貶め、その習慣を破壊するような行為を正当化し、その土地で長年培われてきた生活様式を侵食する。あるいは、ウーマン・リブ運動に関わる西洋人が、イスラム世界において女性の顔がベールで覆われていることを非難したとしよう――ベールは女性を抑圧しているのではないか、そうであるならば、それは不当で非人道的ではないか、と。しかし、イスラムの伝統的文化の中では、ベールは、相互に関連する膨大な習慣や儀式を構成し維持するのに、重要な役割を果たしている。西洋のイデオロギーに基づいてそれを否定することは、イスラムの文化的アイデンティティそのものを脅かすことにほかならない（ベールを取り去ることの影響を想像するには、西洋の女性も顔をベールで覆うことが道徳的に望ましいとするイスラム拡大運動の結果を想像してみればよい）。ここで問題になるのは、究極的には、イデオロギーや道徳原理の問題ではない。というのも、望ましい男女平等のあり方をベールと結びつけて語ることには、かなりの解釈作業がなければ、何の必然性もないからだ。むしろ、道徳原理の覇権主義が、他の社会における適切で満足のいく生活様式の破壊を正当化することが問題なのだ[12]。

文化的伝統の破壊よりもさらに極端なのは、道徳的優越の名のもとに行われる侵略戦争である。ある生活様式を普遍的に正しいとみなし、そこからの逸脱を不道徳で邪悪だと決めつけることは、残忍な侵略へのきっかけとなる。自分たちのローカルな道徳原理が普遍的であると主張することの主たる問題は、普遍的とみなすがゆえに他の道徳原理に対する妥協がなく、そこからの逸脱者に対する非人間的扱いをも辞さなくなることである。実際、普遍的な道徳原理の名のもとに殺された人は、膨大な数にのぼるだろう。

第6節　社会構成主義における相対主義の可能性

今やわれわれは、「道徳的相対主義の泥沼」にはまり込んでいる。事態をより困難にしているのは、われわれが、道徳原理の頼みの綱としてきた「頭の中の知識」を否定していることだ。しかし、この困難を嘆いて、二千年に及ぶ道徳原理の確立の試みに新たな道徳原理を追加するのではなくて、相対主義の積極的な可能性を探求することが望ましいだろう。ここで私は、あらゆる相対主義が等しく重要であると主張しているわけではない。相対主義には多くの種類があり、それぞれは別個にかつ比較しつつ考察されなければならない。以下では、「道徳的社会」に対して社会構成主義の相対主義がもつ積極的可能性を考察していこう。

これまで社会的語用論に焦点を当てて論じてきたように、社会構成主義は、道徳的善と心理学的自己を実体化する従来の考え方を問い直す。述べてきたように、道徳的善も心理学的自己も言説にほかならず、これらの言説は、外界そのものの本質的な記述ではなく、人々が様々な社会関係を遂行する中で用いられる──道徳原理が社会関係の中での適切な行為を指示するわけでもなければ、意図的な主体が存在するわけでもない。すなわち、それらはもはや、議論や研究のテーマではなくなったのだ。こうした関心の移行は、われわれに前進のための強力なジャンピングボードを与えてくれた──それこそ、関係性の視点である。われわれは、道徳的社会をもたらす関係性にこそ注目しなければならない。人々がアイデンティティをもつのも、道徳的であるのも、関係性の中でのみ可能となるのだ。

私の考えでは、この関係性の領域は、いかにして「道徳的社会」を実現するかを探るために、従来の心理学よりも、はるかに豊かな可能性をもつ。なぜならば、われわれが文化において「善」とみなすものがすべて、関係性の中で達成されるのであれば、注目すべきは関係性のプロセスだからだ。このように考えれば、われわれは、多様な道徳原理が並存している多元主義的状況を、憂うべきではなく、歓迎すべきである。なぜならば、関係性のパターンが豊かであれば、異なる文化的伝統とうまくやっていく可能性が広がるからだ。この意味で、多元主義と専制主義は対極にある。社会構成主義は、相対主義の思潮に対して道徳的解決──すべてを包含する高次の道徳原理や、誰もが認める抽象的で普遍的な原理──を見出すのではなく、異なる生活様式を調和させるためのより実践的な方向性を求める。[13] 以下、具体的に三点述べていこう。

（1）専制から共同へ

普遍的な道徳原理の主張が専制主義の可能性をもつことについてはすでに述べた。社会構成主義の相対主義は、そうした専制主義の主張に代えて、意味を共同で求めることを提案し、超越的な道徳原理の追求に代えて、共同体による道徳原理の構成を重視する。これに関して、コールバーグの道徳的意思決定の理論に対するギリガン（Gilligan, 1982）の批判は有益である。ギリガンは、妊娠中絶をめぐる意思決定の研究で、女性が他者に対する責任を強く感じており、他者の幸福を気遣う感覚をもっていると結論した。彼女らの道徳観は、彼女らが参加している関係性の網の目から切り離せない。ここで重要なのは、「他者を気遣う」という道徳観――それ自体は普遍的な意味をもつのだが――ではなく、道徳的意思決定がなされる社会的過程である。すなわち、その女性たちは、妊娠中絶の意味を、道徳原理の問題として議論したのではなく、対話に参加したのである――対話とは、理想的には、人々が関わる様々な関係性を統合するために、自分の意見を主張し、他者の意見に耳を傾け、行動するプロセスである。もちろん、対話という集合的活動は、女性に特有なものではない。対話は、道徳の問題に限らず、あらゆるコンフリクトの問題にアプローチしうる方法である。社会構成主義の立場からすると、対話は、ある問題に対する声を拡大してくれる。すなわち、対話によって、「問題」を多様なレンズで見ることが可能となり、理解の範囲が豊かになり、多様な結果を受け入れることができるようになる。もちろん、対話は関係性の範囲を広げるわけだから、対話が明確で決定的な結論に至ることはめったにないだろう。しかし、「絶対的な道徳原理」に固執することこそが、対話を危機にさらすのである。

（2）懲罰から再編へ

非道徳的行為は、伝統的には、行為者個人の心にその原因があるとみなされてきた。この見方によれば、非道徳的行為者は、普通の人間がもっている能力（例えば、礼儀、良心、善悪の感覚、自制心、など）が欠けているか、あるいは、心に欠陥がある（理性が、感情や一時の狂気に負けてしまう）とみなされる。しかしながら、社会構成主義は、非道徳的行為の原因を個人に求めるのではなく、その記述用語を関係性において用いられる遂行表現として再構成する。すなわち、社会構成主義は、次のように問う。個人の責任についての言説は、どのように使用されるのか？　それによって何が実現しているのか？　直ちに明らかなように、このような言説は、個人に責を負わせる社会システムを作り出し維持している。しかし、個人主義の前提から自由になれば、自己と社会を構成する別の可能性が開けている。そこでは、非難し返すこと、罰を与えること、道徳的な指図をすることなどの問題は、二次的なものになる。すなわち、関係性のあり方への実践的関心が、個人に焦点を当てる心理学に取って代わることになる。

社会構成主義は、非道徳的行為者を罰することではなくて、その行為を、理解可能で、望ましく、実行可能なものとしている関係性のあり方に注目する。最終的に非難されるべきは、個人ではなく、個人に道徳的責任を負わせる広範な関係性のパターンである。法制度は、こうした責任の分散の方向に、徐々に移行しつつある。例えば、最近、フィラデルフィアで、陸軍の作業着を着た女性がショッピング・モールに行き、自動小銃を発砲するという事件が起こった。数人が死亡し、大勢の人が負傷した。伝統的な立場からすれば、犯罪者個人の心の状態にもっぱら注意が向けられただろう――その女性は気が狂っていたのか、善悪の判断がつかなかったのか、などと。しかしながら、被害者たちは、様々な個人や団体を相手に訴訟を起こした――すなわち、犯人の女性の様子がおかしいことに気づいていた地元警察、犯人に銃を売った銃器店のオーナー、安全性への配慮が十分でなかったショッピング・モール、に対して。しかし、ここまで事件の共犯者の範囲を拡大しても、まだ十分ではない。なぜなら、そこにはまだ報復の危険性があるからだ。より効果的なのは、共犯者の範囲を、武器製造業者、全米ライフル協会、犯人の家族や隣人などにまで広げて考えることだろう。これらの人々は事件にどのように関わっているのか？　様々な関係性において、罰が妥当とされたりされなかったりするのはなぜか？　このような議論は、罰を正しく与えるためのものではない。そうではなくて、その事件がなぜ起こってしまったのか、それについて今すべきことは何か、その事件は将来に対してどんな意味をもっているのか、このような問題を理解しようとすることこそが重要なのだ。

社会構成主義はまた、問題が生じてきた歴史的ルーツを探求し、さもなければ見過ごされてしまうような相互作用パターンを明らかにしようとする。すなわち、社会構成主義は、誰が正しく誰が間違っているとか、誰が公正で誰が非難されるべきかなどを立証するのではなくて、目下の問題が歴史的にいかに生起してきたかに焦点を当てる。問題を通時的に捉えることによって、現在、自明とされている事実や道徳原理は、長い間無批判に使われてきたがゆえに自明であるにすぎないことを、示すことができる。また、問題の歴史依存性を探求することによって、そうした自明の事実や道徳原理を相対化し、それらの無批判な受容を見直すことができる。さらに、こうした探求によって、敵対的な関係にあった集団同士を、相互支持的な関係性に置くことができるようになるかもしれない。

例として、妊娠中絶をめぐる議論について考えてみよう。妊娠中絶をめぐる議論では、様々な集団がそれぞれ普遍的な権利を主張している。この相互排他的な枠組みの中では、妥協はありえないだろう。しかし、妊娠中絶に反対（プロライフ）のイデオロギーと容認（プロチョイス）のイデオロギーは、どちらも、ユダヤ－キリスト教の伝統と個人の自由というアメリカの伝統という長く複雑な歴史に、そのルーツがある。すなわち、両者は、共通の歴史的資源に依存して、それぞれの主張を正当化しているのだ。そもそも、こうした伝統の共有がなければ、互いの主張を理解することすらできないはずだ。賛成派も反対派も、道徳的コミットメントと道徳表現に価値を置く伝統を共有しており、そして、まさにこの共有が、両者が何らかの形で一致する可能性――例えば、両者が同意する論点や、両者が力を合わせて行う運動、など――を与えるのだ。このように考えれば、多くの問題について――ポルノをめぐる地域レベルの政策から、環境保護をめぐる国際レベルの政策まで――、妊娠中絶反対者と支持者は手を組むことができる。さらに、両者が歴史を共有し、相互に依存していることを認識すれば、自らの主張を絶対的に正しいとはみなさなくなるだろう。

（3）原理から実践へ

道徳的行為についての伝統的アプローチの関心は、第一に、普遍的な道徳原理を確立することであり、第二に、その道徳原理を個人の心に据えることであった。しかし、社会構成主義の立場からすると、これらは両者とも問題がある。すなわち、普遍的な道徳原理についてどれだけ議論しようと、道徳教育をどれだけ徹底しようと、そのことが道徳的行為を必然的にもたらすわけではない。道徳原理は、具体的な行為を指定しない（できない）し、どんな行為も、時点や立場が異なれば、道徳的とも非道徳的ともみなされうるからだ。より一般的に言えば、道徳的社会は、人々に道徳原理を与えることよって実現するわけではない。神の言葉は、「行くべき道、真実、光」を与えてくれはしないのだ。もちろん、だからといって、道徳的言説の放棄を主張しているわけではない。重要なことは、道徳原理ではなくて、関係性の内部で道徳的とみなされる行為を生み出す、具体的なプロセスに関心を向けることだ。すなわち、関心を倫理学から実践へと移行させなければならない。

社会的達成としての道徳的実践に関心を移行させると、新たな問題に直面することになる。例えば、対立や苦痛を伴う状況において、望ましい結果をもたらすには、いかなる言説を使用すればよいのだろうか？　このような状況において、人々が使うことのできる言説はどのようなものだろうか？　利用可能な言説を増やすことはできるだろうか？　この点に関して、過去の道徳的言説を再構成しようとするテイラーの試みは、評価に値する。道徳的言説は、ある状況において、しかも、責任ではなく意味的差異をクローズアップする形で適用すれば、社会的調整を達成することができる。例えば、道徳的言説を、非道徳的行為を非難し、矯正するためではなく、大義に向かっての団結を確立するために用いれば、互いにとって望ましい行為がもたらされる可能性が高まるだろう。しかしながら、道徳的言説が、望ましい社会的調整を達成するやり方の一つにすぎないならば、別の実践のあり方を探求する必要もある。すなわち、人々の対立を和解へと導くような、新たな関係性の形式である。これに関して、コミュニケーション理論や家族療法は、対人コンフリクトを解決する方法を開発してきた——すなわち、枠組みの再編、語りの再構成、対立の第三者的把握、などである。これらはすべて、重要な意味において、社会的調整を達成するための資源となりうる。すなわち、関係性の内部に「道徳的感覚」をもたらすこれらの実践は、より一般的な社会生活の中にうまく取り入れることができるだろう。

以上、言説的実践の重要性を強調してきたが、さらに言説以外の実践に目を向ける必要もある。物の見方、事態を捉える枠組み、対立する価値観だけでなく、より広範な生活パターンにも社会的調整は必要だからだ。さらに、道徳的言説が社会的分裂をもたらしてしまうこともある。すなわち、絶対の正義という道徳的言説にコミットすると、その言説を共有しない人は「異端者」となる。たとえ日常生活の大部分が「異端者」と一致している場合でさえも、こうしたことは起こりうる。例えば、互いに敵対しているイスラエル人とパレスチナ人、アイルランドのプロテスタントとカトリック教徒、パキスタン人とインド人、ギリシャ人とトルコ人は、それぞれかなり類似した日常生活を送っている。しかし、それぞれがコミットしている絶対の正義が異なるために、深刻な対立と苦しみが生み出されている。したがって、言説的実践を豊かにすることに加えて、「食事をともにする」ための新たな実践を見出していく必要もある。

第7節　社会構成主義――危険性と可能性

社会構成主義そのものは、心理学や哲学が探求してきたような道徳原理を確立しようとするものではない。そうではなくて、社会構成主義は、「道徳原理の問題」を括弧に入れて、代わりに、関係性におけるいかなる実践によって「道徳的社会」が達成されるのかを明らかにしようとする。すなわち、「普遍的な道徳原理はいかなるものか」が問題なのではなく、人々の異質性を所与とした上で、「人々が互いに満足できる状況をもたらす関係性はいかなるものか」を問うことが重要なのである。このことは、道徳を軽視することを意味しない――この批判は、むしろ、経験主義的な社会科学にこそ当てはまる。そうではなくて、社会構成主義は、様々な集団内における道徳的行為と、そうした道徳的行為を理解させ強化する道徳的言説を重視する、ということである。つまり、道徳原理についての議論をすべて放棄するわけではないが、そのような議論によって誰もが認める道徳的社会が実現するとはみなさない。

こうした社会構成主義の主張には、様々な立場からの批判がある。中でも次の二つの批判は、特に注目に値する。第一は、社会構成主義は道徳的に空虚であるという批判である。すなわち、社会構成主義のような相対主義は、何を拠り所にすべきかも、何に価値を置くべきかも、最悪の残虐行為にいかなる理由で反対すればよいのかも明らかにしない、というわけだ。これについては、私はすでに、道徳的行為を合理的に説明しようとする過去の試みがことごとく失敗に終わったこと、「道徳原理」が社会に悪影響を及ぼす可能性さえあることを、論じてきた。批判者はさらに次のように問う。何らかの道徳原理を受け入れなければ、前に進むことはできないのではないか。どっちつかずで、方向が見えないままで前に進めというのか、と。これに対して、私は、道徳原理そのものは行為を規定しない、と答えた。すなわち、道徳原理へのコミットメントが道徳的社会をもたらすわけではないし、道徳的で望ましい生活が、道徳原理に基づいている必要もない。道徳原理が行為と結びつくのは、社会的慣習によってのみである。

なおも批判者は続けるかもしれない。社会構成主義が主張する相対主義に従えば、人は常に複数の道徳原理の間を漂い、決して特定の道徳原理にコミットするべきではないことになる。しかし、このことは、社会構成主義のメタ理論が、それ自体「道徳原理」であることを、あるいは、道徳的行為をもたらす「認識形態」であることを意味していることにはならないか――批判者は、このように問う。しかし、すでに論じたように、社会構成主義は、言説的実践である――社会構成主義そのものが行為なのであって、行為の原因なのではない。そもそも、社会構成主義の相対主義は、道徳原理にコミットする可能性を否定しない。道徳原理にコミットすることは世の中の通常の姿であり、それを社会構成主義で置き換えようとしているわけではない――社会構成主義は、脱構築するのみである。この意味で、私は、ある道徳的基準――場合によっては、非常に強くコミットしている基準――に基づいて、正しいと思える行為をためらいなく続けるが、しかし、その道徳的基準を正当化する道徳原理や、反対者を黙らせる（ないし、打ち砕く）ための「もっともらしい理由」を探求しているわけではない。[14] しかし、それにしても、われわれはなぜ、道徳原理がなければ道徳的行為ができないなどと信じるようになったのだろうか？

ここで、ナチズムについて考察することは有益である――ナチズムは、おそらく、相対主義に反対する者にとって究極の根拠だろう。すなわち、社会構成主義の相対主義は、ナチズムを否定できないではないか、というわけだ。しかし、社会構成主義は、ナチスが行った多くの活動に対する拒絶感を否定するわけではない。実際、事実上すべての人々にとって、それ以外の反応など想像もつかないだろう。社会構成主義が否定するのは、「ナチ撲滅」政策こそが絶対的に正しいといったたぐいの正当化である。確かに、ナチスは、われわれが恐れおののくような行為を正当化した。しかし、ナチスという関係性の内部では、そうした行為は、道徳的とされていた。したがって、問題は、ドイツの人々に道徳感が欠けていたことでも、西洋の諸外国がナチスの害悪に気づくのが遅すぎたことでもない。そうではなくて、問題の根幹は、様々な集団が自らの道徳原理を絶対的に正しいと信じ、それゆえ、他集団の声をすべて封殺するようになった西洋の歴史的文脈にある。もし、様々な意味システム――ナチス、ユダヤ教、キリスト教、マルクス主義、フェミニズム、など――が、もっと早くから自由に相互浸透することができれば、ここまで悲惨な結末がもたらされることはなかっただろう。

社会構成主義の道徳観に対する第二の批判は、第一のものとは正反対のものである。すなわち、社会構成主義が「価値を欠いている」ことを問題にするのではなく、逆に、価値にコミットしていることを批判する。批判者によれば、社会構成主義は、一見、道徳的相対主義を支持しているように見えるが、実際には、特定の道徳原理に深くコミットしている。例えば、私は、人間の幸福、社会の調和、コンフリクトの軽減、異なる民族の受容、などが望ましいと述べてきた。これらは、結局のところ、古きよき自由主義的道徳原理を反映しているのであって、社会構成主義はこのような道徳原理と共生関係にあるのではないか？　さらに言えば、社会構成主義は、現状肯定的な道徳原理を追認しているだけではないのか？――批判者はこのように問う。

この批判に対しては、二通りの回答が可能である。前章で論じたように、本書で述べているような社会構成主義が、実は、特定の価値観にコミットしているという批判者の主張は、まさに解釈的努力の産物である。それは、社会構成主義の主張として私が述べた言葉を、別の一見「より包括的な」言葉に置き換える努力の結果なのだ。しかし、社会構成主義の主張に潜む価値観とやらは、明白に書かれているわけでもないし、書かれている文章から必然的に浮かび上がるわけでもない。「隠された価値」は、分析によって――社会構成主義の主張をそのように読み解こうと努力するからこそ――生み出されるにすぎないのだ。第二に、私自身が特定の関係性に浸っているがゆえに、私の分析は一定の価値観を免れえない――例えば、戦争より平和を好み、対立より調和を好み、モノローグよりダイアローグを好む価値観を。ただし、これらの価値観は、社会構成主義によって要請されるわけではない。これらは、社会構成主義と矛盾しないが、他にも社会構成主義と矛盾しない価値観はいくらでもある。重要なことは、私はいかなる特定の価値観も絶対視しようとしてはいないことだ。ある価値観を他の価値観よりも好むことには、何の根拠もないからだ――それは道徳感情の問題でもないし、道徳的合理性の問題でもない。ある価値観を好むことは、会話に無条件に参加することであり、さらなる対話を始めることであり、新たな関係性を求めることなのだ。

したがって、社会構成主義の探求は、普遍的な道徳原理を明らかにすることではなく、問題を提起することに向けられる。いかなる場合においても、特定の道徳原理を絶対視すれば、ある時点における特定の意味が固定され、それに対する様々な意見は抑圧され、社会は分断されてしまう。「最大の暴力とは、食い違いをなくし、曖昧さを消し去り、事象から無駄を省き、事象を秩序づけ、階層化し、事象に対する最終的な解決や判断を与える最高権力を確立することである」(Caputo, 1993, p.222)。対話が継続し、関係性が開かれたものである限り、様々な意味が生成・維持され、人々は互いの生活様式を共有したり吸収したりすることができる。道徳的社会を達成する最大の希望は、おそらくここにこそある。

注

［1］より詳しくは、Abrams（1971）、Furst（1969）、Schenk（1966）を参照。

［2］P.B.Shelley（1967, p.79）

［3］二十世紀の社会生物学は、道徳感情は生物学的に備わっていると主張している。これは、ダーウィン説を道徳の理論として復権させることである。しかしながら、このようにして共通の生物学的基盤を仮定すると、悪（例えば、攻撃や搾取）が生物学的基盤をもつという議論も同じくらいもっともらしいことになってしまう。結局のところ、社会生物学の説明は、ほとんど説明になっていない。というのも、生物学の観点には、まさに道徳という概念が欠如しているからだ。もし、すべての行動が本質的に生物学的なのであれば（すなわち、ニューロンやホルモンや筋肉繊維などの活動なのであれば）、そこには「道徳的」と呼ぶべき何ものもない。つまり、生物学的還元主義は、「道徳についての問題」を神秘の領域に押し込めてしまうのである。

［4］ロマン主義の伝統への反論は、理性と観察を強調する合理主義の台頭とともに、道徳哲学を浸食してきた。Regis（1984）はこのことを次のように述べている。「二十世紀の道徳哲学をそれ以前の道徳哲学から区別するいくつかの特徴の中で、おそらく最も重要でかつ問題なのは、いかなる道徳原理であれ、知ることも、それが正しいことを証明することもできないのではないかという懐疑主義である。この懐疑主義は、さまざまな形式をとる。例えば、情緒主義や他の反認知主義、直観主義、主観主義、規約主義などである。近年では、普遍的な道徳原理を単なる命令や主張と等置しようとする試みすら現れている……道徳原理をめぐる議論は、主張と反論というレベルにまで矮小化されてしまった。すなわち、異なる直観同士の争い、「個人的な道徳観」同士の争い、「異なる主張」同士の争い、というレベルに」（p.1）。

［5］知識と道徳原理とを分離しようとする試みには、例外もある。例えば、Goldman（1988）は、特に「道徳的知識」を、事実についての知識と一貫するものとしている。また、Flanagan（1991）は、心理学の知見を、道徳哲学を発展させるための基盤として用いようとしている。このように、一見「十分根拠がある」説明が、仮説をもっともらしく見せるために用いられているのだが、そのことの問題については第1章、第2章で論じておいた。

［6］Donagan（1977）の『道徳性の理論 The Theory of Morality』も参照。Donagan は、道徳原理について論じ、道徳原理に対する違反を、「理性に対する違反」であるとしている。

［7］個人主義と伝統的な道徳原理の堅固な結びつきについては、Taylor（1991）と Fisher（1995）が明らかにしている。

［8］同様に、Caputo（1993）は『倫理への挑戦 Against Ethics』の中で、道徳原理は、義務のような日常的な人間関係の指針にはほとんどなっていないと論じている。彼が簡潔に述べているように、「道徳は、美、普遍性、正当性、自律性、神の遍在性、明瞭性などの性質をもつ。道徳は、混沌とした特異性や、醜い不条理さをとことん嫌う……それに対して、義務が重要となるのは、特殊性と超越性が交錯する、道徳がただ沈黙するしかないような曖昧な場面である」（p.14）。

［9］ここでの議論を支持するものとして、道徳的言説の発達についての Shweder and Much（1987）と Packer（1987）を参照。

［10］テイラーは、続く著作『〈ほんもの〉という倫理 The Ethics of Authenticity』の中で、個人主義的言説を道徳原理と捉えることを、より率直に論じている。彼は次のように断じる。「真正さこそ、道徳原理とみなされるべきである」（p.22）。ここで、真正さとは、「**私の**やり方で人間になる、まさにその方法」である。「私は、自分の人生をこのように生きることを求められているのであって、誰か他の人の真似をすることを求められているのではない……そうでなければ、私の人生は特徴を失い、私という人間を失うことになる」（p.29）。

［11］ゲワース自身の理論は、彼の言う「行為の明白な事実」に基づいている。それは、行為の自発性、目的、個人の意思のことである。すなわち、彼の議論は、その中核において、人間についての特殊な存在論と、個人主義という特殊なイデオロギーにコミットしている――これらはいずれも、文化や歴史を超えて共有されているわけではないにもかかわらず。

［12］Said（1993）の批判も参照。

［13］普遍的な道徳原理ではなくて社会的実践を強調するここでの議論は、他の多くの立場と共鳴するものである。例えば、Habermas（1979）は、コミュニケーションを通じて完全な理解に至るための条件を明らかにすることによって、全体主義的抑圧を覆す可能性を探求している。ただし、この問題に対するハーバーマスの議論は個人主義的なコミュニケーション概念を前提としており（第11章を参照）、それ自体、普遍主義的な志向性をもつものであるが。また、Stout（1988）は、『バベルの後の倫理 Ethics after Babel』において、広まりつつある多元主義に応えて、人々の投資の範囲を代表するが、同時に、人々に道徳的社会をもたらしてくれるような社会的批判のあり方を探求している。しかしながら、社会的批判そのものが（対立ではなくて）道徳的社会の創造

を実際に可能にするかどうかは、なおも問題として残されている。さらに、神学者のDavid Tracy（1987）も、多元宗教の問題に対して、行為論の立場から答えている。トレーシーは、新たな統一的理念を求めるのではなくて、「ヒューリスティックで多元的な」解釈戦略、すなわち、そこへの参加者が他者の視点をふまえて互いに変化できるような会話形式を主張している。これらの議論はいずれも、単なる抽象的な思考ではなく、実践的な問題にわれわれを誘ってくれる。

[14] 社会構成主義の相対主義に対する近年の批判としては、次の二つの試みが注目に値する。第一に、Heller and Feher（1988）は、道徳的相対主義は「タブー感覚を害する」とし、相対主義のもつ「非合理な」危険性が、国際政治（間文化的政治）に密かにもち込まれてしまうと論じている。「もし道徳的相対主義を容認するならば、外国人の大量国外追放も大量虐殺も、好みの問題にすぎないことになってしまう」（p.9）からだ。ヘラーらはこれに対して、合理主義に基づく様々な議論をふまえた上で、「『万人の平等な自由』と『万人の平等な生存権』という普遍的理念を、道徳原理とする」（p.131）ことを提案している。第二に、McGowan（1991）は、『ポストモダニズムとその批判 Postmodernism and Its Critics』の中で、道徳や認識論の基礎づけ主義への様々な反論に理解を示している。しかしながら、彼自身は、相対主義と戦うために、「民主主義という道徳原理」（p.212）を提案している。この「ポストリベラルの民主主義」――と彼は呼ぶのだが――は、「市民の自由の根拠を、いかなる自然権概念にも、自律した個人の不可侵性の概念にも求めない。そうではなくて、民主主義という望ましい状態にとって必要な手段として、市民の自由を正当化する」（p.213）。彼の議論は、モダニズムの基礎づけ主義に対する批判であり、意見の多様性を重視してはいるが、結局のところ、道徳的社会を構築するために新たな抽象的・普遍的道徳原理を提案する仕儀に陥っている。社会構成主義の観点からすれば、こうした抽象概念は、実践的文脈から排除されるだけでなく、ポストモダンの社会構成主義が取り除こうと苦心しているハイアラーキーを回復させてしまう。

第Ⅱ部

――社会構成主義による考察――社会心理学、精神病理学、客観性

第5章　社会心理学——認知革命の過ち

これまでの章では、「頭の中の知識」という伝統的概念に反旗を翻し、個人ではなく共同体こそが知識生成の場であると主張する、知的動向のいくつかについて論じてきた。皮肉なことに、現在、社会心理学は、共同体における日常的相互作用のプロセスに、最も関心をもっているはずの学問であるにもかかわらず、このような共同体を重視する知的動向から取り残されている。社会心理学のこうした現状は、非常に残念なことだ。というのも、社会構成主義の考えを精力的に探求し応用することによって、多くを得ることができるからだ——同時に、多くを放棄することもなるのだが。本章では、こうした問題を主題的に考察する。まず、「頭の中の知識」への批判を敷衍し、認知主義を批判する。次に、認知主義に代わる新たな試み——文化と相互影響関係にある心理学により有望な可能性を提供する、社会構成主義の試み——について詳しく述べる。

心理学における認知革命には、多くの側面がある。すなわち、内的過程をブラックボックスにしてしまう行動主義から、内的過程に関心をもつ新行動主義への移行と見る者もいれば、人間機能の「ボトムアップ」モデルから、行為の「トップダウン」理論への移行と見る者もいる。あるいは、行動の環境決定論から生得説への移行と見る者もいる。これらの視点はどれも認知革命の重要な側面を捉えている。しかし、明らかなことは、認知革命によって、説明概念がきわめて限定され、研究の幅が狭められてしまったことだ。さらに、認知心理学では、こうした概念（例えば、スキーマ、注意、記憶、ヒューリスティクス、アクセスのしやすさ、など）の操作こそが、人間の活動そのものよりも、重視される。認知心理学によれば、人間の行動は認知過程の副産物にすぎず、したがって、認知過程を研究すべし、というわけだ。

社会心理学も、認知革命の影響を免れなかった。それどころか、クルト・レヴィンとその弟子（フェスティンガー、シャクター、ケリー）の業績は、認知革命に重要な役割を果たしたと言うこともできよう。実際、こうした初期の業績に込められたメッセージ──「人間の行為を決定するのは、世界そのものではなく、世界がどのように認知されるかである」──は、きわめて強力かつ説得的であった。例えば、フェスティンガー（Festinger, 1954）によれば、社会的比較の過程を決定するのは、「物理的現実」ではなく、人々のもつ「社会的現実」であった。後の認知的不協和理論では（Festinger, 1957）、人は、広範な（ときに矛盾する）行動パターンに一貫性を求めるという、純粋に認知的な欲求をもつとされた。また、シャクター（Schacter, 1964）によれば、感情は、それ自体として存在するものではなく、認知的ラベリングの産物であった。あるいは、ケリー（Kelley, 1972）によれば、因果関係の帰属は、内的ヒューリスティクスの働きであった。こうした認知主義的観点は、対人認知（Heider, 1958）や帰属理論（Jones, 1990を参照）の古典的研究においても支配的であった。アイザー（Eiser, 1980）、フィスケとテイラー（Fiske and Taylor, 1991）のテキストにもあるように、認知主義は、態度変容、利他主義、交渉、対人魅力、公平についての主な研究の大半に適用可能であるとされた。さらに、新たな統一的理論言語──心のコンピューター・メタファーを中心に据える言語──が社会的認知という「魅惑的な領域」から出現し、認知革命は一層推し進められることとなった。具体的には、偏見（Mackie and Hamilton, 1993を参照）、社会的スキーマ（Cantor and Mischel, 1979）、対人記憶（Wyer and Srull, 1989）、カテゴリーのアクセスのしやすさ（Higgins and Bargh, 1987）、ステレオタイプ（Hamilton and Rose, 1980）、社会的推論（Nisbett and Ross, 1990）の研究などである。

確かに、認知革命は重要な学問的成果ではあった。すなわち、認知革命によって、刺激的かつ野心的な研究の展望が広がり、多くの興味深い問題が新たに提起され、長年の問題に対して創造的解決がもたらされた。しかしながら、私が示したいのは、これらの達成のために心理学が払った対価は、あまりにも大きかったということである。特に社会心理学にとって、認知主義への傾倒は、社会心理学本来の課題──現実の社会生活の複雑さに、理論的かつ実践的にアプローチするという課題――を犠牲にすることにほかならない。後で述べるように、心理学は、総じて認知革命を過大評価しており、「悪しき革命からおりる」ことができなかった。さらに、認知主義に内在する問題を検討するだけでは十分ではない。実は、知的世界には、もう一つの革命――認知主義の試みよりも、はるかに広範な視野と含意をもつ革命――が生じている。そしてより重要なことは、その革命には、社会心理学こそが主役を演じうるにもかかわらず、そうしてこなかったということである。

第1節　認知的説明の問題点

これまで主たる理論的立場に対しては、様々な立場から疑問が提起されてきたが、認知主義も例外ではない――認知主義の内部からも、境界領域からも、外部からも。まず、認知主義者自身、知見の蓄積も、明白な理論的発展の徴候もないことを概嘆している（Allport, 1975）。中には、ほとんどの認知理論の基礎である表象理論に対して絶望している認知主義者もいる（Maze, 1991）。例えば、ドレイファスとドレイファス（Dreyfus and Dreyfus, 1986）は、はじめは成功が期待されていた認知主義プログラムの失敗と、直観を演繹的思考（rule-based thought）に置き換えることが原理的に不可能であることを、詳しく述べている。同様に、サール（Searle, 1985）は、（コンピューターをモデルとした）認知システムによって人間の知性を説明できるとする見解には、欠陥があることを示している。さらに、合理的過程や記憶といった伝統的な心理学概念に固執する研究者と、そのような「日常概念」を廃棄して、生物学モデル（Churchland, 1981）やコンピューター・モデル（Stitch, 1983）を用いるべきだと主張する研究者との間で、溝が深まっている[1]。

境界領域においては、情動や動機づけにもっと注目すべきだと主張する、少数派の声が高まりつつある。批判者は、かつてのフロイトのように、次のように述べる――認知が機能しているにせよ、それはそのような「動機づけ」があるからだ。認知は、より基本的な「動機」の派生物にすぎない、と。あるいは、歴史的な見方をする研究者は、ある種の既視感を感じている。なぜならば、初期の意識心理学の難問を、現在の認知主義が解決していないからだ（Graumann and Sommer, 1984）。さらに、認知理論は、基本的に、人間を素人統計学者のメタファーで捉えているが、その結果として提出された認知心理学の理論の多くには、統計学の致命的限界が繰り返し現れている（Gigerenzer and Murray, 1987）。最近の批判は、より手厳しい——すなわち、認知主義は、「抽象的すぎてあやしい」「現実と遊離している」「非人間的だ」「あまりに技術的」「知性偏重」「すぐに他の情報に取って代わられる程度の情報でしかない」とされ、受け入れられているのは、単に、「認知主義をサポートする強力な文化的・政治的勢力——官僚組織、産業組織、軍事組織——が存在しているからにすぎない」（Still and Costall, 1991）。

認知主義の外部からの批判は、さらに厳しい。例えば、行動の二元論的説明が無限退行に陥るという初期ライル（Ryle, 1949）の批判は、現代の批判者によって拡張されている（Palmer, 1987）。スキナー（Skinner, 1989）は、認知主義の用語が、状況や行動を適切に記述できないことを示した。クルター（Coulter, 1983; 1989）は、ヴィトゲンシュタイン流の心理主義批判に基づき、認知主義的説明の一貫性の欠如を示した。ゲラトリー（Gellatly, 1989）は、認知的状態の同定にまつわる問題を指摘している。サンプソン（Sampson, 1981）は、認知主義のイデオロギー的含意を批判している。すなわち、認知主義は、内的過程を強調することによって、人々が巻き込まれている現実世界の問題を隠蔽しているというわけだ。実際、第1章で論じたように、認知主義を正当化しようとする試みは、風前の灯火である。[2]

しかしながら、ここで強調したいのは、別の問題、すなわち、理解そのものにまつわる、西洋の伝統に固有の問題である。というのも、私の見るところ、認知主義のロジックを拡張すれば、不可避的に袋小路に陥ってしまうからだ。そして、認知主義の伝統を超えて進まない限り、科学は、不毛な議論を繰り返すことになるばかりでなく、将来の文化の形成に重要な役割を果たすこともできないだろう。以下、三つの問題について、特に論じていくことにする——すなわち、世界存在の不可能性、認知の起源の不可知性、行為の不可能性、である。

（1）世界存在の不可能性

はじめに、社会心理学が本来対象とするはずのトピックの範囲を考えてみよう。例えば、社会心理学は、攻撃、協同、コンフリクト、宗教的・政治的コミットメント、逸脱、搾取、権力、非理性的行為などについて、建設的で意味ある説明を与えることが期待されている。実際、われわれは、社会心理学に、社会が直面している重要な問題に発言し、よりよい社会に向けて知見を提供し、進むべき方向を指し示すことを期待している。しかし、認知主義のレンズを通して見た場合、こうした問題はどのように説明されるだろうか？　見てきたように、認知主義の基本的主張は、行為を決定するのは、世界そのものではなく、**世界の認知**である、というものだ。だから、例えば、搾取という行為は、そう認知されない限りは搾取ではないし、敵対的攻撃は、そのように認知されなければ敵対的ではないし、集団は、メンバーによって「集団」と認知されなければ集団ではない。この議論を敷衍すれば、搾取的行為にせよ、敵対的攻撃にせよ、集団にせよ、それ自体で存在するものなどないことになる。ある出来事を搾取として認知する人が誰もいない文化では、搾取は存在しない、というわけだ。すなわち、世界の出来事は、認知者のカテゴリー・システムを通してのみ、存在を与えられる。別の言い方をすれば、認知主義の観点に従うと、世界は、認知者個人の主観の投影ないし副産物へと還元されてしまう。

ここで、多くの論者は、肩をすくめて、認知主義の還元主義はよろしくないかもしれないが、それは認めざるをえない事実だと結論する。われわれが反応するのが、世界そのものではなくて、認知された世界であることは、否定のしようがない、というわけだ。では、こうした結論が、論理的にいかなる意味をもつのかを検討していこう。というのも、世界そのものを頭の中に表象される世界に還元し続ければ、個人がその中で行動する「現実世界」は存在しなくなってしまうからだ。そうなれば、科学の主題もまた消え失せることになる。なぜならば、科学者のみが、個人の主観を離れた「現実世界」を把握できるとは言えないからだ。科学者といえども、頭の中の認知システムにしばられるほかなく、科学者の言う「客観的世界」が、自分自身の主観ではない、現実をありのままに写したものであると言える根拠などない。要するに、認知主義の主張を拡張すると、現実世界、科学、さらには知識と呼べるような何ものもありえないことになるのだ。すなわち、認知主義は、唯我論に陥るしかない[3]。

では、この絶望的な結論を免れる方法はあるだろうか？　私の考えでは、心理学が主客二元論を前提とする限り、そのような方法はない。すなわち、心理学は、知らず知らずのうちにデカルト的世界観を受け入れ、知る主体と知られる客体、精神と物質、意識と自然の間に明確な一線を引いてきた（第1章を参照）。こうした二元論は、自明のものであった――それは、心理学に深く沈澱した常識の一部であり、より一般には、西洋文化の常識でもあった。しかし、この区別に根拠はあるのか？　その根拠は、何に基づいて正当化できるのか？　客観性の基準――「単に明らかにそこにあること」――では役に立たないことは明らかである。なぜならば、現在用いられている客観性の概念（自然を正確に映した心）そのものが、すでにしてこの区別を前提としているからだ。実際、この二元論には形而上学的飛躍がある――それが必然である根拠などないのだ。そして、ヴィトゲンシュタイン（Wittgenstein, 1953）、ライル（Ryle, 1949）、オースティン（Austin, 1962）からローティ（Rorty, 1979）に連なる二元論批判をふまえるならば、「主体―客体」二元論そのものから脱却しなければならない。以下では、この二元論脱却の重要性をさらに論じることにする。

（2）認知の起源の不可知性

もちろん、ほとんどの認知主義者は、唯我論に陥らないことを望んできた。そのために、彼らは、上述の理論的問題にこだわることをやめ、実験状況という「現実世界」――彼らの認知の彼岸にある世界――をでっちあげたのである。つまり、彼らは、理論的に否定したはずの現実世界の存在を認めてしまったのであり、その上で、現実世界と認知世界の関係を、経験的に探求さるべき問題として扱っているのである。要するに、理論的な行き詰まりが、経験的な探求の問題にすりかえられた（隠蔽された）のだ。この文脈においては、重要なリサーチ・クエスチョンは、言うまでもなく、心的表象をいかに説明するか、ということになる。すなわち、現実世界は認知世界にいかに影響を与えるのか？　内的思考、概念、スキーマなどの貯蔵庫は、いかにして経験から構築されるのか？　認知世界が、生体が適応可能なように現実世界を反映するようになるのは、いかにしてか？　認知内容の起源は、どのように説明できるのか？　これらの問題に答えなければ、認知は、環境から孤立したままだし、適応的であると主張することもできない[4]。

以下、認知の起源の問題に対する、三つの主な解決――強化理論、認知地図理論、生得説――を、その主たる欠点とともに、手短に考察していこう。まず、強化による概念発達の様々な説明がある。強化による説明は、ハル（Hull, 1920）の概念獲得についての古典的著作以来、心理学ではよく知られている。強化理論は、典型的には（必ずそうというわけではないが）、概念学習のプロセスを仮説検証のメタファーで捉える。例えば、レッスル（Restle, 1962）は、概念は環境上の成功と失敗を通して学習されるという前提に基づいて、概念獲得のための様々な仮説検証方略を記述した。同様に、バウアーとトラボッソ（Bower and Trabosso, 1964）は、概念発達が、少なくとも部分的には、環境からのエラー・シグナルに依存すると主張した。一方、ルヴァイン（Levine, 1966）は、正しい反応を、エラーに対立するものとして強調した。サイモンとコトウスキ（Simon and Kotowsky, 1963）は、認知的媒介を強調するモデルにおいて、人は、自分が経験してきた一連のパターンについての仮説を作り、それに続く経験に対してその仮説が妥当であるかどうかを検証する、と提唱した。最近の社会心理学では、エプスタイン（Epstein, 1980）が、自己概念は科学的理論と同様のやり方で発達すると提唱している――すなわち、仮説検証の結果を反映し、反証を通じて矯正される、と。

しかし、こうした強化による説明には、大きな難点がある。その難点とは、認知主義が前提するように、人々が反応するのは認知された世界であって世界そのものではないとすれば、強化（仮説検証）のプロセスが説明不能になるという問題である。より具体的に言えば、強化（行動の結果、失敗、その他環境からのフィードバック）を通じて、概念の修正が可能であるためには、個人は、強化に先立って、あらかじめ概念のレパートリーをもっていなくてはならない、という問題である。このことを具体的に述べていこう。まず、強化やフィードバック（エラー・シグナル）が意味をもつためには、行為や事物の世界が概念化されている必要がある。例えば、環境からのフィードバックによって、乳児の概念が確証ないし矯正されるためには、その乳児は、何らかの概念構造をもっていなければならないはずだ――「これは胸であり、それ以外のものではない。私は一つの実在であり、この胸は私から分離している。時間の単位があり、この出来事はあの出来事とは別の時間に生じる」、などのような。このような概念をもっていなければ、乳児は、環境に対して何も問うことができないし、いかなる情報も探すことができないはずだ。世界は、本質的に、識別不能になってしまうのだ。さらに、強化モデルが成り立つには、個人は、強化の種類についての概念をすでにもっていなければならない。すなわち、もし、人がある出来事を「成功」「失敗」として概念化できないならば、その人はその出来事から何も学習することはできない。あるいは、もし、子供が、「親の注意」と日常生活におけるただの雑音とを区別できなければ、そしてもし、子供が、「良い」「悪い」や「はい」「いいえ」という発話が意味するところの概念をあらかじめもっていなければ、環境からのフィードバックが、子供の概念レパートリーに影響を与え、それを広げるなど、ありえないだろう。

しかしながら、すぐに気づくように、まさにこれらの概念の起源こそ、強化理論が説明しようとしているのではなかったか？　結局のところ、強化が機能するための様々な概念は、どこから生じるのだろうか？　子供はいかにして「叱られる」「誉められる」という概念を獲得するのだろうか？　強化理論は、こうした概念の獲得を説明することができない。なぜならば、概念がすでにして存在していなければ、強化（仮説検証）は機能しえないからだ。

強化理論の代案として、「認知地図」理論が提出された。認知地図理論は、一般に、外界を自由に観察することによって、個人は、概念の鋳型、認知表象、その他現実世界の重要な特徴を捉える心的システムを発達させると仮定する。これはまさに、フィスケとテイラー（Fiske and Taylor, 1991）が、スキーマ発達の文献をレビューしつつ、とった立場である。フィスケらは、次のように結論する。「スキーマは、具体例に繰り返しさらされることによって変化する。スキーマは、より抽象的に、より複雑に、そしてしばしばより極端でなくなる。さらに、スキーマは、より組織化され、コンパクトになっていく。そうなれば、スキーマを変えることなく、差異を認識し、例外を同化することができるようになる」（p.178）。こうした観点は、ほとんどのパターン認識モデルにも共通している。この種の理論の中で最も成功しているのは、ロッシュ（Rosch, 1978）の「自然カテゴリー」の理論である。ロッシュによれば、認知カテゴリーは、徐々に現実に合致するよう調節されていく。すなわち、現実世界の対象の観察を通して、人々は現実世界の属性の構造に精通するようになる。人々は、様々な属性がランダムに散らばっているのではなく、ある組み合わせで繰り返し現れることを観察する。だから、例えば、翼、くちばし、羽毛、かぎつめをもつ生物がいた場合、これと共通した特徴の配置を何度も見ることによって、「鳥」という自然カテゴリーが形成される、というわけだ。したがって、究極的には、現実世界の出来事に触れることが、認知地図、すなわち、環境を的確に反映した心的表象を生み出す、とされる。

認知地図がどのように作られるのか、その正確なところはまだわかっていない。すなわち、個人が環境を探索し、ある特定の布置を記録し（あるいは、無視し）、何と何が共起するのかについての仮説を立て、感覚による弁別から抽象的な一般化へと論理的に移行する、などのプロセス――これらはすべて、認知地図理論が妥当性をもつために決定的に重要だが、まだ明らかになっていない。あるいは、認知発達論者のサンドラ・ワックスマン（Waxman, 1991）が言うように、「われわれは、まだ、一群の特徴を発見し、基本的な感覚を決定し、それらが獲得されるメカニズムを理解し、それらを組み合わせる規則を導出しなければならない」（p.191）。しかし、認知地図理論のこうした欠陥は、実は、当然のことだ。理論家は、またしても、認知地図を作る前段階として、個人はいかにして何らかの特徴や物体や事象の連関などを認識できるのかという問題にぶつかるからだ。ある特徴群を、それら特徴群についての既成概念なしに、どうやって認識できるというのか？　羽毛、くちばし、翼などの特徴が「鳥」という自然カテゴリーを導くと言うが、その特徴自体はそもそもいかにして認識されるようになるのか？　こうした特徴が認識されるためには、それらを認知し識別するようなカテゴリー・システムが前もって必要なのではないか？　そうだとすれば、そのカテゴリー・システムはいかなる起源をもつのか？　あるいは、ワックスマン（Waxman, 1991）によれば、「仮定されているのは、ある概念の[プロトタイプ]は、一群の事例から抽象される、ということである。しかしながら、この議論は循環論である。というのも、子供が、最初に適切な事例をどのようにして選択するのかが、結局のところわからないからだ――子供（あるいは、大人であっても）が、犬とシュガーポットと雹嵐（という一群の事例）から「概念」を抽象しないのはなぜか？」（p.108）。

事例の属性は、その下位属性の経験から形成されるという議論もあるが、言うまでもなく、この議論には何の意味もない。単に問題を先送りしているだけだからだ。一体、その下位属性はどのようにして認識されるというのか？　実際、人がどのようにして鳥やその他の「自然事象」の概念を獲得するようになるのか、という問題を解くために、認知地図理論は、最終的には、認知システム内に、あまりに自明であるがゆえに**カテゴリー化される必要のない**インプット（羽毛、くちばし、などのような）を仮定せざるをえない。しかし、認知主義の前提によれば、そうしたインプットが意味をもつのは、認知（解釈、ラベリング、カテゴリー化、など）される限りにおいてなのだから、そうしたインプットが心的システムに存在したとしても、それ自体では無意味である――端的に、同定できないはずだ[5]。

このような困難なジレンマを克服しようと、カテゴリー発達について生得説に頼る研究者も多い（例えば、Markman, 1989; Carey, 1985, Fodor et al., 1980を参照）。生得説は、カントの先験的カテゴリーの議論を敷衍して、人間の基本的な識別能力は、遺伝によって決まっていると主張する。カントによれば、個人は、生来、空間、時間、因果性などの世界の性質を理解できる。あるいは、新カント学派を受け継いだチョムスキー（Chomsky, 1968）は、個人は言語の生得的知識、すなわち、生得的な意味論的知識をもっており、そのために意味のある文章を無限に作り出すことができる、と主張した。さらに、ギブソン（Gibson, 1979）らによれば、個人が世界を理解するためのカテゴリーは、何らかの形で世界と対応している。というのも、もし、そうでないならば、人類はとっくに滅んでいただろうから。われわれが、まさにこの世界に適応的な認知的区別をもっているのは、本質的に、自然淘汰の結果である、というわけだ。こうした立場は、科学哲学の現実主義的基盤を擁護しようとしたアレ（Harré, 1986）にも共通している。

しかし、概念の起源についての生得論的説明にも、重大な問題がある。まず、色、時間などの基本的な概念はともかく、それ以上のものが、遺伝によって決まっているとは考え難い――仮定されるカテゴリーの数が日常的な語彙に近づくと、環境決定説の方が説得的になる。それに、ある一定の基本的区別を認めたとしても、そこから人間が普段使っている概念群がどのようにして生じるのかは明らかでない。たとえある区別は所与として認めても、それ以外の区別はいかにして発達するのか？　例えば、「God save the King」のメロディーとそれ以外のすべてを区別することが、遺伝によって可能になっているとしよう。その場合、それ以外のすべての内部の区別はどのようになされるのか？モーツァルトのピアノ協奏曲第21番と「Yankee Doodle」はいかにして区別されるのか？　この場合、モーツァルトと「Yankee Doodle」の区別は、既存の「God save the King」とそれ以外のすべての区別とは端的に無関係であり、そこからモーツァルトと「Yankee Doodle」の区別は導かれようがない。では、既存の概念はどのようにして変化していくのだろうか？[6]　このように、常に変化し続ける莫大な語彙を、生得説で説明することは難しい。実際、日々、新たな言葉が出現している――「ヨーロッパ共同体（ＥＣ）」「月経前症候群（PMS）」「ミュージカル・サンプリング」など。

これらの言葉が、個人の概念世界に入り込んでいるのだとすれば、それはどのようにしてか？　こうした言葉の理解が生得的だと主張する人はいないだろうし、環境説でも説明できないだろう。

以上、概念の起源をめぐる二つのジレンマ——徹底した環境説のもつジレンマと、同じく役に立たない生得説のジレンマ——を概観してきた。こうしたジレンマに直面して、現代の研究者は、両者を組み合わせた形での理論化を試みている。すなわち、限定的な「ボトムアップ型」の環境説と、同じく限定的な「トップダウン型」の生得説の折衷案である。例えば、エール大学の研究者たち（Galambos, Abelson, and Black, 1986を参照）は、知識構造の中では、ボトムアップ原理とトップダウン原理が同時に作用しているという見解をとっている。世界の理解（より具体的には、テキストの理解）は、環境からの入力情報と、すでに形成されている心的スキーマの活発な情報処理の両者に依存する、というわけだ。例えば、本を読んでいて**アルバトロス**（albatross：アホウドリ、心配のもと、薄手の毛織物、ゴルフでパーより3打少ない打数）という単語に出くわしたとき、それは様々なスキーマを活性化させるだろう。活性化されるスキーマの中には、鳥についての情報を含むものもあるかもしれない。こうしたスキーマが、さらなるテキストの理解に影響を与えるとされる。しかし、そもそもそのスキーマがどのようにして発達したのかは、未解決のままである。もし、理解がスキーマの適用に基づいているのならば、はじめて**アルバトロス**という語を見たとき、それはいかなる意味をもつというのか？　かくして、環境説と生得説の折衷案も、概念の起源の問題に対して満足のいく回答を与えることができない——一つの謎を解こうとすると、もう一つの謎が見過ごされてしまう。

（3）行為の不可能性

以上、認知世界の内部には、現実世界の性質から認知カテゴリーを引き出す方法がないこと、すなわち、外的入力から表象カテゴリーを構築する方法がないことを確認してきた。ここでは、認知と、それに続く行動との関係について考察していこう。仮に上記の問題がどうにか解決されるとして、では、行為に及ぼす認知の影響はどのように理解すればよいのだろうか？　例えば、初期の認知論者エドワード・トールマン（Edward Tolman）は、彼の認知地図理論が、有機体を「ひたすら考えるだけの存在」にしているとしばしば批判されている。つまり、認知から行動を生み出すメカニズムが明らかでない、というわけだ。では、この根本問題は、今や解決されているのだろうか？　哲学の歴史に目を向けてみれば、解決などされていないことがわかる。心はいかにして事物や身体の動きに影響を与えることができるのか？　すなわち、時空間の座標上にない心の領域が、いかにして時空間に位置する第二領域、すなわち行動の領域に変化を引き起こすことができるのか？　デカルト以来、これを説明した哲学は未だにない[7]。

現在の認知研究においては、さらなる問題が表面化している。すなわち、抽象的な概念の領域から、具体的な行為の領域への移行の問題である。概念や心的カテゴリーは、伝統的に、現実からの抽象だとみなされている。つまり、それらは世界の鮮明な直観像ではなくて、個人が特定の基準にそって事象を（頭の中で）位置づけるカテゴリーである。認知とは、感覚経験が**組織化**される過程であり、その組織化によって、感覚データが抽象化ないしコード化され、そうして得られた抽象概念は命題形式をとる、と多くの論者は言う。しかし、もし概念やスキーマなどが抽象的なものであるならば、その知識をどのようにして行動のために利用すればよいのか？　個人は、抽象的なシステムを用いて、どのようにして具体的な特定の行動を起こすというのか？（第4章135ページも参照）この問題に答えようとするならば、われわれは、概念の起源を問うたときと同じ泥沼にはまり込んでしまう。

例えば、自分のことを「フレンドリー（ひとなつこい）」と認識し、その概念を行動にうつそうとしている人がいるとしよう。彼は、個々の具体的な状況において、何が「フレンドリー」な行為となるかを決定できるだろうか？——否である。なぜならば、「フレンドリー」という概念は、行為については何も指示しないからだ。つまり、抽象的概念それ自体は、いかなる身体動作（例えば、「時速20マイルの速さで右手を前に伸ばしなさい……」など）も指示しないし、特定もしない。さらに、問題をより複雑にしているのは、事実上すべての身体動作が、状況に応じて、フレンドリーである、フレンドリーでないとみなされることだろう（つまり、「フレンドリー」という概念を必然的に伴う直観像など存在しない）。この問題は、二次的な構成概念や規則をもち出すことによって、解決できるように見えるかもしれない。すなわち、様々な状況における「フレンドリーな行動」の正確な特徴を規定する規則があるとすれば、解決できると思うかもしれない。例えば、この二次的な構成概念（おそらく、より一般的な「フレンドリー」という概念の下位階層に位置づけられる）は、個人に次のようなことを伝えるだろう——「友人と会ったときには、笑顔と会釈がフレンドリーな行動になる」、など。しかし、容易にわかるように、この二次的な規則も抽象的である。すなわち、この規則も、具体的な状況において何が「友人と会うこと」とみなされるのか、いかなる身体動作が「笑顔」や「会釈」になるのかについて、何も指示していない。こうなると、三次的な構成概念や規則が必要となる――それによって、具体的な状況においてこれらの概念が何を意味するのかを理解できるような三次的な構成概念が。そうした三次的な構成概念によって、「友人」とは「支持してくれる」人のことであり、「微笑」とは「口の端を上方に曲げること」であることが理解できるだろう。しかし、今度は、ある場合において何が「支持」となるのか、身体動作に関して「口の端を上に曲げる」とはどういうことなのかを、どうすれば決定できるだろうか？　これらの構成概念は、またしも抽象的であって、具体的な個別事象には言及していない。概念的知識を具体的状況に適用するという問題は、かくして、補助的な概念化（適用規則）を要求するのだが、その補助的概念自体もさらなる補助的な概念化（規則）を必要とする――かくして、問題は無限後退に陥ってしまう。すなわち、概念的意味は、概念的用語で定義するしかなく、そこには現実事象につながる出口はない。要するに、抽象的・概念的思考から具体的行為を引き出す余地は全くないのである。かくして、現代の認知理論によれば、行為者は、「心の中の辞書をさまよう」しかないのである。

この問題は、概念の起源という難問につきまとうものである。前項で、われわれは、現実世界の対象から表象カテゴリーを導く方法がないことを見てきた。現実世界の事象からは、いかなる概念化も導かれない。同様に、概念の領域の内部には、何が心的カテゴリーの具体的対応物なのかを必然的に決定する方法はない。要するに、伝統的な刺激―反応事象の間には、論理必然的な関係はないのだ。ところで、もしそうであるならば、認知は、生物種の生き残りに対していかなる意味をもっているのか？　もし、観察が認知的表象を必要とせず、表象が行動と必然的に結びついていないのであれば、認知は、生存にとって効果的な行為を導き、指示するのに、いかなる役割を果たしているのか？

認知と行為を結びつけようと努力している理論家は、さらなる困難に直面する。具体的には、認知カテゴリー、命題の集合、表象構造などが、いかにして行為を生成しうるか、という難問である。認知は、普通、機械のような性質をもち、安定して持続的な構造をもつものとされている。しかし、認知それ自体は、行為の源泉ではない。すなわち、ある状況を「生命の危機」と認知し、「逃げなくては」と結論したとしても、これらの概念的記述は、いかなる特定の行為をも要求しないし、その原因ともならない。たとえ「走らなくては」と結論（認知）したとしても、その評価自体が、身体動作を生み出すわけではない。それならば、ある特定の概念を身につけたとして、個人を行為に駆り立てるのは何なのか？　多くの理論家は、この問題を解くためには、別の心理学的実在――典型的には、心的エネルギー、動機、精神力動プロセス、など――を仮定しなければならないことに気づいている。これらの存在こそが個人を行動に導くのであって、概念やスキーマは行為の方向や基準をより正確に指示する役割を受けもつ、というわけだ。あるいは、よりなじみ深い言い方をすれば、われわれは、欲望、必要、欲求などをもっており、それらを満たすために世界についての知識を駆使している、とされる。しかし、こうした考え方には問題がある。第一に、もし認知が動機システムによって動かされていることを認めるならば、認知はもはや人間にとって中心的重要性をもつとは言えなくなる。すなわち、もし生体を動かすのは動機であって、認知はたかだか「状況地図」でしかないのであれば、動機（や他の心的エネルギー）こそが行為の「本来の源」として研究の焦点となるべきだろう。極端な話、認知は、基本的なエネルギーのための「単なる道具」、「将棋の歩」となってしまうだろう。認知主義が他の心的実在を措定することは、認知理論そのものを格下げしてしまうことになるのだ[8]。

さらに、動機を説明の中に加えたとしても、動機と認知がいかにしてともに作用するのかという、新たな問題が浮上する。例えば、概念システムは、いかにして動機的方向性を「知る」（記録する、反映する）のだろうか？　何が動機の目標を定めるのか？　概念システムには、動機システムの状態を同定する手段が必要なのではないか？　しかし、もし概念システムが本来トップダウン的であるとすれば――重要なのは、願望そのものではなくて、認知された願望なのだとすれば――、願望は一義的重要性を失うことになる。すなわち、先に「現実世界」が消失すると述べたのと同じように、動機づけ装置としての願望も消失してしまう。逆に、認知をボトムアップ的なものとして理論化するならば、認知主義は、環境説の難問（ただし、内的過程のレベルで）に再び直面することになる。さらに、動機とその作用について考えるならば、われわれはさらなる問題に直面することになる。例えば、動機は、（1）達成しようとする目標を同定し（何をすれば快や満足が得られるのかを知り）、（2）目標が達成されるまでの間、その目標を保持することができなければならないはずだ。もし、動機にこうした能力——「認識」と「記憶」の能力——が備わっていることを認めるならば、それは、動機メカニズムの内部に第二の認知領域を仮定していることになってしまう。すなわち、われわれは、認知と同じ性質を、動機にも与えていることになるのである。かくして、個人の内部には一つどころか二つの認知システムが存在することになり、認知理論の体系は一層不安定になってしまう。

第2節　第二の革命——社会的認識論

これまで、前章までの問題関心を発展させる形で、「頭の中の知識」に対する認知主義的説明の問題点を検討してきた。述べてきたように、認知主義は、人間の問題の大半を科学的探求の埒外に置いてしまうばかりでなく、「認知構造の起源」や「認知が行為に影響を与えるメカニズム」を説明することができない。これまでの章で示唆されているように、心理学における認知主義の主たる困難は、二元論の形而上学に内在する、より一般的な問題に由来する。[9] すなわち、現実世界が心的世界に反映されるしかなく、両者の対応も心的世界を通してしか確かめようがないのであれば、現実世界の位置づけは常に不明瞭であり、両者の関係も常に説明不能となってしまう、という問題である。

しかし——これまた見てきたように——、知的世界ではもう一つの革命が進行している。それは、古臭い二元論を捨て去るだけでなく、新たな問いの形式をもたらす革命である。それは、学問領域の違いを超えて広がり、従来の二元論的認識論を**社会的認識論**に置き換える革命である。そこでは、知識の座は、もはや個人の頭の中ではなく、社会的関係性のパターンの中に求められる。この革命が、社会心理学の刷新にとってどんな意味をもつかを明らかにするために、前章までの主な論点を改めて強調しておこう。

まず、心と現実世界がどのように関係しているのかという不毛な問題関心を捨て去れば、われわれは、目の前に果実が十分に実っている果樹園で自由に思考をめぐらすことができる——「頭の中の知識」に悩まされることなく、日常生活における（あらゆる）言説の機能に関心を向けることができる。すなわち、スキーマ、プロトタイプ、記憶、動機などがいかに機能するのかという無意味な問題から、言語が日常生活の中にいかに埋め込まれているのかという問題に移行することができるのだ。こうした関心の変化は、別の変化をもたらす。というのは、言葉は——話し言葉も書き言葉も——本質的に社会的交流の産物だからだ。ある個人にしか通用しない完全に私的な言語は、共通の言語とは言えない。このことを認めるならば、われわれは、世界についての知的命題が、本質的に、社会的関係性の産物であるとする立場に立っていることになる。すなわち、われわれが知識とみなしているもの——「地球は丸く、平らではない」「人々は、感情表現をする生物学的傾向をもっている」——は、個人の心の達成物ではなくて、社会的関係性の産物ということになる。

二元論の認識論によって提起された重大問題は、心がいかにして現実世界の本質を映すようになるのか、ということであった。この問題に答えられない限り、個人がいつ正確な知識を獲得したのかを決定することも、複数の競合する説明のうちどれが最も真実に近いのかを決定することもできないのであった。実際、前節で述べたような困難な理論的問題に答えない限り、何が真実であるかは明らかではない。しかし、関心の焦点を心から言語へと変化させることによって、われわれの関心の質は劇的に変化する。われわれは、もはや、真理や客観性といった「根本問題」に関わる必要はない。いかなる状況においてであれ、われわれが事物を何と呼ぶかは、現実世界への忠実さの問題ではない。それは、われわれが現に参加している特定の関係性の問題である。このように考えると、科学者の判断が、六歳児のそれよりも正確であるとは言えなくなる——それぞれの個人は、自分が従事している一連の実践の中で、多かれ少なかれ適切であるような言葉を使う、ただそれだけのことである。

社会構成主義からすると、真理や客観性といった概念は、もっぱら、社会的語用論の観点から検討されなければならない。例えば、これらの概念は、称賛や非難の際に有効である。われわれは「本当のことを話した」という理由で子供を褒めることがあるが、それは、その子供が自分の感覚ニューロンの状態を正確に報告したからではなく、その子供の報告がわれわれ大人の慣習と合致しているからである。あるいは、われわれは、不治の病の治療法を発見した医者を高く評価するが、それは、その医者が身体過程そのものを発見したからではない。そうではなくて、その医者が、われわれが伝統的に「寿命の延長」と呼ぶような一連の実践を——社会的同意の得られる指針にそって——成し遂げたからである。

これまでの章で述べたように、以上の結論は、新たな関心領域を生み出す。とりわけ重要なものの一つが、「人間にとっての価値」という領域である。二元論の認識論をとる限り、倫理、道徳、イデオロギーへの関心は二次的なものであり、多くの場合、顧みられることはない。なぜならば、本質的な問題は、科学が世界をありのままに正確に記述することができるかどうかだからだ。すなわち、科学がたまたま観察対象を好きか嫌いかは、たとえそのことが知識を歪めることがないにせよ、知識獲得のプロセスとは無関係とされる。対照的に、社会的認識論にとっては、世界についての記述は、社会的実践の中に埋め込まれている。それぞれの記述は、ある社会的実践を支持すると同時に、別の社会的実践を否定すると考える。したがって、本質的な問題は、世界の様々な記述が、どのような種類の社会的実践を支持するのか、ということである。それらの記述によって、われわれは、価値があると思えるような生き方をすることができるだろうか？　それとも、それらの記述によって、われわれが価値あると思う社会のあり方が否定されるのだろうか？　このような問いが、まさに重要な問いとなる。社会的認識論からすると、例えば、スキナー流の行動主義に対する疑問は、それが客観的に妥当かどうかではない。そうではなくて、もし行動主義の理論言語を採用したならば、われわれの人生がいかなる形で豊かに、あるいは、貧しくなるか、ということである。われわれは、「意図」「自由」「尊厳」などの言葉が中心的重要性をもつような様々な実践を放棄することを望んでいるだろうか？　もしも望んでいないのならば、われわれは別の理論を求めなければならない。

第3節　社会構成主義に基づく社会心理学

「頭の中の知識」という認識論から社会的認識論へと移行することによって、どのような社会心理学的研究が可能になるだろうか？　社会心理学の研究と実践を、どのような形で進めればよいのか？　ここでまず必要なのは、研究の**内的プログラム**と**外的プログラム**を区別することである。社会構成主義の認識論を採用すれば、それに応じて研究のやり方も決まってくる。従来の研究は、二元論の認識論に基づいてなされていたため、その前提から、言語が（あらゆる実践的目的に対して）あたかも世界そのものを反映しているかのようにみなしてきた。しかし、社会構成主義においては、真実への関心は、理解可能性、社会的有用性、人間的価値の問題に取って代われているので、研究が伝統的なやり方でなされる必要はない。社会構成主義においては、研究者は、進行中の関係性――学問世界の内外を問わず――の中で意味をもつ**あらゆる理解可能性**を探求し、それを拡張していくことが求められる。次章以降では、そうした社会構成主義の探求についてより詳しく述べていく。しかし、まずは本章の残りの部分で、新たな社会心理学の可能性を示す、三つの研究のあり方について述べておくことにする。

（1）社会的・再帰的批判

社会的認識論への移行は、価値とイデオロギーのルネッサンスをもたらす。そして、心理学も、これまでは専門外であった事柄――従来、科学としての心理学は、「事実を扱い、価値は扱わない」とされてきた――について、意見を述べるよう求められる。すなわち、新たな社会生活の様式を求めて、価値的な分析、イデオロギー批判、倫理的な提案をすることが、今や専門家として求められるようになっている。これまでのところ、心理学が価値を扱った研究の大半は、科学そのものを検討するものである。それらの研究で述べられているように、科学による客観的真理の優越性の主張は、危険な一面をもつ。なぜならば、科学者のもつ価値観が、客観的中立性というミスリーディングな言葉で隠蔽されてしまうからだ。この問題は、心理学にとってもきわめて重大である。実際、心理学者のほとんどが、「あるがままに語る」（Ibanez, 1983）ことの社会的・政治的意味に、無関心ないし無自覚である。

今日まで、内在的批判は、主に、批判学派とフェミニズム心理学によってなされてきた。批判学派は、資本主義経済理論の見かけ上の価値中立性に対する初期マルクスの批判に始まり、後のアドルノ、ホルクハイマー、ハーバーマスの著作によって成長した。その批判は広範囲に及ぶ強力なものであった。例えば、プロン（Plon, 1974）によるコンフリクト研究の批判、ニューマン（Newman, 1991）による経験主義心理学の批判、ウェクスラー（Wexler, 1983）による「批判社会心理学」の提案、アーミステッド（Armistead, 1974）、ラーセン（Larsen, 1980）、イングレビー

（Ingleby, 1980）の著作などは、すべて批判学派による批判の好例である。さらに、単なる批判を超えて、新マルクス主義の思考を汲んだ新たな心理学を構築しようとする試みも出現した。例えば、精神衛生の領域においては、急進的な心理学運動（Brown, 1973; Newman, 1991）が展開されている。実験心理学の領域においては、クラウス・ホルツカンプ（Klaus Holzkamp）らの業績が、新たな心理学の方向性を示している（Tolman and Maiers, 1991を参照）。

さらに強力なのが、心理学におけるフェミニズム運動による批判である。初期の批判は、主として、心理学研究におけるジェンダー・バイアスに焦点を当てていた――男性被験者の多用、性差に対する理論的感受性の欠如、その他の「パラダイム内」問題、などである（Deaux, 1985; Eagly, 1987; Parlee, 1979を参照）。しかし、近年のフェミニズムによる批判は、経験主義心理学の体系全体――基本的な認識論や方法論的前提も含めて――に及んでいる。すなわち、心理学の伝統的知識観は、男性中心主義バイアスに満ちている。実験対象を操作することによって、科学者と「研究対象」が分離する。その結果、人を操作する方法論が跋扈し、個人（特に、女性）が自分自身の行為をどのように理解しているかに関して鈍感になる、というわけだ（Unger, 1983; Belenky et al., 1986; Gilligan, 1982; Squire, 1989）。これらのフェミニズムによる批判が求めるのは、新たな知識観（M.Gergen, 1988b; Hare-Mustin and Marecek, 1988; Kitzinger, 1987）、方法論（Roberts, 1981; Fonow and Cook, 1991）、心理学研究が提供すべき目的である。方法論については、フェミニズム心理学は、心理学研究の新たな視点を発展させつつある（Hollway, 1989; Wilkinson, 1986; Morawski, 1987; M.Gergen, 1988）[10]。

批判学派やフェミニズムによる批判は最も成熟し発展している批判形式の一つであり、その批判のインパクトは、今や広範囲に及んでいる。例えば、アプフェルバウムとリュベック（Apfelbaum and Lubek, 1976）は、コンフリクト解決の研究が、様々なマイノリティの苦境や彼らがさらされている不公正を、いかに「不可視にしているか」を示した。ファビィ（Furby, 1979）とスタム（Stam, 1987）は、原因帰属の研究におけるイデオロギー的バイアスを明らかにしている。サンプソン（Sampson, 1978, 1988）は、多くの心理学理論が意図せずして助長している「自己充足的個人主義」のイデオロギーに対して、強力な反論を展開している。ディーズ（Deese, 1984）は、現代心理学で通用している概念の多くが、民主的統治の前提を脅かす危険性をもつことを示した。ウォラックとウォラック（Wallach and

Wallach, 1983）は、多くの心理学理論が利己主義を容認していると論じている。これに呼応して、シュワルツ（Schwartz, 1986）は、人間の行為を最大利得・最小損失に動機づけられているものとして記述する理論が、そのような行為をいかに促進するかを示している。その他にも、特定の理論——ダニエル・スターン（Cushman, 1991）、エイブラハム・マズロー（Daniels, 1988）、ジャン・ピアジェ（Broughton, 1981）など——がもつ政治的・イデオロギー的機能に焦点を当てた分析が行われている。ブラドリー（Bradley, 1989, 1993）、ヴァンデンベルグ（Vandenberg, 1983）、モース（Morss, 1990）、ウォーカーダイン（Walkerdine, 1993）、ブロートン（Broughton, 1987）は、発達研究の共通の前提に対して、鋭い自省的疑問を投げかけている。ラーセン（Larsen, 1986）、パーカーとショッター（Parker and Shotter, 1990）は、伝統的な社会心理学を批判的に検討し、そこに潜むイデオロギー的主張に注目した諸研究をレビューしている。

こうした批判のメッセージは、しばしば痛烈なものであり、また、批判の根拠がよく理解されなかったために、一般の心理学者にはほとんど受け入れられなかった（読まれなかった）。しかし、このような批判の重要性は、心理学に新たな表現形式を与えた点、「客観的報告」の社会的・政治的影響に対する学問的感受性を高めた点を考えると、決して過小評価することはできない。現時点で必要なのは、こうした批判の範囲をさらに拡張することであり、自己反省的な批判研究を大規模に制度化（教育課程、学術雑誌、ネットワークなどの展開）することである。このことは、批判の矛先が向けられているすべての研究をやめることを求めているわけではない。そうではなくて、科学の営みを、これまでよりもはるかに豊かな知的文脈に位置づけることが求められているのである。

以上、心理学に内在した批判的分析について述べてきたが、社会構成主義も、より広範な社会の価値的分析を行っている。例えば、次のような問題が検討されている——倫理的観点からすれば、現代社会の欠点は何か？　どのような可能性が考慮されるべきだろうか？　翻って考えてみると、二十世紀に行動主義と経験主義が支配的になる以前には、心理学は、価値、政策、目的をめぐる社会的対話に自由に（ためらいなく）参加していた。すなわち、フロイトの『幻想の未来The Future of an Illusion』から、それに続くホーナイ、フロム、マルクーゼの著作まで、心理学は、善に関する議論に活発に参加していた。さらに、その後のロバート・リフトン（Robert Lifton）、トーマス・サズ

（Thomas Szasz）、ロロ・メイ（Rollo May）、ウォレン・ベニス（Warren Bennis）、フィリップ・スレイター（Philip Slater）の業績はすべて、人々の意識に大きな影響を与えている。[11] しかしながら、その後、これらの業績は、学会内部ではほとんど無視されたり、反感をもたれたりしてきた。近年になって、経験主義的要求が弱まり、研究の社会的意味が意識されるようになるにつれ、広範な文化的批判への道が再び開かれつつある。例えば、ディナースタイン（Dinnerstein, 1976）によるジェンダー関係の（きわめて重要な）分析は、学問的誠実さを損なうことなく、強力な社会的メッセージ性を有している。エンリケら（Henriques et al., 1984）は、『主体性の転換 Changing the Subject』の中で、西洋の制度に共通して見られる個人主義的な理解の枠組みを批判し、それが組織、政治、教育、ジェンダー関係に悪影響を及ぼしていることを指摘している。ウォーカーダイン（Walkerdine, 1988）は、こうした分析を拡張して、教育制度における物の考え方の押し付けに焦点を当てている。タヴリス（Tavris, 1989）、アヴェリルとナンリー（Averill and Nunley, 1992）は、感情が生物学的に規定されているという常識に異議を唱え、社会構成主義の立場から日常的行為の新たな選択肢を提案し、対話を学会内部から社会一般へと移行させている。著者自身の研究である『飽和する自己 The Saturated Self』は、現代の自己および関係性概念に対して、コミュニケーション技術がもたらす帰結を批判的に検討したものである。

（2）社会的構成の諸形式

社会構成主義的研究の第二は、自己や世界についての人々の社会的構成に焦点を当てたものである。こうした研究は、普通、社会的構成、談話分析、日常知、社会的説明（social accounting）、エスノメソドロジーの名のもとで行われている。その中心的関心は、日常社会生活にとって不可欠な暗黙自明、かつ、無自覚な前提を明らかにすること――すなわち、人々が自分自身や世界にどのような思い込みをもち（記述し、理解し、指示し）、それによって互いの行為を理解可能で正当なものとしているかを明らかにすることである。この研究領域は、近年急成長しつつあり、次に挙げるような自明の概念が、社会的に構成されたものであることを明らかにしている――すなわち、身体（Young, 1993）、性差（Laqueur, 1990）、病気（Bury, 1987; Wright and Treacher, 1982）、性的願望（Stein, 1990）、妊娠

（Gardner, 1994）、幼児期（Stainton Rogers and Stainton Rogers, 1992）、知性（Andersen, 1994）、妻虐待（Loseke, 1992）、人生（Gubrium, Holstein, and Buckholdt, 1994）、世界地理（Gregory, 1994）などである。

一見、これらの研究は、社会的認知（Semin and Krahe, 1987）、現象学（Giorgi, 1985）、主観性理論（Groeben, 1990）、社会的表象（Moscovici, 1984）の研究ときわめて似ているように見える。というのも、これらは共通して言語——話し言葉であれ書き言葉であれ——に着目しているからだ。しかしながら、これらの試みには——方法論や含意に——重要な違いもある。主たる違いは、研究手続きから導かれる推論と、研究の利用の仕方にある。まず、社会的認知、現象学、主観性理論について見ていこう。これらの研究においては、言語は、心的状態（スキーマ、命題ネットワーク、生活世界、論証構造）を知るためのものである。すなわち、言語は、言語そのものとは別の科学的な関心対象を表現しているにすぎない。したがって、言語そのものには社会的重要性が認められているわけではない——言語が重視されるのは、「本当の研究対象」に接近できるからにすぎないのだ。さらに、これらの研究が依拠する科学理論は、そもそも「頭の中の知識」に基づいており、現象学の一部を除いて、主客二元論を基盤としている。このように、社会的認知、現象学、主観性理論は、社会構成主義とは大きく異なる。

社会的表象の場合はより複雑である。デュルケムによるもともとの定式化によれば、社会的表象とは、「**共同体**によって、行動やコミュニケーションのために精巧に作られた社会的事象」（Moscovici, 1963, p.251; 強調は引用者）である。実際、その強調点は認知主義的ではなく、社会構成主義と多くを共有していた。しかし同時に、その焦点はマクロ構造にあり、社会構成主義が関心をもつようなミクロな社会関係にはほとんど関心が払われなかった。その後、社会的表象理論は、認知主義的な定式化がなされた（例えば、Moscovici, 1984を参照）。そこでは、社会的表象は心理的構成の形式とみなされ、共同体の表象は単に多くの個人的行為の総和であるとみなされた。しかし、この認知主義的視点には厳しい批判がなされ（Parker, 1987; McKinlay and Potter, 1987を参照）、現在、多くの社会的表象研究は、初期の定式化に基づいてなされている。例えば、健康と病気の観点（Herzlich, 1973）、身体イメージ（Jodelet, 1984）、生徒—教師関係の表象（Gilly, 1980）、テレビ関係（Livingstone, 1987）、その他（Farr and Moscovici（1984）の要約を参照）などの研究は、すべて、文化内で公的な共通理解がいかに作られるかに焦点を合わせている。これらの研究は、社会構成主義ときわめて近い。

しかしながら、社会構成主義の研究については、もう一つ強調しておかなければならない――この点こそ、社会構成主義を、社会的認知、現象学、主観性理論だけでなく、社会的表象理論からも区別するポイントである。これら社会構成主義以外の立場は、文化の**安定化**を志向している。すなわち、普通、研究の目的は、研究対象の認知様式（ないし、社会的パターンの様式）を明確に構造化することにある。例えば、社会的認知研究の課題は、認知世界の性質を完全に描き切ることである。同様に、現象学は、個人の現相的世界の本質を捉えることを望み、主観性理論は、個人の主観的理論を完全に明らかにすることを望んでいる。そして、こうして得られた知識の応用は――それがなされる場合は――、通常、科学者以外の人や実践家に任されている。それとは逆に、社会構成主義の言説研究にとっては、研究目的は、**不安定化**である。社会構成主義の立場からすると、人々が自己や世界をいかに構成するかは社会の重要な側面である。いかなる構成がなされるかは関係性によって決まるのであるから、そうした構成のあり方を、脱文脈的な理論を検証する目的で記述しても意味はない。そうした記述をしたところで、それは「主の祈りを暗誦する」程度の意味しかもたないからだ――ただ、常識的慣習が明らかになるだけである。より意味のある課題は、「自然な」、当たり前のことと一般には認識されていないが、何らかの意味で社会にとって問題のある慣習を突き止めることである。すなわち、社会構成主義が注目するのは、人々が自覚していないが、研究者が問題だと考えるような、「事物の配列」である。

不安定化を志向する社会構成主義の初期の研究例のいくつかは、スペクターとキツセ（Spector and Kitsuse, 1987）の『社会問題の構築 Constructing Social Problem』に刺激されたものである。スペクターらは、社会問題を所与として受け入れ、解決に向けてひた走るのではなく、当の社会問題がそれとして定義されるに至るプロセスを探求している。すなわち、アルコール依存症、同性愛、麻薬中毒などは、誰にとって問題なのか、そしてそれはなぜか？　こうした問題には、それが埋め込まれている意味世界の中で、どのように対処していけばよいのか？　不安定化の別の例には、伝統的な男女二分法に対抗して、性の定義の多様性を検討したケスラーとマッキーナ（Kessler and McKenna, 1978）の研究がある。これと関連して、ジェンダー（Lorber and Farrell, 1990）、異性愛―同性愛の概念（Greenberg, 1988;

Urwin, 1985)、月経前症候群 (Rodin, 1992)、性的特徴そのもの (Tiefer, 1992; Caplan, 1989) が社会的に構成される様々なプロセスが明らかにされてきた。あるいは、伝統的な組織理論 (Kilduff, 1993) や組織上のタブー (Martin, 1990) を不安定化させようとした研究もある。これらの研究は、暗黙自明の前提を動揺させ、新たな行為の可能性を開くという意味で、明らかに政治的含意をもつ。不安定化の含意は、キッシンジャー (Kitzinger, 1987) の研究にとりわけ明瞭に見て取ることができる——彼女は、リベラリストによるレズビアンの社会的構成が、いかにレズ女性のライフスタイルの根本的な意味をないがしろにし、同性愛恐怖症を生み出しているかを明らかにした。様々な心理学的「現象」が社会的構成の産物であることを明らかにしようとする研究もある。そこでは、次のような概念の実在に対する強固な信念が検討の対象となっている——すなわち、認知過程 (Coulter, 1979)、敵意 (Averill, 1982; Tavris, 1989)、態度 (Potter and Wetherell, 1987)、身体の痛み (Cohen, 1993)、愛 (Averill, 1985)、感情の分類 (Harré, 1986; Day, 1993)、誠実さ (Silver and Sabini, 1985)、意図 (Jayyusi, 1993)、人格構造 (Semin and Chassein, 1985; Semin and Krahe, 1987)、子供の発達 (Kessen, 1990)、思春期 (Hill and Fortenberry, 1992) など。さらに、不安 (Sarbin, 1968; Hallam, 1994)、分裂病 (Sarbin and Mancuso, 1980)、抑鬱 (Wiener and Marcus, 1994; Nuckolls, 1992)、拒食症と過食症 (Gordon, 1990)、さらにはより一般的な精神医学的分類 (Gaines, 1992) の実在についても疑義が唱えられている。これらの研究は、われわれが自分自身の心的世界を構成している方法を示すことによって、われわれは、日常生活においても、心理学の実験室においても、もはや伝統的な信念にしばられる必要はないことを訴えている。

こうした脱構築的研究の中で重要なのは、ジャン・スメズランド (Smedslund, 1988, 1991) による、心理学的言説の使用を支配する慣習についての研究である。スメズランドが論じているように、心理学における実証研究は、それが理解可能であるためには、こうした常識的慣習を利用しなければならない。なぜならば、常識的慣習に則っていないということは、全く意味不明ということだからだ。したがって、心理学の実証研究は、大部分、似非実証研究と言える。なぜならば、一見仮説検証をしているように見えるが、仮説と矛盾する研究結果は、すなわち、慣習的な理解に違背する——したがって、意味不明だ——からだ (「人は、行為しようとしている場合、行為しない」といった結論にならざるをえない)。私自身も、同様の観点から、心と世界、心と行為に関する命題が意味をもつための基礎——分析的基礎と定義上の基礎――を検討している。(Gergen, 1988a)。

社会構成主義は、現実の非―必然性を強調するがゆえに、政治的観点からの研究を求める。すなわち、伝統的なやり方で「真実を反映しよう」とするのではなくて、研究それ自体が解放や介入のための道具となることを求める。それは、当たり前の前提に対する、批判的な態度を生み出す。こうした研究としては、次のような言説に焦点を当てた研究がある――すなわち、老化とライフコース(Spencer, 1992; Gubrium, Holstein, and Buckholdt, 1994)、エイズの文化的表象(Treichler, 1987)、レイプについての社会的交渉(Wood and Rennie, 1994)、学校における問題行動の社会的構成(Epstein, 1991)、貧者ステレオタイプを肯定するような福祉政策を導く神話や儀式(Handler and Hasenfeld, 1991)、などである。さらに、人種間平等に関する信念(Allen and Kuo, 1991)、リテラシーの概念(Gowen, 1991)、メディアによるニュースの構成(Iyengar, 1991)、政治的現実の生成(Edelman, 1988)などをテーマにした研究もある。

伝統的な実証研究の主たる関心は、一般原理を打ち立てること、すなわち、文化や歴史に汚染されず、それとは独立した、認知、記憶、知覚などの原理を確立することであった。すなわち、伝統的実証研究は、(所与の仮説を拡張したり限定したりする)「普遍的」なプロセスには光を当てるが、文化や歴史の「特殊性」にはほとんど関心を示さない。これとは逆に、社会構成主義は、民族や歴史のもつ特殊性に、強い関心をもつ。というのも、もし研究によって人々の自己や世界の説明方法には様々なバリエーションがあることがわかれば、そうした知見は、現代文化の常識に対する挑戦になりうるからだ。つまり、社会構成主義の研究は、既存の存在論を脱構築し、それによって新たな選択肢を考える道を開くことを目的とする。アヴェリル(Averill, 1982)による怒りの研究は、そうした研究の優れた例である。現在、感情は、生物学的に決まっている――普通の人すべてに共通する生得的傾向――と強固に信じられている。しかし、アヴェリルは、様々な文化における行為パターンの顕著な違いを明らかにすることによって、われわれが生物学的前提と考えているものが、実は、文化的構成の産物であるとみなす方が妥当であることを示した。すなわち、怒りは一種の「遂行」であり、上手に遂行されることもあれば、そうでないこともあり、親しさを維持するために全く遂行されないこともある。アヴェリルの結論と共鳴し、それをさらに強調する研究も多い――例えば、感情の文化特殊性(Harré, 1986; Lutz, 1986a, 1988; Rosaldo, 1980)、知識の概念(Salmond, 1982)、他の様々な心理学的プロセス

(Bruner, 1990; Shweder and Miller, 1985; Kirkpatrick, 1985; Heelas and Lock, 1981; Carrithers, Collins, and Lukes, 1985; Gergen and Davis, 1985）などが文化的構成の産物であることが示されている。

異なる文化が異なるやり方で世界を構成していることを認めるならば、人間の機能、知識、実践についての新たな概念を考察するスタート地点に立つことができる。より具体的に言えば、社会構成主義の研究は、伝統的な心理学のテーマ（例えば、認知、感情、など）や方法（例えば、実験、相関的方法、など）の前提に対する挑戦である。こうした伝統的前提が、世界中に西洋のイメージを押し付け、さらなる植民地化を正当化するのに寄与している事実を考えれば、伝統的前提への挑戦には大きな価値がある。すなわち、社会構成主義による比較分析が目指すのは、文化間で資源を共有し、理論、方法、実践のレパートリーを増やすことである。

社会構成主義は、異文化への関心を刺激するだけでなく、歴史研究にも新たな可能性をもたらす。実際、われわれが自明視している現実が実は必然ではないことを考えれば、歴史的変化の検証は、比較文化的研究と同趣のものである。例えば、バン・デン・ベルグ（van den Berg, 1961）やアリエス（Ariés, 1962）の先駆的著作に刺激されて、「子供」概念の歴史的変化に焦点を当てた研究がある（Kagan, 1983; Borstelman, 1983; Goodnow and Collins, 1990のレビューを参照)。ケッセン（Kessen, 1979）が結論しているように、こうした歴史的変化は、子供の発達を概念化しようとする研究に、新たな方法を要請する——歴史を超えた普遍的法則を求めて実証研究を積み重ねていくという考え方は、もはや、時代遅れである。ケッセンの観点を支持する研究には、例えば、現代の発達概念の歴史的ルーツの研究(Kirschner, 1996)、子供概念の社会的構成についての様々な比較文化的研究（Goodnow, 1984; Harkness and Super, 1983; Gergen, Gloger-Tippelt, and Berkowitz, 1990を参照）がある。社会構成主義的研究による不安定化の含意は、歴史的変化を探求する次のような研究に見て取ることができる——すなわち、母親愛（Badinter, 1980; Schutze, 1986)、情熱（Averill, 1985; Luhman, 1987)、嫉妬（Stearns, 1989)、嗅覚（Corbin, 1986)、味覚（Borg-Laufs and Duda, 1991）に関する研究である。また、心理学に自己反省を促す研究としてとりわけ重要なものには、心理学における「人間」の概念（Buss, 1979)、心理学研究における「主体性」(Danziger, 1990)、心理学「実験」の概念（Morawski, 1988）の社会歴史的ルーツの研究がある。これらの研究は、現在の心理学のあり方を再考し、新たな可能性を模索するよう促すものである。

（3）社会的構成のプロセス

社会的認識論に基づく研究の第三は、社会的過程そのものに照準を合わせるものである。すなわち、いかなる過程で人々は共同的理解を達成するのか、理解の失敗はどのようにして生じるのか、いかなる状況のもとで社会的構成は変化し、あるいは変化を拒むのか、複数の矛盾する社会的構成はいかにして調停可能か？　このように、社会構成主義は、新たな問題群を提起し、研究のための広範な資源を提供する。これまでのところ、こうした研究は、ガーフィンケル（Garfinkel, 1967）によるエスノメソドロジーの先駆的研究、ゴフマン（Goffman, 1959, 1967）によるミクロ社会的ストラテジーに関する多くの研究、アレ（Harré and Secord, 1972; Harré, 1979）によるエスノジェニック社会心理学への様々な貢献、などから多くを得ている。その大きな特徴は、関心の所在と説明のポイントが、内的な心理学的領域から相互作用の領域へとシフトしていることである。すなわち、社会構成主義においては、一個人内の心的過程への関心――実験社会心理学の共通運賃――は、相互依存性、共同的に決定された結果、「共同行為」への関心に取って代わられる。例えば、自己提示と印象操作（Schlenker, 1985; Tseelon, 1992a）、社会的説明（Semin and Manstead, 1983; Antaki, 1981）、親密な関係（Hendrick, 1989; Duck, 1994; Burnett, McGhee, and Clarke, 1987）、相互作用エピソード（Marsh, Rosser, and Harré, 1978; Forgas, 1979）、意味の操作（Pearce and Cronen, 1980; Sigman, 1987）などの研究は、必ずしも個人主義的観点を断ち切っているわけではないが、社会的相互依存性を強調している。

社会的過程そのものを一層強調しているのが、ムメンディ（Mummendey, 1982）らによる研究である。彼女は、怒りが、内的衝動の表現としてではなく、相互作用の産物として現れることを明らかにした。また、フェルソン（Felson, 1984）は、こうした観点が、様々な犯罪を理解するために重要であることを、説得的に示している。言説過程に注目することによって、新たな展望を切り開いている研究もある。例えば、ユーニス（Youniss, 1987）、バーコヴィッツら（Berkowitz, Oser, and Althof, 1987）などの発達研究者は、子供の道徳性がいかに社会的に構成されるかを探求している。ミラーら（Miller et al., 1990）は、語りの実践が、子供の自己概念の構成に与える影響を研究した。リガー（Riger, 1992）は、同様に、相互作用の中から生み出された遂行的行為としてのジェンダーに注目し、ヘンウッドとコフラン（Henwood and Coughlan, 1993）は、母―娘関係の「親密さ」がいかに相互的に構成されるかを検討している。デイビスとアレ（Davies and Harré, 1990）は、言説における自己の位置づけを理論化した。ポッターとウェザレル（Potter and Wetherell, 1987）は、「会話の対象」がいかに社会的交換を通じて生成され、会話の動きが、様々な現実を保証し正当化するためにいかに使用されているかを検討した。ビリッヒら（Billig et al., 1988）は、人は認知的一貫性を求めるという伝統的見解を否定する重要な研究の中で、人々のイデオロギー的言説がいかに一貫していないかを示している。エドワーズとポッター（Edwards and Potter, 1992）は、社会的構成のプロセスが、伝統的な認知的構成の見地をいかに代替するかを明らかにし、自己や世界が言説によっていかに構成されるかを探求した。彼らは、「言説心理学」の基礎を打ち立て、「事実」が作られるプロセス、会話における主体の発生、言説の産物としての責任等のテーマに取り組んでいる。組織内部における意味の社会的構成を扱った研究もある（例えば、Gray, Bougan, and Donnellon, 1985; Cooperrider, 1990を参照）。社会的構成のプロセスに着目した研究には、歴史分析や通時的分析もある。例えば、ローズ（Rose, 1985）は、心理学的検査が、社会が個人をコントロールすることを好む風潮の中で開発され、そうした風潮を支持していることを、批判的に検討している。また、ガーゲン（Gergen, 1991b）とパーカー（Parker, 1992）は、ロマン主義時代からポストモダン時代に至るまでの、心理学的言説の歴史的変遷を明らかにしている。

経験主義は、知識の「生成」と「応用」を区別してきた。すなわち、科学者としての研究者が責任を負うのは知識の生成であって、その応用を通じて恩恵を受けるのは、科学の外部の人々である、というわけだ。こうした考え方の問題点については、すでに第2章で述べた。社会構成主義の認識論からすると、「知る人」と「使う人」というこの区別は、もはや意味をなさない。人間科学は意味ある言説や実践を生み出し、同時に、その言説や実践をもって社会生活を変えていこうとするのであるから、人間科学研究は、それ自体が社会的行為の一形態である。したがって、知識と応用は、原理的に分離不可能である。主にこうした理由から、社会構成主義の研究は、重要な文化的問題に取り組んでいることが多い——コンフリクト、ジェンダー関係、イデオロギー、権力、などの。こうした問題について議論することは、それ自体が文化的対話への参加を意味するのである。

実践へのチャレンジは、多くの社会構成主義的研究を刺激してきた。進行中の実践場面を対象とする様々な研究には、こうした実践的姿勢がにじみ出ている。例えば、エドワーズとマーサー（Edwards and Mercer, 1987）、ブライス・ヒース（Heath, 1983）は、教室において現実がいかに構成されるかを検討した。社会構成主義が教育実践に対してもつ意味については、ブラッフェ（Bruffee, 1993）の共同学習についての研究や、ラザー（Lather, 1991）のポストモダン教育学の研究に詳しい。社会構成主義の視点は、組織経営の実践（Astley, 1985）や、組織が現実を形成し変化させる方法（Srivastva and Barrett, 1988; Deetz, 1992）の研究にも及んでいる。また、バブナニ（Bhavnani, 1991）は、青少年の政治意識と、それが社会の権力構造にいかなる意味をもつかを検討した。こうした政治的関心は、人種差別の言説（van Dijk, 1992）、同調のレトリック（Nir and Roeh, 1992）、ストリート・ハラスメント（Kissling, 1991）などの多くの研究にも表れている。離婚カウンセラーも、夫婦の問題を、社会的に決定される性の言説の観点から把握するようになりつつある（Riesman, 1990）。アンダーソンとグーリシアン（Anderson and Goolishian, 1988）、シュニットマンとフクス（Schnitman and Fuks, 1993）は、セラピーの過程を、新たなる可能性を共同で構築する過程として位置づけ直している。ライス（Reiss, 1981）は、家族による現実の社会的構成についての先駆的研究であり、マクナミーとガーゲン（McNamee and Gergen, 1992）らは、セラピー実践の社会構成的含意を詳細に検討している。セラピー実践の問題については、第10章で再び立ち戻ることにする。

社会的な実践においては、テキストやレトリックが現実を構成し、あるいは、現実を変革する強力な手段となる。この点についても、優れた研究が行われている。例えば、レアリー（Leary, 1990）は、心理学者を対象に、心理的現実を構成する際のメタファーの機能を検討した。スタンバーグ（Sternberg, 1990）は、知性のメタファーを比較検討し、ブラウン（Brown, 1992）は、そうしたメタファーが、知能テストの隆盛にいかにレトリカルな力を与えたかを示した。サービン（Sarbin, 1986）も、科学と日常生活の両者における語りの重要性を示した。現実になされている語りの働きを例証する研究としては、病気の語りの研究（Kleinman, 1988）、発達理論の語り研究（Gergen and Gergen, 1986; Valsiner, 1992）、セラピーの語りの研究（Spence, 1982）、などがある（第8章から第10章も参照）。また、ショッターとガーゲン編集の論文集（Shotter and Gergen, 1989）、コンド（Kondo, 1990）、アーキン（Eakin, 1985）は、アイデンティティ形成におけるテキストやレトリックの役割を明らかにしている。

社会的過程の研究の最も重要な成果は、対人関係の領域における心的過程の位置づけを変更したことである——すなわち、伝統的に、個人の心の世界のプロセスとされていたものを、関係性のプロセスとして再構成したことである。関係性を基盤とした概念化については、第3部で集中的に論じる。

第4節　対立を越えて——実証研究の再定位

前節で述べてきた様々な研究は、社会構成主義の潜在力の大きさを示している。重要なことは、これらの研究が、従来の二元論的認識論ではなく、社会構成主義に基づいていることだ。すなわち、社会構成主義の前提を精緻化し、拡張することによって、これらの研究は、問題を提起し、社会変革を試みようとしているのである。社会構成主義を批判する者は、これらの研究に伝統的な実証的方法が用いられていることを疑問に思うかもしれない。すなわち、批判者は、次のように問うかもしれない——もし、社会構成主義が、真理の主張を放棄するのであれば、様々な実証的方法を使用することは矛盾するのではないか？　しかし、第3章でも述べたように、社会構成主義の研究においては、実証的方法は、命題の妥当性を証明するために使われるのではない。すなわち、述べてきたような社会構成主義的研究の関心は、命題の真偽を確定することにあるのではない。そうではなくて、その関心は、研究による社会生活の再構成から、いかなる社会的・知的効用が得られるかという点にある。社会構成主義の研究は、現在の世界認識の枠組みに対して、重要な代替案を提供し、それによって、行為の新たな代替案を提供する。この意味で、多くの「実証」研究は、本質的に、レトリカルな機能をもっている。すなわち、実証研究によって、様々な理論が表現力をもつことになる。それは、抽象的な理論言語を日常生活の言葉に翻訳し、それをもって日常生活を刷新するための糧とするのである。

結局のところ、実証研究に対するこの姿勢こそが、社会構成主義と伝統的社会心理学の雪解けへの道である。社会構成主義の主張と一致しない研究をすべて排除することが、社会構成主義の目的なのではない。もし、科学的言語の主たる機能が、事実探求ではなくて実践にあるのであれば、伝統的なメタ理論、理論、方法論も、それらが文化に寄与するならば評価できるし、逆に、有害な含意をもつ場合には、批判の対象になる。同様に、社会構成主義の研究と実践も、文化に対する寄与という観点から評価しなければならない。

ここで、社会構成主義と経験主義の違いが鮮明になる。経験主義においては、理論の役割は、世界をありのままに描出することであるから、理論間の競合は、ゼロサムゲームのようなものである。すなわち、ある理論が正しいのならば、それと相容れない意見は排除される。このような枠組みの中では、急進的行動主義と認知主義の争いは、どちらかが倒れるまで続くしかない。というのも、両者が同時に真であることはありえないからだ。同じように、心理学の現状は、敵対し争い合う陣営が点在しており、相互の対話はほとんどなされることがない。しかし、社会構成主義の認識論に立つならば、このような対立は意味をなさなくなる。そこでのゲームは、客観性を審判者とするゼロサムゲームではない。そうではなくて、理論的な言説――認知主義、行動主義、現象学、精神分析、など――は、それぞれ、社会生活を実践するための言説的手段を文化に提供するとされる。したがって、多様な心理学の理論的言説を並存させるほど、文化全体のシンボリックな資源も増大することになる。世界から心理学理論を取り除くことは、社会的交流の舞台を貧困にすることなのである。

この意味で、先に述べた認知主義批判は、認知主義の排除を意味するものではない。そうではなくて、主たる批判の意図は、きわめて限定的で自己反省的契機をもたない科学の、ともすれば傲慢な姿勢を牽制することにあった。述べてきたように、認知主義は、個人の行為について新たな興味深い観点を多々提供してきた。しかし、認知主義の観点が言説の世界を支配してしまうと、かえって、心理学は、文化を豊かにする能力を失ってしまうだろう。

注

［1］消去的唯物論（心的なものは物理的なものに還元でき、したがって、心は存在しない、消去されるべきであるとする主張）の立場から心的命題の問題点を論じた有用な議論として、Garfield（1988）を参照。

［2］認知主義に対するさらなる批判としては、以下を参照――認知研究におけるレトリックの産物としての「認知的事実」や「非合理性」（Lopes, 1991; Shotter, 1991; Bowers, 1991）、社会心理学における認知主義運動の悪影響（Graumann, 1988）、認知研究に見られる時代遅れの帰納主義への依存（Sahlin, 1991）、「認知的判断ミス」をエラーとみなすことの問題（Tetlock, 1991）、発達理論に対する認知主義的前提の限界（Valsiner, 1991）。

［3］同じ議論が、前章までに述べた社会構成主義の観点に対しても当てはまるのではないか？　社会構成主義は、認知主義の唯我論を、言語的・社会的唯我論に置き換えただけではないか？――否である。なぜならば、社会構成主義は、表象の外部には世界が存在しないと主張しているわけではないからだ。社会構成主義は、存在の問題については、ただ沈黙するのみである。例えば、人は、「戦争」「身体」「愛」を実在するものとみなすような意味の文化的体系に参加することができるし、特定の観点に基づいて、攻撃や感情の研究に取り組むこともできる。しかしながら、社会的構成の再帰的プロセスが、物象化や普遍化に対する安全弁としての役割を果たす。

［4］認知主義者の代表格であるジェリー・フォダーJerry Fodorは、著作のいくつかで、唯我論の問題に触れている。例えば、1981年の論文「認知心理学における研究ストラテジーとしての方法論的唯我論Methodological Solipsism Considered as a Research Strategy in Cognitive Psychology」では、物理的事象と心的表象の関係について一般法則を打ち立てようとするならば、「刺激を物理的に特定すること」、すなわち、刺激と心的表象の間の因果関係について自然科学的に説明しなければならなくなる、と述べている。しかし、自然科学はそうした特定ができるほど発達していないから、心理学が刺激と心的表象の因果関係を理解できるのはいつのことかわからない。フォダーは、皮肉をこめて、次のように結論している。「私とロビン・ロバートの間にどのような自然科学的関係があれば、私がロビンのことを考えるようになるのだろうか？　これは天のみぞ知ることである。自然科学が私とロビンの関係を説明できるほど有用になる可能性を、私は信じることができない。でも、私には、ロビンのことを思うだけの関係が存在していることを信じることはできる」（pp.252-253）。

［5］強化理論と認知地図理論に対する代案が、ヴィゴツキーによって示されている。具体的には、Vigotsky（1978）は、認知に対する社会の優位を強調している。彼によれば、高次の思考とは、社会的過程が内化したものである。ただし、ヴィゴツキーは、子供がいかに社会的過程を内化するのか、そのプロセスについてはうまく説明できていない。実際、Cole（1985）がヴィゴツキー

について論じつつ結論しているように、「文化の独自の特徴がいかなるプロセスをもって個人の認知過程に変換されるのかは、未だ明らかにされていない」(p.147)。

［6］Johnson-Laird（1988）がまとめているように、概念獲得の問題について、フォダーはすべての概念は生得的であるという極端な結論に向かっている。フォダーは、次のように論じている。一つの単純なロジックのみを理解している子供がいるとする。その子供は、そこからさらに複雑なロジックを導出することは決してできないはずだ。なぜならば、そうするためには、まずもって、新たな表現群を理解しなければならないからだ。フォダーによれば、「ある人がすでにもっている概念システムよりも豊かな概念システムを学ぶという観念は、文字通り、存在しない」（Johnson-Laird, p.135の引用）。ジョンソン－レイアードは、フォダーの結論を支持し難いと考え、生得的カテゴリーを、生得的な成熟の過程に置き換えようとしている。しかし、その場合でも、概念獲得の問題は未解決のままである。

［7］現代の心理学は、少なくともデカルトにまで遡ることができる二元論的形而上学を前提としているが、哲学においては、この二元論は広く受け入れられているわけではない。Smythies and Beloff（1989）がこの「疑わしい」二元論を擁護する著作で述べているように、「デカルトの最大の難点は――実際、デカルト自身もそれで悩んでいたのだが――、心と物とを共通性のないものとして定義してしまうと、それらが日常生活において相互作用しているように見える仕方で、いかに相互作用可能なのかを説明できないことである」(序文p.7)。

［8］フロイト理論は、人間行為を理解する際、動機（イド）の強調によって、認知（エゴ）の重要性がいかに減じられるかのよい例である。現在の認知理論は、「エネルギー理論」の潜在的な脅威に十分自覚的である。認知主義陣営の内部でも、動機を認知の一形態に変える理論（例えば、Kruglanski, 1992を参照）や、感情を認知されたエネルギーとみなす理論（Schacter, 1964）を発展させ、それによってエネルギー理論を覆し、認知主義の覇権を維持しようとする活発な動きが存在する。しかしながら、いずれにしても、認知理論は、ここで述べてきた問題に再びとらわれることになる（たとえ今は机の下に隠されているにしても）――すなわち、抽象命題、概念、理念、内的命題は、それ自体、いかにして行為を生み出すのか?

［9］以前、私は、「社会的理性主義」という用語を用いて、経験主義と合理主義をうまく対比させたことがある（Gergen, 1994）。この用語が意味しているのは、われわれが合理性と名づけるものは、個人の心から生まれるものではなく、社会的交流の結果生まれるものである、ということだ。本章で社会的認識論という用語を選んだのは、知識についての主客二元論に基づく古典的説明を、明確に社会的な観点で置き換えることを強調するためである。Fuller（1988）による社会的認識論の精緻化は――知識社会学を、認識論的限界まで拡張したものであるが――、認知との結びつきを完全に断ち切っているわけではないものの、私の主張と

共鳴するものである。

[10] 批判学派やフェミニズムが支持する「もう一つの心理学」と社会構成主義が支持するそれとは、必ずしも一致するわけではない。例えば、たいていのフェミニズムの著作と社会構成主義の立場の間には、深いレベルでの類似性があるが、批判学派の著書の多くは、自らを実在主義者ないし唯物論者と見ている点で、社会構成主義とは異なっている。しかしながら、重要なことは、社会構成主義の観点は、イデオロギー批判も支持するし、一般に、社会についての批判的語彙が拡大することを歓迎する、ということだ。もちろん、だからといって、そうした批判が、社会構成主義の主張と一致しなければならないわけではない。

[11] 経験主義の勢力がそれほど強くない、社会科学の他の領域においては、社会的批判が広く受け入れられている。ハンナ・アレント（Hannah Arendt）、ロバート・ベラー（Robert Bellah）、アラン・ブルーム（Allan Bloom）、バーバラ・エーレンライヒ（Barbara Ehrenreich）、イヴァン・イリッチ（Ivan Illich）、クリストファー・ラッシュ（Christpher Lasch）、デイビッド・リースマン（David Riesman）は、二十世紀の文化的潮流に影響を与えた多くの研究者の例である。

第6章　精神疾患の言説が社会にもたらす影響

これまで述べてきたように、社会構成主義は、社会生活の自省的分析を要請する。本章では、現代社会においてますます重要になっている一つの問題について探求することにしたい。それは、精神衛生の専門領域――代表格は精神医学や臨床心理学だが――の言説がもたらす問題である。セラピーの実践に従事している多くの同僚、学生、友人を見て、彼らが皆、人々の人生をよりよいものにすることに強くコミットしていると私は信じている。セラピーを求める人の多くもまた、セラピー的介入の効果の程ははっきりとしているわけではないが、セラピーが現代社会に不可欠の人道的役割を果たしていると信じている。しかし、本章で問題にしたいのは、人間の生の改善に関する一般的な考え方や、セラピーが社会生活の質を向上させるという一般的な期待がもたらす、逆説的な帰結である。すなわち、精神衛生の専門家は、人々の苦しみを軽減する効果的な手段を提供すると同時に、社会の混乱を増大させるネットワークをも生み出している。そうした混乱は、精神衛生の専門家に利益をもたらすと同時に、人間の感じる苦痛を指数関数的に増大させてもいる。

第1節　心理言説――写実的か実践的か

問題の本質と重要性を明らかにするために、これまで述べてきた言語の機能に関する議論を、心理言説の問題に敷衍してみよう。これまでの議論から、心をめぐる語彙について、二つの観点を区別することができる――写実的観点と実践的観点である。常識的には、われわれは、「考えている」「感じている」「希望している」「恐れている」などという言葉を写実的に用いている。すなわち、われわれは、それぞれの人に違う名前をつけたり、性質の異なるものに別のラベルを貼るのと同じように、心に関する用語を、心の様々な状態を描写するかのように用いている。例えば、「私は怒っている」という陳述は、常識的には、**喜び**、**当惑**、**エクスタシー**などとは異なる心の状態を記述するためのものである。セラピーの専門家の大多数も、同様に考えている。セラピストは、クライアントの話に何時間も耳を傾け、クライアントの「内的生活」――思考、感情、漠然とした恐怖、葛藤、抑圧など「彼らが経験している世界」――の状態を確かめる。そこでは、クライアント個人の言葉が、その人の「内界にアクセス」する媒体であることが――すなわち、直接には観察不可能な状態を、専門家に明らかにしてくれることが――、前提にされている。さらに、内界を明らかにすることは、セラピーの結果にとってきわめて重要である。セラピストは、クライアントの心的状態を明らかにした上で、クライアントを自己洞察に導いたり、クライアントの自律感や自尊心を高めたり、カタルシスをもたらしたり、クライアントの罪悪感を減らしたりする。

これに対して、われわれは、第2章で、こうした言語の写像理論や、伝統的知識概念におけるその位置づけについて、様々な角度から批判した。特に、伝統的観点に内在する、社会的・イデオロギー的・修辞的問題に注目してきた。もし言語が外界の写真や地図の役割を果たせないならば、心理言説の場合も、同じである。あるいは、もし、生物学、化学、芸術評論、政治、陸上競技などの言語が、われわれが「事実」と思っているものを構成するのであれば、全く同様に、心理言説が「心の世界」を構成しているはずである。ただし、重要なことは、心理言説の場合、言語を結びつけることのできる個別的な指示対象が存在しないことだ。見てきたように、例えば、生物学、化学、芸術評論などの場合には、専門家コミュニティは、様々な「出来事」や「事物」をどう呼ぶかについてローカルな合意に達することができる。例えば、生物学者のコミュニティは、「ニューロン」「シナプス」などの術語が、様々な「状況」をどのように指示するのかについて、意見の一致を見ることができる（第3章を参照）。しかし、心理学的言説の場合、そうした直示的な指示対象についてのローカルな合意は、原理的に、確立できない。心理学用語――「態度」「不安」「意図」「感情」など――を内的状態に結びつける際に直面する、いくつかの問題について考えてみよう[1]。

・われわれが同定できる心理状態の特徴は、どのようなものであろうか？　どのような基準によって、われわれは、例えば、怒りと恐れと愛という心理状態を識別しているのか？　言うまでもなく、色、大きさ、形、重さが違うわけではない。これらの基準で心理状態の識別をしようという人はいないだろう。そして、これらの基準が不適切であることは、心理状態の観察によってわかっているわけではない。

・生理学的指標――血圧、心拍数、など――に基づけば、心理状態を同定することができるのだろうか？　もしわれわれが様々な生理学的指標に十分敏感であったとしても、それらの指標がどの心理状態を指示しているのかを特定することはできない。例えば、心拍数の増加は、愛ではなく怒りを、絶望ではなく希望を、示しているなどとは言えない。

・自分自身の心理状態を同定したとしても、どうしてその同定が正しいことを確信できるのだろうか？　他のプロセス――例えば、抑圧や防衛――によって、誤った同定をしてしまう可能性があるのではないか？（怒りと同定した心理状態は、実は、エロスという心理状態だったのかもしれない）

・ある心理状態を以前に経験したのと同じ心理状態であると認識する場合、どうしてその認識が正しいと判断できるのだろうか？　その認識――「私の認識は確かである」――には、別の自己認識――「私の経験が確かであることは確かである」――が必要なのではないか？　そうだとすれば、心理状態の同定にはさらなる過程が必要であり、無限後退に陥ってしまう。

・われわれは心理用語の使用――特定の状況において、例えば、恐れ、エクスタシー、喜びを経験すると言うこと――については一致するかもしれないが、どのようにしてお互いの主観的経験が同じだとわかるのだろうか？　どのようなプロセスによって、私の「恐れ」が他者の「恐れ」と等しいかどうかを決定できるのか？　他の皆が「恐れ」と呼ぶものを私がもっていることなど、確かめようがないはずだ。

・前世紀によく使用されていた心理用語が今世紀では次第に使われなくなり、新しい心理用語に取って代わられたことは、どのように説明すればよいのだろうか？（**憂鬱**、**崇高さ**、**神経痛**、**劣等感**という用語に、何が起こったのか？）これらの言葉が使われなくなったのは、その言葉で表現される心理過程が存在しなくなったからではない。

・心の語彙が文化によってかなり異なることは、どのように説明すればよいのだろうか？　例えば、イファルーク族の**ファーゴ**という感情（Lutz, 1988）のような、未開部族と同じ心的事象を、われわれもかつてはもっていたのだろうか？　われわれは、そうした感情を経験する能力を失ったのか？　それとも、そうした感情は、われわれの核心部分のどこかに潜んでいるが、西洋流に洗練された心の下層に埋もれているのか？　これらの説明は、どれも間違っている。

これらの問題は、未だに解決されていないし、心理言語がそれと対応する心理状態をもつという前提が全くの誤りであることを明確に示している。実際には、心理言語が個人内の実際の状態を反映し、描写し、言及するという前提は、様々な心理状態を**物象化**しているからこそ成立する。すなわち、物象化によって、言語が指示しているように見える対象が、実在している（存在論的実在）かのように扱われている。あるいは、別の言い方をすれば、言語があたかも明確な心理状態を指示しているかのようにみなすことによって、人は、**見当違いの物象化という錯誤**に陥っている。すなわち、人は、能記があるからには、それに対応して、具体的な対象があるはずだと思い込んでしまっている。もちろん、こう言ったからといって、怒って叫び声をあげたり、しっかり抱きしめたり、暗闇で不気味な音を聞いたりするとき、個人の内部で「何も生じていない」と主張しているわけではない。しかし、そうした内的状態が、特定の心理言語と必然的に結びつくわけではない。例えば、オセロやフォルスタッフの役を演じるときと、リア王の役を演じるときでは、全く異なる「内的経験」が生じるだろう。しかし、役者は、自分の演技を説明するのに――つまり、他者に理解してもらうのに――心理言語も生理学も必要としない（ほとんどの場合、「リア王」を演じていることがわかれば十分であり、それに心理学的・生理学的「基礎」の記述を付け加える必要はない）。実際、心理言語で何かを指し示したとしても、根拠のない曖昧な意味を付け加えることしかできない。

では、言語の写像理論を、もう一つの理論――**実践理論**――と対比してみよう。そのために、心理言語は心の状態を指し示すという観点を括弧に入れて、それを社会関係の構成要素と考えてみよう。すなわち、前章までの議論に従えば、心理言語は、それが人間の相互作用の中で使用される、その使用のされ方から、その意味を獲得する。つまり、ある状態について、「私は不幸だ」と言うとき、「不幸だ」という言葉に意味があるのは、私のニューロンの状態や現象学的場の状態と一致しているからではない。そうではなくて、「不幸だ」という言葉が重要な社会的機能を果たしているからだ――例えば、「私は不幸だ」というセリフは、状況の悪化に終止符を打つ機能をもつかもしれないし、支持や激励を得る機能をもつかもしれないし、様々な意見を得る機能をもつかもしれない。さらに、心理言語がいかなる条件のもとでいかなる機能を発揮するかは、社会的慣習によって規定されている。例えば、「とても悲しい」という語句は、近親者の死について言うことはできるが、春蛾の死について用いることはできない。あるいは、「落ち込んでいる」というフレーズは、他者の関心や支持を集めることはあっても、別れや笑いや賞賛を引き起こすことはない。この意味で、心理言語は、心理状態の鏡ではなくて、微笑やしかめ面や愛撫のような働きをもつ。すなわち、心理言語は、心理状態の写し絵などではなく、空中ブランコのグリップのようなものだ。実際、人々は心理言語を社会関係を構築する中で使用しているのだ[2]。

第2節　社会の中での精神疾患の言説

心理言説に対する西洋人のスタンスは、まさに写像理論的である。われわれ西洋人は、一般に、自分自身の主観的状態についての説明を（少なくとも本人にとっては）適切であると考えている。そして、ちょっとしたインテリならば、その人は自分の感情を十分にわかっているのだろうかとか、自己を防衛しようとして「本当の」感情がわからなくなっているのではないか、などと疑ったりもする。あるいは、科学者であれば、様々な心理状態（孤独感や抑鬱）が社会全体の中でどのように分布しているのか、それが生じる条件は何か（ストレスやバーンアウト）、それを変えるにはどうすればよいか（様々なセラピーの相対的有効性）、などを知ろうとする。しかしながら、西洋文化にどっぷり浸かっているわれわれが、これらの言葉によって指示される心的実在を疑うことは、ほとんどない。そして、心の実在がほとんど疑問視されないために、日常生活における心理言語の効用や弊害が問題にされることも、めったにない。もし心理言語が存在するのは対応する心理状態が存在するからだとすれば、心理言語を批判するいわれはない。なぜならば、その場合、心理言語を認めないことは、地球が丸いことを認めないのと同じことになるからだ。

しかし、心理言説を実践的観点から見るならば、心理言語は「真実を担うもの」としての機能を失う。すなわち、心理言語が「実在するものを名指している」という理由で、言語使用を正しいと主張することはできないのだ。同時に、われわれは既存の用語法について、重大問題に直面することになる。というのも、「われわれの語り方」は、社会生活のパターンと密接に絡み合っているからである――すなわち、この「語り方」は、特定のことがらを支持し、その他のことがらを生じにくくさせる。したがって、実践的観点からすれば、きわめて重要なことは、心についての一般的な語彙が、人間関係に及ぼす影響を明らかにすることである。すなわち、われわれの目標が人々の生活をよりよいものにすることであるならば、既存の心理言語はその目標にとって有益なのか、それとも有害なのか、という問題である。そして、最も重要なこととして、精神疾患の語彙は、いかなる種類の社会的パターンを促進（あるいは、抑制）するのかを見極めなければならない。他にも重要なことはある。精神衛生の専門用語――「神経症」「認知機能障害」「抑鬱」「心的外傷後ストレス障害」「性格障害」「抑圧」「ナルシシズム」など――は、社会の中でどのような機能をもつのか？　これらの用語は、望ましい人間関係をもたらすだろうか？　これらの語彙をさらに増やしていくべきだろうか？　他に望ましい用語法があるのではないか？　これらについては、まだ明解な回答はなされていないし、広範な議論もなされていない。したがって、ここでの目的は、最終的な答えを得るというよりも、議論の場を用意することにある。

こうした議論の拠り所は、いくつかの関連領域に存在する。例えば、サズ（Szasz, 1961; 1963; 1970）は、きわめて批判的な著作の中で、精神病の概念は、観察の結果によって要請されたものではないと論じている。彼は、そうした概念は社会的神話として機能し、主に社会的統制の手段として使用（彼の観点からすれば、誤用）されている、と主張する。こうした観点は、社会的構成としての精神分裂病概念に注目するサービンとマンクーソ（Sarbin and Mancuso, 1980）の議論にも現れている。同様に、イングレビー（Ingleby, 1980）は、精神病のカテゴリーが、精神科医の価値観やイデオロギーに応じて作られていることを示している。コーヴェル（Kovel, 1980）は、精神衛生という専門領域が、本質的に、既存の経済構造の中で、一つの産業形態として機能していると主張した。フェミニズムの思想家は、疾病・診断・治療の分類学には、女性に対する偏見があり、家父長制社会の存続に一役買っていることを明らかにしている（Brodsky and Hare-Mustin, 1980; Hare-Mustin and Marecek, 1988）。ローズ（Rose, 1985）とシャクト（Schacht, 1985）は、「知—権力」関係についてのフーコー（Foucault, 1978; 1979）の分析をうけて、心理テストと、それが作り出す現実が、社会の主流派の考え方を様々な仕方で助長していることを検討した。これらの批判はすべて、「心理言語が真実を運ぶ」という前提を疑問視し、現代の言語使用が抑圧的な結果をもたらすことを的確に指摘したものである。

　精神疾患の言語が社会の中でどのように機能するかについては、言うべきことが数多くあるが、そのすべてが否定的というわけではない。肯定的側面としては、例えば、精神衛生の専門用語は、異質な人を身近なものにし、そのことによって周囲の人々が抱く恐ろしさを緩和するのに役立っている。すなわち、逸脱行動は、例えば、「悪魔の所業」や「理解不能」と見られるのではなくて、一定の基準に基づくラベルを与えられ、それらが自然で、十分に予測可能で、科学にとってはありふれたものとみなされる。同時に、こうした馴致の過程によって、嫌悪や恐れの感情が、身体に疾患をもつ人に対するような、人道的で同情的な反応を呼び起こす。実際、われわれは、意図的に妨害をしていると思われる人に対してよりも、「病気」で苦しんでいる人に対して、やさしく共感的になる。さらに、精神衛生の専門領域は科学の一分野であり、科学は問題を解決する進歩的な活動であるとみなされているがゆえに、科学的ラベル付けは、未来に対する希望をもたらす。すなわち、今日の病気が永遠に続くのではないかと思い悩む必要がなくなる。

こうしたことから、多くの者は、現在の心理言説は、過去よりも進歩していると考えている（Rosen, 1968を参照）。しかし、こうした楽観論は何のメリットももたらさない。なぜならば、既存の心理言説には重大な「負の側面」があり、その問題は――以下で示すように――ますます深刻になりつつあるからだ。以下、精神疾患の言説が社会の弱体化をいかにもたらすかについて考えていこう。

（1）階層化される社会

あなたの欠点をあげつらうとしよう。いくつあるだろうか――衝動的人格、仮病使い、反応性抑鬱、拒食症、躁病、注意欠如障害、支配欲、自尊心の欠如、ナルシシズム、過食症、神経衰弱、心気症、依存人格、性的不感症、権力主義、反社会的性格、自己宣伝癖、周期的感情障害、異性服装倒錯、広場恐怖症……。

これらの用語は、科学的中立性を保とうとしているけれども、実は、ある特定の社会的価値を担っていることは、以前から認識されてきた（Hartmann, 1960; Masserman, 1960）。例えば、「健全な機能」についての専門家の見解は、特定の社会に特有の理想的人間像に彩られており（London, 1986; Margolis, 1966）、また、政治的イデオロギーとも結びついている（Leifer, 1990）。つまり、この文脈においては、精神疾患の用語は、善悪についての暗黙の文化的基準に沿って個人を位置づける、評価装置として機能していることがわかる。例えば、われわれは、決定的な抑鬱、不安、タイプAパーソナリティについて不満を言う人に、ある程度共感してしまう。しかし、共感にはしばしば自己満足が伴う。なぜならば、他人の不満を聞くことによって、優越感が得られるからだ。このような場合、他者は何らかの負性――快活さ、分別、穏やかさ、コントロールなどの欠如――によって特徴づけられてしまうことになる。こうしたことは不可避であるように思われるし、社会に共有された価値を維持する手段として望ましいとさえ思われるかもしれない。しかし、こうした用語の存在が、隔離や軽蔑を伴いつつ、微細ではあるが無視できない階層構造を浸透させるのだ（Goffman, 1961）。この意味で、精神疾患の語彙は、武器に似ている――その存在自体が、攻撃対象を作り出す。そして、こうした語彙を用いることの帰結として、「理想的でない」個人は、「治療プログラム」に送り込まれ、心理薬理学的ケアを受け、施設に入ることによって社会から隔絶されることになる。精神的健康の基準が多ければ多いほど、ある人が他者と比べて劣っているとみなされる可能性も高くなる。ここで忘れてはならないのは、同じ行為が別の呼ばれ方をし、別の帰結をもたらす可能性もあることだ。言語使用に熟達していれば、抑鬱を「精神的飛躍の準備状態」、不安を「高められた感受性」、タイプAの熱狂を「プロテスタントの職業倫理」として構成することもできるだろう。こうした用語を使うことによって、既存の階層が逆転したり、なくなったりすることもあるだろう。

(2) 浸食されるコミュニティ

用語法が異なれば、一つの行為がたどる道筋も異なってくる。例えば、十代の犯罪が「経済的貧困」の結果とみなされれば、「ギャング心理」や「退廃した家庭生活」の結果とみなされた場合とは異なる政治的意味をもつ。精神疾患に関する用語は、現代社会の中で機能するにつれ、医学的神秘性に覆われてきた。それらの用語は病気や苦痛に対する命名であり、医学の論理からは、病気や苦悩は専門的な診断と治療が必要とされる。ところが、「苦しんでいる人」がそうした医療プログラムに入ると、「問題」は日常の文脈から剥ぎ取られ、医療という専門領域の中で再構成される。実際、精神衛生の専門家は、普通ならば専門的な文脈の外で生じるような、対人関係の再編過程を独占してしまう。それによって、患者が属するコミュニティにとって基本的な関係は断絶され、コミュニケーションは弱体化し、相互依存性のパターンは破壊されてしまう。要するに、コミュニティ生活が浸食されるのだ。もちろん、自然な再構成過程にはしばしば時間がかかり、苦労も多く、残酷なことや当惑することも起こるだろう。また、「グラブに合わない手」に耐えるには、人生はあまりにも短い、だから専門家の介入が必要なのだ、と言ってみることはできる。しかし、そう考えてしまうと、その問題にはコミュニティの人々の参加が必要であるのに、それを生態学的ニッチから排除することになる。例えば、夫婦が、お互いよりもセラピストと密接なコミュニケーションを行い、セラピーで明らかになった重要なことを自分の胸にしまい込んでしまう。親が、子供の問題を専門家と話し合ったり、その子供を治療センターに行かせると、そのことによって、子供や隣人との本音の(自意識過剰ではない)コミュニケーションの可能性を低めてしまう。アルコール依存症の治療プログラムに指導的な専門家が置かれることによって、自己反省的な話し合いの機会が減り、自分たちの力で問題に対処することができなくなってしまう。問題行動をとる人物の妻(夫)は、例えば「共依存症の自助グループ」に誘われ、夫（妻）を客体化した上で、夫（妻）の問題について初対面の人と話し合う。いずれのケースでも、コミュニティの相互依存システムが、傷つけられ破壊されてしまうことがわかるだろう。

以上のことは、私にとっては、子供の頃のキビィとの経験を思い出させる。キビィは、年上で、よくわけのわからないことをしゃべり、仕事もなく、よく子供と遊んでいた。われわれはしばしば彼を面白がり、ときには彼を避け、彼をからかいさえもした。ときおり私の母親とも、彼について話した。母は、キビィには親切にしなければいけないけど、変わっているから、私一人で彼と遊んではいけないと言った。母は、キビィの母とも、キビィのやらかしそうなことや彼の将来についてよく話をした。キビィの母は、息子のことについて、近所に住むほとんどの人と話していた。当時、われわれは、「精神病」という言葉を知らなかったし、映画やテレビから恐ろしいステレオタイプを植えつけられることもなかったし、「病気」を名づけ治療する専門家もいなかった。キビィはちょっと変わっていたが、近所の皆はうまくつきあっていた。今だったら、おそらく、キビィは、テレビの前でおとなしくさせられるか、適当な施設に閉じ込められるかして、コミュニティ生活に参加することはなかっただろう。

（3）弱体化する自己

精神疾患の用語は、記述の対象である人がもつ性質の不変的エッセンスを抽出すると考えられている。すなわち、時と状況を超えて持続する個人の特徴――その人の行為を正確に理解しようとするのに必要な特徴――を指し示すと考えられている。つまり、精神疾患の用語は、「問題」は、特定の時空間やその人の人生の特定の領域に限定されてるのではなく、実に一般的なものであることを、受け手に伝える。そうした疾患は状況から状況へともち越され、あざや指紋のように――ある教科書に書いてあったのだが――必然的に現れてしまう。実際、いったん行為を精神疾患の観点で理解してしまうと、すべての行為の背後に問題がひそんでいるのではないかと疑ったり、どうすれば疾患にかかったりかからなかったりするのかが気になるようになる。「問題」の深刻さは、今や、多方面に広がっている――それは、自分自身の影のように、避けられない。マルシア・ラブジョイは、現在、精神分裂症患者のリハビリテーションの仕事に従事しているが、十七歳のときには自分自身分裂症と診断されていた。当時の医者は、彼女に、病気だから働けないし、学校も卒業できないし、他者とよい関係を続けることもできない、と告げた。医者が言うには、状況は絶望的だった。ラブジョイは、この診断を、癌と宣告された人と比べてみた。「もし、癌が不治の病であった時代に、癌という病名で呼ばれたら、どう思うだろうか？　もし『癌ならば自分たちにできることは何もない。悪すぎる。癌を治療することはできないから、病院に送ろう』と言われたとしたら」(Turkington, 1985, p.52)。すなわち、精神疾患のラベルを貼られることは、自己不信の生涯を送る可能性を意味している。

以上述べてきた問題——社会階層の形成、コミュニティの浸食、自己の弱体化——が、精神疾患の言語がもたらす問題のすべてではない。実存主義の理論もまた、精神疾患の言語が行為の決定論的視点を維持していることを問題視してきた。現在の基準では、精神疾患であることは、自分がコントロールできない力によって動かされていることを意味する——いわば、犠牲者になることである。つまり、自分の行為が自発的なものでなくなってしまうのだ(Bugental, 1965)。代わりに、人々は自らの行為を、自分にとってコントロール不能な領域にあり、自分自身を専門家の手に——従属的に——委ねない限り、逃げることも変えることもできないものと感じる。あるいは、精神衛生の専門家の中にも精神疾患の言語を問題視している者はいる。なぜならば、精神疾患が個人の問題として捉えられ、そうした問題がそもそも作られた社会的文脈が無視されているからだ。そうなれば、重要であるはずの家族的要因、職業的要因、社会構造的要因の探求は抑制されてしまうことになる。すなわち、非難されるのはあくまで個人であり、システムは吟味されないままとなってしまうのだ。これらの問題についても注目しなければならない。

第3節　精神衛生という専門領域の勢力拡大

問題を歴史的に考えてみよう。すなわち、心理言説一般、特に精神疾患の言語がどのように変化してきたかについて考察してみよう。述べてきたように、心理言説は、社会の自然言語・日常言語に由来することが多い。実際、それらは、ありふれた文化的伝統から受け継がれている。したがって、心理言語がどのような現実を指示しているのかについては、すでに広い合意が成立している（専門家が「思考」や「動機」に注意を向けるのは、それらが人の内部に存在していることが、社会の中で自明だからである）。

しかし、こうした心理言語は、心理学者によって用いられると、二つの大きな変化を被る。第一は、専門化である。すなわち、豊富な内包的意味の多くが失われ、理論的分析、測定、実験など、一連の専門的実践の中に再配置される。例えば、「理性」のような概念は、日常的文脈を取り去られ、「認知」や「情報処理」のような術語に置き換えられ、人工知能の理論の中に押し込まれ、両耳分離聴装置が使用されるような実験的研究に委ねられる。こうして専門化された言語は、専門家に独占されるようになる。例えば、認知や情報処理といった言語は、専門家集団の財産となり、かつては大衆のものであった知識が専門家のものとなる。こうして、専門家は、合理／非合理、知性／無知、自然／不自然などの裁定者となる。専門家が人々の問題を専門化し、ラベルを貼り、測定するようになると、一般大衆は専門家に「教わる人」になってしまう。結果として、知識や洞察や感受性をもつという正常な自己感が弱められる（Farber, 1990）。すなわち、本来その「問題」に最もよく理解しているはずの一般大衆の方が、冷徹で偏狭な権威者の意見に道を譲らなければならなくなる。

こうした日常語の独占と、それに伴う「優れた知識」の主張は、第二の過程――自己正当化――によって助長される。心の問題についての心理学の優越性は、科学と、科学を正当化している哲学の伝統に、基本的に由来している。すなわち、（例えば、宗教や芸術ではなく）科学の一員であることを主張することによって、心理学の専門的言説は、物理学や化学のような分野と同じレトリカルな重みを得ることができる（今日、精神分裂症の存在を疑う人が、果たして何人いるだろうか?）。科学の様々な領域で得られた利得が、他の「科学的」領域が成功するための約束手形となっているのである。さらに、初期の啓蒙主義思想から二十世紀の経験論的基礎づけ主義まで、われわれは、科学は合理的で進歩し続けるというレトリックにどっぷりと浸かってきた。実際、精神衛生の専門家は、科学であると標榜し、専門的装備を施すことによって、説得力のある自己正当化の基盤を築いたのである。[3]

専門化と自己正当化が相俟ってもたらす結果の例として、「悲観的」「元気がない」「悲しみ」「具合が悪い」「不幸」

のような日常語について考えてみよう。これらの言葉にはかなりの類似性があるが、それぞれが日常生活において、他の言葉とは異なる独自の遂行的・実践的意味をもっている。例えば、「悲観的」であるという言葉には、ある種の敬いの響きがある――その人は「どうなるかを知っている」「人生を知っている」「いろんな経験をしている」、などの。この言葉には、「悲しみ」「具合が悪い」「不幸」のような言葉にはない、尊敬の念が込められている。例えば、「不幸」という言葉が示唆するのは、もっと普通の幸福な状態があり、それが訪れるのを期待しているということだ。「具合が悪い」と感じることは、ある身体の状態を示唆している――眠れなかった、飲みすぎた、などの。それぞれの言葉は、一定の意味をもっており、他の言葉とは異なる関係性をもたらす。事実、これらの言葉は人々によって使われ、日常生活の中できわめて様々な役割を果たしている。しかしながら、精神衛生の専門家は、こうした言葉を「無知」な人間が使う言葉、すなわち、現象の根底にある本質的なプロセスを素人なりに近似したものにすぎないと考える。そして、一般大衆が使う曖昧で不

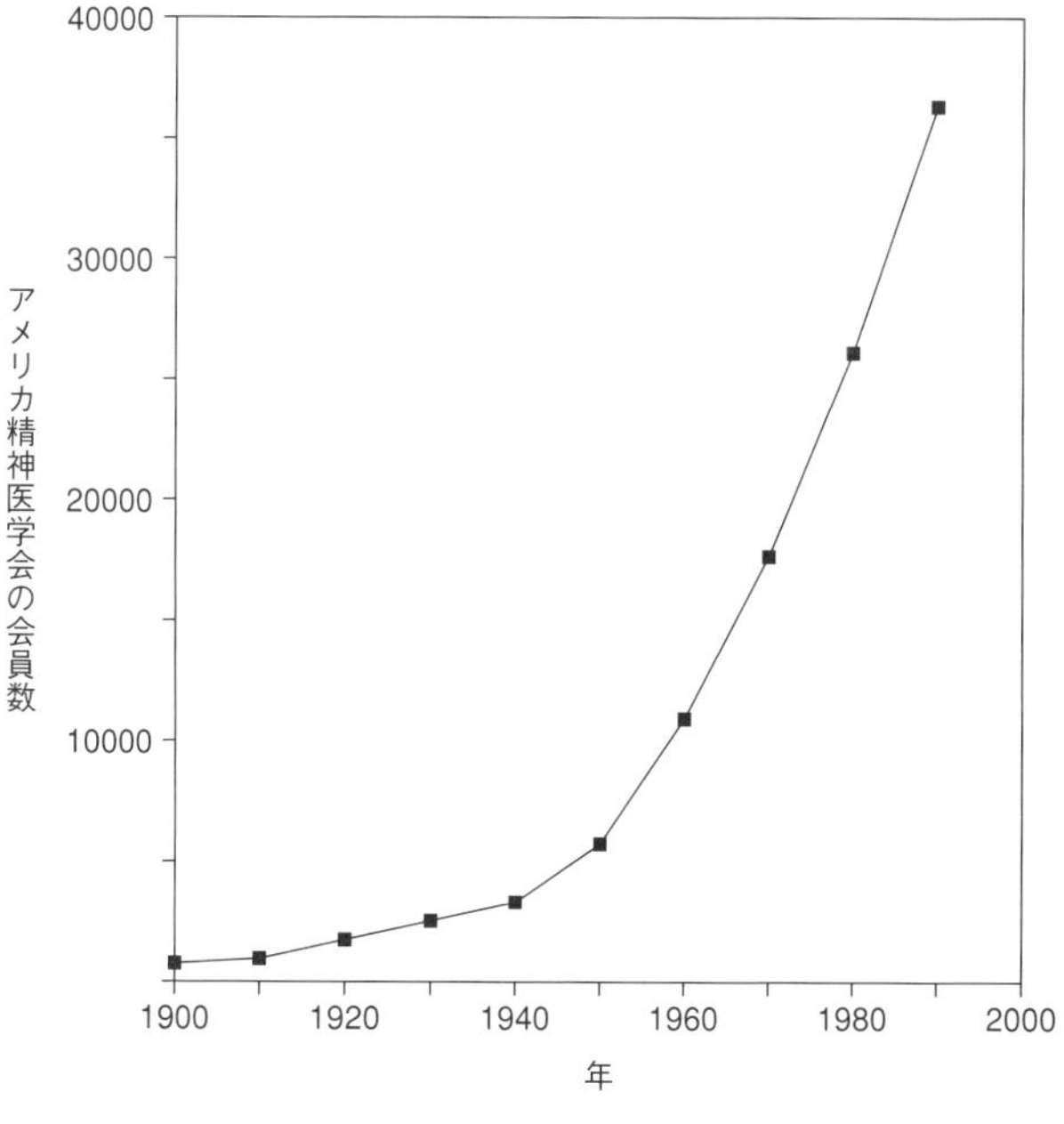

図6.1　アメリカ精神医学会の成長

正確な言葉の代わりに、「抑鬱」という専門語が用いられる。「抑鬱」の専門的な定義がなされ、事例研究がなされ、尺度が作られ、実験がなされ、セラピーの方法が考案され、治療センターが作られる――これらはすべて、「抑鬱」を、専門的知識の対象として再構成するものである。こうした専門的作業は社会の中の「科学的領域」でなされ、また、科学はその正当性を疑われないがゆえに、精神衛生の専門家は、このような問題について知の審判者となる。一般大衆は、今や自分たちが使っていた言葉は「単なる口語」であって正確な言葉ではないことを思い知らされ、沈黙させられ、日常語はその実践的可能性を失う。すなわち、日常語は、その価値を奪われると、日常生活におけるやりとりから生じてくるような多様な役割を果たせなくなる。

言い換えれば、精神衛生の専門家は、**意味を際限なく変化させる者**としての役割を独占してしまうのだ。彼らは、心についての言説が使用されるあらゆる領域を餌にしている。心についての言説が食い荒らされ作り直されると、それらの言説は、専門家たちの所有物となる――彼らを「専門家」たらしめる「会話の対象」が創り出される。現在のところ、このプロセスはとどまるところを知らない。なぜならば、科学においては言語の写像理論がはびこっているため、この写実理論から創り出された現実に対抗するのは、容易ではないからだ。実際、科学のシステムは、日常語を完全に吸収するためにひたすら内的整合性を強化するばかりで、自らの前提――すなわち、写像理論――を問い直そうとはしない。

議論を広げるために、この一世紀の心理学の「成長」――ほとんど理解困難な「発展」――を見てみよう。例えば、アメリカ精神医学会は、一八四四年に十三人の医者と病院の管理者によって設立されたが、十九世紀の終わりには、会員数は三七七人に増えた。現在では、三万六千人を超える会員を擁し、百年の間に約九十五倍になっている。図6・1からわかるように、会員数はこの四十年の間に特に伸びている。一九四〇年以来、十年毎に、会員数は一三八〜一八八パーセントの成長を示している。今もって数字が頭打ちになる徴候はない[4]。

アメリカにおける心理学者の増加もまた劇的である。アメリカ心理学会が一八九二年に設立された当時、会員数は三十一人だけだった。一九〇六年には、その数は一八一人にまでになった。その後の三十六年間で、会員数は三千人を超え（発足当時の約百倍）、さらに続く二十二年間で（一九四二―一九六六年）、その約二十倍の六万三千人にまで増えた。もちろん、学会のメンバーがすべて精神衛生の研究に直接従事しているわけではないが、心理学は精神衛生という領域にレトリカルな力を与えている。すなわち、実験、知能テスト、組織コンサルタントなどを通じて心理言説を実体化し、そのことによって精神衛生の実践家の言語に力を与えている。一九六〇年から一九八三年の間の、ケア・サービスに従事している心理学者の数（人口百万人当たり）を見てみよう。最初の十年間に、その数は二倍になり、次の十年では三倍になっている。またしても、その成長はとどまるところを知らない。

精神衛生という領域のこの成長は、どのように説明できるだろうか？　心理言説についての上述の二つの理論――写像理論と実践理論――が、それぞれどのような説明を与えるかを考えてみよう。心理言説が心という実体を指示すると信じて疑わない精神実在論者にとっては、展望は楽観的なものである。すなわち、専門家の数が増えていることは、文化のニーズにより対処できることを示しているし、心の問題はますます注目されることになる。精神衛生という領域が成熟すれば、既存の心理状態や心理条件をさらに識別する能力を磨き上げていくこともできる。われわれは、心の問題についての知識をどんどん深めているし、以前は気づくこともなかった心の問題をも認識し、診断できるようになった。以上が、写像理論に基づく楽観的展望である。

しかしながら、見てきたように、心的実在論の立場には根本的な問題がある。その問題とは、精神疾患の語彙が、心の種々の状態を指し示しているわけではない、という問題である。実際、人々の心の疾患に対応して精神衛生の領域が急成長したわけではないし、精神衛生の専門家が人々の心の疾患について次第に診断力を増してきたわけでもない。そこで次に、精神衛生という領域の急成長の軌跡を、言語の実践理論から考察していこう。実践理論の観点からすれば、精神疾患の言説は、特定の生活様式を生成し維持する働きをもつのであり、このことはまず第一に、精神衛生の領域そのものに当てはまる。すなわち、精神衛生の専門家は、彼ら自身、言説的実践に大いに依存している――いかなる心の状態が存在するのか、いかなる価値観をもつべきなのか、合理的正当化はどうすればよいのか、などを言説的実践を通じて共有している。言い換えれば、専門家の勢力は、世界についての共通理解と、世界がどのように進行するのかについての共通理解を形成した程度に依存している（第3章を参照）。したがって、自分たちの地位を向上させるという精神衛生の専門家の願望は、世界そのものに対する反応などではなく、自分たちが構成した世界に対する反応なのである。同時に、「社会に役立つ」という専門家の努力が成功を収めたのは、彼らの観点が大衆に受け入れられていたからにほかならない。つまり、社会の十分多くの人々——患者予備軍、立法関係者、医療関係者、保険会社を含む——が、どんな精神病が存在するのかを共有し、また、専門家はそれを治療できるし、そうすべきであるという信念を共有するに至ったからにほかならない。実践理論の観点からすると、精神衛生領域の専門用語と対応する**疾患パターン**が存在するのではない。そうではなくて、病気の概念は、専門家と文化を結びつけ、その相互支持的な活動を維持する役割を担っているのである。

第4節　精神疾患に関する言説の増大サイクル

見てきたように、精神衛生の領域は、社会や文化との共生関係の中に存在する。すなわち、多くの人々の信念から支持を得、その信念を系統的に変化させ、その観点を文化に広め、文化に組み込まれることによってさらに持続的な支持を得ている。こうした共生関係は、ますます大きな影響をもたらすように思われる。特に、いったん始動すると、精神疾患の領域を際限なく拡大し続ける、循環的なプロセスが作動しているように見える。実際、精神衛生という領域の拡大の基礎には、精神疾患を——社会階層の形成、コミュニティの浸食、自己の弱体化を通じて——指数関数的に増加させ、自らへの需要を増大させるプロセスがある。その歴史的過程は、「精神疾患に関する言説の増大プロセス」と見ることができよう。

このサイクルを詳しく検討するに当たって、四つのフェーズを区分することが、分析上、有効である。もちろん、現実には、各フェーズでどの事象が生じるかが決まっているわけではないし、フェーズの転換がスムーズにいくことはめったにないだろうし、至るところで例外があるだろう。このことを念頭に置きつつ、以下では、精神疾患言説の増大サイクルを、四つのフェーズに区分して考察していこう。

（1）フェーズ1：専門用語への翻訳

まず、文化が、「精神病」の可能性と、精神病の診断と治療に責任をもつ専門家とを受け入れる時点から話を始めよう。こうした状況は、十九世紀中葉に急速に広まった（Peeters, 1996）。この状況において、専門家が対峙するクライアントの生活は、常識的な日常的言説で成り立っている。しかし、クライアントは、日常的理解ではうまくやっていくことができないと思うと、専門家の支援──すなわち、より「高等の」「客観的な」「明瞭な」理解の形式──を求める。この文脈で専門家に求められるのは、まず、問題を理解するための新たな言説（理論的枠組みや疾病分類学）を提供することであり、次に、日常語で表現されている問題を、専門家集団が使う非日常語に翻訳することである。すなわち、世俗的な日常語で理解される問題が、精神疾患という神聖な専門的言語に翻訳されなければならない。例えば、普通よりも極端に清潔好きの人は「強迫的」と呼ばれ、午前中ずっと寝ている人は「抑鬱的」になり、自分は人から好かれていないと感じている人は「妄想的」と定義される、など（第10章を参照）。クライアントも、こうした再定式化にすすんで貢献するだろう。なぜならば、そうした再定式化は、専門家が適切な仕事をしていることだけでなく、問題がその専門領域で十分に認識され理解されていることを、クライアントに保証するからだ。かくして、精神疾患の専門用語への翻訳は、不可避とすら言える。

（2）フェーズ2：文化への普及

精神衛生という領域は、十九世紀科学を模範としている──そこでは、ある領域の包括的な目録（動植物種の目録、化学元素の周期表など）を確立することが重要だった。こうした系統的分類の傾向が精神疾患の領域にもち込まれると、すべての問題行動が精神疾患として系統的に位置づけられ、個々の精神疾患が実在とみなされるばかりか、精神疾患の意味が文化的・歴史的文脈から切り離される。そして、実在する精神疾患は、多くの人にとっての脅威となる。そうなれば、未知の精神疾患について人々の注意を喚起することが、専門家の責務となる。人々は、早期治療のために、精神疾患の徴候を知ろうとし、精神疾患の原因と治療について学ぶようになる。

分類し普及させるという強い動機は、二十世紀初頭の精神衛生運動に遡ることができる。クリフォード・ビアーズ（Clifford Beers）の有名なベストセラー『自分自身を見出した心 A Mind That Found Itself』（一九〇八年から二十年間に十三版を重ねた）は、精神病という現象を明らかにし、精神病院の恐ろしい状況を大衆の目にさらし、このような病気の脅威を一般大衆に警告するのに役立った。この出版と同時に、国立精神衛生委員会が設立され、一九一七年には季刊誌『精神衛生 Mental Hygiene』を創刊した。この雑誌には、「子供時代――精神衛生の黄金期」「神経症――その原因と予防」「産業における精神衛生運動」「精神衛生の促進における大学の責任」などの論文が掲載され、精神衛生の問題に人々の関心を向けさせ、主な団体（学校、産業界、コミュニティ）に精神病の予防プログラムの導入を促した。乳癌、糖尿病、性病などの徴候が社会の中で周知となるのと同じように、ストレス、アルコール依存症、鬱病などの初期症状を人々が認識できるよう支援すべきである、とされた。

その後、精神衛生運動は次第にその重要性を失ったが、その論理は社会に取り入れられている。今日、大規模施設のほとんどが、精神病患者に対するサービスを提供している――健康保険、指導カウンセラー、クリニカル・ソーシャルワーカー、セラピーへの保険適用、などの形で。あるいは、大学のカリキュラムは「精神的適応と異常」のコースを売りにし、雑誌や新聞は精神疾患のニュース（鬱病とその化学的治療、など）を広め、テレビドラマやメロドラマでは心の問題が人気テーマになっている。同時に、一般大衆も、精神衛生運動の精神を取り入れている――心理的セルフ・ヘルプ（自助）の本は、今や、出版業界の大黒柱である。結果として、専門語が、日常的関係の領域に継続的に入り込んでいる[5]。

人々が精神疾患の可能性に敏感なため、専門家による「啓発」が必要でない地域もあるほどだ。すなわち、コミュニティの精神疾患への認識を高め、なぜ知らないうちに精神疾患になってしまうのかを明らかにし、そうした問題を解決するためのプログラムを開発する草の根運動が、劇的に拡大している。私は、最近、ニューメキシコ州サンタフェの地方新聞を見ていて、様々な精神疾患の克服を目的とする会合の案内を十四見つけた。そこには、アルコールや薬物などの問題への支援だけでなく、過食、セックス依存、セックス中毒者との共依存症、日常習慣の問題、恋愛中毒、ゲイの強迫観念、借金傾向などへの支援もあった。ちなみに、同じ新聞には、公的組織の会合（ロータリークラブ、キワニスクラブ、など）は三つしか載っていなかった。現在、自助支援組織には何百もの形態があり、感情からギャンブルまであらゆる問題に苦しむ人々を支援している。

（3）フェーズ3：精神疾患の社会的構成

精神疾患の言葉が社会に理解されるようになると、それらは日常語の中に取り入れられるようになる。すなわち、精神疾患は、人間行動について「誰でも知っていること」の一部になる。この意味で、「神経症」「ストレス」「アルコール依存症」「鬱病」などの用語は、もはや「専門家の所有物」ではない。これらの用語は、専門家から一般大衆に「受け渡された」（返却された）のである。あるいは、「二重人格」「アイデンティティ・クライシス」「PMS（月経前症候群）」「中年の危機」などの用語もきわめて一般的になっている。こうした用語が日常語に浸透すると、それらは、日常的な現実を構成するために利用される――例えば、シャーリーは単に「太りすぎ」なのではなく、「過食症」的な食習慣をもっている、フレッドは単に「ゲイを嫌っている」のではなく、「同性愛恐怖症」なのである、などのように。さらに、精神疾患の用語が日常的理解にますます浸透すると、世界は精神疾患の枠組みで見られるようになる。すなわち、かつては気づかれることなく過ぎ去っていた事象が、解釈すべき対象となり、かつては「適切である」とされていた行為が、問題あるものとして再定義される。「ストレス」「職業からのバーンアウト（燃えつき症候群）」などの用語がありふれた日常用語になると、そうした用語は、働く人々が自分の人生を再検討し、満たされていないことに気づくためのレンズとなる。「積極的野心」として評価されたものが、今や「仕事中毒（ワーカホリック）」と再構成され、「着こなしのうまい人」は「ナルシスト」と再定義され、「自律的で自発的な人」は自分の感情に対して「防衛的」な人になるかもしれない。まさに、人々は「精神疾患」という（言語の）ハンマーを手にしたのであり、社会にはそのハンマーで打ち込まれた釘が満ち溢れる。

ここで問題なのは、単に精神疾患にラベルを貼ることだけではない。「精神病」の形態が、メディア、教育プログラム、公的会議などで描写されると、精神病の症状はモデル（典型）としての役割を果たすようになる。実際、人々は、**いかにして精神病になるか**を学習する。例えば、専門家の間で「拒食症」や「過食症」という用語が広まり、それが人々に知られるようになったために、一般の人々の間には「摂食障害」がなるかもしれない症状として広まった。あるいは、「鬱病」という用語が一般的になったために、失敗や欲求不満に直面したときに、人々は落ち込むのが当然であるとするような文化が育まれた。そのような文化の中では、もし失敗や欲求不満に対して「抑鬱」ではなくて「冷静」や「喜び」を表現するならば、かえって、いぶかしい目で見られる。まさにサズ（Szasz, 1961）の言う通り、ヒステリー、精神分裂症などの精神障害は、日常生活に解決不能の問題を抱えている人々が「演じる」病人ステレオタイプなのだ。つまり、精神疾患は、逸脱者としての役割を演技することであり、規則から逸脱するための文化的ノウハウを知っていなければならない。シェフ（Scheff, 1966）も、同じように、多くの精神障害は、社会に対する反抗の一種であると述べている。シェフが言うように、まわりの人がうまく反応してくれてこそ、その逸脱者としての役割演技が、「精神疾患」としてラベリングされるのだ。

人々の行為が、精神疾患の言語によって定義され形作られるようになると、精神衛生サービスへの需要も増大する。カウンセリング、ウィークエンド自己充実プログラム、人格改造法などが、その代表である――これらはすべて、「本当の自分ではない」という不安感から、人々を救ってくれる。あるいは、「近親相姦の被害」「共依存症」「ギャンブル狂い」などを支援する組織的取り組みも増える。そして、もちろん、組織的なセラピー・プログラムに参加したり、施設に収容される人も増える。その結果、「精神病」はどんどん普及し、それに伴って、精神衛生関連の支出も増大している。例えば、一九五七年から一九七七年の二十年間に、専門的な精神衛生サービスを受けたアメリカ人の比率は、十四%から**人口の四分の一以上**に増加した（Kulka, Veroff, and Douvan, 1979; 強調は引用者）。また、クライスラー社が従業員の精神衛生経費に保険をかけたが、その年間利用額は、四年間に六倍以上に増えた（『カリファーノは語る』、1984）。二十世紀の最初の四半世紀には、精神衛生関連の予算はきわめて少なかったが、一九八〇年には、精神病への支出は毎年二百億ドル以上を占め、アメリカの健康障害の中で三番目に高額になった（Mechanic, 1980）。一九八三年には、精神病への支出は、アルコール依存症と麻薬中毒を除いて、七三〇億ドルと推定されている（Harwood, Napolitano, and Kristiansen, 1983）。また、一九八一年には、アメリカの通院患者の二十三%が、精神障害であった（Kiesler and Sibulkin, 1987）[6]。

(4) フェーズ4：精神疾患に関する語彙の蔓延

精神疾患に関する言説の増大サイクルの最後は、精神疾患に関する語彙のさらなる蔓延の段階である。人々が日々の問題を専門用語で構成し、ますます専門家の助けを求めるようになり、需要に応じて専門家の地位が上がるにつれて、より多くの個人が、日常用語を精神衛生の専門用語に翻訳することができるようになる。こうした翻訳は、既存の病気カテゴリーによって行われるとは限らない。実際、専門家には語彙を拡張するよう圧力がかかる。この圧力は、部分的には、専門家集団の内部から生じる。なぜならば、精神衛生の科学が新たなる精神障害を発見することは、天文学が新たな星を発見するようなものだからだ——発見者には名誉が与えられる。この意味で、「心的外傷後ストレス障害」「アイデンティティ・クライシス」「中年の危機」などは、科学的進歩の「大きな物語」(Lyotard, 1984) の重要な産物、すなわち、精神衛生という科学による自作自演の「発見」なのである。同時に、新たな精神障害は、実践家に、著書の売り上げ、セミナー料、企業との契約、多くの患者、などの形で利益をもたらす。実際、「共依存症」「ストレス」「職業上のバーンアウト」などは、ちょっとした成長産業の名称になっている。

専門家集団ほどではないが、クライアント集団自身も、専門的語彙の拡張に向けて圧力をかける。社会が新しい専門的語彙を取り入れると、専門家の勢力は、強くなると同時に弱くなりもする。もし、クライアントが専門語で「問題を明確に」し、セラピーの手続きに精通しているのであれば(多くの場合、そうなのだが)、専門家の地位は危うくなる。つまり、神聖な専門用語が世俗化されてしまう(専門家にとって最悪のシナリオは、人々が家族や友人の仲間内で診断と治療をできるようになり、専門家が不要になることだろう)。かくして、専門家は、理解を「前進させ」、「より洗練された」用語法を生み出し、セラピーの新たな概念と新たな形式を生み出すという圧力に、常にさらされることになる。[7] 例えば、古典的な精神分析から「対象関係」の分析へと強調点が移行したのは、精神のダイナミックスが繊細に理解されたことによってもたらされたわけではない。実際、あるセラピーの流行それ自体が、そのセラピーが衰退し、別のセラピーが台頭するお膳立てをしている——セラピーの語彙が常識になると、セラピストは新たなセラピーを編み出すように駆り立てられる。セラピーの波が一時的流行によって常に変化し続けるのは、単に専門家だけのせいではない。一般の人々が使用する言説が急速に「心理学化」していることによっても、セラピーの流行現象が加速されている。

精神疾患に関する語彙の蔓延に関しては、精神衛生の専門家の増大や精神衛生関連の支出の増大と同じことが言える。すなわち、神経症という概念は、十八世紀中葉にはまだ生まれていなかった。一七六九年、スコットランドの医師であるウィリアム・クレン（William Cullen）は、神経症が四つの主要なカテゴリーに分類されることを明らかにした――すなわち、コモタ（Comota、眠気と意識喪失を伴う随意運動の減少）、アディナミアエ（Adynamiae、不随意運動の減少）、スパスミ（Spasmi、筋肉の異常運動）、ヴェサニアエ（Vesaniae、幻覚や妄想）、である。[8] しかし、一八四〇年、アメリカではじめて精神障害の公式な分類が試みられたときでさえ、その分類は大雑把なものであった。実際、それは病人――痴呆と狂気の両方を含む――と正常者を区別するカテゴリーとしてならばやっと使えるという程度のものだった（Spitzer and Williams, 1985）。ドイツでは、カールバウム（Kahlbaum）とクレペリン（Kraepelin）の両者がより詳細な精神病の分類体系を発展させたが、これらは精神病を器質性とみなしたものであった。

二十世紀初頭の精神医学の出現により、事態は大きく変化した。特に、梅毒のように、明らかに器質性の障害と、心因性の障害とを区別する試みがなされた。例えば、一九二九年、イスラエル・ウェクスラー（Israel Wechsler）の『神経症 The Neuroses』では、約十二の心理障害が同定された。一九三八年には、ロサノフ（Rosanoff）が『精神医学・精神衛生入門 Manual of Psychiatry and Mental Hygiene』を出版したが、そこでは約四十の心因性障害が認められている。そのカテゴリーの多くは、現在もよく使用されている――例えば、ヒステリー、早発性痴呆、パラノイア、などである。しかし、一方では、少なからぬ用語――感覚異常ヒステリー、反射性ヒステリー――が使用されなくなったり、古くさいとか明らかに偏見を示すものとみなされている――この点は、社会構成主義の観点から分析してみるのも面白いだろう。一九五二年、アメリカ精神医学会は『精神疾患の診断と分類の手引き　第1版 Diagnostic and Statistical Manual of Mental Disorders』を出版し、五十五から六十の心因性障害を識別するようになった。その後わずか二十数年後の一九八七年までに、このマニュアルは、三度、改訂されている。DSM—Ⅲでは、器質性障害と心因性障害の区別は曖昧になった。しかしながら、初期の基準を用いると、初版が出版されてからの三十五年間に、識別された病気の数は三倍以上になっている（境界をどう定義するかによって、その数は一八〇から二〇〇までの開きがある）。今や、コカイン中毒、カフェイン中毒、幻覚剤の使用、窃視症、服装倒錯、セックス嫌悪症、オルガスムの抑制、賭博、学業上の問題、反社会的行動、死別体験、治療拒否なども、精神異常と分類されるようになっている。さらに、標準的な病名に加えて、おびただしい数の専門的病名が、専門家による一般向けの著書の中に登場している——例えば、季節感情障害、ストレス、燃えつき症候群、色情狂、ハーレクイン・コンプレックス、など。またしても、その増加は際限がないように見える。

第５節　精神疾患に関する言説の増大——出口はないのか？

述べてきたように、専門的に正当化された精神疾患の言語が社会に広まり、そうした言語によって人々が理解されるようになると、「患者」の数は増大する。一方、一般大衆は、精神疾患に関する語彙を増やし、多くの精神疾患用語を使用することを、専門家に求める。こうして、文化の内部で多くの問題が専門用語によって構成され、多くの専門家の支援が必要とされ、精神疾患の言説が再び増加する。もちろん、このサイクルはスムーズで順調なものとは限らない。ある学派は一つの語彙にこだわり続けている。また、なるべく専門用語に頼らず、日常用語のみを用いてクライアントと対話しようとするグループもある。さらに、一般的概念の多くは、社会の内部にせよ、専門家集団の内部にせよ、いつしか使われなくなる（例えば、Hutschemaekers, 1990を参照）。しかし、一般的には、精神疾患の言説は増え続ける傾向にある——しかも、とどまるところを知らずに。最近、私は、中毒に関する最新の理論と研究に関する会議の案内を受け取った。会議のタイトルは、「今日のわが国の健康・社会の第一の課題」というものだった。議論された中毒問題は、運動、宗教、食事、仕事、セックスであった。もしこれらの活動がすべて、熱心にしすぎると治療が必要な病気として定義されるのであれば、精神疾患をめぐる言説の増大を食い止めることなど期待できそうもない。

こうした傾向を非難するつもりは全くない。それは、個人の生活の質を高めようとする、真剣で人道的な試みの、避け難い副産物であるからだ。精神疾患の言説の増大サイクルは、医療専門家や法律専門家が作り出すサイクルと似ていると言えなくもない。医療の言説が増えれば、医療へのニーズが増え、医療支出は増大するし、法律の言説が増えれば、訴訟が増える。しかしながら、精神衛生領域の専門家が文化に目を向けるべきであるとすれば、文化の弱体化に歯止めをかけることを真剣に考えてみるべきではなかろうか。個人の生活を高めようとすることには、重大な限界があるのではないか？　精神疾患言説の増大が落ち着いて一定になる徴候はあるのか？　言説の急増を食い止める方法はあるのか？　これらはすべて非常に重要な問題である。

私が最終的に注意を向けたいのは、精神疾患の言説の増大をいかに緩和するか、ということである。現在、精神衛生の領域に対する批判は多い――例えば、その主張が科学的に見てあやしい、カテゴリーに暗黙の性差別が含まれている、人間性を軽視した治療がなされている、その理論が文化的視点を欠いている、などの批判である。批判する者の中には、精神衛生の領域が放棄されることを望む者さえいる。しかしながら、私の考えでは、精神衛生の領域を放棄することは、精神衛生関連の制度が現に存在している以上現実的ではないし、精神衛生領域によって、社会的逸脱者への対応が、以前の粗暴な対応に比べてはるかに改善されたことを考えると、望ましいとも言えない。あるいは、放棄ではなく、基本的なバイアスの矯正を望む批判者も多い――偏見、誤った主張、非人間性を除去すべきである、というわけだ。しかし、既存の精神医療の改善を主張する批判のほとんどは、心的事象が実在するという実在論の視点と、内界の客観的に正しい記述が可能であるとする信念にとらわれたままである（こうした観点に対しては、すでに批判しておいた）。さらに、クライアントが「精神疾患」という烙印を押され、その結果、クライアントが制裁を受けたり非人間的扱いを受けることをなくそうとする人々もいる。彼らはそれを、疾病分類カテゴリーの名称変更によって実現しようとしている。これは、多くの点で魅力的ではあるが、問題もある。名称変更の論理は、「否定的ラベルを貼られた人々」が存在するという認識については一緒だ。そうした認識がなければ、名称変更は無意味である。しかし、そうした認識によって、否定的ラベルが活性化し、問題のある集団が改めて注目されることになってしまう。名称変更が意味をもつためには、否定的ラベルを貼られる人々が必要なのだ（それは決して「解放」をもたらすものではない)。

このサイクルを確実に食い止める緩和策を、私はもっていない。しかし確かなことは、精神疾患の言語と医療保険の制度的結びつきを壊さねばならないことだ。保険の適用が、医学システムの標準化された診断基準に依拠している限り、精神疾患に関する語彙は増え続けるだろう。したがって、診断基準拡張への反対運動は、きわめて重要である。同時に、理論的な検討も重要である。このサイクルを変化させる可能性は、本章のこれまでの議論から示唆される。すなわち、述べてきたように、精神疾患に関する言説の増大は、心理言語による実体化によって支えられている。つまり、このサイクルは、われわれが、精神疾患に関する用語が頭の中のプロセスや心の中のメカニズムを写実的に記述できる、と信じることからスタートしている。例えば、人々が抑鬱や強迫観念のような心的過程を実際にもっていると信じているからこそ、そうした人々を「病気」と呼び、治療することができるのである[9]。したがって、言語の機能について、大掛かりな再教育が行われることが求められる。

もちろん、公式・非公式の教育によって、言語の写像理論と、それと深く結びついた心身二元論の前提――これらは、西洋文化の中心的前提である――とを覆すことができると考えるのは、傲慢にすぎるだろう。より期待できるのは、精神衛生の専門家が、新たな語彙を発展させることである。すなわち、問題行動の理由を、単体としての個人の心の中に見出すのではなく、最終的には「問題行動」という概念そのものを消し去ってしまうような、語彙である。現在のところ、われわれは、単体としての個人を描写する数え切れないほどの言葉を生み出してきている。だから、受け入れ難い行動に直面すると、われわれは、即座にこうしたボキャブラリーに頼る。すなわち、われわれは、どうしても問題行動を、内的状態――幸福感、恐怖感、不安感、など――が外に現れたものと考えてしまう。われわれがすでに手にしているのは、こうした個人化された自己説明の形式である。しかし同時に、こうした個人中心言語の代替案も存在する。実際、これまでの章で述べてきたように、関係性の言説、すなわち、個人の行為をより広範な相互依存性の中に位置づけようとする社会的構成の様式を打ち立てようとする挑戦が始まっている。精神衛生の領域内外の十分な対話によって、個人化された言語に対抗する、関係性の言語を発展させ、そのレトリックの力を増していくことができるはずだ。その可能性については、後の章でさらに論じることにする(特に、第8章から第12章を参照)。

関係性の言説が発達すれば、最終的には「機能不全行動」のカテゴリーそれ自体が消滅するだろう。[10] すなわち、人間の行為がより大きな関係性の中に埋め込まれており、その中の一部分であることが理解されるようになると、人間行為はもはや「それ自体として存在する事象」ではなくなる。社会的相互依存性から独立した機能不全行動など存在しない。同時に、「問題のある」「機能不全な関係性」という概念に基づく、新たな精神疾患言説を作り出すことは、注意深く避けなければならない。すなわち、関係性の言語に基づく診断は、単に原因の所在を個人から集団にシフトすることではない。例えば、「機能不全家族」「歪んだ三角形」などの家族療法の概念は、精神疾患の原因の所在を、まさに個人から家族に変えただけだ。関係性の立場からすると、「問題」「評価」「原因の所在」という言葉もまた、関係性の産物である。これらの言葉は、関係性の中にいる人々が価値を置く目的に向かって、人々の活動を調整する役割を担っている。もし、人々の活動が「機能不全」と呼ばれるならば、それも、関係性の動きの結果なのだ。決して、客観的に「正常な」状態や客観的な「目標」があって、それを達成するのではない。つまり、客観的な正常状態や目標などない。正常状態や目標は、特定の関係性の内部でのみ通用するのだ。したがって、精神衛生の専門家がなすべきことは、問題の普遍的「改善」を目指すことでもないし、客観的「改善」を目指すことでもない（例えば、われわれは抑鬱を問題視するが、抑鬱そのものが本来的に問題であるわけではない。別の観点からすれば、抑鬱的なふるまいが、集団や家族の幸福を維持するのに役立つかもしれない）。後の章で詳しく述べるように、私が主張しているのは、様々な評価を生み出すより大きな相互依存のシステムに注目し、そのネットワークにおけるセラピストの位置を再考しようということである。なぜならば、もし、精神疾患の悪循環が、専門家と社会との関係性から生じているのであれば、その同じ関係性から、悪循環を是正する適切なやり方も得られるはずだからである。

注

［1］Boyle（1991）による、精神分裂症の診断に対する綿密な批判を参照。彼女が示しているように、精神分裂症の診断は、証拠に基づいているのではなく、高度に解釈的であり、概念的混乱に満ちている。Wiener（1991）による精神分裂症概念の批判も参照。

［2］このことは、身体の態勢や、様々な行動パターンが、心理言語に何ら意味を付与しないといっているのではない。特に、感情の語彙は、身体の態勢や行動に大いに意味を付与する。心理言語は、より大きな全身的活動の一側面である。だから、この全身的

活動――例えば、泣く、叫ぶ、鼓動が加速する、など――を離れては、心理言語は意味を失う。心理言語一般、特に感情については、第9章で詳しく述べる。

〔3〕科学的合理性の観念の発達と、その発展が社会の権力関係に及ぼした影響についてのFoucault（1978; 1979）の議論は、当を得たものである。Edelman（1974）による精神衛生領域による「専門的帝国主義」の議論も、同じく説得的である。現代精神医学の権力独占についてのより率直な批判としては、Gross（1978）を参照。

〔4〕アメリカにおける精神医学の拡大と、それに伴う「精神状態の差異が精神医学化されること」についての広範な説明として、Castel, Castel, and Lovell（1982）を参照。

〔5〕過食症や拒食症と呼ばれるものの生成におけるマスメディアの役割について、Gordon（1990）の分析も参照。

〔6〕精神疾患の薬に関する支出の莫大な成長は、これらの数字には十分表れていない。有名な抗鬱剤であるプロザックについて見てみよう。ニューズウィーク（1990年3月26日）によれば、この薬が市場に出回って一年の間に、売上は一億二千五百万ドルに達したという。さらに一年後（1989年）には、売上はほぼ三倍の三億五千万ドルになった。一九九五年には、十億ドルに達することが見込まれている。

〔7〕市場経済としての精神医学について、Kovel（1988）も参照。

〔8〕より詳しい説明として、Lopez-Pinero（1983）を参照。

〔9〕この点で、精神病患者の解放運動は注目に値する（Chamberlin, 1990）。それは、精神疾患の経験者による、自己定義の力を取り戻そうとする試みである。

〔10〕これと関連するのが、Sarbin and Mancuso（1980）による「社会的アイデンティティの再評価」の議論である。それは、正常・異常の判断が埋め込まれている広範な関係性の集合を認識しようとする試みである。

第7章　レトリックの産物としての客観性

科学的説明は、その客観性によって、日常的説明とは区別される。科学のテキストは特権を与えられているが、それは、科学的説明が日常語とは異なり、主観や自尊心の産物ではないからだ。しかし、よく言われるように、もし科学者が本当に客観的であるとすれば、その客観性はいかにして達成されているのか？　科学者でない者は、どのようにしてその技術を獲得できるのか？　以下で示すように、客観性は、科学者に特有の心的機能に由来するのでもないし、自然を正確に描写する科学者の能力に由来するのでもない。そうではなくて、客観性は、基本的に、人間行動の機械メタファーに基づいて言語的に達成されるのだ。そのレトリック表現（技法）の特徴を細かく検討することによって、科学の特権性に挑戦し、より自由な議論に道を開くこと、これが本章の目的である。

客観性の概念は、現代社会において、巨大なレトリックの力をもっている。すなわち、それは、科学的研究、教育カリキュラム、経済政策、軍事予算、国際プログラムを計画し正当化するのに、中心的役割を果たしている。決定が客観性に欠けるように思われると、その決定は直ちに非難される――錯覚だ、主観的だ、非現実的だ、などのように。また、多くの人が信じているように、客観的であることは、適応と密接に結びついている。もし、ある人の意思決定が客観性に基づいていないのならば、その人は変化する世界に適応できないと言われる。あるいは、客観性の要請は、多くの場合、道徳的な規範でもある。すなわち、錯覚と錯認の人生を送る人は、道徳的に見ても、十分に人間的な人生を送ることはできないとみなされる。しかし、それにしても、行為の中で客観性を達成するとは、いかなることであろうか？　ある種の説明や決定には客観的とのお墨付きが与えられる一方で、錯覚や誤認とみなされる説明や決定もあるのは、なぜだろうか？　本章で主張するように、客観性の達成は、適応と一義的な関係にはないばかりか、ときとして、不適切な道徳的判断さえもたらす。客観性は、レトリカルな営みの一つにすぎない。客観性のレトリックを用いることは、適応や道徳判断にマイナスの影響をも与えかねないのである。

第1節　自己の機械メタファーと客観性

客観性の概念をめぐっては、長い間様々な議論がなされてきたが（Daston, 1992を参照）、それらの多くの議論を振り返ってみると、客観性という概念の意味するところとその効用が明らかになる。客観性は、現代社会における多くの領域において、判断を下す際の大きな基準となっているが、それは、社会における共通の前提に由来している。その前提がなければ、客観性は、単なる感嘆詞以上の意味をもたないだろう。したがって、客観性がレトリックによる達成であることを理解するには、客観性への信頼を支える社会的前提を検討しなければならない。そうした社会的前提が、客観的とみなされる行為をもたらすかどうかを検討することが、本章の主要な目的である。客観性は、客観性についての信念が存在すれば、達成されるのだろうか？　もし達成されないとすれば、科学や日常生活における客観性についての信念の機能をどのように理解すればよいのだろうか？

客観性にまつわる概念の一つ一つを十分に論じることは、本章の範囲を大きく超えている。本章では、一つの重要な問題提起、すなわち、客観性の前提となる人間像について問題提起をするにとどめたい。もし、われわれの日常生活において、客観性の概念が意味を成すためには、どのような自己像が必要だろうか？　こうした観点から自己を捉えるやり方は様々であり、それぞれに強調点や含意も異なるのだが、ここでは「機械メタファーとしての自己」について論じることにしたい。なぜならば、それによって、宇宙を「一つの大きな機械」と捉える啓蒙主義思想の残滓、「機械としての人間」を強調する近代主義の主張、現代心理学に中心的な機械論的説明形式を検討の俎上に乗せることができるからである。[1] さらに、機械メタファーを論じることによって、すでに述べてきた認識論的議論（特に、第1章と第5章を参照）を拡張することもできる。

客観性概念と自己像との関係は、日常語の中に数多く現れている。まず、客観性がどのように定義されているかを、客観的の反対語を挙げて考えてみよう。日常的な言葉遣いでは、客観的であるとは、**思い違い、自己欺瞞的、偏見、想像、主観的ではない**ことである。あるいは、客観的に近い意味の言葉を並べることによって、客観性の概念について知ることもできる——**実在の、正確な、間違いのない**、など。ここから明らかなことは、客観性とは、何よりもまず、個人としての人間の状態を指していることである。われわれは、普通、犬や猫に客観的であることを要求しないが、個人については騙されたり、偏見をもったり、想像にふける主体であるとみなしている。さらに、客観的であるとは、特定の心理状態についての記述であるということである。例えば、「思い違い」「自己欺瞞」「想像力」は、個人の心の状態である。また、客観性を評価する主要な装置としての言語にも注目する必要がある。われわれは、普通、言葉は個人の心の状態を表すと考えている。すなわち、言葉は、人の知覚（「世界の見え方」）、感情（「感じ方」）、その他多くの状態（意図、考え、動機、など）を表現すると考えられている。われわれが、ある人について、「はっきりと正確にものを見ているか」、それとも「非現実的であるか」を見抜くことができるのは、その人個人の言葉を通してである。

したがって、ここに見られるのは、客観性へのこだわりが、行為の二元論と深く結びついているということである——すなわち、個人の心理状態と、外的・物質的世界とを対比する二元論である。この二元論では、客観的な心は、外界の特徴を体系的に反映することができるとされている。すなわち、心は、外的状況の微妙な変化に正確に対応することができると考えられているのだ。客観的な人は、「物事をあるがままに見」、「あるがままの現実と接触し」、「物事を正確に把握する」、というわけだ。こうした人間像は、まさに機械と呼ぶにふさわしい。なぜならば、そこには、宇宙を因果の連鎖からなる壮大な機械として捉えた啓蒙思想の再現を見ることができるからである。この観点からすると、**外的・物質的世界の各々の変化が**、**個人の心の状態に同等の変化を引き起こすとき**、その個人は客観的であるということになる。逆に、外界の先行条件に変化が起こらなければ、心の領域にも何ら変化は生じないはずだ。さらに、言葉は心の状態を正確に反映するものであるから、機械メタファーは、客観的な言語記述にまで拡張される。すなわち、人が客観的に話すということは、心的世界のすべての変化——これは物質的世界の反映なのであるが——が言葉に反映されることであり、心のレベルで変化が生じなければ、言語にも変化は生じない、とされる。

効果的かつ効率的な入出力機械という状態を達成できない場合には、様々な嘲笑の言葉が与えられる——思い違い、自己欺瞞、などのような。しかし、どのような嘲笑の言葉があるかを考えてみると、こうした嘲笑の言葉は、単に外的世界を正確に反映していないことを非難しているわけではない。すなわち、こうした嘲笑語は、機械としての自己の適応的作動を妨害する、様々な力や過程が存在していることをも示している。だから、われわれは、彼は客観的というには「あまりにも自己中心的だ」「価値にとらわれている」「感情的だ」「熱狂的だ」「こだわりすぎ」「葛藤している」などと言う。このように、われわれは、自己の適応的機能を妨害するようなエネルギーをもつ心的過程が多数存在することを仮定している。そうしたエネルギーには、強い動機、価値観、感情などが含まれる。そして、周囲からの入力はこれらの過程の引き金になりうるがゆえに——例えば、「彼女のしぐさ（という入力）は彼を狼狽させた」「彼は兄を亡くして（という入力で）打ちひしがれた」「彼は宗教熱（という入力）にとりつかれている」などのように——、心的過程が客観的であるかどうかは、周囲からの独立を維持できるかどうかにかかっている。すなわち、客観的であるためには、他者との関係、他者への思い入れ、社会での活動に影響されないのが理想である。言い換えれば、関係性への窓を開け続けるのではなく、周囲とは一線を画し、自己完結的でなければならない。

第2節　客観的自己は存在するのか

先に、客観性とは、外界をあるがままに映した心の状態であると考えられていると述べた。しかし、考えてみれば、心の中にはすでにいろいろな知識や概念が詰まっており、それらは特定の心的活動を引き起こす。では、外界をあるがままに映しているとき、いかなる心的活動が生じているのだろうか？　また、心が外界をあるがままに映すためには、まず、外界の刺激に注意が向けられ、次に、心の中の攪乱を防ぎ、さらに、心に映った世界を正確に口に出す、という一連のプロセスが必要だが、そのプロセスはどのように進行するのだろうか？　ここにおいて、客観性に固執しようとする者は、手に負えないほどの難問に直面する。そうした問題は、前世紀の哲学や心理学の様々な分野において、明確に述べられている。[2]　あるいは、本書の中でも、「頭の中の知識」批判（第1章）、心的カテゴリーの問題（第5章）、心的言語の写実理論批判（第6章）において、こうした問題について論じてきた。これらの議論が示しているように、もし、客観性が個人内の心の作用であるならば、客観性が達成されることはまずありえない。しかしながら、これらの議論を補強するために、ここでは、客観的であろうとする個人が直面する三つの謎を考察していこう。

（1）物質と精神の分離

まず問題となるのは、「経験の**対象**」と「対象を**経験すること**」の区別である。この区別は重要である。というのも、もし、自分の心的状態と異なる、あるいは、自分の心的状態とは区別される対象があるということが明らかでないならば、主観を超えることなどできないからだ。しかし、一方では、経験とは心の状態にほかならず、心の状態のある側面だけを切り離して、もう一つの世界――すなわち、物質的世界――に帰属させることなどできない。では、内界だけを頼りに、自分の心的状態が外的世界に対応しているかどうかなど、どうすればわかるのか？　心的世界から区別される物質的世界が確かにあるなどと、どうして言えるのか？　われわれの経験からではありえない。なぜならば、経験は、それ自体、心的なものであるからだ。そして、もし、哲学が端的に示したように、われわれが自分の心的世界の内部でのみ生きていると仮定するならば、心の外部にもう一つの世界を想定する説得的な理由はない。

（2）心の観察

主体と対象の区別という問題は、経験を認識し、カテゴリー化し、報告するという問題に直面するとさらに深刻になる（第3章も参照）。何が起こっているのかを言うためには、経験をどのように走査すればいいのだろうか？　特に、「自分の経験」を経験することは、いかにして可能なのだろうか――例えば、心的表象を振り返って、それが虎ではなく熊の表象であることを認識することは、いかにして可能なのだろうか？　経験は、どのようにして、二つに分離されるのだろうか——一方では、経験の対象を保持し、他方では、その経験を経験する、という形に？　もし心が鏡のようなものであるならば、鏡は、どのようにしてその像を確認するのだろうか[3]？

（3）心のモニタリング

仮にこれらの問題が解決されたとしても、第三の難問が残っている——すなわち、心の中での同定の正確さは、どうすればわかるのかという問題である。例えば、熊が私の前に立っているのを私は経験していると結論する場合、私がその経験を正確に同定したかどうかを、私はどのようにして知ることができるのか？　私の意識に誤りがないことを、すなわち、私が熊とカテゴリー化したものが虎ではないことを、どのようにして確かめればよいのか？　もし、客観性が個人の心的機能の産物であるならば、私は真実の意識と虚偽の意識とを着実に区別できなければならない。さもなければ、私は、「私が知っている」ことを知ることはないだろう。しかし、このようなことがいかにして可能なのだろうか？　それには、心のもう一つの層を想定しなければならない——カテゴリー化や認識のプロセスとは分離し、それらのプロセスの正確さを判断する心の層を。またしても、われわれが意識を分離するのはどのようにしてか、という問題が生じる。あるいは、もしその過程が無意識のレベルで生じるならば、無意識から意識へのメッセージの伝達はいかになされるのであろうか？　そして、もし心の内部でのこの離れわざがともかくも可能だとしても、そのモニタリング過程はいかなる根拠で信頼できるのか？　モニタリング過程が不完全である可能性はないのか——例えば、自分に都合よく情報処理をする可能性はないのか？　そうなると、知っているという感覚が本当に客観的であるかどうかを判定する、もう一つのモニターが必要なのではないか？　そうだとしたら、自己査定のために、無限の層のモニターが必要ということにならないか？

これらの問題が示しているように、もし、客観性が——日常語に示されているような——私的な心の状態であるならば、客観性を確実に達成することなどできない。心的表象と外界を分離すること、自分自身の心の状態を観察すること、それら内的状態を正確に報告すること、これらはすべて解決不可能である。これらの問題に対して、あなたは、客観性という目標を達成するすべもなく、ただ孤立してのたうつしかない。たとえ他者に教えを乞うたとしても、他者にもなすすべもない。なぜならば、他者もあなたの心の状態にアクセスできないからである。すなわち、他者は、「あなたの心的状態は、現実と一致している（していない）」と言える立場にはない。かくして、他者は、心の主観的状態と客観的なものとを区別することはできない。

科学者コミュニティは、概して、これらの問題に真剣に向き合ってこなかった。彼らは、哲学によってこれらの問題が解決されると期待していたのだ。それに対して、哲学では、客観性を保証する手段が模索されてきたが、その試みは重要である。それは、よく言われているように、一人の観察者内部の客観性には欠陥があるかもしれないが、観察者の数を増やすことによって、個々人のバイアスをなくすことができる、というものだ。機械メタファーを使うならば、一台の機械には欠陥があるかもしれないが、すべて機械がそうであるとは考え難い、ということだ。ただし、この主張は、実践レベルでは説得的だが、原理レベルでは問題がある。なぜならば、もし、一人の個人が自分自身の心的状態を正確にモニターできると信じる理由が原理的にないのであれば、個人が集まれば個人のバイアスを矯正できると考える理由もないからだ。そして、最悪の場合、もし、特定の個人にだけ客観性を判断する特殊能力が備わっているとしたら、「人々による矯正」によって、客観性はかえって損なわれることになる。科学、および、客観的報告を自称する他の領域では、一般的に、再現可能性が客観性の条件とされている。すなわち、研究は、他者が追試できるように報告されなければならないし、他者が同じ事象を観察したり、裏づけデータを収集できるように、細部にわたって報告されなければならない。かくして、客観性は、主観性の増加により得られる、とされる。

このように客観性が制度によって保証されることは、重要な意味をもつ。というのも、客観性を保証する制度が社会政策の要素となれば、ある行為が共通の基準に照らして客観的かどうかが明確にわかるようになるからだ。すなわち、個人は孤立して客観性を達成するのではなく、社会の中で客観的とみなされるようにふるまうのだ。この「客観性は社会的な達成である」という考え方について、さらに詳しく考えていこう。

第3節　客観性のレトリカルな達成

科学者、新聞記者、政策当局者などのコミュニティでは、個人が客観的かどうかは、言語という公共の基準によって判断される。その判断は、人間の機械メタファーに基づいて、心的過程を表現していると考えられる言語に基づいてなされる。したがって、客観性が達成されるのは、普通、他者に向けられた書き言葉・話し言葉によるコミュニケーションにおいてである。すなわち、客観的であるとは、「正しい表象を表現する」ことである——それは、**テキスト的な**営みである。そうであるならば、人はいかにして客観的に話したり書いたりするのか？　客観的に言語を用いることを、いかにして学習するのか？　二十世紀初頭の論理実証主義は、科学を合理的に基礎づけようとし、まさにこうした指針を提供しようとした。それは、**客観的な**言語は、観察可能な対象に結びついていなければならない、というものだ[4]。すなわち、理論的記述レベルの用語は、可能な限り、誰にでも観察可能な実体や過程に対して定義されるべきである、というわけだ。かくして、客観的科学の用語リストは、世界の目録であるべきとされた。より比喩的に言えば、客観的記述とは、世界そのものの地図ないし写真である、とされたのだ。しかし、見てきたように、言語と世界の対応説は、もはや維持し難い（第2章を参照）。すなわち、客観性は、個人の心によって達成されるのでもないし、記述が正確かどうかという問題でもない。

では、客観性が、外界を反映する心によっても、言語の写実力によっても達成されないのであれば、客観性を望む者はどうすればよいのだろうか？　ここで、レイモンド・クノーの佳品、『本体練習 Exercises in Style』を考察することが有益である。そこには、一つの出来事が、一九五の異なる記述で提示されている。クノーが言語スタイルを変えるにつれて——メタファーを強調するスタイルから、ナラティブ、注釈、コメディー、詩歌などへ——、同じ出来事についての読者の印象は大きく変化する。例えば、次の記述を見てみよう。

日中、大きくて白い背甲をもった甲虫の中を移動する、多くのイワシの中に投げられた、長くて羽根のない首をした一羽のニワトリが、突然騒ぎ出し、平和を願うような、抗議で湿ったその口調は、空中に響きわたった。それから、空間に引き寄せられて、ひな鳥はまっさかさまに落ちていった。

暗い都市の砂漠で、私は再び、自分と同じ日に、平凡なボタンによって提供された屈辱のカップを飲んでいるのを見た。

おそらく、ほとんどの読者は、この記述を客観的とは思わないだろう。**現実に**何が起こっているのかがわからないからだ。もう一つの例を見てみよう。

Sバス、ラッシュアワー。二十六歳くらいの一人の男、リボンではなく紐がついたフェルトの帽子、非常に長い首、あたかも誰かがそれを争奪してきたかのように。降りる人々。問題の男は、隣に立っている男の一人にいらだっている。彼は、誰かがそばを通るたびに、彼がぶつかってくると訴える。空席を見つけると、彼はそこに身を投げ出す。

二時間後、私は彼と、サン・ラザール前のクオ・デ・ローマで会う。彼は友人と一緒で、友人は、「あなたはオーバーコートにもう一つボタンをつけた方がよい」と言う。友人は、襟の折り返しのどこにつければよいか、それはなぜかを、彼に示す。

今度はややほっとするだろう。曖昧さが取り除かれ、われわれは、何が現実に起こったのかを「知り」始めている。では、この第二の記述において、「客観的という感覚」を強めているのは何だろうか？　単に、比喩的な表現が少なく、文字通りの表現が多い、という問題だろうか？　そこで、第三の記述を見てみよう。これは、文字通りの表現をさらに徹底したものである。

縦十メートル、横三メートル、高さ六メートルのS線のバスの中で、始発から三・六キロの地点で、乗客は四十八人、午後十二時十七分、身長一メートル七十二センチ、体重六十五キロ、六十センチのリボンのついた高さ三十五センチの帽子をかぶった、二十七歳三ヶ月八日の男性が、年齢が四十八歳四ヶ月三日、身長一メートル六十八センチ、体重七十七キロの男に説明を求めている。それは、十四語からなり、五秒間続き、十五ミリから二十ミリの移動をそれとなくほのめかしている。それから彼は一メートル十センチ離れて座った。

五十七分後、彼はサン・ラザールの素朴な入り口から十メートル離れ、年齢二十八歳、身長一メートル七十センチ、体重七十一キロの友人と、三十メートルの距離を上ったり下ったりした。その友人は、直径三センチのボタンを垂直方向に五センチ動かすよう、十五語でアドバイスした。

この記述は、一般の基準では、正確で、文字通りの言葉の使い方がなされている。しかし、この記述では、何が起こっていたのかは、再び曖昧になってしまう。これでは、客観的記述の失敗作である。

したがって、主たる問題は、記述に客観性の感覚を与える――そして、そうすることによって、科学や日常生活にレトリックの力を与える――文体を明らかにすることとなる。ここで、こうしたテクニックを十分に論じることはできない。様々な文学――記号論、修辞学、文芸理論の様々な領域――が、この問題に取り組んできている[5]。中でも重要なのは、十九、二十世紀の小説におけるリアリズムの多様な記述である。そこから明らかなことは、言語を通して現実味を得るテクニックは多様であること、その起源は数世紀に及ぶ文学史の中に散りばめられていること、レトリックの力には栄枯盛衰があること、である。実際、現代の著述家は、客観的現実という感覚を達成するために、様々な効果をもつ様々な資源を利用することができる。そのようなテクニックのうち、強力なものの少なくとも一つは、「機械としての自己」というメタファーから、言説的な力を得ている。以下、そのことを示していこう。

第4節　自己の機械メタファーと客観性の内実

機械的自己について再考してみよう。その理由は、本章のテーマである客観性が、この機械的自己に結びつけて論じられてきたからだ。しかし、すでに述べたように、客観性を機械的自己によって説明することは、客観性を個人のレベルで説明することになってしまい、解決の方向性を見出せなかった。われわれは、個人のレベルではなく、社会のレベルで、客観性を説明しなければならないのだ。翻れば、機械的自己は一つのメタファーである。機械的自己というメタファーに基づけば、一群のレトリカルなテクニックが使用可能になる。実は、その一群のテクニックが相俟って客観性を言説的に構成しているのだ。以下では、機械的自己というメタファーから導かれる四つのレトリックについて述べる。その際、実証的心理学におけるありふれたテキストから例を引いてみたい[6]。

（1）対象と距離をとるレトリック

機械論的メタファーのエッセンスは、現実世界が、それについて知ろうとする人とは独立に存在する、という前提である。すなわち、世界は、人が知ろうが知るまいが、それとして存在する。現実がわれわれとともに消滅することはない。まず、この前提は、二つの言語形式を必要とする。すなわち、現実世界の事物に固有の言語形式と、心的表象の状態を指し示す言語形式である。この二つの言語形式を使わなければ、客観的な状態（ないし、正しい心的表象）を、錯誤表象や錯覚と対置して示すことなどできないだろう。しかし、心の中の経験を他者が観察することはできないから、内界を表現する言語形式が、外界を表現する言語形式のような確度の高い記述をなすことは困難である。ヴィトゲンシュタインは、この点を積極的に考察した結論として、私的な内的経験（本人にしかわからない経験）を記述する言語などありえないと断言している。そもそも、いかなる合意も前提せずして、言語が成立するのは不可能である。したがって、合意の可能性のない経験を表現する言語は存立不可能なのだ。つまり、言語は、ことごとく、何がしかの合意に基づく公的言語であり、本当に内界（私的世界）を表現する言語形式は存在しえない。かくして、機械論的メタファーにとって必須の二つの言語形式は、存在不能なのだ。では、どのようなレトリックを使えば、自らの私的経験が現実世界そのものと一致していると認めさせることができるのだろうか？

おそらく、最も一般的には、「現実世界」を記述する言語によって、私的経験を記述できることを――直接的にしろ間接的にしろ――単に示せばよい。言い換えれば、外界の事象を記述する際の共通の言語が、内的知覚を記述するのにも使えることを示せばよい。例えば、ある状況下――例えば、動物園やロッキー山脈のドライブなど――において、「熊」という言葉は客観的な記述に用いられる共通の言葉である。すなわち、それは、そこにある物質的対象を正確に指し示す言葉である。この場合、個人は、「自分の経験」を記述するのに「熊」という共通の言葉を用いれば、客観的とみなされる。逆に、現実世界を記述する一般的慣習から逸脱すると、私的経験の記述は客観的とはみなされなくなる。例えば、「肉食哺乳動物（carnivorous mammal）」「スモーキー（熊のスモーキー、森林警備隊員の服を着て山火事防止を呼びかける熊のシンボルマーク）」「ウルスス・アメリカヌス（Ursus americanus、アメリカクロクマの学名）」を見つけたと言えば、客観的とみなされないだけでなく、おそらく「空想的」「比喩的」「面白い」などとみなされるだろう。あるいは、明らかに皆が「熊」と呼んでいるものを、「カメ」や「ワシ」を見たと言えば、強情な奴と思われるか、精神病の徴候と思われるかである。言語形式には外的言語形式しかなく、内的言語形式と思われているものも実は外的言語形式ということは、客観性が、実は合意の産物であるということだ。要するに、客観的であることと平凡でありきたりであることは同じことなのだ[8]。

しかしながら、私的経験を記述する言語を、外的な客観的世界を記述する言語の複製とするレトリックには、さらなる難問がある。それは、客観的言語の直示的な指示対象が、本当に、経験の外部にあることを示さなければならない、という問題である。もしそうでなければ、共通の言語を明確に使うことなどできないはずだ。すなわち、事実を正しく述べているのか、単に主観的印象を述べているにすぎないのかの区別がなくなってしまう。そこで必要となるレトリックが、対象記述詞（distention devices）、すなわち、指示対象と私的経験との間に距離をとるようなレトリックである。最も単純なレベルでは、特定の単語がしばしばこの役割を果たす。すなわち、「その」、「あの」（the、that、those、this）などの言葉は、一定の距離にある事象や事物に対して、行為者の注意を喚起する。対象記述詞と対照的なのが、内面記述詞（personalizing descriptors）である。内面記述詞は、心の中にある私的な対象に対して注意を喚起する。「私の観点」「私の知覚」「…という感覚」などは、いずれも内面記述詞の例である。対象記述詞と内面記述詞という二つの概念を用いるならば、客観性が脅かされるのは、対象記述詞の使用に失敗するか、内面記述詞に頼るときである。すなわち、内的なプロセスが言語領域に入り込むほど、言説の対象は主観性の領域へと遠のいていく。だからこそ、科学者は、例えば、「装置についての私の考え」ではなく「装置」、「実験室についての私の印象」ではなく「その実験室」、「質問紙についての私のイメージ」ではなく「その質問紙」、などの表現を好むのである。

重要なことは、こうした言語の選択は、何が存在しているかとは関係がないことだ。すなわち、対象記述詞の使用が必然的に求められる状況などない。だから、「ここに（内部に）」あると表現できるものは、ことごとく、「そこに（外部に）」あると表現することができる。しかしながら、次の二つの記述の発話内効果には大きな違いがある。例えば、「この装置が実験室で使われた後、これらの計器は動き始めた」という対象記述詞を用いた記述と、対象記述詞が内面記述詞に置き換えられただけで文脈的には類似した記述、すなわち、「私が装置と思ったものが、私が実験室と感じたものの中で使われた後、私が特定の種類の計器であると想像したものは、私が機能的と思うように動いた」という記述を比べてみよう。科学的な見地からは、前者は信用できるとされ、後者は深い疑義をもたれるだろう。

観察者と観察対象の分離は、遠隔メタファーを用いることによっても達成できる。これは、対象を個人から距離をとって位置づけるメタファー表現である。例えば、**ベールに覆われた大陸**のメタファーについて考えてみよう。この場合、ベールに覆われた大陸とは、人が実際に到達しようとする実体である。科学的探検家は、基本的に、大陸の正確な位置を見つけ、それが存在するというニュースをもち帰り、他の人たちもそこを訪問することができるようにしようと試みている。多くの科学領域において、発見された地には発見者の名が与えられるだろう。実際、星、脳の領域、実験室での効果などは、すべて、その発見者の名がつけられている。かくして、われわれは、「スミスが最初にその効果を発見した」「ジョーンズが見出したのは…」「ブラウンが看破したのは…」などの言い回しをよく耳にする。同様に、「発掘された」「光を当てられた」などの言い方もされるが、これらは**埋もれた宝物**のメタファーである。科学論文では、しばしば、同様の結論に達した多くの研究が引用されるが、それは、異国の地を訪れ、宝物を発見したのは、実際、一人ではなく大勢であることを示すためである。こうしたメタファーのもつレトリックの力は、内面記述詞による記述と対比してみれば、一層明らかである。例えば、「スミスはその事実を発見した」という代わりに「スミスは自分の印象にラベルを貼った」と考えたり、「ジョーンズが見出したのは…」を「ジョーンズは自分の経験を記述する新たな用語を選んだ」に置き換えたり、「ブラウンが看破したのは…」ではなくて「ブラウンは、その分野で目立とうとし、そのために他の人々がユニークだとみなすような知見を生み出そうとした」としてみよう。いずれのケースでも、レトリックを変えることによって、客観性が消え去っていることがわかるだろう。

（2）複雑な外界の実在を強調するレトリック

外界がありのままに内界に像を結ぶという「機械としての自己」メタファーに基づけば、そこでの言説は常に二面性をもつ。すなわち、内的世界を表す側面と、外的世界を表す側面である。同時に、この像という考え方が、外界をどのように記述していくかの詳細を正当化している。まず第一に、認識論の大半は、視覚の様式に基づいている。すなわち、認識論における知る人と知られる対象との関係は、理念的には、鏡と対象の関係、あるいは、写真と被写体の関係である。機械的自己の心は、うまく機能すれば、世界についての確かな視覚的記録となる、というわけだ[9]。科学の中では、視覚メタファーが幅広く用いられることによって、客観性を担保する手段が確立されている。客観性の言語は、基本的に、視覚の言語なのである。例えば、心理学における典型的な研究記述には、被験者、質問紙、タキストスコープ、チンパンジーなどが含まれるが、これらはすべて視覚的世界の対象として記述される。視覚の様式に基づかない記述は、同じ「対象」を記述していても疑いの目を向けられるだろう。例えば、被験者を嗅覚によって記述したり（「悪臭のする被験者十人を、よい香のする被験者と比較する」、など）、質問紙を味覚によって記述したり、タキストスコープを触覚によって記述したり、チンパンジーを聴覚によって記述したりすれば、それらの記述は、研究者の単に個人的で主観的な経験であり、したがって、潜在的にバイアスがあり再現もできないとして無視されてしまうだろう。現代科学は、ありのままの世界を映す鏡としての視覚メタファーに依拠しているのである。

自己の機械メタファーは、複雑な外界をどの程度詳しく記述していくかを規定してもいる。ただし、これについては、現代の科学的著作を特徴づける二つの異なった伝統がある――すなわち、具体的細部を描写する伝統と本質のみを描写するという伝統であり、それぞれが、現実を異なったやり方で作り上げている。第一に、人間の視覚が、外的世界についてのきわめて詳細な像をもたらすとする、長い伝統をもつ観点がある――すなわち、視覚刺激はあまりにも膨大であり、概念化による縮減なしには経験が経験として成り立たなくなるくらいである、という観点である。この観点からすると、客観的に記述しようとすれば、とにかく細かく細かく記述しなければならないことになる。なぜならば、世界が経験に反映され、経験が言語によって表現されるのであれば、客観的言語は、外界のきわめて微妙な色合いまでも提供すべきだからだ。実際、複雑な細部へのこだわりは、十九世紀の写実的著作の主要な特徴の一つであった。現代の心理学においては、この伝統は、臨床心理学、特に、事例研究や質的研究の報告に最もよく現れている。すなわち、詳細をきわめた記述をすることによって――その大半は結論とは無関係なのだが――、著者は、自分の観察にバイアスがないことを示している。フロイトの言葉を借りれば、観察者は「あらゆるものに均等に注意を向けている」ことを適切に証明しているのである。

次に、複雑な外界を記述する科学的伝統の第二に話を移そう。以上のような細部記述のテクニックは、科学を標榜する心理学においては見られない。ここでは、「自己の機械メタファー」に由来する対照的な観点がより重要な役割を果たしている。すなわち、効率的に機能する機械は、入力を種類ごとに組織化し、刺激を原因―結果の単位に分類するはずだという観点である。この観点からすると、科学の課題は、過度で曖昧な細部記述を避け、本質的な事象についてのみ報告することである。実際、心理学の論文には、この原理に則って、実験手続きと結果のきわめて簡潔な説明しか載っていない。例えば、被験者の生活の具体的細部は、実験の記述には決して含まれない。すなわち、被験者が女性ではなくて男性であることは記述されるが、被験者の家庭が崩壊しているかどうか、被験者が薬物中毒かどうか、被験者が不眠症であるかどうかなどは、くだらないヒューマニズム研究の結果でもない限り、実験とは無関係とみなされるだろう。研究者は、理論的な観点から、誰もが「刺激」（先行条件）としてみなす実験手続きと、同じくこの観点から見て「反応」（帰結）の指標となりうる被験者の行為とを記述するだけである。もし、研究者が被験者を獣のような歓喜の遠吠えで迎え、被験者が当惑し不安を覚えて帰ってしまったとしても、こうした出来事が実験手続きの記述に含まれることはないだろう。

さらに、外的世界と自己の経験が機械のような関係にあるというメタファーは、外界と内界との間の因果関係をも規定する。具体的には、環境の出来事はしばしば積極的な力を与えられ、観察者は受動的な犠牲者として描かれる。なぜならば、もし個人の知覚が、外的世界の先行条件に反応して、機械のような仕方で作動するならば、外界についての知識は、外界が内界に及ぼす影響によってほぼ規定されることになるからだ。こうした前提ゆえに、研究報告では受動態が頻繁に使われる——例えば、「私は攻撃を観察した」ではなく「攻撃が観察された」、「私はその結果を得た」ではなく「その結果が得られた」、など。しかし、もし研究者があるパターンを見ようと努力しているのであれば、研究結果は「事物それ自体」によるというよりも、研究者の努力のおかげであるはずだ。つまり、外界の存在が研究者にそれを発見せしめるということは、外界の事実性に対する頌歌のようなものである。もし自分のことを「状況の犠牲者」として語れば、「犠牲者」から独立している「状況」の信頼性は強化される。受動的動機の例としては、次のような言い回しがある——「…という事実に**驚かされた**」「このデータは明らかに…であることを物語っている」「これらの調査結果から…と結論**せざるをえない**」「この結果は…を明らかにしている」など。これらはすべて、自然という状況の犠牲者としての科学者の感覚を反映することで、複雑な外界の存在を強調している。

ここでも、こうした記述法のレトリックの力は、「受動的な心」というメタファーを「積極的な心」というメタファーで置き換えてみれば、一目瞭然である。例えば、調査結果に「驚かされる」ならば、その結果を「探し求める」よりも客観的だろう。データが「物語る」ならば、その結論は、「その解釈を好む」よりも信頼できるだろう。結果から「結論せざるをえない」ことは、「理論に合致する調査結果を求める」ことよりも、強固なレトリックの力をもつ。このように、客観性は、自分自身を没人格的な「一つの大きな機械」にすぎないものとして描写することによって、確保されているのである。

(3) 経験的主体と権威を確立するレトリック

啓蒙主義思想が重視したことの一つは——機械としての心の概念と関連して——、高い地位にある権威から言葉の力を奪い取り、それを民衆の手にわたす可能性であった。すなわち、何が真実かについて、教皇や王の言葉を信じてはならない。特権的な声をもつのは、誰であろうと、実際に世界を経験している者たちだ、というわけだ。基本的に、誰であれ、自然によって感銘を受け、夢中になり、影響を受ける者が、あるいは、異国の地を直接訪れた者が、そのことによって権威を得る。すなわち、権威の声は、経験的主体を打ち立てることによって達成される。

かくして、言語の諸形式が、事実の現場において経験的主体を確立するために必要とされる。主体の現前は、しばしば、科学レポートの最初の数ページで、「私」「われわれ」のような人称代名詞や、その所有格（「私の」「われわれの」）を使用することによって達成される。例えば、「われわれの目的は…を調査することである」「われわれが関心をもっているのは…」などの表現は、経験的主体を、それに続く科学活動の中に位置づける。同様の効果は、研究自体が著者らによって、あるいは、その助手らによって実施されたこと、研究過程の大半において著者が不在ではなかったことを示すことによっても達成される。例えば、こうした前提に反するような科学的著作の効果を考えてみよう。「私は、今学期、講義や会議で非常に忙しかったので、研究の過程を見る時間がほとんどなかった。それで、大学院生のスミスが、実際には研究の大部分を行った——だから彼は第二著者の栄誉を正当にも与えられている。もちろん、私は研究の概念についてスミスと議論したし、彼の統計をチェックはしたが」。このように、実際には研究を行っていないとか、他人が発見した結果を報告していると発表すれば、研究結果の信頼性はきわめて損なわれるだろう。もちろん、科学者が常に議論する研究結果は、文書にすぎない。しかしながら、それらの結果は、究極的には、当該著者の直接経験に基づいていることが前提とされている。

しかし、経験的主体の確立には、同時に問題もある。「私が見た」「私が経験した」とのみ主張することは、記述が、まさにこの私という主体の産物であることを示唆するからだ。もしその研究者のみがその事象に直面したのならば、あるいは、異国の地に住みその住民を観察したのがその人だけだとしたら、その記述は、はたして信頼されるだろうか？　いわゆる「知見」が、世界を見る際のバイアスに導かれている可能性があるのではないか？　こうした脅威を避けるために採用されるのが、**超越的視点へのシフト**である。すなわち、まず、経験的主体を確立し、次に、抽象的な主体、すなわち、すべての経験的存在を平等に見わたす主体へと、視点をシフトすることが有効なのだ。[10]　かくして、多くの科学レポートは、抽象的な集合体の視点、すなわち、著者の視点ではなく、すべてを見下ろす「全知者の視点」に立って書かれていることがわかる。この効果は、しばしば、非人称代名詞を用いることによって達成される。すなわち、「私は…を観察した」ではなくて「…が観察された」という言い回しが用いられ、「私は…を見出した」よりも「…が見出された」という言い回しが好まれる。最もよくあるのは、その視点がいかなる主体の視点であるかについては一切言及せず、そのことによって、その視点がすべての人に共有された視点であることを示唆することである。それは、トーマス・ネーゲル（Thomas Nagel）の言葉を借りれば、「どこからでもない視点」である。かくして、「私は刺激が提示されるのを観察した」ではなくて「刺激が提示された」、「私の助手はボタンが押されるのを見た」ではなくて「ボタンが押された」、などと記述される。要するに、現実の信頼性を高めるには、著者の経験的視点を打ち立てると同時に、うまく超越的視点に立たなければならない。

（4）レンズのくもりをとるレトリック

機械としての自己が客観性を獲得するのは、外的世界を映し出し、その性質について結論する内的過程が妨害されないときである。十八世紀のロックの『人間悟性論 Essay on Human Understanding』から現代の心理学研究に至るまで、意識が感覚システムを通して世界を知る、という観念が広く支持されてきた。すなわち、人は、まず、基本的な感覚データを意識する、というわけだ。この主張は広く論議されているが、これらの感覚が最終的には知覚表象（心的カテゴリー）に変換されることについては、概ね、一致している。もし、このプロセスが妨害されずに進行するならば、感覚は世界を映す鏡の役割を果たし、結果として得られるカテゴリーは、合理的思考や言語を介したコミュニケーションに利用することができる、とされる。ところが、この一群の仮定は、観察しカテゴリー化するという心の本質的なプロセスは、それ以外のすべての心的過程によって妨害される可能性があることを、暗黙のうちに示している。特に問題となるのは、個人の行為を変えたり、不安定にしたり、それに影響を与えるような形で内界と外界を結びつける過程である。なぜならば、そのような過程は、個人の客観的な観察能力を妨害するからだ。具体的には、感情、動機、価値観、欲望などは——伝統的に気づかれていたように——、すべて、客観性を脅かす可能性を孕んでいる。

これらの心的過程は、効果的な機械の構成要素ではありえない。これらの心的過程によって内界と外界が結びつけられると、ある行為は絶対的なものになり、ある行為は忌避すべきものになるようになる。その結果、こうしたプロセスの合力によって、詳細な観察のプロセスも適切なカテゴリー化のプロセスも不安定になる。そうなると、バイアスや歪曲が生じることになる——外界への適応は脅かされる。

かくして、機械的自己の視点をとると、言説の客観性を達成するためにさらなるレトリックが必要となる。第一に、客観的報告は、自己の**感情の記述を抑制する**必要がある。なぜならば、観察の時点で働いているかもしれない様々な感情、欲望、価値観、動機などを記述し探求すれば、観察のプロセスが妨害され、記述の見かけの客観性が損なわれるからだ。例えば、「平均5.65が記録された」「被験者が不安を感じていることが観察された」「…という結果が示された」などの言い回しは、鏡としての心が忠実に機能していることを示している——そこには、感情、動機、欲望など、内的状態への言及はない。しかし、感情の用語法が同じ記述に入り込むと、その効果は弱まることになる。次のように言い換えたら、どうだろうか。「私は平均が5.00以上になることを心から望んでおり、それが実現したときには大喜びだった」「もし仮説を支持する結果が得られなければ、この研究は事実上出版できないので、われわれは被験者が不安を感じているという証拠を得ようとした。幸い、まさに彼らはそうであることが示された…」「結果は、道徳的に非難されるべきとわれわれ研究者が考えたそれらの行為が、実際に、実験の失敗を招いたことを示している」。すなわち、研究に感情が関わっていることを認めることは、現代のレトリックの基準からすると、くもった鏡で現実を見るようなものなのである。

「機械としての自己」の観点からは、客観性が達成されるためには、第二のレトリックが必要となる。すなわち、観察者の感情を抑制するだけでなく、一般的に、**対象が感情を喚起する性質をもつことの記述を抑制する**必要もある。なぜならば、研究対象が、観察者の感情、動機、欲望を喚起しうるような特徴をもっているならば、結果としての記述は、現実の記述としては信頼がおけず、観察者の感情が喚起された結果とみなされるからだ。部分的にはこうした理由から、行動科学の研究報告は、非常にきれいにまとまっているが、反面、人間味を欠いていることがほとんどである——たとえ、研究テーマが広範な関心を惹くはずのものであっても。例えば、ニュートラルな人口統計学的特徴を除けば、研究「対象」についてはほとんど言及されない。すなわち、われわれにわかるのは、その研究の被験者が、例えば、男子大学生であるとか、四十歳から六十歳の女性であるとか、都心の黒人児童であることだけである。対照的に、性的魅力、不快を覚えるほどの肥満、鼻につくような浅薄さ、チャーミングなふるまい、驚くばかりの無知、うらやましいような衣服、不快なにきびなどについての記述はない。こうした特徴を記述すれば、その観察が、観察者の感情や動機によって歪められていることになるからである。このような喚起的特徴を記述すると、記述の客観性は破壊されるのである[11]。

要するに、機械的自己の概念は、著者の主張に権威を与えるレトリックを生み出す前提として機能していることがわかる。すなわち、主体と客体を分離し、視覚に基づいて外界を描写し、著者主体の存在（ないし、不在）を確立し、レンズのくもりをとる――これらレトリックの慣習は、客観的であるという感覚を生み出す最も優れた手段なのである。こうした手段を使用できなければ、その著者は、主観的であまりにも空想的とされ、下手をすると狂っているとさえみなされるだろう。

第5節　客観性と行為

本章では、西洋文化の内部で、客観性概念が広く崇拝されていることを強調することから、議論をスタートした。客観性の達成は、道徳的義務にも匹敵する、生存のための必須条件とみなされている。客観性への固執をやめれば、社会は停滞し、メタファーやレトリックのような、退廃的で空想的で神経症的な実践ばかりが幅をきかせてしまう、というわけだ。しかし、議論を展開していくうちに、われわれは、主客二元論から導かれる、まず「経験の対象」ありきでそれが「経験される」という階層的区別には根拠がないこと、客観性の達成は、外界を正確に映す心的過程によるものでも、外界を文字通り写実的に記述することによるものでもないことを見出した。そうではなくて、客観性の達成は、テキスト的実践である――客観性は、歴史的・文化的に埋め込まれた記述や会話の実践によって達成されるのだ。だから、言語をどのように編成すれば、それが社会の中で「客観的」という高い位置を占めるようになるかについて、特別の方法などない。そこで、本章の最後に、客観性をめぐる言説的実践の機能（ないし、逆機能）を批判的に検討していこう。すなわち、客観性を達成する言語実践にこだわるべきだろうか？　それとも、主客二元論を断ち切って、新たな言説的実践の可能性を切り開いていくべきだろうか？　その場合、客観性をめぐる一つのポリティクスが展開される可能性もあるのではないか？

もちろん、これはまだ新しいテーマである。ここでは二点のみを指摘するにとどめよう――すなわち、客観性の言説がもつ問題点と、それが果たす役割である。私の考えでは、伝統的な主客二元論と、その言説的実践を解体する、最も強力な言説は次のようなものである。すなわち、客観性の言説は、特権階級を――そして、それに伴って、偏見、敵意、コンフリクトを――不当に生み出し維持するだけでなく、善や真実の文化的構成に関わる多くの意見を排除する。[12]客観性の指標は、かつて、自らの予知力と洞察力を主張するエリートたちの権威に挑戦するために用いられ、したがって、民主主義とともにあった（Porter, 1992）。しかしながら、客観性の指標が次第に専門家のものとなり（例えば、第6章を参照）、現在では、めったに異議を唱えられることのない科学技術エリートが登場している。科学技術エリートによる客観性の言説は、それが客観的であることの根拠を明らかにできないばかりか、「客観的」でない言語のすべてを力ずくで押さえ込んでしまう。かくして、客観性の言説は、それ以外の言説実践の豊かな多様性――その文化の歴史の中で蓄積された言説実践の資源――を排除する。さらに、客観性の言説に巻き込まれる――科学的研究の対象となる――と、人間の尊厳は傷つけられる。すなわち、精密な研究の対象になると、人間性も、声をあげる権利も失うことになる（MacKinnon, 1987; Schott, 1988）。「計算可能」になればなるほど、ますますコントロールの対象となるのである（Rose, 1990）。

しかしながら、すでに述べたように、ポスト構造主義、ポスト経験主義、ポストモダンの領域では、今や、「個人としての自己」という西洋的概念は徐々に廃れていくだろうということが、広く共通認識となりつつある。すなわち、私的な自己という視点は、芸術と文学、実践的な意思決定、道徳的思考、情動的行動などの源としては、もはや存続不能である――概念的基盤の点からしても、それがもたらす社会的パターンの点からしても。多くの人々にとって、目下の問題は、いかにして社会生活の基本単位としての自己という観念を打ち捨てるかということである。いまや、文脈依存性、関係性の形成、対話の過程を強調する記述方法が模索されつつある。さらに、第2章で見たように、科学的著作の伝統的慣習にも同様の亀裂が生じている。すなわち、新たな形式の言説による大胆な実験がなされるようになり、伝統的な物象化の形式に対して新たな選択肢が提供されつつある。これらのことをふまえれば、支配的なレトリックがゆるやかに変化し、文化の対話の中で力をもつ声の範囲が広がると期待することができる[13]。

しかし、こうした道を推し進める一方で、客観性の言説がもつ意義を改めて考えてみる必要もある。ロム・アレは、『リアリズムの多様性 Varieties of Realism』の中で、次のように述べている。「科学は、人類の大いなる知的達成であるばかりでなく、最も注目すべき道徳的秩序でもある」(Harré, 1988, p.8)。彼が論じているように、道徳的秩序は、科学コミュニティの中で醸成される相互信頼に支えられている。科学コミュニティの言語ゲームにとどまり、そこで通用するローカルな指示形式を受け入れるならば、科学的記述は十分信頼できるだろう。アレは、続けて次のように述べる。「こうした科学コミュニティの産物である科学的知識そのものは、道徳的用語――すなわち、信頼という用語――で定義される。すなわち、科学的知識は信頼できる知識なのだ。その信頼は、存在についての信頼である場合もあるし、実用性についての信頼である場合もある。あるいは、両者を兼ね備えた信頼である場合もある」(p.11)。科学的コミュニケーションにおいて、客観性の言説が中心的位置を占めていることを考えるならば、われわれは、客観性の言説が、信頼で成立している科学者コミュニティの中でどのように貢献しているのかを問う必要がある。この文脈で考えるならば、客観性の言語は平板で面白みがないけれども、それは遂行的な言語である。遂行的――約束を実行に移す――という意味では、握手と一緒だ。それとは対照的に、主観性の言語は、制約を和らげ、喜びや楽しみの世界へといざなうだろう。さらに、第3章で述べたように、客観的世界についてのありふれた言語は、科学コミュニティが集団目標を実現するために欠くことができない。科学コミュニティの内部で、「これは何と呼ぶべきか」が問い返されることがないほど自明でなければ、技術革新など望むべくもないだろう。つまり、客観性の言説は、メギル(Megill, 1991)の言う**学問的・手続き的**客観性を達成するのに有効なのだ。このように、客観性の言説を信頼するこれらの慣習を全面的に放棄することには、問題が多い。

同時に、科学を信頼する慣習とは別の言説形式を探求する必要もある――客観性の言説形式を傷つけることなく、信頼のおける言説形式を得るために。ウンベルト・マトゥラーナ（Maturana, 1988）は、いわゆる「客観的」というセリフは、すべて、括弧で括られるべきであると述べ、なぜならば、客観性は、限定された空間と人々の間でのみ達成されるものだからだ、と主張している。しかしながら、多様なレトリック形式で表現することによって得られるものは、もっと多いはずである。確かに、客観主義と現実主義の言説が流行してはいるが、それだけが効果的なレトリックの形式ではない。さらに、同じテキストに様々な著述形式を並置することによって、全体に対する単一の声のインパクトは小さくなり、読者（と著者）が続いて参加することのできる対話の数が多くなる。つまり、テキストは、対話の幅を狭めるのではなく、拡大することになる。ヴァン・マーネン（Maanen, 1988）は、こうした可能性を、多様な形式のエスノグラフィーを提示することによって、実現しようとしている。そこでマーネンは、現実主義のエスノグラフィーのレトリックの力を、「告白的」エスノグラフィー（一人称による暴露）や「印象派的」エスノグラフィー（想像的な叙述）のそれと対比させている。ラザー（Lather, 1991）は、教育目的のために、彼女の学生に、多様な声で書くことを要求している。つまり、第一に、標準的な実証的分析をし、第二に、実証的分析のイデオロギー的意味を評価し、第三に、もともとのテキストの特徴がいかに社会的に構成されたものであるかを考察する、などのように。そこでは理解可能性が三層に拡張されている。こうした試みは、人間科学にとって、より信頼ができ創造的な未来への有望な第一歩である。

注

［1］機械としての自己について、より詳しい説明としては、Hollis（1977）の『人間のモデルModel of Man』、Overton and Reese（1973）の「発達のモデル：方法論的意味Models of Development: Methodological Implications」、Gergen（1991b）の『飽和する自己The Saturated Self』を参照。

［2］ヴィトゲンシュタインの『哲学探求』は、心理学の二元論的伝統に対する最も重要な批判の一つである。その他、ウィリアム・ライアンズ（William Lyons）の『内省の消失The Disappearance of Introspection』、リチャード・ローティの『哲学と自然の鏡Philosophy and the Mirror of Nature』、ギルバート・ライルの『心の概念The Concept of Mind』、J・L・オースティンの『知覚

の言語　センスとセンシビリアSense and Sensibilia』を参照。

［3］この点を詳しく論じたものとして、ライアンズの『内省の消失The Disappearance of Introspection』を参照。また、第6章の心的状態のラベリングについての議論も参照。

［4］より詳しくは、第2章を参照。

［5］ここで特に有益なのは、ロラン・バルトの『S/Z』、ウェイン・ブース（Wayne Booth）の『フィクションのレトリックThe Rhetoric of Fiction』、キャスリン・ヒューム（Kathryn Hume）の『ファンタジーと模倣Fantasy and Mimesis』、ジェルジ・ルカーチ（Georg Lukacs）の『ヨーロッパ・リアリズムの研究Studies in European Realism』、ウォレス・マーティン（Wallace Martin）の『新ナラティブ理論Recent Theories of Narrative』である。

［6］社会科学の著作のレトリック分析に関する様々な重要研究については、これまでの章で触れておいた。その他重要なものとして、ベイザーマン（Bazerman）の『書かれた知識を研ぎ澄ますShaping Written Knowledge』、ネルソン、メギル、マクロスキー（Nelson, Megill, McCloskey）の『人間科学のレトリックThe Rhetric of Human Sciences』、プレリ（Prelli）の『科学のレトリックA Rhetoric of Science』、シモンズ（Simons）の『人間科学におけるレトリックRhetoric in the Human Sciences』と『人間科学のレトリック：事例研究Case studies in the Rhetoric in Human Sciences』、スペンス（Spence）の『フロイトのメタファーThe Freudian Metaphor』、エドモンソン（Edmondson）の『社会学のレトリックRhetoric in Sociology』、グリーン（Green）の『文学の方法と社会学理論Literary Method and Sociological Theory』がある。Lang（1990）による哲学的著作のレトリック分析も、重要である。

［7］主観言語と客観言語の区別、および、その科学的認識論への含意について、より詳しくは、Bar-Tal and Kruglanski（1988）の『知識の社会心理学The Social Psychology of Knowledge』所収の私の論文「知識と社会的過程Knowledge and Social Process」を参照。

［8］これと関連して、前章の、「誰もが知っていること」の焼き直しを避けようとする実証的心理学者の試みについての議論を参照。

［9］ここでの議論について、より詳しくは、リチャード・ローティの『哲学と自然の鏡Philosophy and the Mirror of Nature』を参照。

［10］ここでの議論は、ヴィンセント・クラパンツァーノ（Vincent Crapanzano）の「ヘルメスのジレンマ：エスノグラフィーにおける破壊の隠蔽Hermes' Dilemma: The Masking of Subversion in Ethnographic Description」（『文化を書くWriting Culture』所収）に負うている。

［11］心理学における実験被験者の構成についての科学的方法論の影響について、より詳しくは、Danziger（1991）を参照。

［12］主客二元論の呪縛を逃れるために、ドナルド・マクロスキーDonald McCloskey（私信）は、「共観的」という語を用いている。彼によれば、科学的記述は、客観的でも主観的でもなく、本質的に共同主観的なものである。

［13］この点について、さらなる議論としてはIbanez（1991）を参照。また、客観性の概念に対するフェミニズムからの批判として、Hawkesworth（1992）を参照。

第Ⅲ部——「自己」概念から「関係性」概念へ

第8章　社会生活における「自己についての語り」

実践の可能性を広げるために、理論的言説を豊かにすることは、社会構成主義の中心的課題の一つである。さて、社会構成主義というメタ理論と緊密な関係にある理論は、「関係性理論（relational theory）」である。関係性理論とは、「頭の中の知識」という常識を超えて、「関係性が現実を作る」ことを主張する理論的立場である。本章では、関係性理論の立場から、自己概念について論じる。すなわち、自己概念を、個人についての私的な認知構造としてではなく、自己についての言説――人との関係の中で用いられる言語的遂行――として捉える。言い換えれば、従来の概念カテゴリー（自己概念、スキーマ、自尊心）に代えて、進行中の関係性の中で理解可能となる「自己についての語り（narrative）」に注目する。

「自己についての語り」とは、自己についての多くの物語を集大成した、一つの物語である。われわれの多くは、子供時代に物語と出会う。まず、おとぎ話、民話、家族の物語を通して、人間の行為がどのように説明されるかを教わる。その後も続けて、小説、伝記、歴史を読んで物語に夢中になったり、映画館で、劇場で、テレビで、物語に心を惹かれたりする。このように、われわれは、幼少期以来、常に物語に接しており、それゆえ、物語は、社会の中で自分自身を理解可能にする重要な手段となる。われわれは、幼年時代、家族関係、学校時代、初恋のこと、研究のことについて、様々な物語を語る。あるいは、昨夜のパーティー、今朝の事象、友達とのランチなどについても物語るし、出勤途中にあわや衝突しそうになったことや、昨夜夕食を焦がしてしまったことについての物語さえ語る。いずれの場合も、われわれは、他者や自分自身に対して、物語を用いて自分自身を披瀝している。このように、西洋においては、物語はきわめて広く行きわたっている。そのため、ブルーナー（Bruner, 1986）は、語りを理解する傾向が生まれつき備わっているとさえ示唆したほどである。われわれとしても、生物学的基盤の有無はともかくとして、物語がわれわれの生活の中で重要であること、物語がわれわれを理解可能にしてくれることを過小評価するわけにはいかない。

しかし、物語はわれわれを理解可能にする、と言っただけではまだ不十分である。なぜならば、われわれは自分の人生を物語として語るだけでなく、物語において他者との関係性を生きているからだ。例えば、ホワイトとエプストン（White and Epston, 1990）は、「人々は、自分たちの経験を物語ることによって、自分たちの人生と他者との関係性に意味を与えている」（p.13）と述べている。ニーチェは、理想的な生活とは、理想的な物語――すべての行為が、無駄なく緊密に結びついている物語――と一致する生活のことであると述べている（Nehamas, 1985）。ハーディ（Hardy, 1968）は、より説得的に、「われわれは、語りの中で夢を見、語りの中で空想にふけり、語りによって思い出し、予期し、希望し、絶望し、信じ、疑い、計画し、修正し、批判し、建設し、噂をし、学び、憎み、愛する」（p.5）と述べている。マッキンタイア（MacIntyre, 1984）は、こうした観点を洗練させ、演じられる物語が道徳性の基盤を形成すると主張している。さらに、私は、ミンク（Mink, 1969）と同様、「人生とは語りそのものである」と主張したい。物語は、つまるところ記述の形式である。物語を記述対象と等値することは誤りである。語りは、社会的行為の中に埋め込まれている――語りは、様々な事象を観察可能にし、未来の事象への期待を顕在化させる。日常生活における事象は、語りで満たされているがゆえに、意味に満ちている――事象は、語りによって「始まり」「どん底」「クライマックス」「終わり」などの意味を与えられ、現実となる。人々は語りを通して事象を体験し、まさに語りを通して他者とともに事象を整序しているのだ。このことは、人生が物語のコピーであると言っているのではない。そうではなくて、物語は、人生の現実を作り上げる手段となる、ということである。重要なことは、われわれが物語によって生きているということである――自己を語るという意味でも、自己を実現するという意味でも。

本章では、物語――語られる物語と、社会生活の中で生きられる物語――の性質について検討していく。まず、物語の形式、より正確に言えば、語りの構造について検討する。次に、「自己についての語り」が、社会生活の中でいかに構成され、用いられているかについて考察する。この考察を通して、「自己についての語り」とは、個人の所有物ではなく、関係性の所有物――社会的交流の産物――であることを明らかにする。実際、常に一貫した自己であるということは、ユニークで自律した主体であることを意味するのではなく、相互依存性の中に浸っていることを意味するのだ。

第1節　「自己についての語り」の性質

小説、哲学、心理学の著作の中では、人間の意識は、絶え間ない流れとして描写されることが多い。われわれが直面するのは、断片的なスナップショットではなく、進行中のプロセスである、というわけだ。同様に、自己や他者をめぐるわれわれの経験は、バラバラの瞬間がデタラメに並べられたものではなく、目標をもつ一貫した流れであるように思われる。実際、多くの歴史家が示唆してきたように、人間の行為を時間の連なりに埋め込むことなく記述することは、ほとんど不可能である。行為を理解することは、先行事象と後続事象の文脈に行為を位置づけることにほかならないからだ。より明確に言えば、いかなる瞬間における自己概念も、自分自身の過去や未来と何らかの形で結びついていなければ、根本的に無意味である。例えば、自分自身をいきなり「攻撃的」「詩的」「コントロール不能」などとみなすなど、奇妙で不可解であろう。しかし、攻撃が、根深い敵意の後に続くならば、攻撃的であるということは理解可能になる。同様に、「詩的」であるとか「コントロール不能」であるということも、われわれ自身の個人史に位置づけられてはじめて理解可能となる。このことから、多くの論者が、人間行為の理解は、語りという基盤がなければほとんど不可能であると結論している（MacIntyer, 1981; Mink, 1969; Sarbin, 1986）。ここで、「自己についての語り」という語は、自己に関連する時系列的な事象間の関係についての個人の説明を指す[1]。「自己についての語り」を展開する中で、われわれは、事象の間に一貫した結びつきを確立する（Cohler, 1982; Kohli, 1981）。すなわち、われわれは、自分自身の生活を単に「次々と様々なことが起こる」と見るのではなく、一つの物語を形成しているのである――

—そこでは、生活上の事象が、系統的に関係づけられ、一連の「展開中のプロセス」に位置づけられることによって理解可能となる（de Waele and Harre, 1976）。つまり、われわれのアイデンティティは、神秘的な突然の事象ではなく、ライフストーリーの産物なのである。ベッテルハイム（Bettelheim, 1976）が論じているように、このような語りの構成は、生活に意味と方向性を与える。

議論を先に進める前に、「自己についての語り」の概念と、関連する理論概念との関係を明らかにしておこう。「自己についての語り」の概念は、特に、他の領域で発展してきた様々な概念と密接な関係にある。まず、認知心理学における、「スクリプト」（Schank and Abelson, 1977）、「物語スキーマ」（Mandler, 1984）、「予測可能性樹状図」（Kelly and Keil, 1985）、「語り的思考」（Britton and Pellegrini, 1990）の概念は、すべて、時系列的な行為の流れを理解し方向づける心理学的メカニズムを記述する概念として用いられている。認知主義が普遍的な認知過程を探求するのとは対照的に、**規則—役割理論**（Harré and Secord, 1972など）や**構成主義**（例えば、Mancuso and Sarbin（1983）の「物語の文法」を参照）は、様々な心理状態の文化依存性を強調する。そこでは、個人の行為が語りを基盤とするという認知心理学の前提は維持されているが、そうした語りの社会文化的基盤により注意が向けられている。ブルーナー（Bruner, 1986; 1990）による語りの研究は、これら両者の中間に位置づけることができる——すなわち、普遍的な認知機能という観点を保持するとともに、文化的な意味のシステムをも強調してもいる。現象学（Polkinghorne, 1988; Carr, 1984; Josselson and Lieblich, 1993を参照）、実存主義（Charme（1984）によるサルトルの分析を参照）、観相学（McAdams, 1993）もまた、個人の内的過程（しばしば「経験」と呼ばれる）に関心を払っているが、個人の内的過程が行動を決定しコントロールするという認知主義的見解には否定的である。そして、物語作者や行為者としての自己という、人間としての能動性を強調する——人間が文化によって規定されるという観点はとらない。

しかし、個人を強調するこれらのアプローチを、われわれは否定する。「自己についての語り」とは、社会的説明ないし公的言説の形式である。この意味で、語りは会話を構成する資源であり、いかなる会話が構成されるかは、相互作用の進展とともに絶え間なく変化する。ここに想定されている人間像は、内的スクリプト、認知構造、統覚作用から情報や行動指針を得るような人間ではない。また、語りというレンズを通して「現実世界を読む」人間でもないし、自分自身の人生を記述する著者でもない。そうではなくて、「自己についての語り」は、言語的な遂行であり、その遂行は、慣習的な行為の連鎖の中に埋め込まれているとともに、関係性の中で進展し、様々な行為を支持し、強化し、抑制する。また、語りは、未来の行為を指示する言語的営みでもある。ただし、語りそのものが未来の行為の原因や決定要因になるわけではない。この意味で、「自己についての語り」は、社会の中で、歴史伝承や教訓話のような社会的機能を果たす。すなわち、「自己についての語り」は、自己同一化、自己正当化、自己批判、社会的団結のような社会的目的を実現するための文化的資源である。[2] こうしたわれわれのアプローチは、語りの構成の社会的起源を強調する立場と軌を一にしているが、文化決定論を支持しない点、すなわち、われわれが語りのスキルを獲得するのは、文化によって規定されるのではなく、他者との相互作用を通じてであると考えている点が異なる。また、われわれのアプローチは、語りにおける人間の能動性を重視する立場とも近いが、自己決定的な自我を強調するのではなく、社会的交流を強調する点が異なる。

語りに関心をもつ研究者は、語りの真偽の問題に関して、明確に二分される。すなわち、多くの研究者は、語りは事実を反映すると考えているが、研究者の中には、語りは現実を反映するのではなく、現実を構成すると主張する者もいる。前者は、語りが事実によって作られると考えているのに対して、後者は、語りが事実を組織化し、事実を作り上げるとさえ考えている。言うまでもなく、歴史家、伝記作家、経験主義者のほとんどは、語りの事実反映性を強調している。認知主義者の多くもまた、語りの事実反映性を支持しているが、それは、認知が適応的であるという前提と整合的だからだ。例えば、シャンクとアベルソン（Schank and Abelson, 1977）の言う「レストラン・スクリプト」をもっていることは、レストランという場で適応的に行動するための備えとなる、というわけだ。しかし、前章までの議論から明らかなように、社会構成主義のアプローチは、こうした観点とは対立する。もちろん、事象の記述には制約があるが、その制約は、行為者の心に由来するのではないし、事象そのものに由来するのでもない。そうではなくて、物語は、科学においても、日常生活においても、人々が進行中の関係の中で利用する共同の資源なのである。社会構成主義の立場からすれば、語りは「そこにある現実」を作りこそすれ、反映などしない。「事実を語る」ことが理解可能な活動であるのは、既存の語りの形式があるからだ。以下、このことについて詳しく論じていこう。

第2節　語りの構造化

上述のように、語りが認知によっても世界そのものによっても規定されないならば、語りの特性や形式はどのように説明できるだろうか？　社会構成主義の立場からすると、語りの特性は、文化と歴史に根ざしている。すなわち、それは、人々が言説を通じて関係を作ろうとすることの副産物である。ちょうど、描画スタイルが芸術家コミュニティの相互調整機能を果たしたり、ある作戦とそれへの対抗策が様々なスポーツで流行するようなものだ。この点に関して、ホワイト（White, 1973）による歴史書の文学的特徴についての分析は示唆に富む。ホワイトは、十九世紀初頭の歴史記述には、事実を記述するための少なくとも四種類の語り形式が見出せることを示している。しかし、十九世紀後半になると、これらの語り形式は廃れてしまい、過去を解釈する別の語り形式が登場した。このことは、語りの形式が、歴史相対的であることを意味している。

この文脈で、現代における語りの慣習を検討してみよう。今日の西洋文化において物語が理解可能となるには、どのような要件が満たされねばならないのだろうか？　この問題は、われわれにとって特に重要である。なぜならば、物語を構成する慣習を解明できれば、自己同一性の限界についても明らかにできるからである。すなわち、語りが文化の中でいかに構造化されているかを理解できれば、自己同一性という語りの産物がどのように構造化されているかも理解できるし、能動的主体としての自己同一性の限界も明らかになる。さらに、「事実を語っている」との信頼を得るためには、語りがいかなる形式であるべきかも明らかになる。こうした適切な語り形式は、それについて「事実が語られる」事象に先立って存在している。もし、語りが慣習的形式に基づかないならば、そもそもその語りは意味をなさない。つまり、事実についての語りは、事実に基づいているのではなく、大部分、語りの慣習の既存構造に支配されている。

これまでにも、語りの特徴を明らかにしようとする多くの試みが、文芸理論（Frye, 1957; Scholes and Kellogg, 1966; Martin, 1987）、記号論（Propp, 1968; Rimmon-Kenan, 1983）、歴史記述（Mink, 1969; Gallie, 1964）、社会科学（Labov,

1982; Sutton-Smith, 1979; Mandler, 1984）などの領域でなされてきた。私の試みは、これら様々な研究に立脚したものである。すなわち、これらの研究はいくつかの特徴（観点、性格と行為の機能、詩的修飾、など）によって区別できるが、私は、こうした区別を超えて存在する共通項を拾い上げ、物語が方向性をもったドラマとみなされるための条件を明らかにしたい。一方、私の立場は、普遍性を認めない点で、これら先行研究の多くとは異なる。すなわち、理論家は、しばしば、語りには普遍的な基本的特徴や基本的規則があると主張する。しかし、本書では、語りの構成は歴史と文化に依存していると考える。以下に示す六つの基準は、現代文化において語りが理解可能であるために、特に必要となるものである。

（1）価値ある終点を明確にする

受容可能な物語は、まず、「ゴール」「説明される対象」「到達すべき状態と避けるべき状態」「重要な結果」、より平たく言えば、「終点」を明確にしなければならない。例えば、「北へ二ブロック歩く」「東へ二ブロック歩く」「それからパイン通りを左に曲がる」とつなげても無意味だが、もし、この記述が「手ごろなアパートを見つける」という終点につながるものであれば、受容可能な物語になるだろう。選択された終点には、普通、価値が込められている。すなわち、終点は、望ましいもの（ないし、望ましくないもの）として理解される。例えば、終点になるのは、主人公の幸福（「どうやって死を免れたか」）、貴重なものの発見（「どうやって本当の父親を見つけたか」）、個人的な損失（「どうして仕事を失ったか」）、などである。つまり、もし、物語が、パイン通り四〇四番地を発見することで終わるならば、それは無意味なものになってしまう。しかし、非常に望ましいアパートをうまく見つけることができた場合には、よい物語になる。このことと関連して、マッキンタイア（MacIntyre, 1984）は、「語りは、評価的枠組みを必要とする――その枠組みの中で、よい（ないし、悪い）人物が不幸な（ないし、幸福な）結末を迎える、というような」（P.456）と述べている。さらに、終点が価値を担うならば、物語の中には、自ずと、文化的要素――伝統的には、「主観的バイアス」と呼ばれる――が入ってくることも、また明らかである。人生物語は、独立した事象が集まってできたものではないし、事象そのものからはそれが終点となるかどうかは決定できない。むしろ、事象を分節化し、それを終点として位置づけることは、文化に固有の存在論や価値に依存している。例えば、言葉の技巧によって、「彼女の指が彼の袖に軽くふれた」は一つの事象となるし、物語に依存して、ロマンスのはじまりとして理解されることもあれば、終わりとして理解されることもある。さらに、事象そのものには、固有の価値はない。例えば、火そのものは、よいとも悪いとも言えない。火の価値は、語りの中で、われわれがそれに価値ある役割を付与する（調理する）か、しない（キッチンを破壊する）かによって決まる。すなわち、「価値ある事象」が理解可能かどうかは、文化相対的なのだ。

（2）終点にとっての関連事象を選択する

終点が明確になれば、その物語に関係する事象の種類は多かれ少なかれ制限され、「事象らしさ」をもつものが無数の候補の中から絞り込まれる。理解可能な物語とは、終点をもっともらしく、達成可能で、重要で、鮮明にするような事象が連なっている物語である。例えば、物語がサッカーの試合の勝利についてのものであれば（「いかにしてわれわれは試合に勝ったか」）、最も関連する事象は、その目標を近づけたり遠ざけたりする事象である（「トムの最初のシュートはゴールポストに跳ね返されたが、次の攻撃では、ヘディングでボールをゴールにねじ込んだ」、のように）。十五世紀の修道士の生活や、未来の宇宙旅行への希望について紹介することは、それらが試合に勝つことと関連していること（「ジュアンは、十五世紀の宗教的実践を読んで、その作戦を思いついた」）が示されない限り、無意味である。あるいは、その日の天気についての説明（「さわやかで太陽が照っていた」）は、事象をより鮮明にしてくれるがゆえに、語りの中に受け入れることができる――遠く離れたとある国の天気を記述しても奇妙なだけだろう。ここでもまた、関連事象は語りによって選択されることがわかる。すなわち、生じた事象を何であれ語りに含むことができるわけではない。語りに含むことができるのは、物語の結末に関連した事象のみなのである。

（3）事象を並べる

ゴールが明確化され、関連する事象が選択されると、それらの事象は、普通、順番に並べられる。オング（Ong,

1982）が示しているように、事象をどのような順序で並べるのが適切か（事象の重要性に応じて、価値観に応じて、時宜性に応じて、など）は、歴史とともに変化する。現在、最も広く用いられている序列の慣習は、事象を時間軸に沿って単線的に並べるというものであろう。例えば、ある事象は、フットボールの試合のはじめに起こったとか、試合の中盤や終わりに生じた事象に先立って起こった、などと言われる。このような事象の直線的な配置は、事象の実際の流れと一致しているかのように思われがちではあるが、それは、実際の事象そのものと、その記述を理解可能にする表現規則とを混同しているからだ。結局のところ、直線的な時間的序列は、記号システムに内的整合性を与える慣習の一つであり、現実世界そのものによって要請されるものではない。それは、一見、人の目的とは関係なく、事実そのものを反映しているように見えるかもしれない。しかし、例えば、時計が刻む時間は、「歯科医の椅子に座ってすごす時間の経験」を話そうとするならば、有効ではないだろうし、物理学の相対性理論や季節の移り変わりを記述しようとするときにも、適切ではないだろう。単線的な時間的記述が自明に見えるのは、バフチン（Bakhtin, 1981）の言葉を借りれば、われわれは「単線的」時間依存症にかかっているのだ――それは、「事象を表現するための基本的な枠組み」（p.250）、すなわち、事象間の時間的・空間的関係を規定する慣習である。「昨日は今日より前である」ことが自明に見えるのは、われわれの文化が時間依存症にかかっていることの帰結なのである。

（4）同一性を安定させる

語りにおいては、登場する人物や事物は、時間軸上で連続した固有の同一性をもつ。例えば、ある瞬間に悪役として登場した主人公が、次の瞬間には英雄となるのでは劇にならないし、意味不明なバカなことばかりをする主人公が、突然、何の脈絡もなく、天才の実力を発揮するのは不自然である。つまり、個人や事物は、物語作者によっていったん定義されると、その物語の中で同一性を保持し、役割を果たすようになる。もちろん、こうした一般的傾向には明らかな例外もあるが、その例外のほとんどは、同一性の変化そのものを説明しようとする物語である――カエルがどうやって王子様になったのか、貧しい青年がどうやって金持ちになったのか、などのような。そこでは、個人や事物の変化をもたらした原因（例えば、戦争、貧困、教育など）がもち出され、仮の同一性が「本当の同一性」に、劇的に取って代わられたりもする──信頼していた教授が、実は、放火魔であることがわかった、のように。しかしながら、一般的に、物語の中では、人格がでたらめに変化することは許容されていない。

（5）因果の連鎖を作る

現代の基準によれば、理想的な語りは、結果に対する説明を含む。よく言われるように、「王が死に、次いで王妃も死んだ」では物語の萌芽にすぎない。「王が死に、悲しみのあまり、王妃も死んだ」となってはじめて真の物語となる。リクール（Ricoeur, 1981）が述べているように、「語りという織物の中には、説明が織り込まれていなければならない」（p.278）。説明は、普通、常識的に見て因果的に関連している事象を選択することによってなされる。例えば、それぞれの事象は、それに先立つ事象の産物のはずだ（「雨が降ってきたから、屋内に避難した」「彼の行動の結果、彼は級友と会うことができなかった」、など）。しかし、このことは、普遍的な因果概念があり、それによって事象が選別されることを意味するのではない。因果形式にいかなる事象が含まれるかは、歴史や文化に依存している。実際、たいていの科学者は、因果性についての議論を、ヒューム流のものに限定しようとしている──社会哲学者は、理性を人間行為の原因とみなすことを好み、植物学者は、因果の目的論的形式を好む、というように。しかし、いかなる因果モデルを好むかは別として、事象が語りの中で因果関係で結びつけられると、物語がより物語らしくなる。

（6）区切りを示す

ほとんどの物語には、はじまりと終わりを示すシグナルがある。ヤング（Young, 1982）が述べているように、語りは、いつから「物語世界」が始まるのかを示す、様々な規則的装置によって、「組織化」されている。例えば、「昔々、あるところに…」「…について知っていますか」「ここに来る途中何が起こったか、想像できないでしょう」「どうしてこんなに幸せなのか、話してあげよう」などの言い回しは、すべて、語りが始まることを聞き手に知らせるシグナルである。語りの終わりも、同様に、あるフレーズによって締めくくられるかもしれないが（「以上です」「そういうわけで…」）、必ずしもそうである必要はない。例えば、ジョークの最後の笑いは物語世界の終わりを告げるし、物語の要点を記述すれば、物語世界が終わることを示すことができる。

以上の六つの基準は、多くの文脈において、語りに基本的なものではあるが、その文化的・歴史的依存性を述べておくことも重要である。例えば、メアリー・ガーゲン（Mary Gergen, 1992）が自伝についての研究で述べているように、男性は、女性よりも、「正しい物語を話す」という一般的な基準を遵守しようとする傾向が強い。女性の自伝は、複数の終点をめぐって構成され、しかもどの特定の終点とも無関係な題材が含まれることも多い。また、文芸実験におけるモダニストの急増とともに、純文学が満たすべき形式上の要件も緩やかになった。ポストモダンの著作においては、語りは皮肉にも自己言及的なものとなっている。すなわち、語りこそが表現戦略の中核をなす一方、その戦略の有効性は語りによってしか保証されないという自己言及的構造が採用されている（Dipple, 1988）。

日常生活の中の語りが、これらの基準を満たしているかどうかは、非常に重要である。見てきたように、語りがこれらの基準を満たすことは、自己の記述に現実感を与える上で、不可欠であるように思われる。ローゼンワルドとオックバーグ（Rosenwald and Ochberg, 1992）は、次のように述べている。「人が自分の歴史をどのように語るか――何を強調し何を省略するのか、立場は主人公なのか犠牲者なのか、その物語は語り手と聞き手の間にどのような関係を生み出すか、など――、これらはすべて、その個人がまさに自分自身の人生と主張するものを形成する。自分についての物語は、単に、自分の人生について誰か（あるいは、自分自身）に語るためのものではない。それは、アイデンティティを形成する手段でもある」（p.1）。ベネットとフェルドマン（Bennett and Feldman, 1981）は、『法廷における現実の再構成 Reconstructing Reality in the Courtroom』の中で、研究協力者に、四十七の証言――実際に起こった事象についての証言と、架空の作り話――を与えた。評定の結果は、研究協力者が実際に起こったことの記述と架空の記述とを区別できていないことを示していたが、架空ではなく本当の記述と研究協力者が信じていた記述の分析は興味深いものであった。すなわち、研究協力者は、物語が語りの基準を満たしているほど、それを本当の記述と判断していたのである。つまり、本当だと信じられた物語は、終点に関連する事象が支配的で、それら事象の間の因果的結びつきがより強いものであった。さらに、リップマン（Lippman, 1986）は、法廷証言が終点に関連する事象を選択している程度、ある事象と他の事象の因果的結びつき、事象の通時的順序を変化させるという実験を行った。その結果、上述の語りの基準を満たすほど、その証言は理解可能であり、合理的な証言とみなされる傾向があった。つまり、日常生活においては、自己についての語りは、必ずしも上述の基準を満たしていないかもしれないが、特定の状況下では、それらの基準はきわめて重要となる。

第3節　様々な語りの形式

われわれは、これら語りの慣習を使うことによって、人生を首尾一貫したものにし、それに方向性を与えている。人生は意味を獲得し、生起する事象は理解可能なものとなる。語り形式のあるものは、文化の中で広く共有されている――頻繁に使われ、人々に熟知され、様々な場面で用いられる。ある意味で、こうした語り形式は、「自己についての語り」の可能性の源泉と言える。では、このような共通の語り形式について、どのような説明ができるだろうか？ここでの問題は、前節で述べた基本的物語の問題と似ている。アリストテレスの時代以来、特に哲学者と文芸理論家は、物語を記述する共通の語彙を発達させようとしてきた。しばしば言われるように、すべての物語がそこから生まれるような、基本的物語の集合があるのではないか、というわけだ。人々が語りを通じて生きているのであれば、基本的な物語群は、ライフコースを限定するだろう。

二十世紀における最も包括的な物語論の一つは――アリストテレスの影響を強く受けたものであるが――、ノースロップ・フライ（Frye, 1957）によるものである。フライは、語りの四つの基本形式を提唱している。それぞれは、自然をめぐる人間の経験、より具体的には、四季の展開にルーツをもつ。まず、春に花が咲き始める経験は、**コメディ**という物語を生じさせる。古典的伝統においては、コメディには挑戦や脅威が含まれるが、それらは社会的調和を生み出すために克服される。コメディは、そのエンディングが幸福なものであっても、ユーモラスである必要はない。対照的に、夏の日の自由と静けさは、劇形式としての**ロマンス**という物語を生み出す。この場合、ロマンスは、主役が挑戦や脅威を経験し、一連の苦闘の末に勝利を得る、という一連のエピソードからなる。ロマンスでは、人々が愛し合う必要はないが、しかし、大団円を迎える点で、コメディと似ている。秋は、夏の生と来るべき冬の死の対照を経験する時期であり、**悲劇**という物語が生み出される。そして、冬に、未だ実現しない期待や夢の失敗への自覚が高まると、**風刺**という物語が重要な表現形式になる。

フライによる語りの四類型とは対照的に、ジョゼフ・キャンベル（Joseph Campbell）は、何世紀にもわたって無数の物語を生み出してきた、唯一の「単一神話」を主張している。単一神話は、無意識の精神力動に根ざしており、個人的・歴史的限界を克服し、人間を超越的に理解することができた英雄に関するものである。キャンベルによれば、様々な地方における英雄物語は、心の教育に中心的な役割を果たしている。われわれとしては、単一神話がロマンスと似た形式であることを指摘しておこう――すなわち、否定的事象（試練、恐怖、苦難）の後に、肯定的結末（啓発）がまっている、という点で。

しかし、こうした基本的物語の探求は、美学的には面白いが、満足のいくものではない。なぜならば、なぜ語りのパターンが限定されているのかについての説明がないからだ。そして、モダニズム作家（ジェームス・ジョイス、アラン・ロブ＝グリエら）やポストモダニズム作家（ミラン・クンデラ、ジョルジュ・ペレックら）による実験が成功し、伝統的語りが崩壊したことを考えると、語り形式が普遍的に特定の規則に従うという見解には、疑義を唱えざるをえない。本章で提示する文化的観点によれば、物語には、決まりきった形式があるわけではなく、事実上無数の形式が可能である。様々な歴史的時点において、好まれる語りの形式は変化するが、その変化は、社会的交流に依存する。すなわち、カッコいい仕草や服装、あこがれの職業が時代とともに変化するように、「自己についての語り」の形式も変化する。語りの構造についての第2節の議論を敷衍すれば、現代において一般的な「自己についての語り」の形式を理解することができる。

見てきたように、物語の終点は、価値を担っている。つまり、「勝利」、「恋愛の成就」、「宝物の発見」、「論文の受賞」などは、好ましい物語りのエンディングとして使用され、その評価軸の対極には、「敗北」、「失恋」、「富の浪費」、「仕事の失敗」などがくる。そうであるならば、物語の結末を導く様々な事象（事象の選択と順序づけ）を、二次元の評価空間上に位置づけることができるだろう。すなわち、価値あるゴールに近づくと、物語はより肯定的なものとなり、失敗や幻滅に近づくと、否定的な方向へと推移する。要するに、すべての語りは、評価と時間の二次元空間上に、グラフ化して表記することができる。このように考えると、語りには三つの基本的形式があると見ることができる。

第一は、**安定的語り**と呼ぶべきものである。これは、ゴールや結果への個人の軌跡が基本的に不変であるように、事象を結びつける語りである──人生はただ進行し、よくも悪くもならない。図8・1に示されているように、安定的語りは、評価軸上のどのレベルでも展開しうる。例えば、プラスの領域では、個人は、「私は以前と同様まだ魅力的だ」と語り、マイナスの領域では、「私は失敗の感情につきまとわれ続けている」と語るだろう。さらに見て取れるのは、これらの語りの要約は、それぞれ、未来への固有の含意をもっていることである。すなわち、前者においては、個人は、近い将来においても自分が魅力的であり続けると語るだろうし、後者においては、状況にかかわらず、今後も失敗が続くと語るだろう。

さらに、安定的語りとは対照的な二つの語り形式が存在する。一つは、**上昇的語り**である。これは、評価軸上での推移が、ときとともに上昇するように、諸事象を結びつける語りである。もう一つは、**下降的語り**である。これは、評価軸上での推移が下降するような語りである。上昇的語りにおいては、人生は楽天的に記述される──何事もどんどんよくなる、というように。それは、例えば、「私は内気を克服することを学び、よりオープンでフレンドリーになろうと思う」のように表現される。対照的に、下降的語りでは、次々と下降していくような描写がなされる──例えば、「私は、自分の人生は決して思うようにならないと思う。私の人生は、次から次へと大きな不幸に見まわれてきた」、のように。これらの語りは、将来への方向性を示してもいる。すなわち、前者はさらなる上昇を、後者はさらなる下降を予期させる。

明らかに、これら三つの語り形式──安定的語り、上昇的語り、下降的語りは、評価軸に関する推移の可能性をすべて網羅している。したがって、これらは、より複雑な語りの基本的な形式とみなすことができる。[3] これら単純な基本的形式は、理論的には、無限の語り形式を生み出す可能性をもつ。しかしながら、述べてきたように、ある歴史や文化における語りの可能性の範囲は限定されている。そこで、現代における主要な語り形式のいくつかを見ていこう。

まずは、**悲劇的語り**であり、図8・2に示されている。図8・1の図式を用いれば、悲劇は、高い位置に登りつめた人の、急激な転落の物語である。つまり、上昇的語りの後に、下降的語りが続く。これと対照的なのが、下降的語りに上昇的語りが続く、**コメディ―ロマンス語り**である。すなわち、人生の事象は最後まで問題含みではあるが、最終的には、主人公は幸福な結末を迎える。この名称は、アリストテレスの物語論を参考にしたものである。また、上昇的語りに安定的語りが続く場合には、その語りは、いわゆる**「永遠の幸せ神話」**であり、求婚の際に伝統的によく用いられる。さらに、上昇的語りと下降的語りが交替を続ける、**英雄物語**もある。この場合、個人は、自分の過去を、闇の権力に対する絶え間ない戦いとみなすだろう。その他、「世界は一家」神話（unification myths）、「二人の世界」物語（communion narrative）、「真理への戦い」物語（dialectic theory）などの語り形式があるが、ここでは触れない。

第4節　語りの形式とドラマの生成

ニーチェは、かつて、次のように述べている――「危険を恐れてはならない。危険の渦中にあるときこそ、あなたは生きているのだ」、と。この言葉は、重要な意味をもっている。なぜならば、強烈な劇的瞬間は、しばしば、われわれのアイデンティティの感覚を最も明確にするからである。すなわち、大きな勝利、危険の覚悟、失恋からの回復などが、われわれの自己についての感覚を最も鋭くする。マズロー（Maslow, 1961）による、アイデンティティを刻印する至高経験についての研究は、このことを示している。同様に、シャイベ（Scheibe, 1986）は、「人々は、満足な人生物語を作り維持するために、冒険を求めている」（p.131）と述べている。しかし、何が事象をドラマにするのだろうか？　いかなる事象も、文脈と無関係に、それ自体としてドラマティックということはない。例えば、驚くべきシーン――砲撃、振り回される剣、壁を飛び越える馬、超低空飛行する飛行機、など――がただランダムに続くだけの映画では、すぐ退屈してしまうだろう。ある事象をドラマにするのは、語りの位置づけの機能である。すなわち、ドラマを生み出すのは、事象そのものではなく、事象間の関係なのである。では、ドラマを生み出す語り形式の特徴とは何か？

演劇が考察の糸口となる。面白いことに、図8・1に示した三つの基本的語りは、演劇の中ではほとんど見ることができない。なぜならば、すべての事象の評価性が変化しないようなドラマ（安定的語り）は、もはやドラマとは呼べないだろうから。[5]あるいは、主人公の人生が、単調に上昇し続けるだけの物語（上昇的語り）も、下降し続けるだけの物語（下降的語り）も、眠気を催すだけだ。しかしながら、優れた悲劇的ドラマの下降線について考えると（図8・2を参照）、それは一見単純な下降的語りにきわめて似てはいるが、二つの重要な違いがある。第一に、事象間の下降スピードは、普通の下降的語りよりも、悲劇的語りの方がはるかに急速である。すなわち、アンティゴネ、エディプス王、ロミオとジュリエットのような古典的悲劇では、事象が急速に悪化することが、ドラマティックな効果を生み出している。より正確に言えば、**語りの傾斜が急激に加速（ないし、減速）**することが、ドラマティックな効果を生み出す第一の要因と言えるだろう。

下降的語りと悲劇的語りの第二の違いは、次のものである。すなわち、下降的語りにおいては、傾斜の方向は常に下向きであり、変化しない。（図8・1を参照）。それに対して、悲劇的語りでは、（ときには暗示的な）上昇的語りに下降的語りが続く（図8・2を参照）。例えば、ロミオとジュリエットでは、二人の愛が最高潮へと達するその途中に、悲劇が起きる。この「事象の流れの転換」、すなわち、事象間の結びつきの方向の変化が、ドラマティックな効果を生み出すのだ。つまり、主人公が目標をほとんど達成し——恋人を見つけ、王冠を勝ち取る——、しかし、まさにその瞬間にどん底に向かって転がり始めるときこそが、ドラマティックである。つまり、ドラマティックな効果を生み出す第二の要因は、**語りの傾斜の変化**（評価の方向の変化）である。多くの「上昇」と「下降」の事象が散りばめられた物語が強烈なドラマとなるのはこのためである。

物語の中には、淡々とした日常を描きつつ、その中に突然の幸せや不幸への予感を醸し出すようなものもある。それは、推理小説を読んだり、運動会に出たり、ギャンブルをしているときにしばしば経験する、ものすごいことへの予感である。このような描写は、一見、以上の分析の例外と思われるかもしれない。というのも、そこでは、語りの傾斜が急激に加速するわけでも変化するわけでもないように見えるからだ。言い換えれば、物語に大きな変化がない

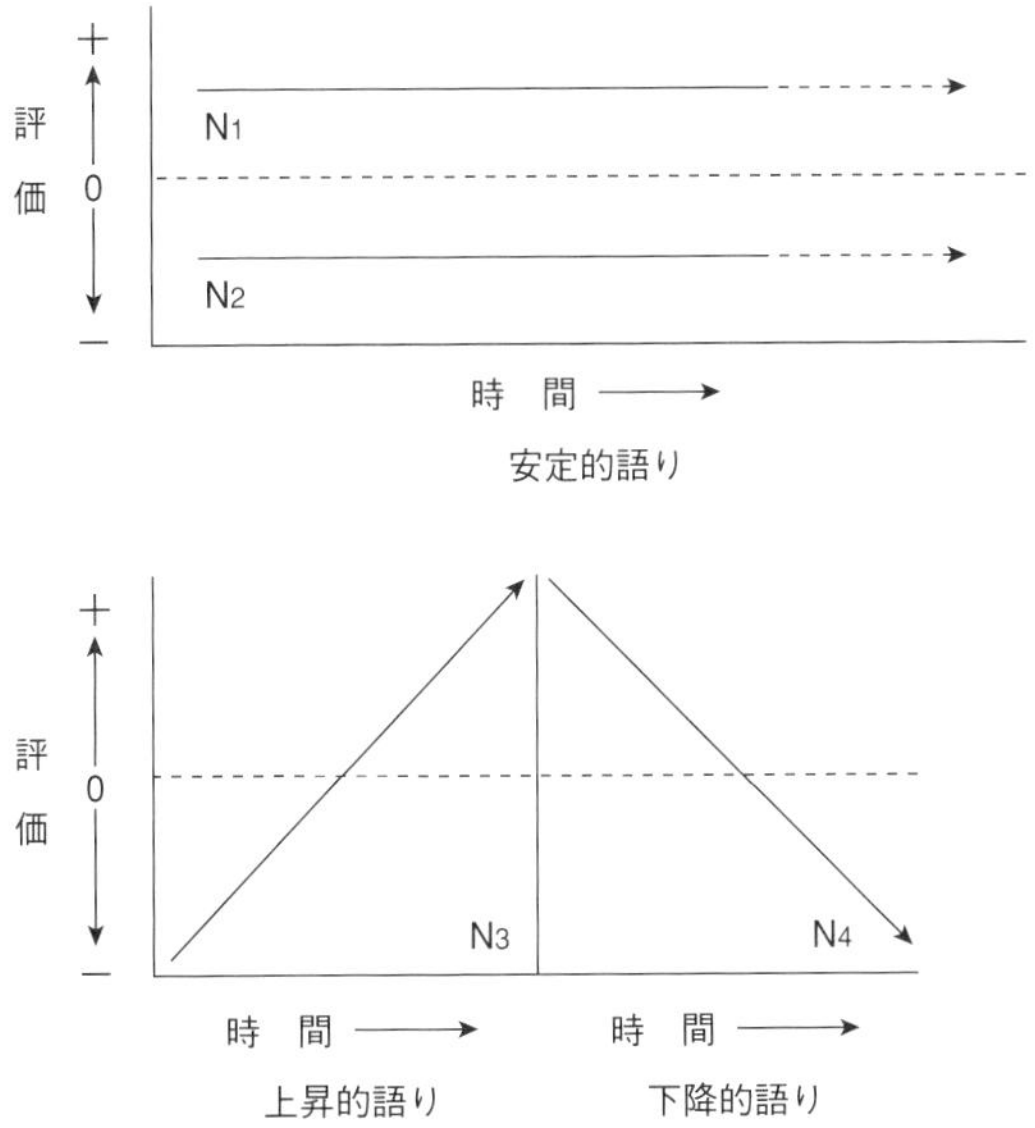

図8.1 語りの基本的形式

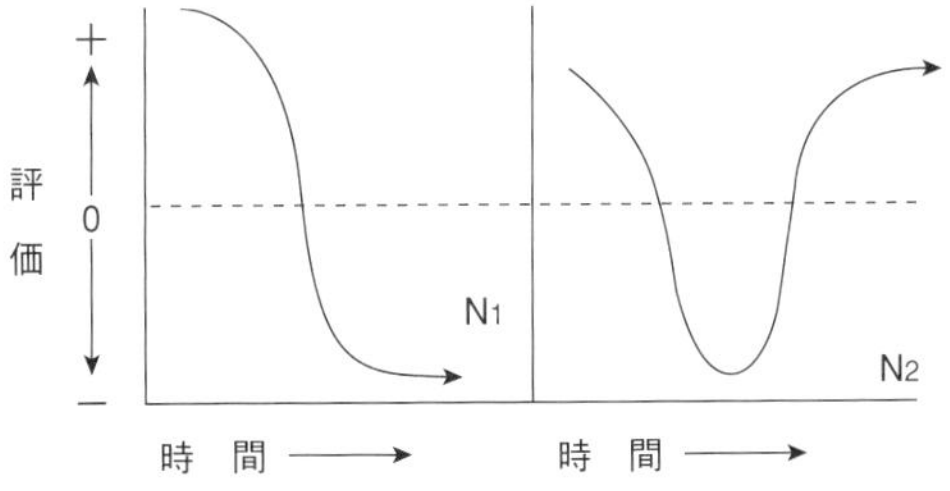

図8.2 悲劇的語りとコメディ－ロマンス語り

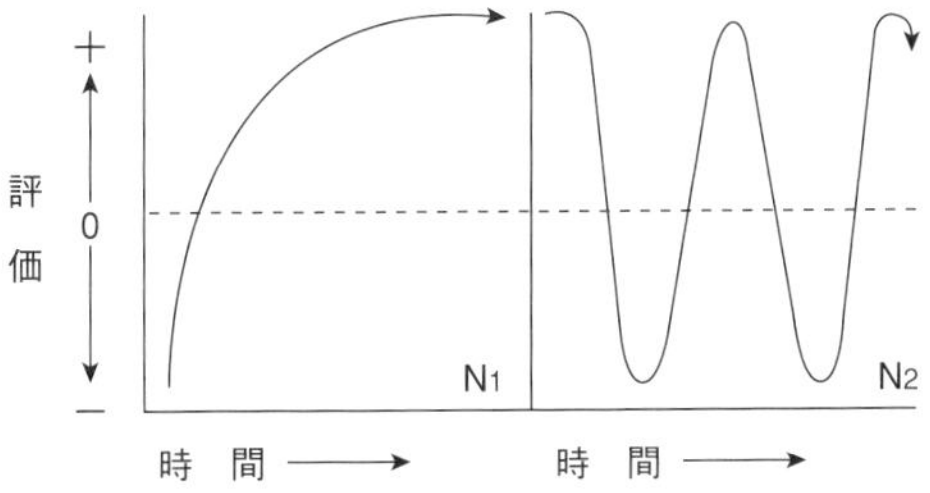

図8.3 「永遠の幸せ」語りと英雄物語

にもかかわらず、強烈なドラマをもたらす描写もあるではないか、というわけだ。しかしながら、より詳細に見てみると、このような描写は、実は、上述の二つの要因を含んでいることがわかる。すなわち、それらがドラマティックであるかどうかは、語りの傾斜が急激に加速したり変化したりする可能性にかかっている。例えば、人がものすごいことへの予感を感じるのは、勝利、報償、大成功などが突然与えられる可能性があるときである。同様に、突然の不幸への予感を感じるのは、突然の喪失、破壊、死の可能性に直面しているときである。こうした事象は、人を、急速に、語りの価値ある終点に近づけたり遠ざけたりする効果をもつ。つまり、このような描写がドラマとなるのは、語りの傾斜が潜在的に変化するためなのだ。

この文脈で、ゴールデンアワーのテレビドラマを見るならば、その典型はコメディ—ロマンスであることがわかるだろう（図8・2を参照）。すなわち、安定していた状況が、中断され、挑戦され、不安定にされるが、番組の残りの時間では、当初の安定が回復される。こうした語りは、きわめてドラマティックである。なぜならば、その傾斜は、少なくとも二回、方向が変化するし、急激に加速（ないし、減速）するからだ。より創意に満ちた番組——「Hill Street Blues（ヒル・ストリート・ブルース）」、「Northern Exposure（邦題：たどりつけばアラスカ）」、「NYPD（ニューヨーク市警物語）」、その他のメロドラマなど——においては、多数の語りが同時進行する。そこでは、いかなる事象も、二つ以上の語りに同時に重要な役目を果たし、ある目標を妨げ他の目標を促進する。こうして、プロット転換のドラマティックな効果が強められる。視聴者は、ドラマというジェットコースターに乗せられ、多数の語りの重要な事象に次々と出会うのである。

第5節　青年と老人の語り形式——一つの適用例

以上、語り形式とそれによって進行するドラマとを記述する基本的な枠組みを述べてきたが、ここでは、その枠組みを用いて、自己の可能性を広げる問題に取り組むことにしよう。すでに指摘したように、文化における理解可能性を維持するために、人が自分自身について語る物語は、その文化における語りの一般的なルールを満たさなければならない。ここで、既成の理解可能性を形作るのは、文化で広範に用いられている語りの形式である。実際、そのような語りは、自己の社会的構成のための言説的資源を提供する。一見すると、語り形式には、制約がないように見える。理論的には、われわれの分析から明らかなように、可能な物語の数は無限に近い。したがって、フライやキャンベルのような試みは、可能な物語形式の範囲を不必要に狭めていると言える。しかし、同時に、西洋文化においては、アリストテレスから現代に至るまで、ある物語形式が他の物語形式よりも採用されやすいことについて、ある程度の合意があることも明らかである。この意味では、「自己についての語り」の形式にも制約があるかもしれない。例えば、安定的語りを用いて自分自身を語る人について考えてみよう──その人生には方向性がなく、ゴールに向かうでも遠ざかるでもなく、ひたすら単調に人生を歩むのみである。このような人は、セラピーを受けるのがふさわしいように思われる。同様に、肯定的なことの後に否定的なことが続く（あるいは、その逆）というパターンをでたらめに繰り返すものとして、人生を語る人も、おかしな人とみなされるだろう。なぜならば、われわれはそのような人生物語にリアリティを感じないからだ。逆に、今日の生活を、「上昇への長い苦闘」、「悲劇的な下降」、敗北のショックから成功へと立ちあがる英雄物語として意味づけるのであれば、それは十分信じるに値する。「自己についての語り」は、いかなる形式でもいいというわけではない。つまり、語りの慣習は、アイデンティティを完全に決定してしまうわけではないが、ある行為を促進し、他の行為を抑制するのだ。

こうした観点から、アメリカの様々なサブカルチャーが、自分たちのライフヒストリーをどのように記述するのかを検討しよう。ここでは、対照的な二つの集団──青年と老人──についての研究例を見ていこう。まず、青年についての研究例を紹介しよう。この研究では、十九歳から二十一歳の二十九名の青年に、自分のライフヒストリーを、一般的な評価軸に沿って図示するように求めた（Gergen and Gergen, 1988）。青年たちは、幼児期から現在までを思い出して、自分のおおよその幸福度をどのように記述しただろうか？　われわれは、彼らに、二次元空間上に一本の「人生曲線」を描くように求めた。その際、彼らのライフヒストリーの幸福に向かう期間を上向きの線で、不幸に向かう時期を下向きの線で表すように求めた。では、こうした自己描写で、どのようなグラフが得られたであろうか？　青

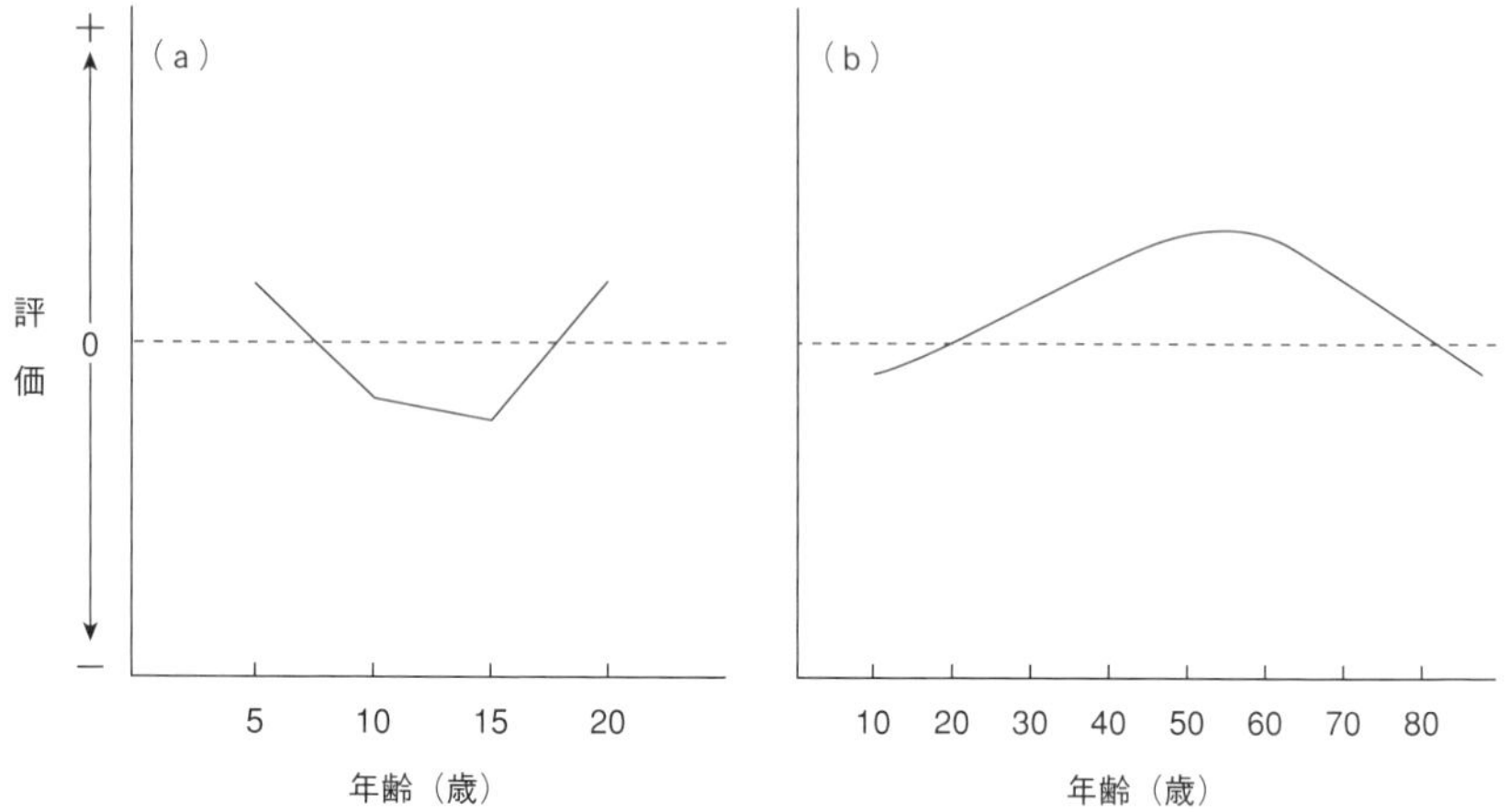

図8.4　青年(a)と老人(b)の幸福感の語り

年は、一般に、自分のライフヒストリーを、「永遠の幸せ物語」や、苦難を次から次へと乗り越える「英雄物語」の一部分として描いただろうか？　それとも、より悲観的に、幸福だった子供時代からどんどん暗くなっていく物語として描いただろうか？　このことを調べるために、データから平均的な人生曲線を抽出した。具体的には、個人の人生曲線の原点からの位置の平均を、五年間隔で計算した。次に、補完法によって、これらの平均を図式的に結びつけ、全体的な人生曲線を描いた。この分析の結果（図８・４（a）を参照）、青年たちのこのグループが一般的に用いていた語り形式は、上述のどれでもなく、コメディ―ロマンス形式であることが見出された。すなわち、青年は、平均して、自分の人生を、「幸せだった幼児期↓苦難に満ちた思春期↓明るい未来へと進む現在」とみなす傾向にあった。つまり、彼らは、思春期という苦難に直面したが、その後勝利への道を見出したと、これまでの人生を語っていた。

これらの記述においては、語り形式が語られる事象を大いに規定しているように見える。すなわち、人生の事象によってどの物語形式が選択されるかが決まるのではなく、語り形式によってどの事象が重要なのかが決まっているのだ。この青年たちが、「コメディ―ロマンス」物語の中で用いた事象の内容について見てみよう。われわれは、青年たちに、自分の人生曲線の中で、最もよい時期と最も悪い時期に生じた事象を記述するように求めた。その事象の内容は、きわめて多様であった。すなわち、よい事象には、学校で楽しく遊んだこと、友達との経験、ペットを飼ったこと、音楽と出会ったこと、などがあり、悪い事象には、新しい町に引っ越したこと、学校で失敗したこと、両親の夫婦仲が悪いこと、友人を失うこと、など、幅広い経験が含まれていた。実際、「思春期の危機」は、共通の客観的要因を反映したものではない。そうではなくて、青年たちは、利用可能な語り形式を用いて、自分たちの選択を正当化し鮮明にするために、利用できるいかなる「事実」をも利用したと思われる。

より一般的に、普通の青年が見知らぬ人々に対して手短かに自分のライフヒストリーを記述するとき、それは、典型的なテレビドラマ（「コメディ―ロマンス」）の語り形式に近いものとなる。こうした青年たちの傾向と対照的なのが、六十一歳から九十三歳の老人七十二名を対象とした研究である（M. Gergen, 1980）。われわれは、回答者に、自分の人生経験についてインタビューをし、人生の様々な時期におけるおおよその幸福感を記述するよう求めた――例えば、最も幸せだった日々はいつか、なぜ事態が変化したのか、人生は今どの方向に進んでいるのか、などである。回答はコーディングし、その結果を青年群と比較した（図8・4（b）を参照）。老人に典型的な語りは、虹のような形をしている。すなわち、困難に満ちた青年期の後に、上昇的語りがあり、五十歳と六十歳の間で幸福の頂点に達する。しかし、この「黄金期」以降の人生は、下降線を描く。老化は、下降的語りとして描かれているのである。

こうした結果は、老化に伴う自然な身体的衰えを反映しており、理にかなっているように見える。しかし、語りは、人生の産物ではない――語りこそ、人生を構成するものであり、語りによって、人生は様々な内容にもなる。「衰退としての老化」は、特定の文化的慣習にすぎず、したがって、変化しうるものである。この点で、われわれは、人生は虹であるという観点を、社会科学が助長していることを問題にしなければならない。例えば、心理学の文献には、人生の初期を「発達」、終盤を「衰退」とする記述が数多くある（Gergen and Gergen, 1988）。こうした観点が大衆の意識の中に浸透していくと、高齢者は人生に希望をもてなくなる。老化についての見方を変えるならば――多くのアジア文化で採用されてきた見方のように――、社会科学は、より肯定的で可能性に富んだ高齢者像を提示すべきである。クープランドとナスバーム（Coupland and Nussbaum, 1993）が述べているように、人間科学は、人生全体にわたる言説を批判的に検討しなくてはならない――激変する世界の中にあって、今、使用している言説的資源は果たして適切なのか、と。

第6節　ミクロな語り、マクロな語り、語りの入れ子構造

ここまで、いくつかの語り形式と、それがドラマを生み出す可能性について述べてきた。特に、自己を、個人の頭の中の概念ではなく、お互いを理解可能にする社会的過程――「自己についての語り」――として捉え直すことを試みてきた。そして、「自己についての語り」は、人生そのものの産物ではなく、利用可能な語り形式に由来するものであることを確認してきた。本章の残りの部分では、議論を、「自己についての語り」の形式から、その実践へと移行しよう――すなわち、語り構造からプロセスへと。そのために、本節では、語りの多様性がもつ意味について考察しておこう。

自己概念についての伝統的観点は、中核的アイデンティティ、すなわち、それに照らして行為が本物か見せかけのものかを判定できるような、自己についての首尾一貫した観念を仮定している。そして、中核的アイデンティティをもたない者は、方向をもたず、自分の地位や位置がわからず、自分が価値ある人間であるという根本的な確信が欠けている、とされる。しかしながら、これらの仮定には、すべて問題がある。例えば、行為をアイデンティティに照らすと言うが、われわれは実際にそんなことをしているのか？　中核的アイデンティティが、単一の持続的なものであると、信じるべき理由などあるのか？　なぜ地位や位置が固定的であることに価値を置かなければならないのか？　人が自分の価値に疑問をもつことはないのか？　内的な自己知覚から社会的理解可能性のプロセスへと焦点を移すことによって、われわれは、新たな理論的領域に踏み込むことができる――それは、新たな文化と社会生活をもたらしてくれる。すなわち、人は皆「人生物語」をもっているが、その中身を見てみると、人それぞれ大いに異なる。なぜならば、われわれが日常的に社会に参加するにあたっては、普通、きわめて幅広い語り形式――単純なものから複雑なものまで――が利用可能であるからだ。われわれは、それら多様な語り形式を用いつつ、社会の関係性に参入して

いる。たとえて言えば、熟達したスキーヤーが、斜面にアプローチする際に、うまく下降するための多様なテクニックをもっているのと同様に、われわれは、多様なテクニックで、自分の人生の経験を関係づけることができる。最低限の社会適応がなされていれば、われわれは、自分の人生を、安定的、上昇的、下降的と解釈することができる。さらに、もう少し訓練を積めば、自分の人生を、悲劇、コメディ、英雄物語などとして描くこともできる（Mancuso and Sarbin（1983）による「第二の自己」の議論、Gubrium, Holstein, and Buckholdt（1994）による人生コースの多様な構成についての議論も参照）。「自己についての語り」を構成し再構成する力が増すほど、われわれは、より広範な関係性に効果的に参入することができるのだ。

「自己についての語り」の多様性を示すために、先述の研究協力者に、母親、父親との関係、これまでの学業成績のそれぞれと、自分の満足感との関係を、グラフに描くように求めてみた。描かれたグラフは、図8・4に示された「一般的な幸福感」とは好対照をなすものであった。すなわち、図8・4では、学生は、自分の人生コースを、おおよそコメディ—ロマンス——肯定的な子供時代、自信を失った思春期、その後の上昇期——として描いていた。しかし、自分の父親と母親については、彼らは頻繁に上昇的語りを選択する傾向にあった——父親のカーブは徐々に上昇、母親のカーブは指数関数的に上昇していた。つまり、両親との関係は、常によくなっているものとして描かれていた。しかし、彼らは競争率のきわめて高い大学に在学していたのだが、自分の学業成績についての満足感を、常に低下するものとして描く傾向にあった——すなわち、今まさに絶望の淵にあるという、下降的語りが選択されていた。

社会関係において人々が使うことのできる語りの材料が多様であるだけでなく、人々の語りがどのくらいの時間幅をもつものであるのかも、多様である。すなわち、長い時間で隔てられた事象同士が関係づけられるかもしれないし、ごく短い時間に生じた事象同士が関係づけられるかもしれない。あるいは、自分の人生を、何世紀も前から始まる歴史的動きの一部とみなすかもしれないし、現在の自分を、誕生したときの歴史的状況や、思春期のときの社会的状況と結びつけるかもしれない。ここで、時間軸上の仮説的（理念的）な端点を示す概念として、「ミクロ」と「マクロ」という用語を導入しよう。すなわち、マクロな語りとは、関連づけられる諸事象が長い期間にわたっているような記述であり、ミクロな語りとは、短い期間にしかわたっていない記述である。一般に、自伝作家は、マクロな語りに優れ、視覚的なギャグを用いるコメディアンは、ミクロな語りに熟達している。前者は、自分の現在の行為が、歴史的背景のもとで理解されることを求め、後者は、自分の行為から歴史性を取り去ることによって効果を得る。

われわれが様々な時間感覚で事象を結びつけることができることをふまえれば、語りが相互に入れ子構造をなすこともまた明らかである（Mandler, 1984も参照）。つまり、人は、現在の自分を長い歴史の産物として語ることができる（第一の語り）。しかし、その人は、子供時代からの自分の成長について語ることもでき（第二の語り）、この第二の語りは第一の語りの部分とする（入れ子構造にする）こともできる。さらに、数分前からの気持ちの変化について語ることもでき（第三の語り）、これは第二の語りの部分とすることができる。もう少し具体的に考えてみよう。例えば、ある人が、現在の自分を、何世紀にもわたる闘争の産物である、現代の人種観に結びつけて語るとしよう（上昇的語り）。しかし同時に、その人は、現在の自分を、長い間両親にかわいがられていたが、成長するにつれて両親を失望させた、という物語として語ることもできる（悲劇的語り）。さらに、現在の自分を、昨晩、疎遠になりかけていた彼女との愛を再び燃え上がらせようとした、という物語として語ることもできる（コメディ―ロマンス語り）。この例は、コメディ―ロマンス語りは悲劇的語りの一部をなし、さらに、悲劇的語りは上昇的語りの一部をなしている――語りは、二段構えの入れ子構造になっている。

語りの入れ子構造の概念は、様々な興味深い問題を提起する。入れ子構造は、どの程度一貫性をもつことができるだろうか？　オルテガ・イ・ガセット（Gasset, 1941）は、歴史システムの分析の中で、「個人、民族、世代が依拠する信念は多様であり、この多様性ゆえに、完全な論理的一貫性を実現することはできない」（p.166）、と述べている。しかし、それにもかかわらず、「複数の語りにある程度の論理的一貫性を実現すること」は可能であるし、実際に行われてもいる。このことには多くの社会的利点がある。文化の中で語りがある程度の整合性をもつならば、その大まかな粗筋――マクロな語り――が重要になってくる。なぜならば、マクロな語りは、ミクロな語りに一貫性を与える基盤となるからだ。つまり、昨晩、友人と一緒にいたことの記述が、その人のライフヒストリーの全体を規定することはありそうにないが、逆に、ライフヒストリーは、昨晩の事象を理解する根拠となる。この考え方を敷衍すれば、自らの長い歴史について確固とした語りをもつ国民は、自らの過去について確固とした語りをもたない国民と比べて、複数の語り――例えば、過去についての語りと現在についての語り――の間の一貫性を得ようと努力するだろう。ということは、新興国家の国民は、過去の歴史についての語りと現在の語りについての関係に一貫性を維持する必要が少ないがゆえに、現時点での行為により大きな自由を感じるかもしれない。それは、前者にとっては、過去と一貫した形でふるまう必要性が、相対的に少ないからである。

こうした観点から、テロリストの行動について考察しよう。テロリストは、精神不安定、非合理的、潜在的精神病などとみなされる一方で、政治的動機をもつ活動家ともみなされてきた。しかし、トローリャン（Tololyan, 1989）は、アルメニアのテロリスト活動を検討して、テロリストは、文化で共有された、長期的重要性を有する語りを実行しているにすぎない、と論じている。その語りとは、西暦四五〇年に始まり、アルメニアの国家アイデンティティを守る、多くの勇敢な試みを記述するものである。この種の語り――勇気、殉教、正義を追求する語り――は、数世紀にわたって蓄積され、現在、アルメニアの人々の日常文化の中に埋め込まれている。トローリャンが論じているように、テロリストになることは、歴史の中で自分が置かれた位置を生きることであり、より適切に言えば、自国民の広範な歴史の中に入れ子となっている、自分の人生コースを生きることなのである。このような形で過去を所有することができなければ、政治的参加に必然的重要性などない。

第7節　「自己についての語り」の語用論

社会構成主義が語りの多様性を重視するのは、それが社会的関係の多様性を含意するからである。語りの多様性は、人々が巻き込まれている多様な関係性や、関係的文脈の多様な要請に由来する。ヴィトゲンシュタイン（Wittgenstein, 1953）は、次のように述べている――「道具箱の中の道具について考えてみよ。ハンマー、ペンチ、ドライバー、定規、接着剤のビン、接着剤、くぎ、ねじ、がある。言葉の機能は、これらの道具の機能と同じくらい、多様である」（p.6）。この意味で、語りは、本質的に、重要な社会的機能をもつ言語ツールである。すなわち、様々な語り形式をマスターすれば、関係性を生成し維持する力が増すのである。以下、「自己についての語り」が果たす機能のいくつかを考察していこう。

まず、原初的な安定的語りについて考えてみよう。自分を安定したユニットとして同定する人々の能力は、一般にドラマティックな価値は欠けているものの、文化の内部で大きな効用をもつ。重要な意味で、ほとんどの関係は安定したパターンに向かう傾向があるし、実際、われわれが、文化、制度、個人のアイデンティティなどについて語ることができるのは、この安定性のおかげである。こうした安定的パターンには、しばしば、価値が付与される。そして、安定的パターンは、正当化されれば、長期的に維持されることになる。このように社会が安定性を要請することは、機能的には、安定的語りの使用が容易であることに対応している。社会生活をうまく調整するためには、人は、自分自身を、永続的で完全で一貫したアイデンティティとして、理解可能にしなければならない。例えば、政治家は、長期にわたって地元を離れていても、自分が地元に「真のルーツ」をもち、将来も地元のために汗を流すことをアピールしなければならない。あるいは、関係が崩壊の危機に瀕しているような場合でさえも、自分の愛、親としての関わり、誠実さ、道徳的理想などが長い間継続していることを語ることは、関係の継続にとって不可欠であろう。親密な関係においては、人々は、相手が「見た目通りの人間なのか」、ある特徴はずっと変わらない特徴であるのかを知りたいと願うだろう。それを保証する方法こそ、安定的語りなのである。この意味で、人格特性、道徳的特徴、個人的アイデンティティは、社会生活にあらかじめ与えられたものでも、関係性を組み立てるブロックでもなく、関係性それ自体の産物である。同様に、いかなる個性をもつことも社会的達成であり、それには継続的な会話が必要なのだ。

ここで、われわれの分析が、個人的アイデンティティに関する伝統的な説明といかに異なっているかを明らかにしておこう。プレスコット・レッキー（Prescott Lecky）、エリック・エリクソン（Erik Erikson）、カール・ロジャース（Carl Rogers）、シーモア・エプスタイン（Seymore Epstein）らの理論家は、個人のアイデンティティを、「**心の中で達成された、一貫性のある状態**」とみなしてきた。この説明によれば、成熟した個人とは、確固とした自己観、ないし、個人的アイデンティティを「見出し」「結晶化し」「実現した」人である。一般に、この「状態」はきわめて肯定的なものとみなされ、それが一度達成されると、その人の行動の矛盾や不整合は最小限になる、とされる。マカダムス（McAdams, 1985）も、個人的アイデンティティのライフストーリー理論の中で、同様の見解を展開している。マカダムスによれば、「アイデンティティとは、個人が思春期後期から、意識的ないし無意識的に構成し始める、ライフストーリーである。物語と同様に、アイデンティティには、よい形式――整合的で一貫した語り――もあれば、悪い形式もある――行き詰まってどうしようもなくなる、キツネとクマの物語のような」（p.57; 強調は引用者）。

対照的に、社会構成主義は、アイデンティティが固有の一貫性や安定性をもつとはみなさない。すなわち、社会構成主義は、アイデンティティを、「個人の心の達成」ではなくて、「関係性による達成」として捉える。人は、多様な他者と多様な関係性を作っているので、特定の関係性の中だけで安定したアイデンティティを作っているのではない。ましてや、関係性を超えて一貫したアイデンティティが存在すると考える理由などない。自己についての記述が一つの語りであることを考えれば、すでに述べたように、自己についての記述は多様なものとならざるをえない。実際、人々は、関係性の文脈に依存して、様々な方法で自分自身を描写する。人々が獲得しているのは、深いところにある持続的な「真実の自己」などではなく、自己をコミュニケーションし遂行する力なのである。

この後者の立場は、上昇的語りと社会の関係を考えると、説得力を増す。実際、社会は、安定に価値を求めると同時に、変化にも価値を置いている。そして、変化に価値を置く場合には、安定的であることは、かえって問題あり、抑圧的だ、不愉快だ、などと捉えられる。したがって、社会の中に住む人々には、変化、とりわけ上昇的変化が存在根拠となり、上昇的変化の語りをもつようになる。例えば、いかに進路が狭められ、苦難が続き、身近な人間が不幸になっても、自分は正しい社会の変化に貢献しているという信念――これはまさに上昇的語りである。さらに、多くの人間関係がうまくいくためには、たとえ不誠実、喧嘩っぱやい、自分勝手などの望ましくない性質をもっていたとしても、いつかはそれを改善できるという「上昇的語り」を語らなければならない――たとえそれが疑わしい場合であっても。キットウッド（Kitwood, 1980）の研究から示唆されるように、人々は、関係の初期段階においては、上昇的語りをよく使用し、価値ある関係性を作り、将来にも希望をもとうとする。実際、上昇的語りは、社会生活において様々な有益な機能を果たしている。

明らかなように、人は、多くの関係性の中で、自分自身を、本来安定しているものとして記述すると同時に、変化していくものとして記述しなくてはならない。つまり、人は、自分が今までもこれからも常に同じであることを示すとともに、自分がさらに進歩していくことをも示さなければならない。こうした両極端の達成がなされるためには、基本的に、事象の意味を関係性の中で交渉しなければならない。したがって、十分な会話がなされれば、同じ事象が、安定的語りと上昇的語りの両方に現れるだろう。例えば、医科大学の卒業という事象は、その人が変わらず知的であったこと（安定的語り）と、高い職業的地位に上る途上にある（上昇的語り）ことの両方に現われる。

では、下降的語りにも社会的価値はあるだろうか？　答えはイエスである。例えば、悲しい身の上話が、思いやり、同情、親密さを誘う効果をもつことを考えてみよう。抑鬱の物語を語ることは、ある精神状態の兆候を記述することではなく、特定の関係性に入り込むことである。そうした語りは、同時に、同情と心配を誘い、失敗を許し、罰を免じるかもしれない。さらに、下降的語りは、西洋文化においては**補償機能**をも果たす。例えば、状況が悪化していることを認識できれば、その認識がきっかけとなって状況の悪化が食い止められ、状況が改善されることがしばしばある。つまり、下降的語りは、それがもたらす活力によって、上昇的語りに変化する可能性がある――努力の強化によって、潜在的悲劇がコメディ―ロマンスに変化する。したがって、下降的語りは、人々（自分自身をも含む）をポジティブな目標を達成するよう動機づけるという重要な機能をもつ。この補償機能は、国家レベルでも現れるし――例えば、政府が、国際収支の下落は、地場産業の草の根育成で埋め合わせることができることを示すなど――、個人レベルでも現れる――例えば、「これで失敗しているので、他でもっと頑張らなくては」と、他のプロジェクトへの熱意を強めるなどのように。

第8節　相互に編み込まれるアイデンティティ

本章では、語りを言説的資源と見る観点を提示し、語りが、文化の内部で利用可能な――その程度は様々だが――多様な現実を作り上げる豊饒さと可能性をもっていることを述べてきた。特に、自己を理解可能にすること、すなわち、過去から未来へと一貫した存在となるためには、文化的貯蔵庫から遺産を借用しなければならない。バフチン（Bakhtin, 1981）に倣って言えば、理解可能な人物であるためには、**腹話術的行為**（act of ventriloquation：私が話す言葉は常に誰かの言葉である、すなわち、他者の言葉を借り受けて、それに自分の価値評価のアクセントを追加して話している、ということ）が必要である。しかしながら、本章で述べてきたように、進行中の相互交渉も重要である。つまり、語りは一見モノローグのようではあるが、アイデンティティがうまく確立されるかどうかは、必然的に、ダイアローグ（対話）に依存している。このことをふまえて、本章の最後に、語られたアイデンティティが、文化の中で織り上げられるプロセスに注目しよう。具体的には、「自己についての語り」の遂行が共同体の道徳的基盤を形成すること、「自己についての語り」が絶え間ない交渉によって作られていること、「自己についての語り」が互恵的ネットワークを形成していること、を述べる。

述べてきたように、「自己についての語り」は、進行中の相互交渉のプロセスの中に織り込まれている。すなわち、それは、過去と現在とを結びつけ、未来への方向性を示す役割を果たしている（Csikszentmihalyi and Beattie, 1979）。「自己についての語り」が未来に対する意義をもつのは、それが道徳的評価の基準となるからだ。例えば、常に正直な人物であると述べることは（安定的語り）、その人が将来も信頼できることを述べていることになる。あるいは、過去をサクセスストーリーとして構成することは（上昇的語り）、その成功がこれからも続くと宣言していることになる。逆に、自分自身を、加齢とともに能力が衰えると描写することは（下降的語り）、将来元気でなくなるだろう予想していることになる。ここで重要なことは、実際の行為が、語りと照らして、社会的評価の対象になるということである。すなわち、その人の行為やその人の語りが示唆する結果が、現行の慣習から見て、その語りと一致しているか矛盾しているかが、他者によってチェックされるのだ。もし行為が語りと矛盾していれば、語りの妥当性には疑問がもたれ、社会的非難を受けることになる。マッキンタイア（MacIntyre, 1981）の言葉を借りれば、道徳的議論について、「『君は何をしようとしているのか』という問いに答えることができるのは、それに先立つ問い、すなわち、『君はどんな物語の登場人物なのか』という問いに答えることができる場合のみである」（p.201）。このことが意味しているのは、「自己についての語り」が、単に過去の経験の産物なのではなく、関係性が進行する中で作り上げられているということだ。

いったん「自己についての語り」が使用されると、その人がコミュニティの中で道徳的と思われる基盤を作る。つまり、「自己についての語り」を語ることは、信頼を形作る。このように、お互いに信頼しあうコミュニティ、これが伝統的な道徳の核になるのだ。この意味で、「自己についての語り」は、関係性の今後の方向性を定めている。

「自己についての語り」は、さらなる相互作用を展開せしめる。行為と語りの関係は社会的慣習に依存し、その関係は一義的ではないがゆえに、行為がいかに理解されるべきかについては、本来的な曖昧さがある。そして、その曖昧さが、さらなる相互作用を要請する。また、語りは期待を生み出すがゆえに、行為が期待にかなうかどうかをめぐってのさらなる相互作用が展開される。例えば、税務監査が入ることは、常に正直であるという安定的語りと矛盾するのか？　教授が論文を発表しない期間は、上昇的語りがもはや効力を失ったことを意味するのか？　テニスの第三セットの勝利は、老化への不安の語りがただの策略であったことを示しているのか？　アイデンティティ――「自己についての語り」――を維持するためには、それなりの相互作用が継続されねばならない。より広く言えば、アイデンティティ――すなわち、共同体内部での語りの妥当性――を維持することは、果てしのないチャレンジの連続である(de Waele and Harré, 1976; Hankiss, 1981をも参照)。このように、自分が何者かを確定する作業は、会話が続く限り、決して完遂することがないのだ。

このように「自己についての語り」が絶え間ない交渉によって作られているという事実は、関係性のもう一つの特徴――アイデンティティの互恵性――によって、さらに複雑なものとなる。これまでは、語りが、あたかも特定の主人公のみの時間的軌跡に関連しているかのように論じてきた。しかし、この考え方は拡張されなければならない。語りの中に典型的に織り込まれている事象には、その主人公の行為だけでなく、他者の行為も含まれる。多くの場合、他者の行為は、語りの中で結びついている事象に、きわめて大きな影響を与える。例えば、自分が常に正直であるという記述を正当化する場合には、友人からのカンニングの誘いを自分がいかに拒否したかを語らねばならない。また、功績についての語りを正当化する場合には、他者があなたとの競争に敗れたことを語らねばならない。あるいは、能力が減退していることを語る場合には、若い人の活動が機敏であることを語らねばならない。これらすべての例において、他者の行為は、あなたの語りを理解可能にする上で、必須の役割を果たしている。この意味で、自己の社会的構成には、あなたという主人公のみならず、共演者が必要なのだ。

このことの意味はきわめて大きい。まず、個人が、普通、自己定義の特権性を主張する──「私は誰よりも自分自身のことをよく知っている」──のと同様に、他者も自分自身の行為を定義する権利を主張する。したがって、自己を理解可能なものとするために他者の行為を利用する場合、自他の語りの一致が重要となる。仮に、他者があなたのそばにいあわせた場合には、あなたの行為の記述は、「その通りだった」という他者の同意なしには有効でありえない。すなわち、もし他者が同意しなければ、他者の行為に依拠して語りを構成することはできない。例えば、他者が自らの行為を「おもねっている」と語らなければ、あなたは自らの力強さを誇らしげに語ることはできないし、他者が、自分たちはあなたとの競争に敗れたわけではないと語るならば、あなたはそのエピソードを自分の成功談のネタに語ることはできない。かくして、語りの妥当性は、他者の承認に大きく依存しているのである。

他者へのこうした依存性は、行為者（あなた）を不安定な相互依存に置くことになる。というのも、あなたのアイデンティティが、あなたの「自己についての語り」における他者の位置づけを当の他者が承認するかどうかに依存しているのと同様に、他者のアイデンティティも、あなたがそれを承認するかどうかにかかっているのだから。あなたが、「自己についての語り」を維持できるか否かは、基本的に、他者があなたとの関係性の中である役割を演じることに同意するか否かに依存している。シャップ（Schapp, 1976）の言葉を借りれば、われわれ一人一人は、他者の歴史的構成の中に「編み込まれている」し、同じことがどの他者についても言える。語りのこうしたデリケートな相互依存性が示唆するのは、社会生活は、**互恵的アイデンティティのネットワーク**である、ということだ。すなわち、人のアイデンティティは、他者が適切な支持的役割を演じる限りにおいて維持され、また、人は翻って他者たちによる構成作業を支持することを求められる。したがって、誰かがそうした期待を裏切るや、相互依存的なアイデンティティの構成は危うくなってしまう。

思春期の若者が母親に「あなたは悪い母親だ」と告げ、そのことによって、母親の「よき母親」としての安定的語りが破壊されたとしよう。しかしながら、同時に、その若者も危機にさらされる──母親から、「お前の性格がよくないといつも感じていて、愛情を注ぐ気になれなかった」と言われ、それまでの「よき自己」という語りが危機にさらされる。あるいは、ある女性が恋人に向かって、「これまでのように関心をもてなくなった」と告げ、そのことによって、その男性の安定的語りが崩壊したとしよう。しかしながら、彼は、「実は長いこと君に退屈していて、二人の関係を終わりにしたいと思っていた」、と答えることもできる。これらの例が示しているように、関係性の参加者が支持的役割をやめると、アイデンティティは衰退することになる。この意味で、アイデンティティは決して個人的なものではない――それは、他者に依存した不安定な関係性に乗っかっているようなものだ。今ここでも――われわれの間では――無数の互恵的な反響が生じているのである。

注

[1]「自己についての語り」という概念を最初に論じたのは、Gergen and Gergen（1983）である。

[2] 語りを依頼と依頼への回答の装置と捉えたLabov（1982）の分析、関係性の権力構造における語りの機能のMischler（1986）の分析、道徳的意思決定における語りの機能のTappan（1991）とDay（1991）の研究も参照。

[3] ここで、われわれの分析を、他の同様の試みと比較してみることは興味深い。一八六三年にはグスタフ・フライタグ（Gustav Freytag）が、「普通の」物語はただ一つであり、それは、A、B、C、Dの四点で分割される、上昇線と下降線によって表現される、と論じている。ここで、ABの上昇は状況の提示を、Bはコンフリクトの生起を、BCは「行為の増強」ないし混乱の増大を、頂点Cはクライマックスないし行為の転換点を、CDの下降は大団円ないしコンフリクト解消を、それぞれ表している。しかし、本章での分析が示しているように、語りの基準をより十分に叙述し、基本的な物語曲線を組み合わせることによって、より十分な分析ができるようになる。ただし、フライタグは、支配的な語りをただ一つしか認めなかったが、語りを規定しているのは社会的慣習であって、論理的要請や生物学要請ではないと考えていた。最近では、Elsbree（1982）が、基本的な語り形式を示そうとした。彼が提案する五つの「包括的物語」には、**家庭を確立し生涯を捧げること**、**論争や戦闘をすること**、**旅行をすること**、などが含まれる。もっとも、エルスブリーの分析は、文化的慣習という前提はとっていない。エルスブリーは、包括的物語は人間存在にとって根源的なものであると考えていた。

[4] Gergen and Gergen（1983）、Gergen and Gergen（1987）を参照。

[5] この一般論には例外もある。ドラマの演目が理解可能であるのは（そして、感情的インパクトをもつのは）、同じジャンルの他の演目をよく知っていたり、他のジャンルと対照させたりできるからである。その意味において、ドラマは間テキスト的でもある。

つまり、もし、悲劇というジャンルしか知らなければ、安定的語りであっても、それとの対比によってドラマティックな効果をもつかもしれない。同様に、控え目な広告が、過度に刺激的な宣伝の中に置かれることによって、かえって注意をひくこともしばしばある。

第9章　関係性としての感情

「自己についての語り」は、個人の内面にある衝動が社会的に表出されたものではなく、個人という場を借りて実現される社会的な過程である。本章では、この「自己についての語り」というテーマを掘り下げ、関係性理論に基づく自己概念についてさらに理解を深めていこう。西洋の伝統においては、自己を独立した自己充足的単位とする観点が根強い。この観点が維持される限り、認識論や知識の社会性をめぐる問題は解決できないだろうし、個人主義的な観点に立脚した社会的実践が見直されることもないだろう。ただし、私はここで全く新しい語彙を提出し、従来の社会的実践を解体しようとしているわけではない。そうではなくて、本章のねらいは、既存の概念を再構成することである。具体的には、関係性理論の視点から、伝統的な感情概念を――個人の構成要素ではなく、関係性の構成要素として――いかに描き直すことができるかを示したい。

われわれは、今や、自己について、二千年以上にもわたって蓄積された言説を手にしている。例えば、われわれは、プラトンの抽象的なイデアの概念（現在のプロトタイプの概念に相当）、アリストテレスの論理形式の概念（現在の認知的ヒューリスティクスの概念に相当）を知っている。また、マキャベリの社会的方略の概念（現在の印象管理の概念に相当）、アウグスティヌス、ホッブズ、パスカルの自己愛の概念（現在の自尊心の概念に相当）、ロックの抽象的観念の経験的基盤についての概念（現在の心的表象の概念に相当）も知っている。これらの過去の遺産は、われわれにとって利用可能な、膨大で多彩な自己についての言説のごく一部でしかない。言い換えれば、現代の自己研究は、上に挙げた概念をほんの一部として含む膨大な学問的伝統を受け継いでいるのだ。現在の自己についての対話の中でも、上記の思想家たちは、静かな対話者として参加してくれている。しかも、現代の自己についての言説は、上に挙げた思想家の時代とは比べものにならないほど幅広く、社会科学と人文学にまたがっている。彼らは、自己について徹底して考察した人々の中で、最も概念的に進歩し、方法論的に洗練され、政治的・経済的に束縛されない人々である。翻れば、上記の思想家の時代には、研究者は、歴史的にも地理的にも孤立しており、お互いの研究を知らないことも珍しくなかった。それに比べて、現代の研究者コミュニティは、地理・民族・宗教・政治の違いを超えて、絶え間ないコミュニケーションを行っている。このように、現代の自己についての対話に動員されている知的エネルギーやその成果には、もはや畏敬の念すら禁じえない。

自己の探求がもたらす帰結は大きい。というのも、自己の理論とは、結局のところ、人間とは何かについての定義にほかならないからだ。自己の理論は、個人には何ができて何ができないのか、人間にはいかなる限界がありうるのか、未来に向けてどのような希望があるのかを、社会に伝える。さらに、自己の理論は、社会に権利と義務についても伝える。つまり、人々に、いかなる行動をする権利があるのか、様々な行動に対していかなる義務や責任を負わなければならないのかを示す。かくして、自己を定義することは、暗黙のうちに社会的判断をなすことにも等しくなる。

自己の概念は、人間社会において計り知れないほど重要な役割を果たしてきたし、これからも果たすであろう。例えば、心理学を見るだけでも、無意識の力や自己欺瞞の概念が明確化されたことによって、法的手続きが変化した一面がある。実際、法廷での精神異常を理由とする抗弁はこれらの概念に基づいているし、多くの人々が生活の中で実質的にこうした概念に依拠している。同様に、妊娠中絶の合法化は、「個人の選択」と「精神的苦痛」の概念の精緻化に大きく依拠している。あるいは、心理学に関連してもう一点触れるならば、自尊心の概念は、アメリカの市民権に関する立法の核となっていた。すなわち、自尊心を個人的幸福の核心に位置づけることによって、「分離平等政策（居住地などでは黒人を白人から分離するが、教育・乗り物・職業などでは差別しない人種政策）」反対への道が開かれた——なぜならば、それは差別される側の自尊心を傷つけるからだ。自尊心の概念は、教育の領域においても重視され、今や学生の自尊心がカリキュラム計画の中心となっている。同様に、知能レベル、人格特性といった関連概念は、心理テスト産業の成長をもたらした。今や、様々な心理テストが、様々な組織・団体で行われ、個人を分類し、その行動を制限し、導いている[1]。このように、社会において自己に関する言説が満ちあふれていることのインパクトは、決して小さくない。

より一般的には、個人の心についての学問的説明は、社会生活のパターンを正当化し維持するのに大きな役割を果たしている。すなわち、経済学者は個人の（頭の中の）理性の仮定に基づいて予測をし、文化人類学者は異文化に属する人々の（内面にある）人格、主観性、メンタリティを探求し、歴史学者は他の時代に流布していた（その当時の人々が頭や心の中にもっていた）価値や動機を明らかにし、政治学者は大衆が内面にもっている態度や意見を記述し、心理学者は頭や心の働きである知覚、認知、感情について実験を行うが、彼らは皆、そうすることによって、単体としての個人の心こそ、社会の幸福にとって決定的に重要であると、社会に伝えているのである。そして、個人の心を中心に据えることによって、こうした学問的説明は、種々の制度に多かれ少なかれ影響を与えている。具体的には、各個人が投票権をもつ民主主義の概念、個人が合理的選択を行使できる自由企業体制、個人の心の訓練に専念する教育実践、個人が自分の行為に道徳的責任をもつことを前提とした裁判制度や道徳判断などが支持されている。

これらの制度、および、それを支持する言説——学術用語で豊かに彩られた言説——については、多くの論点がある。多くの心理学者は、精神異常を理由とする抗弁、自尊心の概念、知能や人格特性の測定は、人道的社会に貢献すると信じている。また、もし学術的研究によって、民主主義、自由企業体制、法廷、道徳的責任制などの公的制度がもたらされるのであれば、それは望ましいことであるとも信じている。すなわち、西洋社会において価値を置かれていることの多くは、「個人としての自己」を自明視する言説を前提としている。では、われわれは、単にこれまで通り、個人としての自己についての言説を展開し、拡張していくべきなのであろうか？　いや、われわれは、ここで立ち止まって考えなければならない。なぜならば、この何十年かの間に、かつては声なき不満であったものが、批判の大合唱へと変化したからだ。

まず、自己充足的個人という信念は——「頭の中の知識」という観念に基づく各種の制度や実践が、これに実質的に貢献しているのだが——、日常生活において自己に優先権を与える。自己の優越が強調されると、自分の私的状態——

―自分の知識の状態から、自分の目標、欲求、喜び、権利に関連する問題まで――に強い関心をもつことが当然とみなされる。ダーウィンの種の保存の議論をもち出すならば、いかなる場合においても重要なのは、自己がどのような影響を受けるか、ということである――「私は、何を獲得し、失うのか?」。もちろん、他者も考慮されるべきではあるが、それは、他者の行為が自分自身の幸福に影響を与える限りにおいてである。つまり、ものよくわかった個人は利他主義を支持するかもしれないが、それは、その人自身にとって利益がある限りにおいてである、ということになる。これに関して、個人主義の影響下で育まれた「自分第一」という態度を、おそらく、最も強烈に非難したのは、クリストファー・ラッシュ（Lasch, 1979）の『ナルシシズムの文化The Culture of Narcissism』である。ラッシュによれば、こうした方向性は、情緒的関係や性的親密さ、学術研究、政治的発言を矮小化してしまう――「自分が気持ちよければいいや」、「自分の業績のためだ」、「自分が勝てばいいのだ」、のように。

こうした矮小化と関連して、個人主義のイデオロギーは、個人は根本的に独立ないし孤立しているという感覚をも生み出す。個人主義によれば、人は、明確な境界をもつ個体であり、それぞれが独立して個別の生を送るとされる。この考え方を徹底すれば、われわれは、他の誰かが自分のことを理解しているかどうかはわからないし、さらには、他者が自分を深く気にかけてくれているかどうかもわからないことになる。同様に、自己充足的個人は、他者の心（思考、欲求、感情）を完全にわかることはできないので、他者の生活にあまり精力的に関わろうとはしない。他者の生活に関わることは、個人の自由を脅かすことになるかもしれないのに、なぜそうしなければならないのか、というわけだ。ベラーら（Bellah et al., 1985）と、心理学者のサーノフとサーノフ（Sarnoff and Sarnoff, 1989）は、コミュニティや結婚といった制度は、個人主義的観点によって浸食される、と結論している。なぜならば、社会の中心的単位が個人であると信じるならば、関係性の継続にあくまでもこだわるのは、不自然なものとなるからだ。つまり、まずもって個人が重要なのであれば、関係性は、個人の価値をおかさない範囲で構築され、育成され、「有効に利用」されなければならないことになるわけだ。そして、そうした努力が個人にとって困難ないし不愉快であれば、関係性を捨てて、本来の一人一人別々の状態に戻ればよい、ということになる。

社会のレベルにおいても、個人主義のイデオロギーが集団の幸福に及ぼす影響に関心が払われている。古典的研究としては、ハーディン（Hardin, 1968）による、個人的合理性の隠されたコストについての分析がある。彼は、各個人が利得を最大化し損失を最小化するように行為するならば、社会全体にとっては悲惨な結果がまちうけていることを示している。実際、今日の環境問題は、「各人の自己利益の追求が、社会にダメージを与える」ことの好例である。また、セネット（Sennett, 1977）の『公共性の喪失 The Fall of Public Man』は、数世紀にわたる市民生活の衰退の跡をたどっている。彼は、個人主義が蔓延し、それに伴って、正直に自分の本心を表すことへの不安が出現したことによって、通りや公園など公の場に自由に集まり、市民としての良識に基づいて気兼ねなく語り合うといった場の共有が衰退した、と論じている。すなわち、彼が述べているように、場の共有は、個々人が自分の殻に閉じこもって自己防衛するような生活様式に取って代わられたのである。あるいは、個人主義的な世界観によって、集団や社会に注意が払われなくなったことを指摘する研究者もいる（Sampson, 1978; 1981）。例えば、高等教育においては、協同学習にはほとんど関心がもたれず、企業の訓練においては、集団の成果ではなく個人の成果が強調され、法廷では、犯罪が埋め込まれているより広い社会的背景に目を向けることなく、個人の責任が追及されている。

最後に、個人主義のイデオロギーが、望ましい未来を導くかどうかを問わなければならない。マッキンタイア（MacIntyre, 1981）が論じているように、個人主義にコミットしている者にとっては、他者の「道理」に注意を払う理由がない。なぜならば、もし、個人が――個人主義の観点が想定しているように――「自分がよい、正しいと信じるものを選択する」のであれば、それに対立する観点は何であれ、フラストレーションを引き起こす障害となるからだ。すなわち、「自分が正しいと思うものを選択しない人」は、個人主義そのものを放棄することになるのである。[2] 実際、個人主義は、共約不能な道徳やイデオロギー間のコンフリクトを果てしなく助長する。今日、世界の文化はますます相互の接触を増やしており、国際協調の問題が重要となる一方、大規模破壊の手段はますます効率的となっている。このような世界において、個人主義のメンタリティ――個人対個人――には、大いに問題があると言えよう。

第1節 「関係性」概念に向けて

もし、個人主義の世界観には本質的な問題が内在しており、さらに、「頭の中の知識」という観念に基づく研究が、個人主義の観点を支えているとすれば、ここで立ち止まって考える必要があろう。われわれは、心理状態についての語彙をさらに拡張すべきなのだろうか？　もし、われわれの研究が社会の幸福に貢献したいと望むのであれば――学問的伝統の豊かさについては言うまでもなく――、答えは否である。さらに、社会構成主義の立場からすれば、理論的観点からも、個人主義に代わる新たな記述・説明の方法を発展させなければならない。これまで述べてきたように、個人という概念――われわれが、個人の心の実質・内容と考えるものを含む――は、社会的過程の産物である。すなわち、社会構成主義に立てば、関係性は個人に先行する。したがって、社会構成主義の挑戦は、関係性の現実を作り、理解可能な言説を生み出し、社会生活に新たな可能性を与える関係の実践を生み出すことにある。このような関係性の言説は、うまくいけば、個人の心についての言説と少なくとも同等の正当性を獲得するだろう。現在、われわれは、個人としての自己を特徴づける驚くほどの語彙をもっているが、関係性の言説は実質的に皆無である。それは、あたかも、チェスのルーク、ポーン、ビショップなどの言葉を自由に使えるのに、チェスのゲームを記述できないようなものだ。われわれは、「関係性が個人の特徴を生み出す」という前提に基づいた言語を発展させることができるだろうか？　特に、自己という感覚がいかなる関係性の産物であるのかを明らかにできるだろうか？

ここで留意すべきは、社会構成主義はメタ理論であり、具体的な自己像を最初から前提にしているわけではないことだ。すなわち、社会構成主義の言説は、「関係性に基づく自己」の具体像を暗黙のうちに含んでいるのではなく、自己を関係性の中で捉え直す方法を提示している。その方法とは、メタファー、語りなどのレトリックである。実際、このようなレトリック資源は多い――ただし玉石混交だが。例えば、ワインシュタイン（Weinstein, 1988）は、『関係性のフィクションThe Fiction of Relationship』の中で、過去三世紀の小説を検討し、関係性を実感させる様々な方法が用いられていることを見出した。しかし同時に、彼は、関係性が描かれるときには、まず基本単位としての個人が存在し、あくまでもその次に個人間の関係性が芽生えるという記述がなされていることをも見出した。したがって、ワインシュタインによれば、過去三世紀の小説の主題は、以下のようになる――「自己が他者との結びつきを望みながら、他者のおかれた現実を理解できないあり様。自己が他者と結びつきながらも、自己が確立されていくあり様。自己が様々な――性愛的、化学的、イデオロギー的――関係性に『破壊侵入』していくあり様。自己が他者の身になることを通じてのみ他者を知ることができるようになるあり様、そして、他者の身になることの難しさを知るようになるあり様。自己が自らを包含する関係性の世界を感じとるあり様――喜びや悲しみをもって感じたり、あるいは、天国や地獄のようなものとして感じたり」(p.308)。このように、西洋の小説においては、関係性は無視しえぬものとして存在し続けてきたのだが、そこにいう関係性とは、まずもって隔絶された個人が存在した後に、その個人の間に取り結ばれる関係性の域を出ていない。

個人としての自己が関係性を作るという観点は、社会心理学の文献においても支配的である――社会心理学は、関係性の概念化に最も中心的な学問領域のはずであるにもかかわらず。「個人の集まりとしての集団」ではなく、一つのまとまりとしての集団概念は、一九三〇年代に方法論的個人主義が登場して以来、社会心理学から事実上姿を消した。実際、1985年版の『社会心理学ハンドブック』では、三十章のうち、集団心理学のみを単独で扱った章はない。「集団間関係」についての章はあるが、そこでの「観点は、集団のメンバーシップから影響を受ける個人間関係についての体系的研究からなる」(Stephan, 1985, p.599)。社会的交換理論は、継時的な関係性のパターンを問題としてはいるが、その根底には、「利得最大化」という個人的方略の存在が前提とされている(Tibaut and Kelley, 1959)。つまり、まずは私的に決定する個人たちありき、関係性は個人たちの人工的な産物にすぎない、とされる。この点についてより有望なのが、対人関係についての最近の研究である(Gilmour and Duck, 1986)。そこには、個人主義に基づく関係性概念への不満を見て取ることができる(例えば、Berscheid, 1986を参照)。しかしながら、こうした注目すべき例外はあるものの、対人関係に関する研究の大半は、個人が関係性の基礎であるという前提を堅持している。すなわち、こうした研究が強調するのは、個人は関係性をどのように概念化しているのか、個人はよい関係性を作る素養をどの程度もっているのか、関係性にいる個人に対して様々な要因がどのように影響を与えるのか、などである。フェミニズム心理学も、関係性に強い関心を示してきた。しかし、彼らでさえ、「個人の心」という説明の支柱を放棄することはできなかった（例えば、Chodorow, 1978; Gilligan, Lyons, and Hanmer, 1989を参照）。

したがって、関係性が個人としての自己の副産物であるという観点に代わる新たな観点は、社会心理学以外の領域に求めなければならない。これに関して、十九世紀の多くの著作では、自己は、「**全体を構成する要素**」とみなされている。この観点によれば、社会――多くの関係性が構造化されたもの――が個人に先行し、自己は全体としての社会に参加することによってのみ実現する、とされる。この観点は、ヘーゲルの「人々の精神」の概念にすでに予示されている。ヘーゲル（Hegel, 1979）が述べているように、この共同体の精神こそが人間存在にとって基底的であり、個人はたかだか副次的な派生物にすぎない。ヘーゲルは、次のように述べている。「個人が個人であるのは、共同体の本質ゆえである……個人は、[その]向こうに踏み出すことはできない」。あるいは、「単一の個人という表象は、多くの個人からなる複数性の中でのみ生じうる。この複数性から切り離されれば、単一の個人などという表象は、現実的でないし、存立不能でもある」。デュルケムとマルクスの著作は、この複数性という点で共鳴する――ノスタルジックなものではあるが。彼らは次のように主張している。すなわち、社会がそれほど複雑ではなく（デュルケム）、資本主義がそれほど覇権をもっていなかった（マルクス）頃には、自己は、全体の中に溶け込んでいた。しかし、近代になって複雑性が増大するにつれて、「有機的連帯」は「機械的」関係に道を譲り（デュルケム）、「人間的依存」は「物質的依存関係」に取って代わられた（マルクス）。このような個人間の相互作用ではなく社会全体を強調する観点は、パーソンズ（Parsons, 1964）やギデンズ（Giddens, 1984）の近年の研究にも受け継がれている。

しかし、「関係性に基づく自己」に関心をもつ理論家にとっては、社会構造（全体コミュニティ）の概念と、自らの関心との間には隔たりがある。なぜならば、社会構造のような包括的単位は、日常生活における身近な事態からはかけ離れているように見えるからだ。すなわち、社会構造とやらは、常に「舞台裏」にある――あるのかもしれないが、決して見えない――、というわけだ。では、自律的な個人の相互作用としてでもなく、全体性の現れとして見るのでもなく、「関係性に基づく自己」を概念化するにはどうすればよいだろうか？　これに対する回答の一つに、関係性を、間主観的相互依存性ないし調和的心性から見る観点がある。ここでいう間主観的関係とは、まずもって独立した複数の主観が存在し、しかるのちに、複数の主観の間の相互作用を通じて、複数の主観の間に共通性や相互依存性が形成されるとする考え方である。ミード（Mead, 1934）の業績は、こうした観点への重要な貢献である。ミードが述べているように、人は、自分の行為を調整する生得的な能力をもっている。しかしながら、成長するにつれて、自己反省の能力を身につける――自分自身を意識したり、自分の行為の結果を意識できるようになる。この自己意識は、自己に対する他者の態度を採り入れることによって作られる。だから、自己概念と行為は、本質的に、他者の態度と行為に依存する。他者への依存なしには、自己も有意味な行為もありえないのだ。この観点は、後期ヴィゴツキーの著作（Vygotsky, 1978）にも現れている。ミードと同様、ヴィゴツキーも、人間の行為が生物学的基盤をもつと述べている。しかしながら、子供が言語を用いて他者と交流するようになると、新たな発達段階に入る。すなわち、子供は、言語を次第に内面化し、自主的に一人で使うようになる。思考、能動的注意、論理的記憶、自己意識といった高次の心的機能もこのようにして発達する。すなわち、ヴィゴツキーによれば、高次の心的機能は、二段階をへて発達する――「最初は、複数の身体がコミュニケーションするという社会的レベルで、次に、そこで得られた社会的な手段が個人の内面で利用されるという個人的レベルで。言い換えれば、最初は人々の間で（個人間心理）、次は子供の内部で（個人内心理）」（p.57）。こうした間主観的な関係性の強調は、シンボリック相互作用論や子供の発達研究の多くにも引き継がれている（Kaye, 1982; Youniss, 1980）。さらに、こうした観点は、象徴文化人類学（Geertz, 1973; Shweder, 1991）、文化心理学（Bruner, 1990）、組織文化の理論と調査（Frost et al., 1991）にも反映されている[3]。

しかし、間主観性の理論は、含意に富み、従前の理論の多くが立脚してきた個人主義的基盤から脱却してはいるが、まだ問題が残されている。間主観性の認識論は、まずもって、独立した複数の主観を想定しており、複数の主観が同一の文化の内部に位置しているとき、複数の主観の間に共通性が形成されると論じる。しかし、そうであれば、われわれは自らの文化の外部にいる人間については、何も理解しえないことになるのではないか。同じことは、社会化についてもいえる。文化的に白紙な子供、すなわち、文化の外側にいる子供と文化の内側にいる大人がわかり合えることも、不可能ということになるのではないか（第5、11章を参照）。われわれとしては、これらの問題をふまえ、関係性にアプローチする第三の道をとることにしたい。それは、社会構造の領域でも、個人の主観性の領域でもなく、ミクロな社会的パターンに注目するアプローチである。ここで中心となるのが、相互依存行為の形式——人と人の間の領域——である。ゴフマンの多くの著作（Goffman, 1959; 1967; 1969）は、この可能性の発展に中心的役割を果たしてきた。ゴフマンは、自己提示、面子維持作業、権威剥奪儀式、会話の組織化過程などの検討を通して、心理学的説明を用いずに、社会的相互依存性を論じることができることを説得的に示した。[4] 同じく画期的重要性をもつのが、ガーフィンケル（Garfinkel, 1967）らによるエスノメソドロジーである。中でも初期の研究は、合理性が——個人的達成物ではなく——社会的達成物とみなせることを示している点で、特に重要である。エスノメソドロジーのアイディアは、現在、会話形式や会話方略についての多くの研究に受け継がれている（例えば、Craig and Tracy, 1982; McLaughlin, 1984を参照）。また、ミクロ社会的アプローチによる感情研究には、ホクシールド（Hochshild, 1983）の感情管理の研究がある。

ミクロな社会的過程は、セラピーの領域においても同様に強調され始めている。新フロイト派や対象関係理論家は、自我と社会との密接な関係に関心をもってきた。しかしながら、こうした研究は、一貫して、個人内の心的過程を強調していた（例えば、Curtis, 1990を参照）。ミクロ社会的な理解の嚆矢と言えるのは、異常行動の原因を内的・心的過程ではなく対人過程に見出そうとしたサリバン（Sullivan, 1953）であろう。しかし、対人過程の重要性が真剣に検討されるようになったのは、人間のコミュニケーション・システムに埋め込まれた病理についてのベイトソン（Bateson, 1972）らの先駆的業績をまってのことである。[5] 彼らの研究は、コミュニケーションのパターン、それが個人に与える影響（例えば、精神分裂症のダブルバインド理論）、システム全体の中で個人が演じる構成的役割を強調しており、実際、そこから家族療法の最新の実践が生まれている（Hoffman, 1981のレビューを参照）。その後、当時流行していたサイバネティクスのメタファーを用いて、ホメオスタシス、族構造、ヒエラルキー、システムといった物理学的概念を使用した研究が多数行われた。例えば、セラピー実践の目標は、専門的方法により、家族構造やコミュニケーション・システムを変更することであるとされた。

しかしながら、その後、物理学のシステム概念に代わって、セラピーにおける意味の生成を強調する、人間的なコミュニケーションの観点が登場した（Hoffman, 1992）。この観点は、物理的メタファーに代えて、意味の共同構成

(Goolishian and Anderson, 1987; Selman and Schultz, 1990)、自己についての語り (Epston and White, 1992)、現実の再帰的構成 (Andersen, 1991) を強調する。これらの研究は、社会構成主義と軌を一にしており、第10章で述べるように、セラピー実践の中心を個人から関係性へと根底的に変更するものである。

第2節　心理学の社会的再構成

もし、ミクロな社会的過程が関心の中心になるのならば、感情をはじめとする心理学的プロセスはどのように理解すべきだろうか？　伝統的には、感情は、一人の個人の心に宿るものであり、感情の種類は遺伝的に決まっているものなり、生物学的基盤をもつものなり、その後で個人の経験によって変容もしていくものなり、とみなされてきた。この観点からすると、個人の感情はミクロ社会的過程に影響を及ぼしうるし、その逆もありうる。しかし、感情そのものは、ミクロ社会的な事象ではない、とされている。では、この常識的前提を覆すことはできるだろうか？　具体的に言えば、ミクロ社会的理論は、いかにして、感情の個人主義的説明に取って代わることができるのだろうか？　重要なことは、ミクロ社会的説明は、感情を表現する既存の日常語を葬り去るわけではない、ということだ。なぜならば、「怒り」「恐れ」のような言葉をただ捨て去ってしまえば、文化的伝統に染まっていない新たな語彙を作っても、日常生活の生き生きとした現実が宙に浮いてしまい、使いものにならない言語――いかなる日常的文脈からも遊離し、いかなる発話内効力ももたない言語――がもたらされることにしかならないからだ。

もし、伝統的な日常語に基づいて理論を構築するならば、問題は、心の用語の意味をいかに再構成するかである。このことは、部分的には、心の用語が指示する対象を、行為者個人の頭（ないし、心）の中に位置づけるのをやめ、関係性の領域に位置づけることによって、達成できるだろう。すなわち、理解のための新たな用語――日常生活では流通していない記述・説明用語――を苦労してひねりだすのではなく、心の用語の理解の仕方を変えればよい。具体例を挙げよう。「リベラル」という言葉は、かつてアメリカで強力な説得力をもっていた。すなわち、リベラルであることは、柔軟で、前向きで、社会正義に関与することを意味していた。しかしながら、極右・極左の思想家が理解の文脈を変化させてしまったため、リベラルという言葉は、今や多くの人々にとって、ある人物を揶揄する言葉となっている。すなわち、左翼の人にとっては、リベラルは、右寄りの個人主義を意味し、右翼の人にとっては、左寄りの感傷主義を意味している。つまり、リベラルという言葉自体は使われ続けているものの、その実践的意味は大きく変わったのだ。本章では、心の用語を関係性に基づくものとして再構成し、自己充足的な個人主義のインパクトを弱め、関係性概念を十分に明らかにすることを目指している。

　エスノメソドロジーの研究は、心をこうした関係性に位置づける道を開いた。もし、合理性が、個人の心の産物ではなく、ローカルな日常的交流への参加の産物であるならば、われわれは、認知が個人のものであるという観念を再考しなければならない。ダグラス（Douglas, 1986）の『制度はいかに考えるかHow Institutions Think』は、この問題に取り組んだものである。ダグラスは、組織内の合理性は、管理職個々人の意思決定の産物ではなく、全体として合理的や非合理的と判断される成果を産み出す複数の個人やユニットに、社会的に分散していることを明らかにした。同様の結論は、集団がいかにして法律上の意見を生み出したり、健康についての意思決定をしたり、定期航空便を操縦したり、科学的結論を下したりするのかなどについて、エンゲストローム、ミドルトンらが行った研究（Engestrom, Middleton et al., 1992）からも得られている。彼らは、「共同認知」という用語を用いて、個々人がいかにして一つの全体としての集団の合理的成果を協働して達成するかを述べている。これらの研究は、「集合的記憶」（Middleton and Edwards, 1990）についての様々な研究とも密接に関連している。集合的記憶の研究においては、過去についての説明が、持続的な対話――家族、コミュニティ、職場、社会における――の産物であることが明らかにされている。[6] あるいは、推論をレトリックの伝統への参加として再構成するビリッヒ（Billig, 1987）の研究もこの文脈に位置づけられる。ビリッヒによれば、推論は、個人の生得的な活動ではなく、伝統的な論証の実践に参加することである。すなわち、思考をしたり議論をする個人など存在しない。存在するのは、そのような個人を考える議論の社会的形式のみである。態度概念についても、同様の転換がポッターとウェザレル（Potter and Wetherell, 1987）によって提案されている。彼らは、態度が個人の心の中にあり、それが行為を規定するという伝統的観点を、大いに疑問視している。彼らによれば、ある態度をとることは、会話の内部である位置をとることなのである[7]。

本章の残りの部分では、こうした社会的再構成の議論を感情に適用し、感情を、関係性のパターンの中で──すなわち、関係性の慣習における配置からその意味と意義が決まる、社会的行為として──再構成することを試みる。感情に着目する理由は次の通りである。見てきたように、西洋文化の内部では、感情は、優れて個人の所有物とみなされている。もちろん、われわれ西洋人も、思考が社会環境から影響を受けること、記憶が社会的文脈によって歪められることは認める。しかし、われわれが一般にもっている感情は、心の奥深くに実在すると考えられている。すなわち、感情は社会的ルールの産物などではないし、心の中に存在する感情を取り違えることなどほぼありえないとされている。したがって、感情の社会的再構成への挑戦は、大きなインパクトをもつだろう。まずはその準備のために、感情についての伝統的探求の欠点を考察することから始めよう。

第3節　感情の探求──個人から関係性へ

近年、感情について、数多くの科学的文献が出版されている。われわれは、感情についての支配的概念に挑戦するいくつかのイデオロギー的理由については、すでに述べてきた。しかし、われわれの議論を評価するためには、こうした膨大な文献に内在する致命的な問題について考察することが有益であろう。というのも、まさにこうした問題こそが新たな理論化を導くのであり、特に、関係性の理論によってこそ問題を乗り越えることができるからだ。

まず、最も素朴な質問から始めよう。われわれは、どのようにして、研究対象である事象、すなわち、感情を同定できるのだろうか？　すなわち、どのようにして、感情が存在すること、感情にはいくつかの異なる種類のものがあることを認識できるのだろうか？　この最も基本的なレベルの問いに答えない限り、従来の科学的研究を正当化することはできない。もし、われわれが感情という事象を同定し、他の事象から区別することができないならば、そのような事象を研究するなどできるわけがない。そうだとすれば、「個人の心」に関する完全な研究プログラムを開始することも、正当化できないことになる。もちろん、西洋文化においては、われわれは感情の存在を当たり前に確信している。実際、そうした確信こそが、膨大な研究を生み出したのである。しかし、ここで再び、「個人の心」という現実は、何らかの経緯によってわれわれが確信するようになったにすぎないことを銘記する必要がある。そうであるならば、今この時点で、科学的研究をこの単なる確信にゆだねるべきではない。以下、感情の同定の問題を考えていこう。

現代科学は、感情とは何かという問題に、二つの回答を与える。第一の回答は、人文学的で、現象学的で、主観性志向の回答である――すなわち、感情を、個人的経験として捉えるものである。この回答によれば、感情は、人間経験における自明の存在であるから、それを当然のものとして研究してよいとされる。さらに、経験によって、感情を区別することもできるとされる。すなわち、「私は、愛、恐れ、怒りが異なることを知っている。なぜならば、私はその違いを明確に経験しているから」、というわけだ。しかし、この直観的主張はもっともらしく見えるが、結局のところ、答えになっていない。それどころか、この主張は、謎に答えるどころか、より深刻な新たな疑問を引き起こす。例えば、われわれは、「知る主体」と「知られる対象」という西洋形而上学の二元論を無批判に前提していないだろうか？　この前提は、どのようにして正当化できるだろうか？　仮にこの前提を認めたとしても、われわれは、**外界**、すなわち、「世界」の事物を認知していると主張するのと同じように、本当に、**内界**の事象を経験しているのだろうか？　さらに、経験しているとすれば、経験の主体が同時に経験の対象でもあることは、どのようにして可能なのだろうか？　この場合、経験の対象となるものとは一体何であろうか？　例えば、感情が、意図、態度、価値などとは異なる大きさ、形、色をもっているとでも言うのか？　われわれは、どのようにすれば、明らかに存在すると考えているすべての心的事象を区別できるのだろうか？　これらの問題は、第6、7章ですでに詳述した。

百歩譲って、われわれが内的事象をうまく同定できるとしよう。では、われわれは、内的事象のラベル付けや記述の仕方をどのようにして知ることができるのだろうか？　このことについて、他者をモデルにすることはできない。なぜならば、われわれは、他者の感情経験にアクセスすることはできないからだ（ジルが自分は怒っていると言うとき、われわれには、ジルがどのような「内的事象」を記述しているのかわからない）。かくして、たとえわれわれがある状況で「何かを感じている」ことが確かであり、友人のすべてが悲しく感じていることに同意するとしても、次の三点について確信することはできないはずだ。すなわち、（1）彼らが本当に（例えば、「味覚」「価値」「衝動」ではなく）「ある感情」を感じていること、（2）彼ら全員が本当に同じ感情を経験していること、（3）われわれが経験していることが、彼らの感情と同じであることを。より一般的に言えば、われわれが高度に分化した感情の語彙をもつ文化に生きていることには、ほぼ疑いの余地はない。しかしながら、われわれには、そうした語彙と内的経験を正確に結びつけるすべはないのだ。

こうした理由から、ほとんどの科学者は、個人的経験に立脚して感情を研究することには満足していない。すなわち、人々の気まぐれな内省的報告に頼るのではなく、進行中の行動を冷静に観察しなければならない、とされている。そのためには、感情について、正確で信頼性の高い測度を開発しなければならない——科学者集団が、何が事実で何が事実でないかについて一義的に合意できるような測度を。かくして、これまで感情の指標が数多く開発されてきた——例えば、心拍、GSR、血圧、ペニスの勃起などの生理指標、顔面の表情表出、反射運動、複合的活動などの行動指標、感情表現の言語指標などである。しかし、こうした指標によって正確かつ明確な解釈が可能とはなったし、得られた知見は追試可能ではあるが、感情の観察可能な部分にのみ関心を集中したがゆえに、感情研究の根本問題——そもそも感情は存在するのか、感情はこうした指標で捉えられるのか、という問題——は完全に隠蔽されてしまった。もちろん、脈拍数の増加、しかめっ面、「恐い」というセリフなどが観察されることには、疑問の余地はない。問題は、そこから「恐怖が存在」しており、「これらの指標がその表れ」であると結論されることだ。この結論は、研究そのものからは決して正当化できない[8]。われわれのそもそもの疑問は、研究対象である事象、すなわち、感情がいかにして同定されるのか、という問題であった。しかし、この基本的疑問——研究の本質的な根拠——は、決して問われることがない。感情がそこにあり、それが何らかの形で**表れる**という前提が、アプリオリに受け入れられてしまっているのだ。しかし、この前提には、形而上学的空間への論理の飛躍がある。

こうした実証的な研究手続きは、単に、前提となる基本的問題を扱えないだけではなく、それが基づいている神話を隠蔽する循環的推論を用いてもいる。すなわち、こうした研究は、まず、常識的前提からスタートする。例えば、愛、恐れ、怒りなどの感情が存在し、それらが表情、動作、声の調子などで表現されることは、西洋文化においては自明の理とされている。研究者が愛と好意の違いを研究し、「見つめる強さ」が両者の間では違うと主張する場合、そこには事実上疑問の余地はないとされる。常識的信念によれば、愛する人を見つめるという表現は、「愛している」ということ感情の特定の表れであると考えられているからだ。このように常識によって強化されることで、研究は次のようなことを示せるようになる――例えば、魅力が様々な要因（生理的喚起、他者の自分に対する魅力、利益の保証、など）によって生み出され刺激されること、魅力が様々な行為（利他的行為、態度変容、同意、親密な関係の維持、など）を予測すること、を。[9] 要するに、研究は、まず文化の自明の理によって信頼を獲得し、統制された研究や専門的測度を用いて、感情の原因・結果について結論を下しているのである。得られた結論は、慣習的な社会的構成を物象化するのに役立つ。言い換えれば、常識的神話が、正当で実在するものであるという感覚を与える。かくして、研究ゲームが進行する限り、立ち戻って、そこに何かが実際に存在しているのかが問われることはない。[10]

ここで、感情についてのこうした写実主義アプローチを、社会構成主義のアプローチと対照させてみよう。社会構成主義からすれば、そもそも、感情を同定しようとする試みにこそ問題がある。なぜならば、感情の言説がその意味を獲得するのは、（経験的、心的、生物学的な）内界との関係によってではなく、感情の言説が社会的関係性のパターンの中で形成されるあり方によっているからだ。文化的コミュニティは、様々な事象を関係づける慣習的な様式を生み出している。そして、関係づけられた行為パターンには、しばしば、ラベルが付けられる。そうしたラベルの一例として、ある種の行為には――現在の西洋の基準では――、感情というラベルが貼られる。アヴェリル（Averill, 1982）によれば、感情的行為それ自体は、パフォーマンス、ないし、「一過的な社会的役割」とみなすのが正しい。この意味で、人は、感情によって「刺激され」「動機づけられ」るのではない。[11] そうではなくて、ちょうどステージの上で役を演じるように、感情を遂行し、感情を演じるのである。感情を正しく――その行為が社会的基準によって同定されるように――遂行するには、実質的な生物学的機能（心拍、血圧、など）も必要ではある。それはちょうど、実質的な生理的機能なしに、百メートル競争ができないのと同じことだ。また、社会構成主義の立場からすると、どのくらいの種類の感情があるかを問うことは、演劇評論家に、その演劇中の役の数を列挙するよう頼むことと似ている。異なる感情の生理学を探求することは、ハムレットとリア王を演じる俳優の心拍、アドレナリン変動、神経の働きを比較するようなものだ。感情は、まず個人の中に芽生えて、「社会に影響を与える」のではない。感情そのものが、社会の動きの一部なのである。

こうした社会構成主義の観点をとることによって、感情の伝統的研究を悩ませている困難な問題が解消されるだけでなく、感情を、より広範な文化的な意味ネットワークの中に位置づけることができるようになる。例えば、ベドフォード（Bedford, 1957）、アレ（Harré, 1986）、アーモン・ジョーンズ（Armon-Jones, 1986）が述べているように、感情を道徳的評価という社会的機能から分離することはできない。すなわち、例えば、怒り、嫉妬、羨望などの感情は非難されるだろうし、愛、（服喪の場合の）悲しみなどの感情は好意的に評価されるだろう。もし、感情が、ホルモンや神経の興奮によって引き起こされる、単なる生物学的出来事であるならば、ここまでの評価や非難の儀式がもたらされることはないだろう。実際、心拍や膣分泌作用が非難されることはまずありえないし、消化過程が好意的に評価されることもない。感情からすべての社会的意味を取り去ることは、人を自動人形——人間のように見えるが、根本的に人間ではない——に貶めることなのである（DeRivera, 1984）。

さらに、社会構成主義の立場は、文化人類学や歴史学の探求と軌を一にしている。それらの探求が示唆しているように、感情の語彙や、西洋人が「感情的表現」と呼ぶもののパターンは、文化や時代に応じて大きく異なる（Lutz, 1985; Harkness and Super, 1983; Heelas and Lock, 1981; Shweder, 1991; Lutz and Abu-Lughod, 1990）。例えば、アヴェリル（Averill, 1982）が示したように、西洋人が「敵愾心」と呼ぶものは、他の多くの文化にほとんど見られないし、逆に、「急に噴出して暴走する感情（running amok）」のような奇妙なパターンは、西洋では知られていない。ルッツ（Lutz, 1985）は、こうした西洋にはないユニークな行動——西洋においては感情的としかラベルしようのない行動——が、彼ら自身の文化的場面の中で特別な意味をもっていることを示している。さらに、感情の語彙は、それと結びついた行動とともに、歴史的に生成され、風化する。例えば、今では、仕事や社会的義務を免れるために**憂鬱**や**懈怠**について語ることはないが、十六世紀には、そうすることは十分意味のあることであった。[12] あるいは、われわれは、**抑鬱**、**不安**、**燃えつき感**、**ストレス**について気軽に話すが、どの語も一世紀前には存在していなかった。こうした社会歴史的変化は、生物学的に固定した普遍的傾向を仮定する個人主義的観点とは、明らかに矛盾する。

感情を文化的構成物とみなすならば、感情表現が、より広範な関係性のパターンにいかに規定され、どのように埋め込まれているのかを理解することが重要となる。われわれは、感情表現を独特の事象とみなす傾向にあるが、それは、感情表現が、周囲の諸行為よりも「目立つ」ことが多いからである。このことは、フットボールのファンがクォーターバックのパスだけに注目し、他のメンバーがクォーターバックを守ろうとしているのには注意を向けないのと同じである。しかし、他者の行為がなければ――先行する行為だろうと、同時的な行為だろうと、後続する行為だろうと――、感情表現が目立つこともありえない。したがって、感情表現は、それが埋め込まれている関係性なしでは生じないし、意味をなさない。例えば、ディナーパーティーの席で、女主人が怒って突然席を立つかすすり泣くかすれば、客はもちろん当惑するだろう。もし、このような行動が、先行する／予期される諸事象と関係していることを彼女が説明できないならば（これも本質的に一つの語りである）――すなわち、彼女が特に理由なくそのようにふるまったと述べるならば――、彼女は精神病の診断を受けるべきとみなされるだろう。つまり、感情表現が理解可能となるためには、進行中の行為連鎖の中に位置づけられなければならない。ここに、感情表現を、より広範な相互作用パターンの構成要素とみなす十分な理由がある。

感情表現をより広い社会ネットワークの中に位置づける方向へ、大きな一歩を踏み出そうとする研究がある。例えば、アーモン–ジョーンズ（Armon-Jones, 1986）、ルッツとアブ–ルゴード（Lutz and Abu-Lughod, 1990）、ベイリー（Bailey, 1983）らは、感情表現がもつ様々な文化的、政治的機能を探求し、道徳的主張を裁定したり、関係を（再）編成したり、権力を生み出したり、アイデンティティを確立したりする際に、感情表現がもつ実践的重要性に注目している。さらに、様々な感情表現が適切なものとなるような社会的文脈の探求もなされている（Scherer, 1984）。こうした試みは興味深く啓発的なものではあるが、本章の分析はこれらとは異なる視点に立つ。すなわち、本章では、広範な社会的機能や特定の導入状況を問題にするのではなく、感情表現がその一部であるような関係的生活を説明することにしたい。

この試みは、前章で述べた語りの形式の議論から、直接に展開することができる。語りは、時間的に連なる出来事を説明し、理解可能にする形式である。個々の行為は、それがどのように語りの中に埋め込まれているかによって、その意味を獲得する。同様に、感情表現は、それが特定の、一連の交流の中に織り込まれている場合にのみ、意味があるものとなる――まさに正当な感情であるとみなされる。実際、感情表現は、生きた語りの構成要素である。

具体例を挙げて説明しよう。例えば、嫉妬の表現は、現代の基準で正当とみなされるためには、ある特定の状況が先行しなければならない。すなわち、日没や信号を見て嫉妬の表現をすることは適切ではないが、恋人が他の人に愛情のサインを示している場合には、嫉妬は適切なものとなる。さらに、相手に対して嫉妬が示されたならば、その人は、天気について会話を始めたり、深い喜びを表現することは（現在の文化的基準では）妥当とはみなされていない。恋人は、謝ったり、嫉妬が根拠のないものであることを説明したりするかもしれないが、恋人がとれる選択肢の範囲は限られたものである。そして、もし恋人が謝ったならば、嫉妬している人は、それに続くと期待される反応にしばられる。実際、この二人は、文化的な儀式、ないし、ゲームに参加しているのだ。すなわち、嫉妬の表現は、一連の行為の一コマにすぎないが――嫉妬がなければこの儀式は成立不可能である――、儀式の残りの部分がなければ、嫉妬は無意味である。こうした関係性のパターンは、感情のシナリオ――交流パターンのインフォーマルな台本――とみなすことができる。このように考えると、感情表現が個人のものであるように見えるのは、その個人が関係性の中で、感情のシナリオが指定する役割を演じているからにすぎない。すなわち、そうした感情的行為は、基本的に、関係性の産物であり、広義には、ある文化・歴史の産物でさえあるのだ[13]。

第4節　感情のシナリオ（1）――敵意増幅のケース

ここで、敵意という感情について考察しよう。敵意は、心の中の感情の外的な表現とみなすのではなく、文化的行動様式――「適切なときに適切なことをする」――とみなすことによって、より適切に捉えることができる。さらに、敵意を個人の行為とみなすのではなく、より広範な交流のシナリオの中でそれが果たしている役割を検討することにしたい。さて、どのような研究をすれば、こうしたシナリオに「現実感」を与えることができるだろうか？　伝統的な実験は、刺激の直接効果にのみ焦点が当てられるので、この問いに答えることはできない。実際、これまで行われてきたような実験的研究では、長期的に展開する行為パターンを明らかにすることはできない[14]。これに対して、第4章で述べたフェルソン（Felson, 1984）の研究を再び見てみよう。フェルソンは、前科のある男性と暴力問題のあった精神病患者三八〇人にインタビューを行った。回答者は、特に、暴力が生じた事件と、その暴力行為に先立つ状況を記述するように求められた。得られた語りを分析して、フェルソンは、暴力行為は、直接的な刺激によって引き起こされる、自然発生的でコントロール不能な爆発ではない、という結論に達した。むしろ、暴力は、多くの場合、確かな交流パターンの中に埋め込まれていた。典型的な交流パターンは、以下のようなものである。すなわち、Aが社会的規則や規範に違反する（ラジオの音量をばかでかくする、常識的な線を踏み越えた行為をする、他人のプライバシーを侵す、など）。次に、それを見たBとの間に、言語的交流が始まる。そこでは、普通、BがAを責め、違反行為を非難したり、それをやめるよう注意したりする。Aがその非難や注意を受け入れることを拒否すれば、Bは Aを脅す。それでもAが違反行為を続けるならば、BはAに暴力をふるう。実際、フェルソンは、身体的攻撃がその一部であるような、一般的な相互作用のシナリオや生き生きとした語りをうまく示している。

暴力と感情に深いつながりがあるのは、慣習による。すなわち、暴力は、普通、敵意という感情の表現とみなされている。この意味で、フェルソンの研究は、より広い関係性の要素としての感情の重要な例となっている。以下では、一般の人々について、敵意と暴力の可能なシナリオを探求することを試みる。ここでの探求は、パースとクローネン（Pearce and Cronen, 1980）による興味深い議論にも触発されている。彼らが指摘しているように、繰り返される交流パターンには、参加者が望んでいないにもかかわらず繰り返されてしまうものが多い。家庭内暴力は、こうした**望まれない反復パターン**の典型例だろう。すなわち、夫も妻も身体的暴力を望まないのだが、いったんそのパターン（シナリオ）が開始されると、標準的な結末――身体的虐待――に向かう以外の選択はほとんど不可能になってしまうのだ。また、この観点は、ある状況のもとでは、関係性の一部の参加者によって、敵意や暴力が望ましくはないにせよ適切であるとみなされうることも示唆している。教科書では、普通、敵意や暴力は避けるべきものとみなされ、奇怪とまで言わなくとも異常な行動と扱われるが、それでは敵意や暴力が生起した文脈を正当に評価することはできない。文脈によっては、参加者にとって、暴力は、それが生じた瞬間において、適切と感じられるだけでなく、道徳的に必要であるとさえも思われるのである。

では、人々は、どのようにして暴力という結果をもたらす関係性のパターンに巻き込まれるのだろうか？　これに答えるためには、適切な行為とそれに対する反応を与えると同時に、極端な結末に向かわせるような言説群を必要とする。そのような言説群は、以下の重要な文化的規則に準拠しているように思われる。第一は、**互恵性を要請する規則**である。社会科学の膨大な文献が明らかにしているように、人は、行為に対して同じ種類の行為をもって報いるという権利——ほとんど道徳的義務とも言える権利——をもっている。[15]すなわち、常識的に、親切には親切で、敵意には敵意で報いなければならない。親切に敵意で報いるのは恥ずべきこととされるが、それは互恵性の規則に反するからである。また、残忍な行為に対して愛で応えることは賞賛されるが、そのようなことをするのは世俗を超越した人たちくらいのものであって、あくまで例外の域を出ない。第二は、**報復を要請する規則**である。否定的行為に否定的行為で報いるのは互恵性の規則に則っているが、相手の敵意が言われのないものであったり、不当なものである場合には、この報復の規則——挑発者に罰を加えるという規則——が顕著になる。例えば、商品を盗んで逮捕された泥棒に、盗んだ商品を持ち主に返却させる（互恵性の規則）だけでは不十分である。泥棒は、その犯罪に対して罰せられるべきでもある。同様に、もし誰かが他人の仕事を何の根拠もなく批判した場合、互恵性の規則に従えば反撃がなされるし、報復の規則に従えば非難した人を罰する権利——義務とまでは言わないが——が生じることになる。

その場に応じた規範的要請を考えることによって、多くの人々が敵意を増幅するシナリオに巻き込まれるのはなぜかを理解することができる。日常的な用語で言えば、もしAがBの行為を間違っていると信じて報復するならば、Bは——互恵性の規則に則って——報復し返すことが適切であると感じるだろう。さらに、Bには報復される理由が理解できないため、Aの報復は言われのない敵意であるとみなされるだろう。つまり、単なる互恵性の規則では不十分であり、BはAに報復する権利をもつことになる。しかし、このような反応に直面すると、Aは当然ショックを受けるだろう——善意からの適切な報復が、不当な報復をもたらしているのだから。こうした攻撃は、報復されるべきであり、罰せられるべきである。かくして、攻撃のパターンは、身体的暴力による報復が適切だとみなされるところまで、

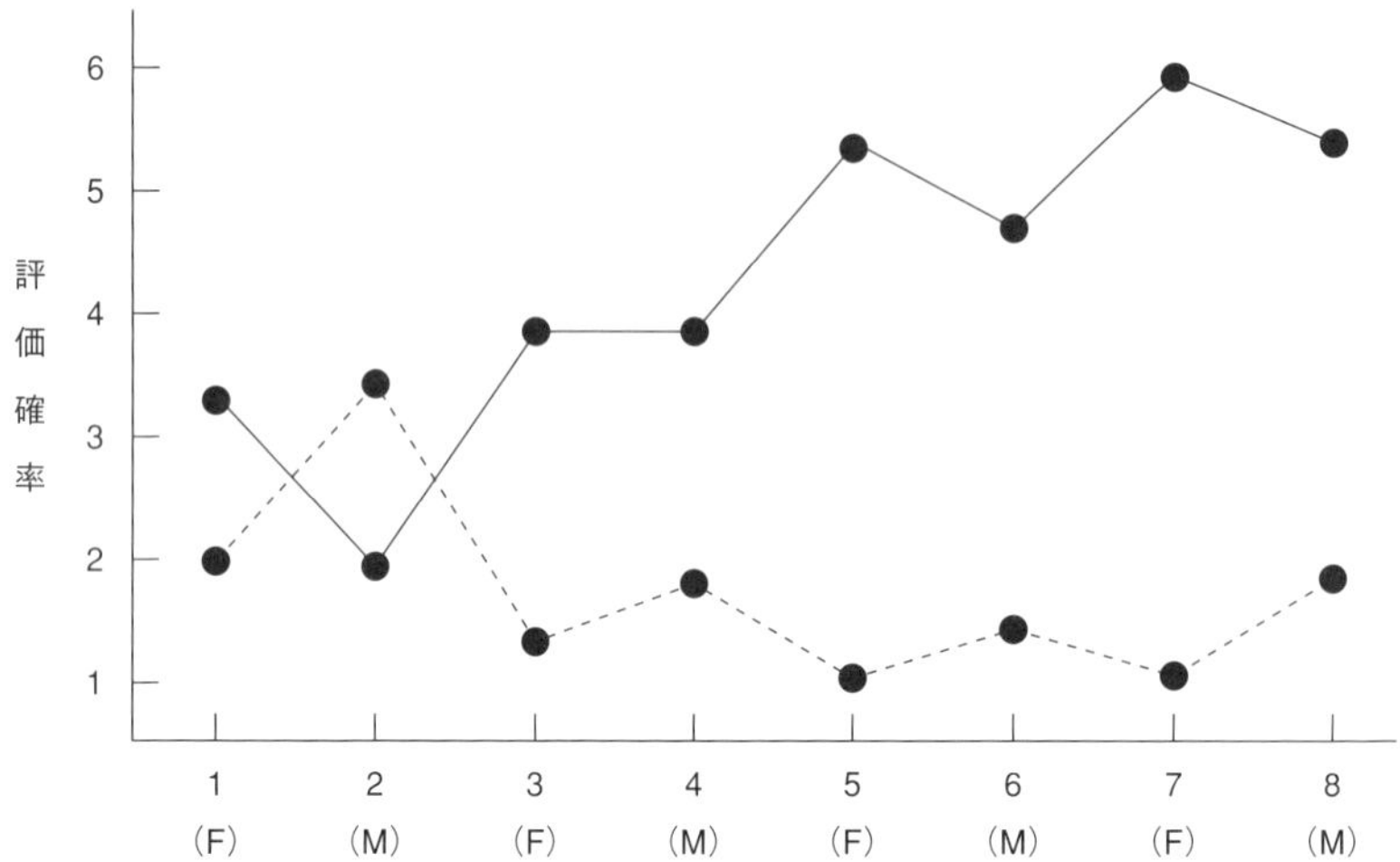

図9.1　男女の争いにおける攻撃（実線）と和解（破線）の生起確率の評価

継続して拡大されることになる。

こうした可能性を例証するために、私は同僚のリンダ・ハリス（Linda Harris）、ジャック・ラナマン（Jack Lannamann）と調査研究を実施した[16]。この研究では、二人の人物の関係を記述した文章を研究協力者に見せ、反応を求めた。最初の場面では、ある人物がもう一人の人物を穏やかに批判している。ここで物語は中断され、研究協力者は、それに対する可能な反応のそれぞれについて、**生起確率**、**望ましさ**、**適切さ**を評定するように求められた。反応のリストに挙げられたのは、非常に懐柔的な行動から身体的暴力まで様々である。例えば、最初の場面では、若い夫婦についての文章を読んだ。最初の場面では、夫が妻の料理を控えめに批判する。次に研究協力者は、妻の次の行動について、一連の選択肢——夫に抱きついてキスをするというものから、夫を叩くというものまで——の生起確率、望ましさ、適切さを評定した。評定が終わると、研究協力者はページをめくり、妻の反応が敵意を増幅させるものであったことを読んだ——妻は、夫に対して批判をし返したのである。ここで再び物語は中断され、研究協力者は、妻に対する夫のありそうな反応の望ましさや適否を評定した。次のエピソードでは、研究協力者は、夫が妻に対してより厳しい批評をしていることを見出した——。このように、研究協力者には、敵意が増幅していく八つの場面が提示され、研究協力者はそれぞれを評定した。

図9・1に示した結果は、それぞれの物語と三つの測度に対する評価パターンの例である。グラフは、最も敵対的な選択肢の評定確率の平均値と、最も懐柔的な選択肢の評定確率の平均値を示している。図から明らかなように、敵対的な選択肢の評定確率は、八つの場面ごとに増加しているのに対して、懐柔的な選択肢の評定確率は減少している。この結果は、統計的にも信頼性の高いものであり、われわれが文化の中で高度に慣習化されたシナリオを利用していることを示唆するものである。

しかし、最も興味深いことは、この敵意の増加と和解の減少というパターンが、望ましさと適切さの評定についても見出されたことである。すなわち、研究協力者は、敵意が増幅されると考えたばかりでなく、そのことを適切だとも考えていたのである。研究協力者は、シナリオの最初の段階では、夫や妻が床に食事を投げ散らかすことを好ましいとは考えなかったが、四度目のやりとりが終わるまでには、この選択肢を積極的に支持するようになった。また、図のジグザグの折れ線には、研究協力者の夫に対する評定と妻に対する評定の違いが示されている。面白いことに、研究協力者は、概して、夫よりも妻に関して、より大きな敵意をもつことを認めている。すなわち、夫が妻を叩くことを勧める者はいなかったが、多くの研究協力者が妻による身体的暴力を正当だと考えていた。

この研究が示唆しているように、控えめな敵意が表現されると、その敵意を向けられた人が同じく敵意で反応することは、適切で望ましいと思われるようになる。そして、どちらの当事者も、敵意を募らせようとは思わないだろうが、この最初の敵意の交換によって、当事者は、広く共有された文化的シナリオに巻き込まれることになる。そこでは、互いに相手をやや強く攻撃し、シナリオが展開するにつれて、出来事の方向性を変えるためにできることは――少なくとも、現在利用可能な敵意シナリオの範囲内では――少なくなる。

もちろん、以上の説明は非常に限定された人為的なものである。[17] しかし、その目的は、一般化と予測のための基盤を提供することではなく、社会的行為を理解する方法を提供することにある。このレベルにおいて、見出されたパターンは、他の無数の状況――国内状況から国際状況まで――と共通する。例えば、夫と妻がしばしば敵意を累積的に増幅していくのと同様に、国家間の関係において、お互いが相互の脅威とそれへの対抗、言語による攻撃とそれへの反撃、武力による攻撃とそれへの反撃という葛藤を通じて、多くの生命と財産を失うことがしばしばある。アメリカおよびここ数十年間アメリカの敵となった国（例えば、北朝鮮、ベトナム、キューバ、ソ連、リビア、イラク）が相互の敵意から自発的に逃れることができないことは、この慣例が広く共有されていることを示唆している。互恵性の規則と報復の規則のもとでは、個人は他の選択肢をほとんどもたないが、同じことは国家にも当てはまるのである。[18]

伝統的な経験主義の基準に従えば、科学者の課題は、研究が「自然を切り刻んで分析しつくした」ときに完了する。対照的に、社会構成主義の目的は、変革、すなわち、既存の行為パターンに新たな選択肢を生成することにある。すなわち、そこには自然を明らかにすることから自然を**豊かにする**ことへの移行がある。したがって、敵意が増幅するパターンを明らかにすることは、研究のはじまりにすぎない。そして、もし敵意増幅のパターンという社会的構成のあり方がたびたび観察され、なおかつ、そのパターンが望ましいものではなく、したがって、変化するべきであるならば、新たな可能性のパターンを生成することこそが重要となる。伝統的シナリオの参加者が、おそらく初期の段階で、悲惨な結末を避けるためにできる別の手段はあるだろうか？　科学者や実践家は、展開中のパターンにうまく挿入できるような行為を同定し、そのことによって、喧嘩しているカップルや敵対している国家に、「既成のシナリオにあまりにも忠実」であることをやめさせることができるだろうか？　以下では、これらの可能性について検討する。

第5節　感情のシナリオ（2）――展開するシナリオ

前節の問題に取り組むために、われわれは、様々な感情――怒り、抑鬱、幸福感、など――を生きた語りとして検討する研究を行った――それは、関係性理論の観点を豊かにすることにもなる。すなわち、様々な感情表現を、それが意味をなすような広範な関係性のシナリオの中に位置づけようとする試みである。その研究方法は、前節で紹介した研究よりも制約の少ないものである。[19]　すなわち、敵意増幅のシナリオの研究のように、単一のシナリオに注目するのではなく、多様なシナリオの可能性を検討した。なぜならば、いかなる感情表現も、様々なシークエンス（シナリオ）

の中に埋め込まれているからだ――それは、体操選手の身体の特定の動作（手を挙げる）が、体操のパターンを構成するようなものだ。例えば、怒りの感情表現は、様々な状況――フラストレーション、攻撃、失望のような――におけるごく普通の反応であり、それに対する他者の反応も様々である。つまり、怒りの感情を必然的に含むようなシナリオには、様々なものがあるのだ。こうした探索的な方法を用いるもう一つの理由は、効果的で望ましいシナリオとそうでないシナリオとの違いを探求するためである。「敵意増幅」のシナリオのように、慣習的な関係性のパターンの中には、人々を望ましくない関係性へと至らしめるものもある。しかし、関係性のパターンの可能性を拡大すれば、望ましくない関係性のパターンから望ましいパターンへと移行することができるだろう。実際、研究協力者の自由記述は、望ましくないパターンの反復を避けるための様々な「草の根」的手段を示唆していた。さらに、この研究は、めったに使われないが潜在的に有用なシナリオが、文化の中で広く共有されていることを示してもいる。

われわれが様々なシナリオを探索する際に用いた研究手続きは、次のようなものである。研究の第一ラウンドでは、約二十名の学生協力者に、友人が自分に対して何らかの感情表現をしている場面を提示した。典型例は、ルームメートである友人が部屋に入ってきて、ある感情表現をする、というものである――「お前には本当に頭にきているんだ」「とってもがっかりしたよ」「すごく幸せよ」、などと。研究協力者は、それぞれのケースについて、提示された感情表現にどのように反応すると思うかを尋ねられた。予備的な分析の結果明らかになったのは、こうした感情表現が喚起する反応は、ただ一種類であるということだった――すなわち、原因を尋ねる、という反応である。文化的基準に照らして理解可能であるためには、感情表現の原因を問わなければならないのである。そして、生きた語りという枠組みを仮定すれば、この問いの機能を明らかにすることもできる。この問いは単なる紋切り型のセリフなどではなく、原因を問うことによって、聞き手はどのシナリオが開始されるのかを知ることができるのだ。言い換えれば、他者の感情表現そのものは、ある語りの文脈内に位置づけられ、適切な先行表現が与えられない限り、意味のないランダムな配列にすぎない。しかし、「なぜそう感じているのか」という問いへの答えから、聞き手は、どのような語りが演じられつつあるのかについて示唆を得ることができる。より比喩的に言えば、その答えは、聞き手をある特定のダンスやゲームに参加させる役割を果たすわけだ。すなわち、回答は、ゲームを命名し、ゲームへの参加を誘う。こうした

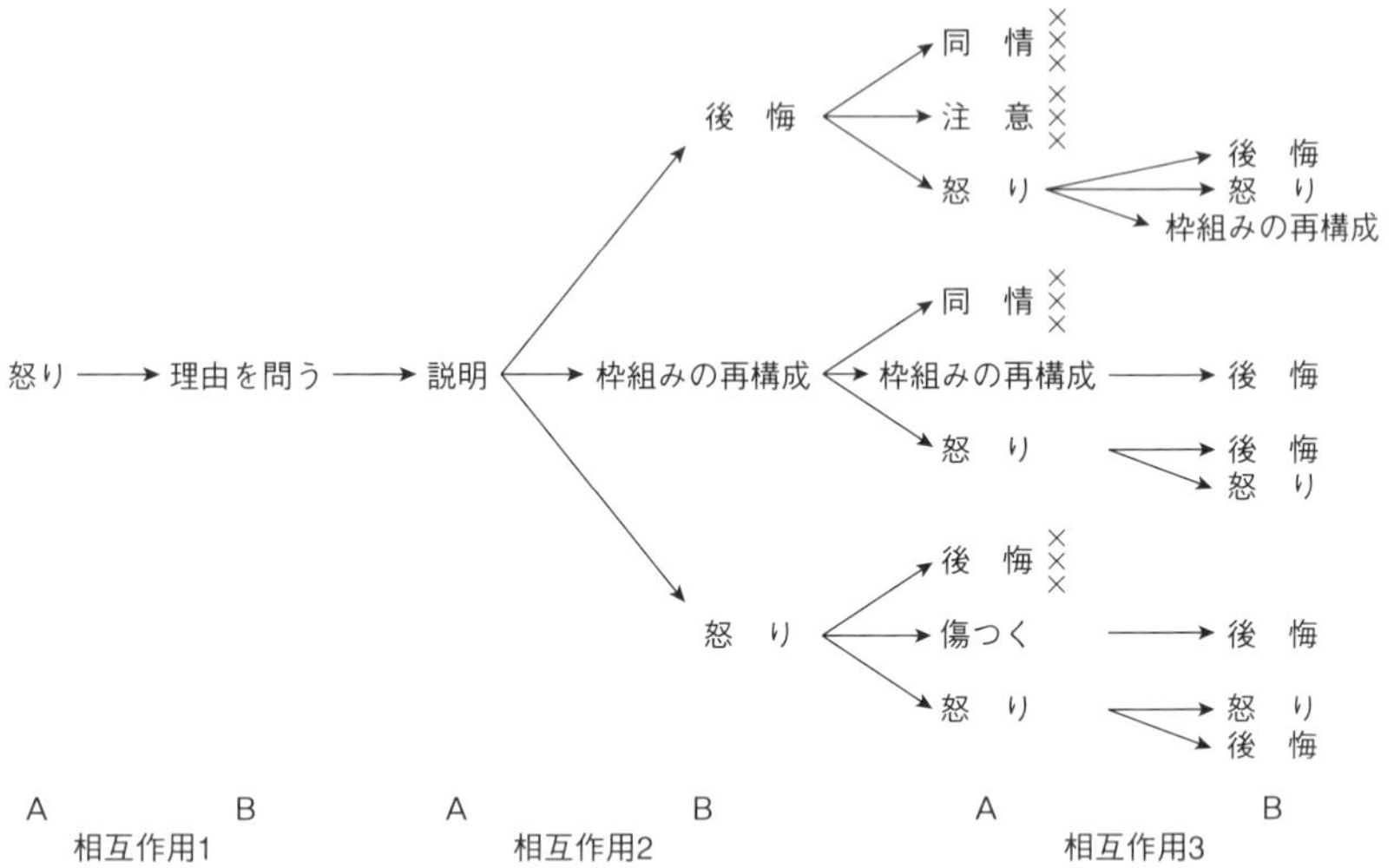

図9.2　「怒り」感情のシナリオ

情報がなければ、受け手が理解可能で適切な仕方で反応するのは不可能である。

さて、研究の第二ラウンドでは、感情表現の原因として、あらかじめ用意された回答を提示した。具体的には、次のようなものである――ルームメートが腹を立てているのは、人には言わないと約束したのに、ルームメートが落第したことを共通の友人にしゃべったからだ：落ち込んでいるのは、すべてがうまくいってないような気がする、クラスでうまくいっていない、親しい関係が最近こわれた、ルームメートが眠らせてくれない、などの理由からだ：幸せなのは、クラスも友人関係も何もかもうまくいっているからだ、などなど。そして、研究協力者には、こうした回答に対して、どのように反応するかを尋ねた。ここまでで、研究の相互作用の第2ラウンドが終了した。以上をまとめると、「Aの感情表現→Bのその原因についての質問→Aによる文脈の確立→Bの反応」となる。

続く第三ラウンドでは、この部分的に完成されたシナリオを、研究の素材として用いた。すなわち、サンプルとなるプロトコルをランダムに選択し、第二ラウンドまでとは別の研究協力者に提示した。ここでは、研究協力者には、ルームメートAの役割――最初にある感情表現をし、なぜそう感じたかを説明し、それに対するルームメートの反応を得る――をとるよう求めた。すなわち、ルームメートAになったつもりで、どのように反応すると思うか、どう答えると思うかを尋ねた（なお、研究協力者には、そのシナリオが終わりに達したと感じたかどうかを示すようにも求めた。すなわち、それ以上言うべきことはないと思うかどうか、もし迷っているならば、何か付け加えるべきことはないか、を尋ねた。こうした指標はシナリオ終了の印と理解され、それ以上の質問はなされなかった）。

次に、得られた反応を、シナリオの各ラウンド毎に分類した。各ラウンドにおける様々な反応は、――同じ文化に参加しているわれわれにとっては――容易にカテゴリー化できるものであった。このカテゴリー化を通してわれわれが期待していたのは、文化に広く共有された感情のシナリオを明らかにすることである。さて、カテゴリー化を進めていくと、どのラウンドのどのやりとりについても、反応の九十パーセント以上を、三つのカテゴリーに確実かつ容易に分類することができた。実際、展開するシナリオの各選択ポイントにおいて、参加者は、少なくとも三つの理解可能な選択肢に直面していたように思われる。こうしたパターンの一般性と限界については、今後の検討課題である。

この知見を検討するために、図9・2に示されている「怒りシナリオ」について検討しよう。ここで、増幅する敵意についての前述の研究を考慮に入れると面白い。図から明らかなように、相互作用の第一ラウンドは、おなじみの組み合わせからなっている――すなわち、怒りの表現と、その理由への問いである。第二ラウンドでは、怒りの説明が与えられ（上を参照）、研究協力者は主に三つの選択肢を生成した。最もよく選択されたのは、「**後悔**」であった――「あなたの気持ちを傷つけてごめんなさい」、などのような。二番目によくある反応は、「**枠組みの再構成**」であった。この反応は、対話者が、怒りがもはや適切ではないように、目下の出来事を再定義しようとする反応である。この研究では、枠組み再構成の二つの形式が顕著であった。すなわち、第一は、情報を秘密にしておきたいことを知らなかったという主張であり（「あなたが成績を秘密にしておきたいとは知らなかった」）、第二は、好意からしたという主張である（「あなたのためになると思ったの」）。三つの選択肢のうち第三の反応は、「怒り」の反応である――「ちょっと過剰反応じゃないの？　そんな大した問題じゃないでしょ」。第二ラウンドに見出されたこのパターンは、敵意の増幅についての前述の研究の限界を示唆している。すなわち、敵意の増幅は、われわれの文化における一般的なシナリオではあるが、それは決して本質的でも必然（すなわち、生物学的に必然）でもない。それは、可能な選択肢の一つに

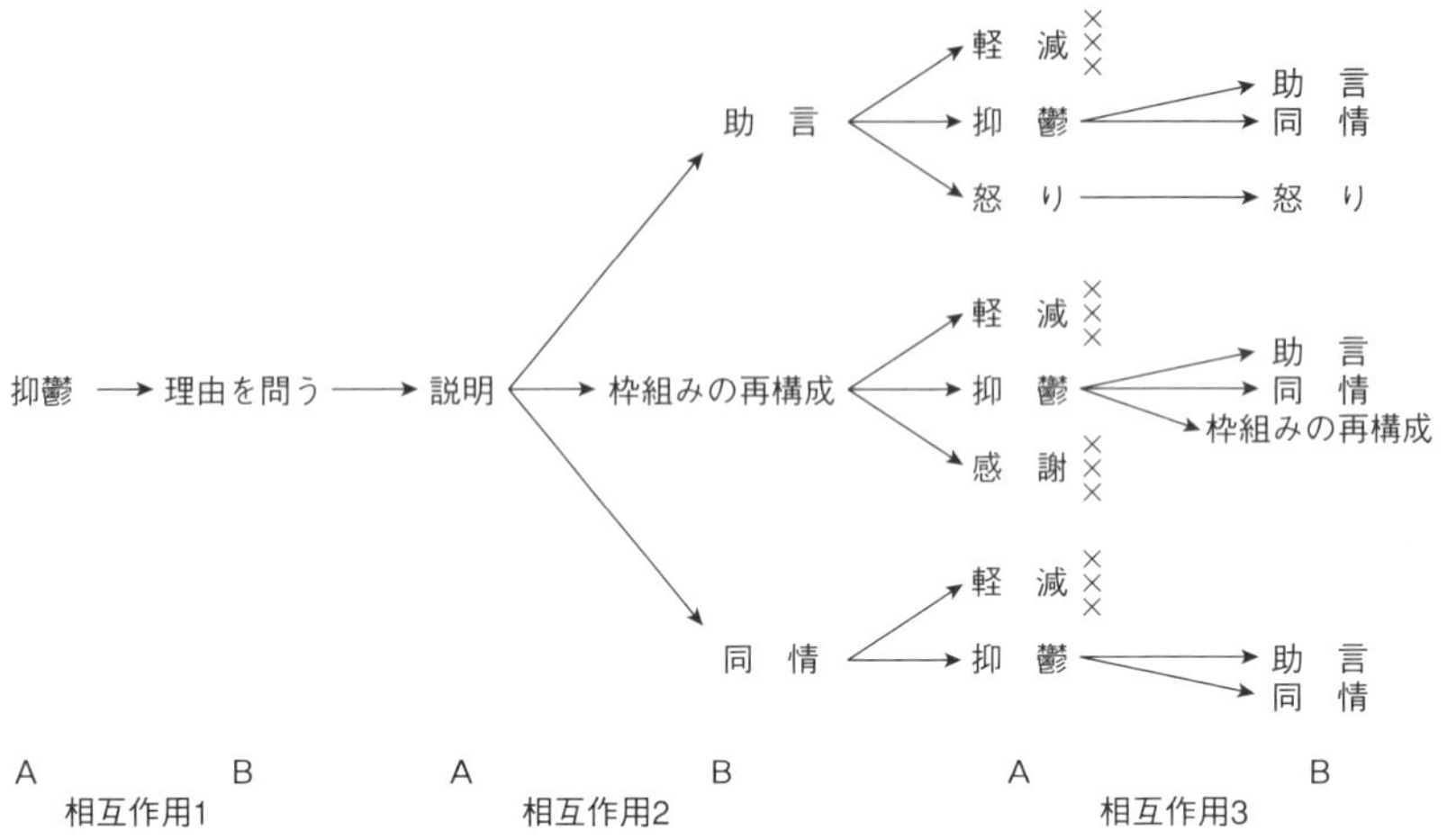

図9.3　「抑鬱」感情のシナリオ

すぎず、しかも少なくともこの研究に即するならば、最も望ましい選択肢でもない。

次に、図に示されているように、第三ラウンドでは、相互作用の自然な中断が感知され、研究協力者は、シナリオを終えることができることに気づいた。シナリオが最も終了しやすかったのは、第二ラウンドにおける後悔の表現に続いてである。この研究では、後悔が表現されたならば、それに対する三つの反応のうちの二つ（それも、最も好まれていた二つ）が、語りを終了させるものである。すなわち、「後悔」の後には、「同情」（「いいよ。そんなに大した問題じゃないから」）、「注意」（「じゃあ、そんなこと二度としないでね」）が続く傾向にある。第二ラウンドにおける「枠組みの再構成」の反応は、「後悔」ほどにはシナリオの終了をもたらさない。すなわち、研究協力者が選択した三つの選択肢のうち、最も好まれていない反応（同情）のみが、シナリオをすぐにうまく終わらせている。

「枠組みの再構成」に対して最もよくある反応は、当初の怒りの妥当性を回復させるために、感情表現者の立場に立って、さらに枠組みの再構成を試みることである――「それが私のためにならないことなんて、よくわかってたでしょ」。しかしながら、この「枠組みの再構成」という反応に対する普通の反応は、単にもっと怒ることである。なぜならば、「枠組みの再構成」は、行為者の状況理解能力に対する侮辱とみなすことができるから

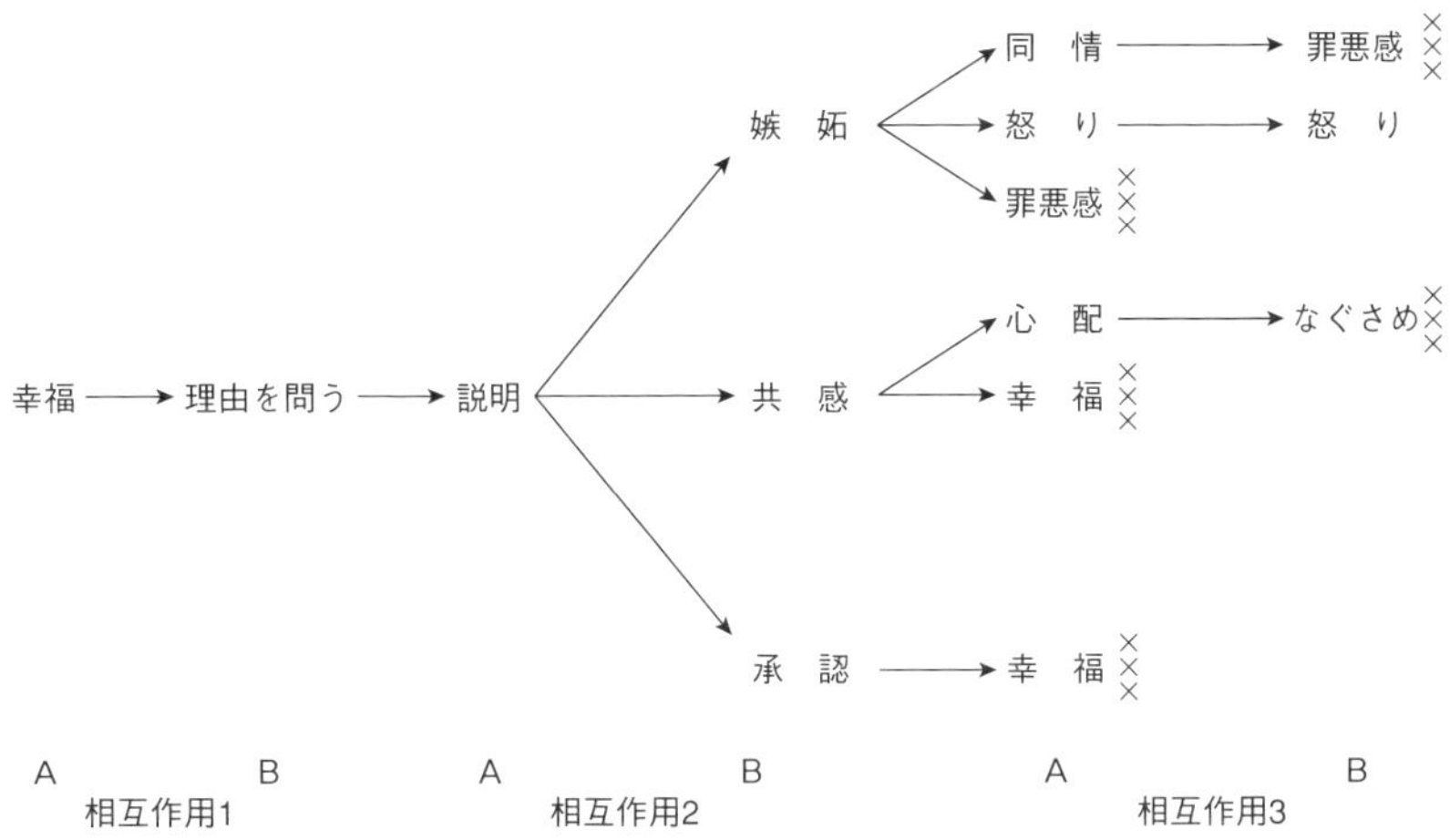

図9.4　「幸福」感情のシナリオ

だ。つまり、「枠組みを再構成」することは、同時に、怒りを非正当化し、罪を認めることを避け、行為者の理解不足をけなすことになる。いずれにせよ、もし「枠組みの再構成」が怒りを引き起こすならば、そのシナリオは結末に到達できない。同じ状況は、怒りに対する怒りについても現れる。これが生じると、最も一般的な反応は、さらなる怒りである。実際、この結果は、敵意増幅のシナリオの部分的な反復となっている。

　これらの関係性のパターンは、怒りシナリオを抑鬱シナリオや幸福シナリオ（図9・3と図9・4）と簡単に比較することによって、よりよく理解することができる。抑鬱の場合、最も一般的な反応は、「**枠組みの再構成**」（「あなたが考えているほど状況は悪くないよ」）、「**助言**」（「一生懸命やれば、きっとうまくいくよ」）、「**同情**」（「君の気持ちはよくわかるよ」）である。そして、これらに続く反応は、二つのものを除いて、シナリオを終了させる。例外の第一は、助言に対する反応である。明らかに、助言は、抑鬱表現に対してあまり効果的な反応ではない。実際、それは「怒り」を引き起こす可能性がある。ただし、抑鬱シナリオに怒りがもち込まれることが、新たなシナリオ――図9・2の「怒り」表現を含むような――の序曲になるかどうかは、今後の課題である。例外の第二は、「同情」に対する反応である。抑鬱に同情する場合、さらに激しい抑鬱が生じる可能性が高い。したがって、「枠組みの再構成」という反応が、抑鬱シナリオを終わらせるための最も有効な選択肢であるように思われる。

幸福の感情表現に対する最も一般的な――参加者の七十パーセント――反応は、「共感」であった――「そう聞くと私もうれしい」。この反応もまた、それに続く反応を限定する。つまり、最初の感情表現者が自分の幸福感を別の感情表現で表すことによって、たいてい、シナリオは終結する。これとほとんど同じ結果は、幸福に対して「承認」(「それは本当によかったね」) の反応をすることによっても生じる。すなわち、最初の感情表現者のさらなる幸福表現によって、シナリオは直ちに終了する。しかしながら、図に示されているように、幸福シナリオは必ずしもすぐに完了するわけではない。特に、友人による幸福感の表現は、わずかな確率ではあるが、「嫉妬」の感情を引き起こすことがある。もし嫉妬という反応が生じるならば、それに対する反応には罪悪感、怒り、傷つきが含まれることになり、シナリオはさらに展開し続ける。

もちろん、以上の説明は例証にすぎない。しかしながら、本章の枠組みの中で、以下のことが示唆されるだろう。

- 参加者たちが一つのシナリオに従って自分たちの行為を調整するためには、「感情表現の原因を尋ねる」などの手がかり (あるいは、その他の手がかり) が必要となる。
- あるシナリオが進行中の場合、その転換の選択肢には様々なものがある――いかなる断片 (群) であっても、複数の理解可能なシナリオに包含されうる。あるシナリオが開始されても、その後の形式や結末は必ずしも決まっていない。しかし同時に、その許容範囲は無制限ではない。すなわち、文化的伝統によって、理解可能な行為の可能性は大幅に制限されている。
- 感情のシナリオは、最終的には、ほとんど常に、中立的感情や幸福感の表現で終了する。現代の文化においては、怒り、嫉妬、憂鬱、恐怖などの表現でシナリオを終わらせるのは、困難であるように思われる。
- 肯定的な感情表現で始まるシナリオは、否定的感情が中心であるシナリオと比べて、広がりが少ないように見える。否定的感情でシナリオを終えることの難しさを考えれば、現代文化においては、否定的感情は、「解くべき問題」(「どうすればハリーの憂鬱を軽減できるだろうか?」) やその他の問題の兆候 (「私の行動の何があなたをそんなに怒らせたのか？」）として捉えられているように思われる。この意味で、否定的感情を伴う典型的シナリオは、アリストテレス派のロマンスやコメディに近くなる。すなわち、これらの語り形式は、両者とも、肯定的に始まり、続いて主人公が展開する語りは下り坂となり、語りの後半では、肯定性（調和や成功）の再確立が中心となる。

より広く言えば、感情のシナリオは、文化というダンスの形式によく似ている。すなわち、可能な感情のシナリオのレパートリーは文化的慣習によって制約されているが、しかし、その文化的慣習は歴史的に変化する。だからこそ、共通のシナリオがどのように変化していくかを探索していかなければならないし、同時に、どうすれば人々がシナリオの制約を覆したり、制約から逃れたりすることができるかを考えていかなければならない。したがって、セラピーについてもこのような観点から考え直す必要がある。この観点からすると、感情のトラブルが生じるのは、文化の一般的なシナリオにおける技術や訓練が貧困であるからであり、新たな選択肢を生み出すことができずに、関係性を悲惨な方向へと向かわせてしまうからである。最後に、感情のシナリオが埋め込まれている、より広範な関係性のパターンを考察しなければならない。個人の感情だけに焦点を当てることが不毛であるように、ミクロ社会的なシナリオの探求にも大きな限界がある。なぜならば、ミクロ社会的シナリオは、単に二者関係の中で体現されるわけではないからだ。それぞれのシナリオは、より大きな相互関係の複合体の中で、重要な役割を果たしている。理論と実践の地平は、ここで再び拡張される。

注

［1］心理学的制度が市民に対する統制の増大に貢献していることへの批判的分析として、Rose（1985, 1990）を参照。

［2］チャールズ・テイラーの『〈ほんもの〉という倫理 The Ethics of Authenticity』（Taylor, 1991）は、対照的な意味で興味深い。テイラーは、現代社会において、個人主義が当然にも疑義をもたれていることに同意する。しかし、テイラーは、新たな地平を切り開こうと試みるのではなく、個人という主体の、より責任があり発展可能性のある形式を見出そうとしている。

［3］この領域における様々な理論を統合しようとする興味深い試みとして、Burkitt（1993）を参照。

［4］Tseelon（1992b）が指摘しているように、多くの研究者は、ゴフマン理論が暗黙のうちに主観性を前提にしているとみなしている。しかし、彼女は注意深く分析して、次のように結論している。すなわち、「演劇的分析においては、人間という有機体の意味は、その人の活動とそれに対する他者の活動によって確立される。……自己とは、人間の相互作用に先立って存在するものではない」（p.3）。

［5］オールズの『相互関係のメタファー Metaphors of Interrelatedness』（Olds, 1992）は、ベイトソンの思考を本章の議論に拡張するのに有益である。

［6］こうした議論を伝記の記憶へ拡張したものとして、Gergen（1994b）を参照。

［7］Le Fevre（1987）による社会的行為としての発明の研究もまた当を得たものである。彼女が示しているように、文学や科学における創造性が、単独の、社会的に孤立した心の産物であるとする観点には、大きな限界がある。ル・フェーブルによれば、発明には社会の歴史が満ちており、それが「真の」発明とみなされるためには、社会における交渉の継続が必要なのである。

［8］この種の懐疑論に対しては、概念道具主義者の反論がある。彼らは、何が存在するのかについてあまりにも断定的に述べたことについては反省した上で、次のように付け加える。すなわち、「もちろん、われわれが本当は**仮説的構成概念**について話していることは言うまでもない。しかし、もし仮説的モデルによって十分な予測が可能なのであれば、そのモデルをすべての実践的目的に対して客観的真実として取り扱っても問題ないではないか」。しかし、概念道具主義者の反論には、いくつかの点で問題がある。まず、この反論は、十把一からげの物象化に対する予防策を提供しないし（現代の認知主義に十分に明らかなように）、理論の機能をはきちがえている（第3章を参照）。それだけではない。この反論は、理論的選択についての議論を抑制するものでもある。すなわち、理論が物象化されると、文化的生活の中でいかなる機能を果たすのか、という肝要な問題が議論の俎上から落ちてしまう。それは、ここでの文脈に即して言えば、例えば、感情の用語が**客観的**とされることによって、社会生活には何が得られ何が失われるのか、という問題である。

［9］こうした常識的前提には基づかない感情研究もある。例えば、Pribram（1980）は、ドーパミンと抑鬱、エンケファリンと安楽感との関係を主張している。しかしながら、こうした研究のレトリック的な有効性は、最終的には、被験者による抑鬱や安楽感の報告に依存している――実際、それは「常識」の再提示である。皮肉なことに、このような研究は、内省報告という方法上の悪夢を避けようと試みつつも、この種の常識の助けがなければ、感情についてほとんど理解することができないことを示している。なぜならば、もし、人々が感情を体験していると報告しないならば、ドーパミンやエンケファリンの効果の研究は、感情研

究者の関心をほとんど惹かないからだ。このように考えると、感情研究を生物学に還元することは決してできないことは明らかだ。感情の生物学的研究とは、究極的には、文化的慣習の派生物なのである。もし、感情研究を生物学のみで始めようとするならば、感情を同定する手段はありえない。すなわち、神経組織、シナプス、ドーパミン生成などについていくら厳密に分析しても、感情を識別する語彙を導くことは決してできない。実際、感情は、生物学の存在論の要素ではない。生物学者が感情について語るためには、文化の「ありふれた前提」に立ち戻らなければならないのである。

[10] この点について、Lazarus（1991）による感情研究の「プログレスレポート」を考察することは興味深い。ラザルスは、感情の科学的研究は事実上一世紀にも及ぶにもかかわらず、「どの感情が区別されるべきかについて合意されたためしがないこと」(p.823)、感情の定義という最も重要な問題が「未解決のままであること」を認めている。

[11] 子供が両親との関係を通じて感情の説明を学習する仕方を例証した研究として、Fivush（1989）を参照。

[12] 例えば、Burton（1989）による、十六世紀における憂鬱の説明を参照。

[13] 感情表現のミクロ社会的機能についての有益な考えは、信念（Day, 1993）、陳謝（Schlenker and Darby, 1981）、からかい（Pawluk, 1989）、情熱（Bailey, 1983）についての研究や、「精神病」に対する交流アプローチに見出すことができる。また、会話分析も、感情パターンの問題にアプローチする有効な方法を示唆している（例えば、Schlegoff and Sacks, 1973; Auer, 1990）。

[14] 歴史拘束的な科学における実験方法の限界について、より詳しい議論としてはGergen（1984）を参照。

[15] 例えば、Simmel（1950）、Gouldner（1960）を参照。

[16] この研究の全容については、Harris, Gergen, and Lannamann（1986）を参照。

[17] Vuchinich（1984）は、家族の中でのありふれた争いを詳しく検討し、きわめて安定した関係性のシナリオが存在することを示している。

[18] ここで興味深いことに、二人の男性の間の敵意の交換を用いた研究では、応答者は、激烈な交換の結果としての身体的暴力を勧めたり大目に見たりするようになったが、両者の違いを解決する新たな方法を求められると、何も考えつかなかった——外部者の介入という方法を除いては。

[19] この研究は、ウェンディ・デイビッドソン（Wendy Davidson）の協力のもとに行われた。

第10章　セラピーと語り

伝統的なセラピー（心理療法）は、個人の心の問題に焦点を合わせ、一方、家族療法は、より広い社会過程を理解しようとする。しかし、両者とも、「機能不全に陥るのは個人である」という観念と、「セラピーによってその機能不全を治癒する」という観念にしばられている。対照的に、社会構成主義が強調するのは、個人の心ではなく現実をめぐる共同的対話であり、治癒ではなく社会的文脈における意味的実践である。ここで意味を生成する手段となるのは、もっぱら、語りである。しかし、社会構成主義に基づくセラピーは、最終的には、「個人の語りの再構成」という課題を超えて進まなければならない。問題は、新たな語りを再構成することだけではなく、「語りは個人の語りである」という常識を乗り越えることである。

人々がセラピーを求めるとき、彼らは語るべき物語をもっている。そうした物語の多くは、人生や人間関係に悩み、傷つき、憤る物語である。多くの人々にとって、それは、幸福感、自己満足感、有能感とは反対の結果をもたらす、悲惨な物語である。あるいは、他の者たちにとっては、それは、人生の系統的な流れの中に入り込み、人生を妨害し破壊する、目に見えない神秘的な力に関する物語であるかもしれない。さらに別の者にとっては、それは、世界がどのようなもの（であるべき）かを知っていると思い込んでいたが、その思い込みでは説明がつかないような問題にぶつかる物語であるかもしれない――その物語の中では、これまでの常識をことごとく覆す、恐るべき現実が語られる。セラピストは、このような様々な語りに直面する――それは、しばしば説得的で興味深いものであり、すぐに終わる語りもあれば、数週間から数ヶ月に及ぶ長い語りもある。セラピストは、このような語りに否応なく反応しなければならないし、セラピーがどのような意味をもつかは、すべて、語りに対する反応次第である。

さて、セラピストには、関係性のシナリオを作る際に、いかなる選択肢があるのだろうか？　少なくとも一つの選択肢がある。それは、「助言」という選択肢であり、われわれの文化において一般的であり、カウンセリング、ソーシャルワーク、ブリーフセラピーでもときどき使われている。「助言」が用いられる場合、クライアントの物語は決して非難されたり批判されたりすることはない。助言者としてのセラピストが目指すのは、「語られた状況のもと」での効果的な行為形式を見出すことである。例えば、もしクライアントが失敗して意気消沈していると語るならば、助言者としてのセラピストは、クライアントが自信を取り戻すための方法を探るだろう。あるいは、クライアントが深く悲しみ、無力感に苛まれているならば、助言者はその問題を克服するための行為プログラムを示唆するだろう。実際、助言者としてのセラピストの課題は、まずクライアントのライフストーリーを、語られるままに受け入れ、次にクライアントの行為をどのように改善すればよいかについて、クライアントの物語の用語で教示することである。

しかし、この助言という選択肢をめぐっては、多くの論点がある。普通の人たちにとっては、助言は「理にかなって」いるし、おそらく有効でもあろう。実際、助言は普通の問題に対処する上で重要である。しかし、深刻な慢性患者や重い神経症患者に対しては、助言という選択肢には重大な限界がある。まず、助言は、患者が抱えている問題の起源や、その問題を継続させている複雑な経緯に対してほとんど何もできない。助言者の主たる関心は、新たな行為に向かっての道筋を示すことにあるからだ。言い換えれば、先行事象の連鎖に対して手がつけられることはない――たとえそれが未来への脅威として機能し続けるものであっても。さらに、助言という選択肢では、クライアントの物語そのものが問い直されることはないし、その物語の有効性や迫真性が明らかにされることもない。例えば、クライアントの語りが、通常の語り方から逸脱していたり、最善の仕方で物事を述べていない可能性があっても、こうした疑問は、めったに追求されることがない。こうして「語られるがままの物語」を受け入れてしまうと、問題の「定義」も固定されてしまい、したがって、今後の新しい行為の選択範囲も限定されてしまう。例えば、もし問題が失敗にあると語られるならば、意味のある選択肢は、成功を取り戻せるような選択肢しかないということになり、それ以外の選択肢は考慮されなくなってしまう。しかし、慢性的で重度のクライアントの場合、今後の新しい行為の選択肢を示すことが表面的な一時しのぎにしかならないことはきわめて多い。例えば、何年もの間、欲求不満にあがき、もがき苦しみ、絶望してきた人にとって、明日へ向かって生きることへの単なる助言など、風のささやきのようなものにすぎないだろう。

本章では、「助言」という選択肢に代わる二つのセラピーの選択肢について述べる。その第一は、伝統的なセラピーや精神分析の多くが実践している選択肢である。それは、二十世紀の科学に支配的な新啓蒙主義の諸前提に依拠したセラピーであり、クライアントの語りに対するセラピストの構えはモダニズム的である（第4章も参照）。第二は、ポストモダンのセラピー――より具体的には、社会構成主義に基づくセラピー――であり、モダニズムのセラピーに対する強力な挑戦となっている。議論の進め方としては、モダニズムのセラピーからポストモダニズムへの過渡期に現れた心理的構成主義に基づくセラピーの限界を明らかにし、それと社会構成主義に基づくセラピーとの違いを明らかにする。

第1節　モダニズムのセラピー

科学、文学、芸術におけるモダニズムについては多くが述べられてきたが、それだけでモダニズムを完全に網羅しているわけではない[1]。ここで、科学や科学に基づく精神衛生領域を導いてきたモダニズムの仮説群について考察することは有益である。というのも、そうした仮説群こそが、クライアントの語りをセラピーの中でどのように扱うかを規定してきたからだ。科学におけるモダニズム時代は、まず第一に、**本質の経験的な解明**という目的に忠実な時代であった。すなわち、それが自然科学における原子、遺伝子、シナプスの性質であろうと、社会科学における現状分析、経済的意思決定、組織開発の過程であろうと、科学の主たる目的は、系統的かつ客観的な知識群を確立することであった。これまでの章で論じてきた経験主義のメタ理論も認知心理学も、明らかに、典型的なモダニズムである。

モダニズムの観点からすると、経験的知識は科学の言語を通じて伝達される。そして、語りも、基本的には言語であるがゆえに、それが科学者コミュニティの中で生成される限りにおいては——モダニズムによれば——、客観的知識の運び手として機能するとされた。それに対して、小説家の語りは「虚構」というレッテルを貼られ、真の科学的目的にとっては重要でないとみなされる。あるいは、人々の日常的な語り——何がどうして起こったのかについての語り——は、必ずしも虚構ではないが、行動科学者が述べるように、不正確で信頼性が低いとされる。それらは、個人の生活を理解する上では確かに大切だが、訓練された科学者による経験的証拠に基づく説明ほど価値はない、というわけだ。結果として、科学者の語りには、最も高い信頼性が与えられ、日常生活の素朴な語りや大衆小説よりも上位にあるとされている。

今日の精神衛生領域は、モダニズムから生まれたものであり、多くのモダニズム的仮説を共有している。実際、フロイトから現代の認知療法家に至るまで、職業的セラピストは科学者としての役割を果たす（のが理想的である）という信念が共有されている（第6章も参照）。そのためには、専門的セラピストは、科学的訓練、研究経験、科学的文献の知識、治療場面の長時間にわたる系統的観察と考察によって理論武装しなければならない。たしかに、現在の知識は不完全であり、より多くの研究が常に必要である。しかし、現代の専門家の知識は、二十世紀初頭の治療家よりもはるかに優れているし、したがって、将来にはさらなる発展を期すことができる、というわけだ。つまり、治療理論は——行動理論、システム理論、精神力動論、経験主義／人間主義のどれであれ——、ほぼ例外なく、次のような明示的な前提に立っている。すなわち、（1）病理には原因があること、（2）その原因を、クライアント本人やクライアントの人間関係の中に見出すことができること、（3）このような問題を診断できる手段が存在すること、（4）病理を治療できる手段が存在すること、である。実際、訓練された専門家は、科学者コミュニティ公認の綿密に練り上げられた語りをセラピーにもち込む。

このことは、クライアントの語りに対するセラピストの姿勢を規定してもいる。クライアントの語りは、結局のところ、日常生活の雑多な出来事から作られている——気まぐれな表現、メタファー、楽観的考え、歪んだ記憶に満ちている。対照的に、科学的な語りは、専門家のお墨付きである。こうした観点からすると、セラピーの過程は、クライアントの物語をセラピストの物語に、ゆっくりとしかし確実に置き換えていくものとなる他はない。すなわち、クライアントの物語は、事実の反映とみなされるのではない。そうではなくて、セラピストとの質疑応答、クライアントの記述と説明の再構造化、セラピストによる確認や質問などを通じて、クライアントの物語は、専門家の説明によって壊されたり統合（置換）されたりするのである。例えば、クライアントの説明は、精神分析家によって「家族ロマンス」の物語に転換されたり、ロジャース派によって「条件次第の好意に対する葛藤の物語」に転換されたりする。スペンス（Spence, 1982）の『語りの真実と歴史の真実Narrative Truth and Historical Truth』は、クライアントの物語が専門家の物語で置き換えられるこの過程を見事に描いている。スペンスは、次のように述べている。

［セラピストは］患者が提供する素材をどのような形式にまとめ、どのように位置づけるかを、常に判断している。具体的な聞き取りの慣例が……こうした判断を規定する。例えば、もし、分析者が、「近接は因果を示す」という慣例に従っているならば、その分析者は、内容的にはバラバラだが時系列的に接近して語られた陳述を、因果関係で結ばれた陳述として聞くだろう。さらに、分析者はその陳述にある解釈を与えるが、その解釈にも彼が従っている慣例がにじみ出る。もし、分析者が、転移が支配的であることを仮定し、患者が常に分析者について多かれ少なかれ自分の人間関係を投影して話していることを想定するならば、その治療者は患者の語りをその仮定に基づいて「聞き」、転移の状態についてそのときどきの評価をするだろう（p.129）。

このような置き換えの手続きには、確かに、治療上の利点がある。まず、クライアントが自分の問題について「真の洞察」を得るにつれて、問題のある語りは除去される。すなわち、クライアントは、未来の幸福を約束する新たな現実を手にすることになる。クライアントがセラピーを受けることになった原因である失敗物語は、成功物語へと置き換えられるわけだ。また、前述の「助言」選択肢のように、新たな物語は、おそらく、新たな行動選択肢を示唆する——関係の形成や解消、日々の節制、治療手続きの遵守、などの。すなわち、セラピストによって与えられた物語は、新たな希望で満ちている。こうして、セラピストは、クライアントに科学的方法を提供することによって、文化的慣例——無知で欠点があり弱い人が、賢くて優れていて強い人から助言を受ける、という慣例——の中で期待される役割を演じてきた。実際、それは、慣例に従うすべての人々にとって、快適な儀式である。

しかし、こうした利点はあるものの、モダニズムに基づくセラピーには重大な問題もある。これまでにも、モダニズムに基づくセラピーの主な問題点が指摘されてきた。すなわち、これまでの章で述べてきたように、モダニズムは、個人に対する非難を助長し、問題が生じている「社会」状況にしばしば盲目であり、女性やマイノリティに対するセラピーではしばしば無神経で抑圧的であり、心の知識について根拠のない経験論的観点を仮定し、精神障害を実体化することによって社会問題を生成し続けている。これらの問題に加えて、クライアントの語りに対するモダニズムの構えに特有の問題もある。まず、モダニズムのアプローチのきわめて傲慢な押しつけがある。すなわち、セラピストの語りは決して否定されないだけでなく、セラピーの手続きは唯一正統なものであることが保証されている。スペンスの言葉を借りれば、「[セラピーにおける相互作用の中の]探求空間は、（セラピストの）答えが見出されるまで無限に拡張され、……解決が困難であることが見出されたり、（セラピストの）探求が失敗したりする可能性はない」（p.108）。かくして、クライアントの説明がいかに精細であろうと、洗練されていようと、価値があろうと、それは、結局、セラピー以前から存在していた専門家の語り、それもクライアントが全く影響をもつことのできない語りによって置き換えられる。

だからといって、どんな学派のセラピストであっても、自分の説明がクライアントに信じてもらえると保証されているわけではない。各学派はそれぞれの存在論をもっており、多くの学派の中で覇権をとることを究極の目標としている。したがって、他学派の考えや、それに関連する語りは、打倒されなければならない。例えば、一般に、精神分析学は行動変容理論を撲滅することを望んでいるし、認知行動療法はシステム療法を見当違いであると批判している。しかし、その最も直接的かつ潜在的な被害者は、クライアントである。なぜならば、セラピスト主導のセラピーは、クライアントに劣等感を植えつけるからだ。すなわち、クライアントは、セラピストに比べて、自分が無知で、感受性に欠け、感情的で、現実を理解する能力がないことを、間接的に教えられる。対照的に、セラピストは、博識かつ賢明であり、クライアントがモデルとすべき存在であると位置づけられる。こうした状況は、セラピストが上位にあり、しかも、無謬であるとされることによって、いっそう憂慮すべきものとなっている。すなわち、セラピストの説明の根拠が不安定であることを知らせる場面はほぼないし、セラピストの個人的な問題、欠点、失敗が明らかにされる場面もほとんどない。つまり、クライアントは、セラピーにおいて、ハリウッド映画のヒーローのごとく到達不可能な人間に直面することとなる。

　語りの形式を固定的に捉える傾向も、モダニズムに基づくセラピーの問題である。見てきたように、モダニズムに基づくセラピーは、科学によって正当化されている語りで始まる。この語りは、科学的であると認定されているがゆえに、ほとんど変更されることはない。すなわち、わずかな変更は受け入れられるものの、語りの体系それ自体は、確固とした学問の重みを担っている。このような語りがクライアントにとっての現実となり、クライアントの行為を規定するようになると、人生における選択肢は一層制限される。すなわち、クライアントは、他に多くの選択肢があったにもかかわらず、自分が受けたセラピーのブランド名に応じて、自我の自律、自己実現、合理的評価、感情表現などのどれかを重んじる人生コースを歩かされることになる。モダニズムに基づくセラピーのどの学派においても、「完全に機能する」「善良な」個人というイメージが求められているのだ。このイメージは、ファッション雑誌に登場するモデルのように、セラピーの結果を導くモデルとしての役割を果たす。

　この人生の可能性についての制約は、それが脱文脈化されているため、さらに問題である。セラピストの語りは、特定の歴史文化的状況から切り離された、抽象的な語りである。すなわち、モダニズムに立ったセラピストの語りは、一般的な歴史的・文化的状況を想定しており、特殊な状況——豊かな都心部の片隅の貧困地区に住むという特殊状況、エイズに罹患している兄弟、ダウン症の子供、性関係を求める魅力的な上司、など——については扱わない。日常生活のそこここにある細部の複雑さ——まさに生活そのもの——とは対照的に、モダニズムの語りは具体的ではないのだ。それは、普遍性を追求し、特殊な状況についてはほとんど何も言わない。しかも、こうした特殊性を無視した語りは、個人の生活の中に徐々に浸透してしまう。この意味で、モダニズムに基づくセラピーの語りは、無器用、無神経であり、クライアントの生活の細部を表現できない。例えば、三人の子供とアルツハイマーの義母と一緒に暮らしている女性に対して、一般的な意味での自己実現を強調することは、おそらく有益ではないだろう。あるいは、パーク・アベニューのビジネス街で冷徹な法廷闘争に明け暮れる弁護士に対して、芸術家のような感情表現を奨めても、役に立たないだろう[2]。

第2節　ポストモダニズムのセラピー

これまでのいくつかの章で述べたように、社会構成主義は、知識と科学のモダニズム的観点に対する重大な挑戦である。重要な意味で、社会構成主義は、社会や文化の「ポストモダン的転換」の落とし子である[3]。社会構成主義による批判は、モダニズムに基づくセラピーにも当てはまる。本、芸術、テレビなどがいかに「現実」を作るかが注目されるにつれて、正確で客観的な表象の基準とは何かが問題になってきた。例えば、本の場合、文学のスタイルやジャンルは、ローカルな規則や慣習に従って変動するが、その記述が現実の反映とみなされるかどうかは、そうした慣習によって大部分規定されている。第7章で見たように、客観性は、主として、言語によって達成される。そして、第8章で述べたように、語りによる説明は、現実のレプリカなどではなく、現実を構成する装置である。したがって、科学的著作がフィクションよりも**正確である**とは必ずしも言えない。世界についてのすべての説明――神話的説明、科学的説明、神秘的説明――は、歴史や文化に基礎をもつ慣習によって導かれているのである。

このような議論は、モダニズムに基づくセラピーへの大きな挑戦でもある。まず、それは、病理と治療についてのモダニズムの語りから「事実」という正当性を剥ぎ取り、モダニズムの説明を一種の神話へと変換する。そのことによって、原因と治療について特別の知識をもつ科学的権威としてのセラピストの地位は、低められる。かくして、セラピストの語りは、文化の中にある他の無数の語りと同列に位置づけられる――それは、他の語りに対して超越的な位置にあるわけではなく、単に、実践的意味合いが異なるにすぎない。また、クライアントの物語を、セラピストがもち込む固定的で狭隘な物語に置き換えるという伝統的実践も、大いに疑問視されねばならない。同じ考えをもつセラピストたちの小さなコミュニティを離れれば、クライアントの複雑で豊かな生活を、既成の単一の語り――しかも、クライアントのこれからの生活にほとんど関係せず、希望を与えない語り――に押し込めることは、もはや、正当化できないはずだ。さらに、クライアントを傷つけ苛立たせる伝統的な上下関係にも、正当性はない。すなわち、セラピストとクライアントがともに共同体を形成し、資源をもちより、未来の新しいイメージを作るのでなければならない。

これら様々の批判は、モダニズムの試みに幕を引き、その楽観主義を葬り去るものであるが、その灰燼の中から、新たなセラピーの概念がゆるやかに形作られつつある。それは、初期の段階においては、心理的構成主義の様々な著作――ケリー（Kelly）、マトゥラーナ（Maturana）、フォン・グラザースフェルド（von Glasersfeld）――に見て取ることができる。第3章で述べたように、彼らは、世界が個々の主体による構成物であることを強調し、知識を世界の正確な写し絵と捉えるモダニズムに異議を唱えた。あるいは、ベイトソンらは、「病気になるのは単体としての個人である」というモダニズムの観点にも異議を唱え、行為を全体論的に捉えることを強調している。さらに、これらの概念は、自己組織系についてのサイバネティクスの観点によっても支持されており、関係性のパターン――特に、家族の関係性パターン――を探求するセラピー実践を生み出している。そこでは、個人の問題は、多面的で厚みのある現象の、局所的に現れた徴候にすぎない、とされる（Hoffman, 1992; Olds, 1992を参照）。

社会構成主義――ポストモダン的思考の魅力的な成果――は、これら心理的構成主義の試みに、新たな考え方をもたらす。それは、既存の考え方のいくつかを疑問視し、新たな概念と実践を導入する。社会構成主義は、「主体―客体という二元論の否定」および「知識が世界の正確な表象であるという前提の否定」という二点において、心理的構成主義と軌を一にする。しかしながら、心理的構成主義が二元論を認知一元論に置き換えようとするのに対して、社会構成主義は、心の世界から社会領域へと移行する（第3章を参照）。すなわち、社会構成主義からすると、世界の構成は、観察者の心の中ではなくて、関係性において生じるのである。こうした移行は、セラピー実践に対しても重要な含意をもっている。以下、三点にわたって述べる。

（1）心的過程から社会的過程へ

モダニズムに基づくセラピーも、心理的構成主義に基づくセラピーも、クライアントの主観性――例えば、クライアントの認知、解釈、意味づけ、など――の深層を徹底的に調べようとする。それに対して、社会構成主義は、クライアントの言説という、よりアクセスしやすい領域を重視する。ワツラヴィックら（Watzlawick, Beavin, and Jackson, 1967）による治療言語の語用論に関する先駆的研究は、セラピーの領域に大きな影響を与えた。しかしながら、この研究は、その後の多くの研究（例えば、Reiss 1981; Efran, Lukens, and Lukens, 1990を参照）と同様に、個人の概念過程や認知過程を非常に重視していた。対照的に、社会構成主義は、個人の解釈をあまり重視せず、ミクロ社会過程としての言語に焦点を当てる。すなわち、生活にどのような枠組みが与えられ、どのような言葉が選ばれ、その影響はどのようなものか？　今や、新たな分析概念――隠喩（メタファー）、換喩（メトニミー）、語り（ナラティブ）形式などの概念――が、セラピーの領域に導入された。こうした概念は、新たな問題を提起し、新たなセラピー様式を発展させている。実際、セラピーの関心は、「複数の観点が、一貫した相互作用パターン――特定の行為形式を有力なものとし、同時に、別の行為形式を制限するパターン――に統合されるやり方」（McNamee, 1992, p.191）へと移行している。そこでは、セラピストは、クライアントの自己記述の諸要素が、メタファーやメトニミーによって新たな説明形式へと統合されうるかどうかを問う。すなわち、様々な日常的事実をこれまでのように理解可能にする新たな語りはあるだろうか？　その言説の中では周縁的であった声に、より大きな力を与えることができるだろうか？　カップルの口論の内容は括弧に入れて――「事態を整理するには不適切なやり方」であるとして――、そのカップルに、協力とは対極の口論が生じる条件やきっかけに注意を向けさせることはできるだろうか？　どうすればクライアントの現実を効果的に解体し、再構成することができるだろうか？　こうした問題について、より詳しくは、アンデルセン（Andersen, 1991）、ホワイトとエプストン（White and Epston, 1990）、グーリシアンとアンダーソン（Goolishian and Anderson, 1987）、ラックス（Lax, 1992）を参照されたい。

（2）セラピスト－クライアントの平等な関係と現実の共同構成

セラピストを優れた知者とみるモダニズムの観点は、心理的構成主義によって批判されてきた（Mahoney, 1991）。しかし、多くの心理的構成主義者にとって、セラピストとクライアントの主観の独立性は堅持されており、セラピストは、この暗黙の優位な立場から、クライアントの「システムを撹乱」しようと試みる。しかしながら、社会構成主義の立場からすると、セラピストの権威の解体が第一に重要である——すなわち、伝統的な上下関係は解体されなければならない。セラピストは、世界の真実を知る者としてではなく、様々な存在様式——言語の領域も含む——を知る者として、セラピーに参加する。その存在様式は、クライアントのそれよりも本来的に優れているわけではない。すなわち、それらは生活様式の理想的なモデルではない。そうではなくて、セラピストの提示する存在様式は、クライアントの行為と相俟って、新たに有効な行動選択肢をもたらす。多くの論者が述べているように、セラピストはクライアントの協力者、すなわち、意味の共同構成者なのである。

（3）セラピストによる治療から文化による治療へ

モダニズムの観点では、セラピストは、一般に、疾患を見つけそれを除去しようと試みる——これが診断と治療の過程である。すなわち、病気の医学モデルが堅持されている。こうした観点に対しては、心理的構成主義が重要な疑問を提起したが、「問題」を見つけそれを「解決」するという関心は広く共有されている。例えば、ケリー（Kelly, 1955）は、問題となる構成要素を指摘しているし、組織構造論者は、機能不全に陥っている家族パターンを見出している。しかし、現実の言語的構成が強調されるならば、疾患などの諸問題は、存在論的特権を失う。すなわち、それらは、確固として存在する現実の構成要素として「そこに」あることをやめ、一連の社会的構成の内部に位置づけられることになる（第6章を参照）。かくして、問題、苦痛、その緩和について語るにしても、こうした用語が指し示す現実は、常に、特定の文化的観点からのものであるとみなされる。問題は、それを「問題」として構成する文化様式の彼岸ではなく、此岸にあるのだ。一方、この結論は、診断の過程、すなわち、「問題を見出す過程」が不必要であることを示唆する。実際、第6章の議論は、疾病分類学的カテゴリーと疾患ラベルの存在そのものが、社会の弱体化という現実感を助長することを示唆している。

同様に問題なのは、「治療」に関わる概念である。そもそも「疾患」が実在しないならば、何が「治療」とみなされるのだろうか？　この疑問は、専門家を苦悶に陥れる。なぜならば、治療の概念が否定されるならば、セラピーの意味も問われることになるからだ。もし、現実に問題など存在せず、したがって解決も不要ならば、セラピーの存在はいかにして正当化されるだろうか？　なぜ人々はセラピーを求め、専門家のところへ行き、そのサービスに対してお金を払わなければならないのか？　このように、そもそも「疾患」がなかったら、などと言い出したらきりがない（最初の前提さえ否定したら何もできなくなってしまう）。しかし、われわれは文化なしには生存できない――これだけは言える。つまり、文化による構造化が全くない世界では、いかなる行為の妥当性についても語りえないのだ。もし、傷の痛みをいやす儀礼に集まる人がいるとすれば、そこには文化による構造化――傷の痛みが儀礼によっていやされていると皆が信じているし、他者がそう信じていると皆が信じているような構造化――が存在しているからだ。もしそのような構造化が存在しなければ、他の構造化が求められるに違いない。とにかく、われわれは、文化による現実構成なしには何も行為できないのだ。「問題」があるところに「治療」による「改善」が求められる――われわれはこのような現実構成の中に生きているのだろう。しかし、社会構成主義が強調するのは、これらの現実構成が変化していくということだ――社会構成主義は、いかなる現実も歴史や文化の産物であることを認識し、それが及ぼしうる影響に注意を払い、新たなる現実構成への開放を促す。実際、社会構成主義は、自分の選択の意味、多様な立場に立った場合の結果とその含意、他の可能的な試みの可能性について考察することを促す。このことは、広い意味において、自分がその文化の参加者であること、多様な意味が散りばめられている文化に参加し続けていることを、認識することにほかならない。

セラピーに対する社会構成主義的アプローチの完全な内容は、まだまだ明らかではない。しかし、われわれは、重大な分岐点にさしかかっている――知識、人間、病気と治療の本質についての伝統的前提と決別するという分岐点に。以下では、この決別の可能性をさらに検討していこう。もちろん、本章の議論は、最終的な到達点を示すわけではない。このことを肝に銘じつつ、議論を続けよう。ある意味で、セラピーにおける語りの意味についてのこれまでの議論は、モダニズムの世界観の大きな痕跡を残している。しかし、もしポストモダニズムの社会構成主義の可能性を十分に実現しようとするならば、われわれは、語りの再構成を超えて進まなければならない。セラピーへの究極的な挑戦は、あえて言えば、機能不全の語りを役に立つ語りに置き換えることではなく、意味を作り出し変形させる絶え間ない過程にクライアントが参加できるようにすることである。この可能性について検討するためには、まず、語りの意味の語用論的次元を探求しなければならない。

第3節　語りの語用論――心理的構成主義批判（1）

モダニズムの語りは、事実描写の候補とみなされていた――その事実描写は、実際に起きることと一致している限りにおいて、正しいとされた。そして、ある事実描写が正しいとされるならば、それは処方箋を示すものとされた。例えば、セラピーにおいて、クライアントが不適応行動の循環に陥っていると事実描写されたならば、その悪循環から抜け出す新しい行動が処方される。あるいは、クライアントが教科書通りに精神病患者の道を進んでいると事実描写されたならば、それを緩和する処方がなされる。重要なことは、モダニズムにおいては、上記のような事実描写は、すべて、セラピストによってなされるという点だ。つまり、セラピストは特権的地位が与えられている。対照的に、ポストモダニズムの見地に立つほとんどのセラピストにとって、モダニズムが信じているような語りの正確さは、ありえない。ポストモダニズムにとって、事実は、決して客観的事実ではなく、常に歴史的・文化的条件のもとでの事実である。しかし、さらにつっこんで言えば、その歴史的・文化的条件（ミクロな時間的・空間的条件も含めて）さえ、時々刻々と変化する。では、ポストモダニズムにとって、語りを再構成するとはどういうことなのか？　現在、多くの理論が、語りの再構成の可能性――人を新たな方向に向け、その人の能力や性格により適した新たな行為への道を開く、という可能性――を指摘している。つまり、クライアントは、以前の語りを変えたり捨てたりするかもしれないが、それは、その語りが不正確だからではなく、自分の置かれた特定の状況においてその語りがうまく機能しないからである。

したがって、次のことが問われなければならない。すなわち、どうしてある語りが「有効」になるのだろうか？　自己理解のための言葉は、いかにして行為を導き、方向づけ、決定するのか？　その物語は、クライアントにどのような影響を与えるのだろうか？　この疑問に対して、心理的構成主義陣営は次のような二つの回答をしているが、それらはどちらも重要な点で欠陥がある。その一つは、**レンズとしての言語**というメタファーを用いた回答である。この説明によれば、語りの構成は、それを通じて世界を**見るための**道具である。すなわち、語りというレンズを通して、個人は事物、人、行為などを認識する、というわけだ。実際、個人の行為を決定づけるのは、世界そのものではなくて、個人が世界をどのように見るかであると主張する人は多い。つまり、人生を悲劇的な破滅と見る人は、そのような言葉で進行中の出来事を知覚している、というわけだ。しかし、第3章で述べたように、この立場をとることは、個人を孤立した唯我論者とみなすことになる——自分自身の構成物というジュースをかき混ぜるだけの。このような個人の生存可能性はきわめて低い。なぜならば、解釈のシステムというカプセルの中から逃れる方法がないからだ。さらに、第5章で見たように、こうした説明は、悪名高い認識論的問題を生み出す。例えば、個人はどのようにそのレンズとやらを作り上げるのか？　そもそも、最初のレンズ——最初の語り——はどうやって形成されるのか？　もし、内的に構成される世界の外側には世界が存在しないのならば、理解の手段もレンズを作り磨き上げる手段も存在しないだろう。コミュニケーションで用いられる音と記号が、何らかの仕方で心の中に運ばれ、知覚世界に秩序をもたらすなどという観点など、擁護するわけにはいかない。実際、ウォーフ（Whorf, 1956）は、まさにこのような主張をしたが、それは、論争を巻き起こしたという以上の意味をもたなかった。要するに、レンズとしての言語というメタファーは説得力がない。

心理的構成主義による回答の第二は、語りの構成が**内的モデル**であるというメタファーを用いた回答である。内的モデルとは、個人が行為の指針として使うことのできる、物語の形式である。ここでも、モデルの真実性についての議論はなされない。すなわち、語りは、単に、情報を与え行動を導く持続的な構造として機能する。例えば、自分はあらゆる困難を打ち負かす勇気と知性をもつヒーローであると思っている人が、人生がうまくいっていないことに気づくとする。彼は、セラピーを通じて、そのような見方は、自分を達成することのできない状況に追い込むだけでなく、妻や子供たちとの親密で互いに頼り合う感情に対してマイナスでしかないことを悟るようになる。そこで、彼は、新しい物語を作る。そこでは、彼は、自分のことを、自分自身のためではなく、家族のためのヒーローとみなすようになる。彼のヒロイズムは、家族の幸福感を通じて達成されることになり、したがって、彼の行為に対する家族の評価に大きく依存するだろう。この変化したイメージこそが、彼のその後の行為を導く……。

この立場は、それなりに考えられているものの、やはり問題がある。すなわち、この種の物語は、それ自体、理念的で抽象的である。だから、それは今ここの複雑な相互作用における行動を、ほとんど記述することができない。例えば、自己についての新たな物語は、仕事の時間を少なくして家族とすごす時間を増やしてほしいという妻の願いにどう反応したらよいかについて、何を語るのか？　あるいは、やりがいがあり利益もあるがリスクもたっぷりという新たな仕事の申し出に対して、どのように答えるべきというのか？　さらに、内的モデルとしての物語は、具体的な指示や意味が欠如しているだけでなく、静的なものにとどまってもいる。すなわち、個人は、多くの状況や関係性の間を移動する――例えば、親が死に、息子が薬物依存になり、魅力的な隣人に誘惑される、など。しかし、語りのモデルは固定的なままである――それは、柔軟さを欠き、関連性が不明瞭である。要するに、「頭の中のモデル」というメタファーはほとんど使いものにならない。

以上の心理的構成主義的観点に対して、言語の語用論（詳しくは、第８章で論じておいた）を強調する社会構成主義に立つことによって、語りの機能をよりよく理解することができる。述べてきたように、語りが機能を果たすのは、主に社会的交流の中でのことである。すなわち、語りは、進行中の関係性の構成要素である――語りによってこそ、社会生活が理解可能で一貫したものとなるし、人々が互いに集まったり距離をとったりできる。特に、自己についての語りによって、われわれは、アイデンティティを確立し、過去を受容し、関係性の慣習に容易に従うことができる。語りがこのような機能を果たせるのは、語りが関係性の中で、先行事象に対する適切な反応を指示したり、どのような事象が後続するのが適切かを指示できるからである。

例えば、失敗の物語について考えてみよう――ある人が専門職の試験のために最大限の努力をしたが失敗した、というような。見てきたように、この物語そのものは、真でも偽でもない。それは、出来事の数ある構成の仕方の一つにすぎない。しかし、この物語が様々な関係性――文化のゲームやダンス――の中に入り込むと、それは様々な影響をもつ。例えば、もしその失敗の物語が、友人が自分が達成したことについて話したときになされたのであれば、それは一種の抑圧力――そうでなければお祝いを述べようとしていた他の友人たちを思いとどまらせる抑制力――になるだろう。逆に、もし誰かが個人的失敗を打ち明けている場であれば、失敗を共有することによって、元気づけられ、友情が固くなるだろう。同様に、失敗物語を母親に語れば、「母親」らしい暖かな同情的反応を引き出すことができるだろう。しかし、失敗物語を、毎月のやりくりに頭を悩ます妻と分かち合ったところで、妻の欲求不満を増大させるだけだろう。

別の言い方をすれば、物語は単なる物語ではない。物語は、それ自身が状況に埋め込まれた行為であり、発話内効力をもつ遂行である。それは、社会的関係性の世界を作り、維持し、変容させる。このように考えると、クライアントとセラピストが、二者関係の内部で、現実的で、美的で、高揚的と思われる新たな自己理解の様式を作り上げる、というのは十分ではない。さらに重要なのは、セラピーの文脈内での意味のダンスではなく、新たな意味の形成が、セラピーの文脈を離れた社会領域で有用かどうかである。例えば、自分のことを「家族のヒーロー」と捉える物語は、自分の従属的立場に不満をもっている妻、「叩き上げの女性」である上司、反抗的な息子にどのような影響を与えるだろうか？　物語は、こうした状況のそれぞれにおいて、いかなる行動を生み出すのだろうか？　結果的に、いかなるダンスが生まれ、促進され、維持されるのだろうか？　このような吟味こそ、セラピストとクライアントが直面すべきことである。

第4節　語りの支配性をめぐって――心理的構成主義批判（2）

語りの語用論に注目することによって、最も批判的な議論へと進むことができる。前述のように、セラピーにおいて心理的構成主義に立つセラピストの多くは、相変わらず、語りを、人生の見方を決定する内的レンズとして、あるいは、行動を導く内的モデルとして捉えている。しかし、語用論についての議論をふまえると、こうしたセラピー観には三つの重要な欠点がある。第一に、それは、語りが、最終的には、一個人の心の中で構成されるとみなす点で、モダニズムの**個人主義的特徴**を保持している。しかし、われわれは、語りの効用について再考し、個人の心ではなく、行為の中の語りによって構成される関係性こそが重要であることを指摘した。すなわち、語りは会話の中にあるのであり、会話こそが、その良し悪しにかかわらず、関係性を作るのである。

第二に、レンズと内部モデルのメタファーは、ともに、語りの単一性を支持している。すなわち、両者は、単一の自己理解の機能を仮定する傾向がある。すなわち、個人は、世界を理解するための「レンズを一枚」もっているが、何枚ももっているわけではない、というわけだ。だから、セラピーを通して「新たな語りの真実」を手に入れることはあっても、真実の**多様性**を理解することはないことになる。しかし、実践的観点からすると、単一性の仮定は、必ずしも適応的とは言えない。すなわち、自己についての様々な語りは、ある状況ではうまく機能するが、別の状況では望ましくない結果をもたらすこともあるだろう。したがって、自己を理解可能にする手段を一つしかもたないと、人が満足に機能できる関係性や状況の範囲が狭められてしまう。例えば、怒りシナリオをうまく「処理」することができ、そのような行動を正当化する説明を作り上げることは、非常に有用であるだろう。というのも、怒りがダンスの中で最も効果的な動きであるような、特定の時と場所が存在するからだ。同時に、この点についてのみ熟練しすぎてしまい、怒りが関係性を動かす実質的に唯一の手段になると、関係性の幅は大きく制限されることになる。要するに、われわれの観点からすると、語りの多様性こそ、多いに重視されるべきである。

第三に、レンズと内的モデルの観点は、両者とも、語りに対する**信念**や**コミットメント**をすばらしいこととみなしている。すなわち、両者とも、個人というのは語りによって表現される有意味な主観的システムの中に生きているとしている。ある個人が「かくかくしかじかが見える」と語ることは、その個人が「かくかくしかじかが事実である」と語っていること、つまり、「かくかくしかじか」を確信し、「かくかくしかじか」という事実にコミットしていることとされる。あるいは、自己についての語りが激変したときも、「新しい主観的現実」の中で生活しだしたとみなされる。このように自己についての語りの激変が生じることは、いわば新しい確信の誕生であり、その個人を支える新しい主観的状況が形成されたとポジティブに評価される。しかしながら、語りの社会的機能を考えるならば、このような信念やコミットメントには問題がある。なぜならば、自己についての既存の語りにコミットし、それが「自分にとっての真実である」という信念をもつと、その人が新たな関係性に参加する可能性は大いに狭められるからだ。例えば、**成功**と信じることは、**失敗**と信じることと同じくらい、関係性の幅を狭める。両者とも、結局は単なる物語にすぎず、それぞれ特定の文脈や関係性の中で意味をなすものだからだ。ある語りの内部を這い回り、そこに根をおろすことは、その他の語りを看過し、より望ましい状態をもたらしてくれる関係性の可能性を摘み取ることになるのだ。

以上の問題を別の視点から見てみよう。社会構成主義によれば、アイデンティティ表現は、完全に相対的なものである。社会構成主義は、メタ理論のレベルでは「現実」が多様であることを主張するが、他方では、個々の「現実」は歴史文化的状況に埋め込まれているとする。すなわち、様々な会話の中にそれぞれの現実があるのであって、超越的に特権的な会話は存在しない、というわけだ。したがって、社会構成主義に立つ実践家は、自己についての多様な現実に直面するが、そのどれにも深くコミットする必要はない。この立場からは、クライアントは、様々な語りを作ってみるように奨められるが、特定の「真実の自己」にコミットしてはならないと言われる。かくして、語りは流動的なままである――関係性は、常に、変化の波にさらされていることになる。

われわれは、このような結論に耐えることができるか？　以上の結論を見ると、いかにも個人はエゴイスト的な芸術家――いろんな人間関係を見わたして、自分にとって一番得になるようなアイデンティティを作り上げるエゴイスト的な芸術家――であるかのように見える。確かに、社会構成主義は、アイデンティティの流動性を強調する。しかし、流動的であるということは、人が二枚舌を使い、策謀を弄することとは違う。二枚舌を使うということは、「真の言説」があるということが前提になっているのだ。この「真実を語る」という点は、これまでにさんざん批判してきた。あなたはある行為について二枚舌的というかもしれないし、誠実な行為と呼ぶかもしれない。しかし、それはその行為が二枚舌的とか誠実であることは意味していない。ただ、そこから相異なるストーリーが展開されてくる、それだけのことだ。同様に、社会構成主義の相対主義を見て、アイデンティティは流動的なのか、そうであれば個人が計算高いアイデンティティを語るはずだと考えるかもしれない。しかし、これは自己完結的な主観的世界を強調するモダニズムの人間観にほかならない。ここで社会構成主義に立ち戻るならば、自己よりも関係性の方がはるかに重要なのであり、自己は関係性の副産物にすぎない。だから、自己についての語りの形式と内容を、ある関係性から別の関係性に移行させることは、伝統的な意味での不正直でも利己的でもない。むしろ、それは、人が巻き込まれている関係性の様々な様式に敬意を払うことである。言い換えれば、それは、人生を織りなす人間関係の多様で複合的な形式を、真剣に受け止めることである。適切で充足的な行為がまさにそうであるのは、様々な関係性の中で生成された基準によってそう判断されるときのみなのである。[4]

第5節　権威からの解放のためのセラピー

見てきたように、語りの再構成や置き換えの手段としてのセラピーは、社会構成主義の含意を十分に実現することができないし、人間機能の可能性を十分に引き出すこともできない。社会構成主義を徹底するならば、意味を生み出すより広範な社会過程の中の語りこそが強調される。そのためには、意味の文脈相対性を理解すること、意味の不確定性を受容すること、意味の多様性を探究すること、不変の語りや決定的アイデンティティの不要性を理解することが必要である。そうであるならば、「自己の再編」「語りの再構成」は、機能不全の語りをより機能的な語りに置き換えるセラピーの第一段階でしかない。なぜならば、「自己の再編」や「語りの再構成」は、同時に、意味を硬直させるきっかけにもなってしまうからだ。すなわち、関係性の文脈にかかわらず、普遍的に適用できる原則があるという幻想を強化してしまう。

ある立場からすると、まさにこの硬直性こそが、セラピーにしばしばもち込まれる困難であるとさえ言える。このことは、注目に値する。実際、セラピストがある限られた決まりに制約されるのと同様に、自分の人生を「悪いもの」と記述する人々は、しばしば、ある限られた語彙、限られた行動ルール、彼らの人生を形作る限られた慣習にしばられている。ただ一つの語りに基づいて行為すれば、新たな可能性を探究できなくなってしまうだけでなく、他者との苦痛に満ちた関係性にとらわれることにもなる。[5]

もし言語が人間理解の基盤であるならば、セラピーは、「ある問題についての会話を通じて、新たな意味を生み出す言語活動」（Goolishian and Winderman 1988, p.139）でなければならない。言い換えれば、セラピーは、記号作用の過程――言説の協働によって意味を作り出す過程――とみなすのが適切である。すなわち、セラピーは、出来事の意味がセラピー参加者たちの地平の融合により変化し、出来事を語る新たなやり方が生み出され、自己と他者に対する新たな見方が出現する過程である。この過程において重要なのは、その言説によって生み出される新たな語りだけではない。様々に異なる意味が同時に出現することもまた重要である。

言説の転換は、支配的信念の暗黙の暴力から人々を解放してくれる。そうした解放を促すのが、「転換への対話」である――そこでは、新たな理解が生み出されるとともに、意味についての前提そのものが刷新される。ベイトソン（Bateson, 1972）による学習水準の区別に基づけば、それは、ある状況の分節化（punctuation）を他の分節化で置き換える（レベル1）という学習を超える動きであり、新たな分節化の様式を学習し（レベル2）、キーナイ Keeney の言う、「慣習的な分節システムの基礎にある前提の変更」（1983, p.159）を発展させる動きである（レベル3）。すなわち、それは、新たな意味を学習することから、意味の新たなカテゴリーを生み出し、さらには意味の性質そのものについての前提を変容させることへの前進である。

こうした転換には、それを促進する文脈も必要である。これについては、まず、グーリシアンら（Goolishian and Anderson, 1987）に言及する必要があろう。グーリシアンらは、クライアントが、自分の言うことを聞いてくれている、自分の考えや感情を理解してもらえる、自分が肯定され受け入れられていると感じられる、そのような経験ができるような雰囲気を作り出すことを強調している。しかし、セラピストがクライアントに耳を傾けることは、セラピストがクライアントの考えの基礎にある前提を理解する助けにはなるが、セラピストがクライアントの前提にコミットすることを意味するわけではない。そうではなくて、クライアントの語りに文脈的妥当性を与えるのである。その文脈的妥当性によって、クライアントとセラピストは、会話の対象としての現実を――今や新たに意味の付与されて変化していくものとして――再構成できるのだ。

この過程は、どのように進行するのか？　この疑問に対する唯一の回答は存在しない。それは、可能な会話の数に原理的な制約がないのと同じことだ。しかしながら、ポストモダン的対話に敏感なセラピストは、理論に適合した実践を、きわめて独創的に展開してきた。例えば、ホフマン（Hoffman, 1985）は、「レンズの技法」の概要を述べている。グーリシアンら（Goolishian and Anderson, 1992）は、クライアントの現実を認めつつそれを改善していくような質問を行う、**肯定的評価法（interested inquiry）**を用いている。アンデルセンら（Andersen et al., 1991）は、セラピーでの出会いを観察し、それからセラピストとクライアントの双方と考えを共有する、**リフレクティング・チーム**を開発した。リフレクティング・チームは、セラピストとクライアントの権威を低減し、多様な現実を認め、セラピーの進行のための様々なリソースをクライアントに提供するものである。ホワイトとエプストン（White and Epston, 1990）は、手紙（などの文書）を用いて、クライアントが自らの人生を**再編成（re-author）**するのを助けている。その手紙は、クライアントとセラピストの両者によって書かれる。ペンとフランクフルト（Penn and Frankfurt, 1994）もまた、クライアントに手紙を書いてもらい、他者との新たな会話を始めるために、クライアントの物語の内部に対話過程を生み出している。オハンロンとウィルク（O' Hanlon and Wilk, 1987）は、クライアント—セラピスト間の**交渉**が問題の解決に向かうような、会話方略を明らかにしている。ドゥ・シェイザー（de Shazer, 1991）は、**解決**についての会話を奨励し、フリードマンとファンガー（Friedman and Fanger, 1991）は、**肯定的可能性**についての会話を奨励している。リプチック（Lipchik, 1993）は、既存の選択肢の様々な良し悪しの**バランス**をとり、「あれかこれか」を「あれもこれも」に置き換える、クライアントの対話を強調している。自己と生活状況の肯定的構成を強く主張するセラピストも多い（例えば、Durrant and Kowalski, 1993を参照）。フルゲリ（Fruggeri, 1992）は、ある出来事についての多様な記述、行動と出来事を結びつける新たな方法、それらを常に相対化する過程を勧めている。コエルホ・デ・アモリムら（Coelho de Amorim and Cavalcante, 1992）は、人形劇を使用して、思春期の障害者が自分自身の人生や可能性を語るのを支援している。

　しかし、これらのセラピー形式がポストモダンの社会構成主義の土壌から出現してきたからといって、他のセラピーはすべて時代遅れとか放棄すべきというわけではない。これまで述べてきたように、社会構成主義の立場は——従来のメタ理論とは異なり——、理解のための他の言語や、関連する実践を排除しようとはしない。例えば、「～は真実である」「～は客観的である」「～は治療的効果がある」といった表現そのものを否定するわけではない。しかし、いかなるセラピー理論であれ、いかなる形式のセラピー実践であれ、それは、われわれがセラピーと呼ぶ会話過程にどんな貢献をするのか、より広い文化一般にどのような意味をもつのか、という点から検討されねばならない。寝椅子、夢分析、積極的関与、戦略的介入、循環的質問――これらはすべて、多くの専門用語の一部である。これらは、ある種の交流や活動を促進し、あるものを抑制する。

同様に、日常語――「無知」の言語――を科学的言語――真実の一義的言語――に置き換えようとするモダニズムの試みは、不要であるどころか、会話の可能性を不当に狭める。なぜならば、人々が日常生活で用いている日常語には、膨大な実践的エネルギーが含まれているからだ。すなわち、リビングルーム言語、ストリート言語、スピリチュアル言語、ニューエイジ言語などは、文化の主要な原動力である。こうした言語がセラピー状況の中に入り込むことを制限することは、会話の多様性を減らすことになる。これは、言語を信じる信じないの問題ではない。そもそも信念という頭の中の知識が問題であることは、さんざん指摘してきた。むしろ重要なことは、セラピーにおける会話が、セラピーという文脈を離れた外部の関係性にどのような影響を与えるか、である。

より一般的に述べれば、われわれがセラピーの現場で使用する言語と言語的実践が、クライアントを固定的な慣習の呪縛から解放し、柔軟な関係性を創造できるかどうか、ここが大事なのだ。すなわち、問題を抱えてセラピストに頼る人々は、かつて依拠していた限定的な意味の呪縛を乗り越えることができるだろうか？　自己の信念の押し付け合いという闘争からクライアントが自由になれるだろうか？　これらのことが重要である。問題の新たな解決法を明らかにすることで呪縛から解放される人もいるだろうし、豊富な語りを提供することによって呪縛から解放される人もいるだろう。人によっては、呪縛されている意味からちょっと距離を置くことが役に立つかもしれない。距離をおくことで曖昧さも生じるが、曖昧さに耐えることをおそらく身につけるだろう。そして、意味の多様性を受け入れることで、呪縛から解放されるかもしれない。このようなセラピー手法は、生活の意味を自由に探索していくことへの参加の可能性を広げてくれる。

注

[1] モダニズムの議論について、より詳しくは、Berman（1982）、Frisby（1985）、Giddens（1991）、Gergen（1991b）を参照。

[2] セラピーに対するモダニズム（あるいは、経験論的基礎づけ主義）の問題について、詳しくはRyder（1987）を参照。

[3] ポストモダン的転換については、第2章で詳しく述べておいた。ポストモダニズムと治療実践の関係については、Gergen（1991b）、Ibanez（1992）、Lax（1992）を参照。

[4] 本章では、主として、語りの構成の変化や柔軟性を強調している。しかしながら、このことは、それこそが基本的原理であると主張しているわけではない。本章で変化を強調するのは、セラピーを求める人は、普通、現状に不満を抱いているからだ。逆に、安定的で限定された語りの中で充実した人生を送っている人については、常に崩壊の危機にさらされている世界を安定させておく手段こそが強調されることになろう。

[5] これと関連するのが、ショッター（Shotter, 1993a, pp.83-86）による遡及的誤謬（ex post facto fallacies）に関する論述である。しかし、クライアントの抱える問題を、ことごとく、クライアント自らの構成の産物と考えるのは適切ではない。むしろ、われわれは、クライアントによる構成作業が何がしかの関係性の中で行われてきたことに注意を向けるべきであろう。つまり、異常なまでに現状に固執する語りにしても、必ずしもクライアントにだけ帰することはできない。クライアントを取り巻いていた人々が徐々にいなくなり、誰も新しい現実の構成を促進してくれなくなった、そのような関係性の結果であるかもしれない。

第11章　意味の共同的起源

これまでの章で、自己と他者の概念が、関係性の中で構成され、維持されることを論じてきた。言語が生まれるのは、関係性の調整の過程を通じてであり、その言語によってこそ、われわれは自分自身を理解可能にすることができる。かくして、個人ではなくて関係性こそが、社会生活の基本的単位なのである。しかし、まだ「意味」の問題が残されている。すなわち、言葉や身振りは、どのようにして意味をもつようになるのだろうか？　われわれが共通の意味を理解することもあれば理解しないこともあるのはなぜか？　伝統的な心理学は、これらの重要な問題を解決することができない。では、関係性理論からは、どのように解決できるだろうか？

学問的問題は、例外なく、特定の言語――それを「問題」とし、何らかの「解決」を要求する言語――と結びついている。さらに、特定の言語によって問題が提示されると、可能な解決のパターンも限定されることになる。すなわち、ある言語に基づく理解システムの中で提示された問題は、そのシステム内からの解決しかなされず、別のシステムからの主張は認識されないままとなる。これまで、人間科学における意味の問題は、西洋の認識論（という、特定の言語に基づく理解システム）の伝統の中で検討されてきた（Overton, 1993を参照）。しかし、私の考えでは、この古ぼけた伝統は、意味の問題を、解決不能な隘路へと閉じ込めてしまう。すなわち、伝統的な道具立てでは、上述の意味に関する疑問を解くことはできない。しかしながら、もし、意味の問題を、関係性理論の前提に基づいて体系化するならば、知的な一貫性が得られるのみならず、研究上の展望と、社会的貢献を期待することもできる。

「意味」の概念については多様な観点があるが、多くの研究者――心理学者を含む――は、もっぱら、**頭の中での意味づけ（individual signification）**、すなわち、外的世界の内的シンボル化（表象、概念化）という観点から定義している。この基本的前提からは、「意味の問題」にはおさまりきれない、相互に関連したきわめて難しい問題群が噴出する。その問題群の典型は、次のようなものである。外界が個人にとって意味をもつようになるのはいかにしてか（認識論の問題）？　出来事の意味が人々によって異なるのは、なぜか（文化心理学）？　頭の中の意味はどのようにして言語で表現されるのか（心理言語学）？　しかし、これらの挑発的な問題には、ここでは直接答えない。ここで論じたいのは、これらの問題から派生する同様に重要な問題、すなわち、**他者との意味共有（meaning with others）**の問題――われわれはいかにして、互いの意味を理解し、うまくコミュニケーションをし、互いに理解し合うことができるのか、という問題――である。上述の認識論的・文化心理学的・心理言語学的問題の一つ一つがどのように解決されようと、最終的には、他者との意味共有が説明できなければならない。頭の中での意味づけ理論――意味の共有可能性とは調和不可能なのだが――は、意味の社会的共有は不可能であるという不満足な結論をもたらすだけでなく、われわれがその理論自体を理解できるはずがないという不幸なパラドックスをもたらす。

さて、もし他者との意味共有という問題に焦点を合わせるならば、われわれは二つの理論を区別することができる。すなわち、一つは、豊かで由緒ある伝統をもつ理論であり、もう一つは、近年萌芽しつつある理論である。以下、まず、伝統的な理論について検討する。なぜならば、それは直観的にきわめて理解しやすく、現代の心理学を支配しており、発達心理学的研究においても重要な役割を果たしている理論だからだ。次に、この観点が不適切であることを明らかにし、もう一つの理論――関係性理論――について考察を始めることにする。

さて、ここで言う伝統的理論は、頭の中の意味という基本的信念――より直接的に言えば、「私」という現象に対する信念、個人としての主体についてのアルキメデスの観点、概念の私的所有――に由来する。すなわち、意識的な「私」こそが意味することができ、「私」こそが言葉や行為によって意味を伝える、というわけだ。この立場からすると、「他者の意味を知ること」は、他者の主観ないしシンボルシステムにアクセスすることである。すなわち、他者を理解することとは、視覚的表面を越えて他者の内面に入り込み、他者が言葉や行為によって主観的に「意味し」意図するものを理解することである。したがって、この説明によれば、うまくコミュニケーションがなされるためには、間主観的透明性（intersubjective transparency、複数の人間の間で、互いの主観的状態が把握可能になること）の状態が達成されなければならない。

間主観的理解の問題には、一世紀にわたる錯綜した歴史がある。十九世紀ドイツの研究者にとって、物質世界に焦点を当てる自然科学（Natürwissenschaften）を、人間の有意味な活動に関わる精神科学（Geisteswissenschaften）から分離することは、重要な問題であった。しばしば論じられてきたように、物理的対象（意味的でない実体）の理解に必要なプロセスは、意識的行為を理解するためのプロセスとは、必然的に異なる。ディルタイ（Dilthey, 1984）の言葉を用いれば、「人間研究においては……精神生活の連なりが基本的なデータとなる。われわれは、自然を説明するが、精神生活を理解する……。文化のシステム――経済、法、宗教、芸術、科学――と、家族、コミュニティ、教会、国家と結びついた社会や組織は、人間精神（Menschenseele）の生きた連鎖から生じるがゆえに、人間精神との関係においてのみ理解することができる」（p.76）。

間主観性への心理学の関心は現在まで継続してはいるものの、アメリカ行動主義が覇権を握っていた時代は、そのような関心はすみっこに追いやられていた。行動主義によれば、個人の観察可能な反応が、他者の行為の刺激となる。この立場からすると、間主観性の問題は存在しないし、われわれが一般に考えるような意味の問題も存在しない。間主観性の問題が再び研究上の問題となったのは、認知心理学が心の領域を復権させてのことである。ただし、ある「認知システム」がいかにして別の認知システムに認知内容を伝えうるのか、という問題を解決しようとする試みは少ない（例えば、Johnson-Laird, 1988を参照）。しかしながら、ブルーナーが『意味の営み Acts of Meaning（邦訳：意味の復権）』で論じているように、「情報処理機械」としての個人という支配的メタファーは、間主観性の問題を隠蔽する。なぜならば、このメタファーは、個人の心理過程を中心に据える一方で、対人的関心を周辺に追いやるからだ。こうした傾向に対する例外の一つは、面白いことに、社会心理学ではなく発達心理学の領域――すなわち、ジャン・ピアジェの研究――に見出すことができる。ピアジェは、現代の認知理論とは異なり、意味がいかにしてある主観から他の主観へと伝えられることが可能であるかに関心をもっていた。ピアジェの『子供の言語と思考 The Language and Thought of the Child』からの引用は、このことを明確に表している。

子供たちの間の理解は、それぞれの子供の中に存在している心的スキーマが同一であり、それらの間に接触がある限りにおいてのみ可能である。換言すれば、話し手と聞き手が共通の関心事や考えを有するとき、話し手の言葉は理解される。なぜならば、それは、聞き手の頭の中の既存のスキーマに適合するからである（p.133）。

しかし、ピアジェの研究は歴史的意義をもち、伝統的観点の豊かさを示しているものではあるが、残念なことに、この観点を突きつめていくと袋小路に入り込んでしまう。すなわち、他者との意味共有の問題は、「個人が意味を生み出す」という信念に基づいて考える限り、解決することができない。実際、「頭の中での意味づけ」という意味の理論は、理解の共有は不可能であるという認め難い結論を導く。以下、二つの批判を通してこの主張を裏づけていこう。

第1節　解釈学の行き詰まり

間主観性に基づく意味の理論を疑う根拠は数多いし、中には、間主観性の理論そのものと同じくらい古いものもある。意味の間主観性の観点は、二元論の土壌から生まれている。すなわち、心（理性、魂、意識）と物質とを、「内界」と「外界」とを分離する二元論である。この二元論の伝統の中で、他者との意味共有の問題は、哲学者を長い間悩ませてきた。すなわち、もし人間の意識（「内界」）から議論を始めるならば、外的現実の存在を確かめることはできない。したがって、他者の心の存在を確かめることも不可能である。われわれは、主観を超越することはできない――ある人と他者がいつどのように関係しているのかを知るために、主観と客観（あるいは、孤立した二つの主観）の関係を、主観を超えた観点から捉えることは決してできない。この問題は、ピアジェの問題でもあった。すなわち、彼は、合理主義の立場に立って研究を進め、プラグマティズムと機能主義で解決しようとした（Kitchener, 1986）。これまで見てきたように、二元論的認識論の問題はきわめて困難なものであり、唯物論、現象学、ヴィトゲンシュタイン学派は、それぞれの根拠から、二元論を放棄している。

二元論の伝統には、このような認識論の問題が数多くつきまとっているが、ここでは別の問題を取り上げたい。それは、より最近の問題であり、意味共有の問題と密接に関連する問題である。その第一は、解釈学の伝統――より具体的には、テキストの適切で妥当な解釈についての理論――から生じる問題である。解釈学の理論は、意味共有の問題にとって重要である。なぜならば、テキスト解釈の適切な理論は、原理的には、間主観的共有を達成する手段のヒントを与えてくれるはずだからだ。すなわち、解釈学の理論は、個人が、単に音素をなぞることを超えて、話し手の意図を把握する方法を与えてくれるはずである。そして、もし解釈学理論がこの問題に答えることができないならば、われわれは間主観的透明性という前提そのものを疑わざるをえない。

意味の間主観的説明を強力に支持する解釈学的思考には、少なくとも二つの重要な流れがある。まず、ロマン主義解釈学――その頂点は、十九世紀であった――は、個人がいかにして他者の経験を「自分のものにする」ことができるかを中心的な課題としていた。ロマン主義の立場からすると、他者を理解することは、他者の主観を何らかの方法で経験することである。例えば、ディルタイ（Dilthey, 1894）による**了解（Verstehen）**の過程――個人が他者の「生きられた経験」に感情移入したり理解したりして、反省以前的に自分自身を他者に置き換える過程――の提唱は、この文脈に位置づけられる。その後、主観性の共有というロマン主義の観点は衰退していった。その理由の一つは、了解の過程がいかにして生じるのかについて説得的な説明がなされなかったためである。ディルタイが言うような精神の置き換えは、いかにして生じるのだろうか？　ある人の経験領域は、他者の本質をいかにして把握するのだろうか？　その正確さは、どのように決定できるのだろうか？　これらの問題への回答は、神秘のベールに閉ざされたままである。

二十世紀になってロマン主義が衰退し、理性と観察を重んじるモダニズムがそれに取って代わると、他者の主観の共感的把握という信念は廃れていった。モダニズムの観点によれば、読者の課題は、テキストの背後にある真の意味を「感じる」ことではなく、系統的な分析手続きを用いることである。モダニズムの解釈学を象徴しているのが、ヒルシュ（Hirsch）の研究である。ヒルシュ（Hirsch, 1967）は、広範な議論を呼んだ著作『解釈の妥当性 Validity in Interpretation』の中で、著者がその言葉の意味に関して特権をもっていること、すなわち、「テキストの意味は著者が与えた意味である」（p.25）ことを主張している。読者ないし解釈者の課題は、テキストを注意深く観察し、論理的推論と仮説検証を組み合わせ、テキストの字面から著者の意図の正確な解釈へと進んでいくことである、とされる。すなわち、モダニズムによれば、理解は、他者の意味を探る「個人の心」によって達成される――ロマン主義的な意味は、論理的推論に取って代わられる。

しかし、合理性や仮説検証というモダニズムの観点は、現代の議論では破棄されている。その重要な理由の少なくとも一つが、ハイデガーの門弟であるガダマー（Hans Georg Gadamer）による、ハイデガー理論の拡張である。ガダマー（Gadamer, 1975）が述べているように、われわれは、テキストに（あるいは、他者に）「理解の既存構造」をもって向き合う。理解の既存構造とは、先入観や偏見の集合であり、テキストに対する疑問を生み出すとともに、それに対する可能な答えの集合でもある。こうした先入観は、歴史に依存しており、その特徴は時と場合に応じて変化する。ガダマーの言葉によれば、われわれは、意味の解釈を規定する理解の地平から、テキストに接近するのである。すなわち、ガダマーによれば、独立した意味――テキストを正確に解釈するために把握しなければならない、著者の心的内容――など存在しない。意味は、解釈者のもつ理解の既存構造によって影響されざるをえないからだ。

この結論は説得的ではあるが、ガダマーを新たな問題へと直面させる――すなわち、唯我論の問題である。読者は、新たなテキストに向き合うたびに、自分の偏見を繰り返すだけなのだろうか？　理解の地平は、どのように変化するのだろうか？　先入観（理解の地平）から逃れることなどできるのだろうか？　ガダマーは、こうした問題に答えて、対話的関係性の中でテキストに参加することによって、読者の理解の地平は拡張されうる、と述べる。すなわち、テキストの意味は先入観によって影響されるが、同時に、テキストは人の先入観に影響を与える、というわけだ。テキストの声が読者に問いかけ、それによって読者が既存の先入観に気づくことができるようになるとき、**地平の融合**が達成される。この観点によれば、解釈は、読者の頭の中で生じるのではなく、テキストと先入観の間の対話的相互作用から生じるのである。あるいは、ガダマーならば、地平の融合は読者とテキストの間に生じる、と言うだろう。その結果は、正確な読解ではなく、テキストと読者の融合による読解である。ガダマーによれば、「理解は、常に、他者の意味の単なる改造以上のものである」(p.338)。

しかしながら、私の考えでは、ガダマーは、自らに課した唯我論の問題や、より一般的な意味の社会的共有の問題をうまく解決したとは言えない。なぜならば、もし個人が理解できるのは、テキストに意味システム（先入観）をもち込むことによってのみなのであれば、その意味システムから抜け出てテキストそのものの声を聞くことも、自分自身の先入観を意識することもありえないからだ。すなわち、仮に「テキストそのものの声」があるにせよ、個人がすでにして先入観をもっていなければ、それが理解されることはありえないはずだ。では、人は、自分の理解の地平にとらわれていながら、いかにして自分の先入観に気づくことができるというのか？ これに対するガダマーの答えは、ある文化内のすべての人々が同様の経験を共有することを通じて、というものだ。すなわち、テキストが埋め込まれている文化によってこそ、その文化の成員は、既存の理解の地平を超えて、新たな理解の地平を獲得するに至る、というわけだ。しかし、ガダマーのこの主張は説得的とは言えない。なぜならば、まず、この主張は、間主観的透明性の前提を密かに再導入している。すなわち、ガダマーは、個人がテキストの背後にある本質——本当の意識を先入観なしに伝えることのできる意味——に接近できると仮定している。さらに、ガダマーは、文化の異なる人や、同じ文化内であっても皆とは異なる経験をもつ人をどのようにして理解できるのかを述べていない。これでは、異文化間理解はほぼありえないことになってしまう。要するに、ガダマーは間主観的な意味共有の問題について、重要な問題を提起したものの、その問題を解決したとは言えない。

ピアジェ（Piaget, 1955）も、解釈の問題に取り組んだ。ピアジェは、『子供の言語と思考』の中で、次のような問題を提起している——自分自身の心的構造が相手の心的構造と対応していることを、いかにして確信できるだろうか、と。「子供たちが互いに理解しているかどうかを直接観察によって確認することは不可能である」とピアジェは認める。「なぜならば、子供は理解しているふりをする無数の方法を身につけており、さらに難しいことに、理解していないふりさえするからだ」(p.93)。ピアジェはこの問題を解決していないし、私に言わせれば、そもそも間主観性に基づいて解釈の妥当性を保証する試みには、原理的困難がある。この困難は、テキスト（ないし、社会的行為）の意味は不透明だが、本人にとっては透明であるという仮定から生じている。すなわち、われわれが理解するために使えるのは、公的言説（ないし、行為）の領域のみである。われわれは、私的な心の領域が存在し、それが公的言説によって表現されることを仮定しているが、私的領域そのものも、私的領域を公的言説に変換する規則も、直接知ることはできない。したがって、私的領域を公的言説に変換しようとする（私的領域の意味を確定しようとする）いかなる試みも、アプリオリな前提に基づかざるをえないし、それゆえ、同定される意味も、その前提にしばられたものにしかならない。その前提とは、第一に、私的な心的世界の存在——「人の心」の構成要素——についてのアプリオリな仮定であり、第二に、そうした心的世界が公的な表現形式とどのように結びついているのか——どの心的状態がどの言葉や行為と結びついているのか——についての仮定である。かくして、意味の正確な理解という感覚は、循環的な自己確認の過程——「解釈学的循環」——の産物でしかない。

もしわれわれが天候から神の御心を読もうとするならば、同様の問題に直面するだろう。すなわち、ある仮定を置かなければ、われわれは先に進むことができない——天候の変動は神の御心について何も語らない。しかしながら、もし、われわれが、第一に、聖なる者の心的世界を信じることができ——神は「願い」「望う」存在である——、第二に、天候と心理言語を結びつける規則を作ることができるならば——神が「怒っている」とき、空は曇る——、われわれは先に進むことができる。いったん仮定が置かれれば、神の思考は透明になるからだ。しかし、透明に思えるのは、われわれが神の意志を読むために設定した仮定群のおかげでしかない。すなわち、もし「内的衝動」を直接知ることができないならば、「外的なもの」によって「内的なもの」を解釈しようとする試みはすべて、本質的に、循環的なのだ。同様に、チャールズ・テイラー（Taylor, 1981）は次のように結論している。「（他者の行為を）理解することは、解釈学的循環に陥らざるをえない。ある行為を理解するということは、われわれがその行為や行為がなされた状況を読解するということである。けれども、その読解の正しさは、他の読解と照合しなければ保証されないし、その読解と全体との関連を抜きにしては保証されない。すなわち、もし他者がその読解を全く理解できなかったり、全く妥当と認めないならば、他者の行為の理解が成立する余地はない」（p.127）。

第2節　解釈からテキストへ

「頭の中での意味づけ」という意味の理論に対する第二の批判は、文芸批評によるものである。第2章で見たように、過去二十年の文芸批評は、それまでの形式と大きく異なっており、そこで展開されている議論は、意味の問題にとってきわめて重要である。中心的関心は、テキスト批判の基準である。すなわち、いかなる基準によって、文学作品は評価されるのだろうか？　あるいは、解釈学が関心をもつような、他者の作品を特権的に解釈する、合理的な本質的基準が存在するのだろうか？　伝統的には、文芸批評は、意味の間主観的観点を共有してきた。分析者の関心は、文学作品の「内的な意味」、すなわち、著者が公的に表現しようとしている私的意味を明らかにすることであった。しかしながら、一九五〇年代に新批評（ニュークリティシズム）が登場すると、「著者の意図」はその重要性を失い始めた。新批評が説得的に論じたように、文学作品は、それ自体が一つの統一体である。したがって、解釈は、文学作品の構造、内部機能、一貫性などに焦点を合わせるべきである、とされた。例えば、詩は、それ自体、自己完結的で自律的なものである（Krieger, 1956）。だから、著者がその作品を書くときにたまたま考えたり感じたりすることは、ほとんど関心の対象とはされない。

著者の観点を強調したモダニズムの衰退とともに、より急進的なポストモダンの動きが登場した。例えば、近年では、読者の反応を強調する立場が登場している（Suleiman and Crossman, 1980）。意味の生成過程への読者の参加についてのガダマー的関心を反映して、理論家は、読者のテキスト解釈を決定する前提、ヒューリスティクス、イデオロギー、感情、認知傾向に関心を集中している。そして、読者の諸性質が、テキストから引き出される意味を支配するようになると、著者の意図はその重要性を失うようになる。また、フィッシュ（Fish, 1980）らの読者反応理論（reader response theory）が、ガダマー理論が直面した（そして、最終的にはガダマー理論を破壊した）唯我論とは別の理論を提供したことも、重要な意味をもつ。すなわち、ガダマーによれば、読者は、テキストに完全に適用することのできる地平ないし**理解の既存構造**を、テキストにもち込む存在であった。それに対して、フィッシュによれば、こうした個々人の理解の既存構造は、解釈者コミュニティに取って代わられる。なぜならば、コミュニティに埋め込まれた解釈基準こそが、テキストがどのように読まれるべきかを決定するからだ。フィッシュは、他の読者反応理論家と同様、意味の社会的共有を十分に説明するまでには至らなかったけれども――理性、意図などの過程をもつ読者、という考えに染まっているという点において――、そこから「頭の中の知識」の棄却まではほんの一歩である。すなわち、読者個人の行為を、その人の「心」によらずに説明し、共同的に生成された基準による説明に重きを置くことができるだろう。この意味で、解釈者個人の心は、著者個人の主観とともに、分析の視野から消えることになる。この可能性については、すぐ後で触れる。

しかしながら、読者反応理論は、このように間主観主義の前提からはかなり前進しているものの、われわれにとって十分と言えるものではない。なぜならば、結局のところ、意味についての有望な説明は得られないままであり、伝統的説明が前提とする、個人の主観性という不可侵の孤立領域が、一種の**社会的唯我論（social solipsism）**に置き換えられただけのことだからだ。すなわち、読者反応理論によれば、それぞれの読者コミュニティは、テキストに意味を与える解釈基準を共有している。したがって、他のグループの共同的基準に基づくテキストは、自分たちの用語では理解できないし、集団間の理解も達成不可能なことになる。新サイバネティクスの用語を用いれば、「他者」のテキストは、読者コミュニティの内的に決定された自己組織過程を刺激するだけなのである。人間のコミュニケーションのこうした観点に満足する人など、ほとんどいないだろう。

意味の間主観主義的説明をより根底的に批判するのが、脱構築の文学理論である。デリダの著作（Derrida, 1976, 1978）における主な悪役は、人間についてのロゴス中心的な観点である。ロゴス中心的観点とは、個々の行為者は、意味を確定し言語を生成することのできる理性の力をもっている、という観点である。ある意味で、デリダの著作は、コミュニケーション過程における「個人の主観性の根絶」をせまるものである。デリダは、このことを、ロゴス中心主義の伝統を支えるテキストの致命的な矛盾を示すことによって、部分的に達成している。しかしながら、それ以上に決定的なのは、デリダが、所記――テキストの背後あるいは内部にある意味――を探究することの不毛さを示したことである。われわれは、伝統的に、他者が話し言葉や書き言葉――一連の能記――を利用して、自分の心の状態（例えば、意図、意味など）や外界の状態（物体、構造など）、すなわち、所記の領域をわれわれに伝えているかのように考えている。しかしながら、第2章で述べたように、所記に対応する能記の領域を特定しようとしても、いずれの能記もそれ自体は空虚であることがわかる。能記は何も語らない――能記の意味（所記）は不在である。だから、われわれはいつまでも別の能記――当該の能記の性質を正確に表現できるような新たな能記――を探し求めることになる。しかし、意味のこの差延は、またしても一時的なものにすぎない。というのは、所記を明らかにするとされる能記も、よく調べてみると、またしても空虚であるからだ――さらなる能記で補われない限り。したがって、意味が最終的に確定されることはありえない。それぞれの選択は、われわれを未決定の状態に置くのみである。かくして、所記の領域は失われ、テキストのみが残ることになる。

もし、テキストの外側には何も存在しないのであれば、人間が言葉でコミュニケーションする過程をどのように理解すればよいのだろうか？　われわれは、どのようにして理解を達成しているのだろうか？　所記の終わりのない探索が、日常生活では普通問題にならないのは、なぜだろうか？　現在のところ、脱構築主義は、こうした疑問に回答できていない。もちろん、脱構築主義は、意味に関するすべての概念を懐疑の対象にすることができる。すなわち、脱構築主義の立場からすれば、意味の理論は、実在する世界についての理論ではない。それは、相互に関連するテキスト群の内部における能記の配列にすぎない。つまり、意味の理論の意味は、意味の理論と現実の意味的相互作用のプロセスとの関係から出てくるものではない。意味の理論もまた、他の能記との関係から出てくる。こうしてわれわれは、さらにもう一段、純粋にアカデミックとしか言いようのないテキスト的な問題に取り組まねばならないことになり、もう意味の理論など放棄してしまいたいという誘惑にすらかられる。

もちろん、意味の理論の重要さを考えれば、その探求を放棄するなど許されないことである。とりわけ、第2章で述べたことを思い出すならば、意味の理論の探求を放棄することは、脱構築主義の精神にも反している――意味の理論（意味の意味）の探求を放棄することは、意味を実体に帰してしまうことになり、これこそ脱構築されねばならないからだ。脱構築主義は決して一つの結論に満足しない――一見、ある結論に達しても、次にはその結論を脱構築する。その脱構築の連鎖は、能記の連鎖に通じるものであり、意味の理論の中核部分を提供してくれる――ただし、ある前提を付け加えることが必要だが。その前提とは何か。これまでの脱構築主義は、いわばテキストの世界に自らを制約してきた。しかし、こうした分析の含意を拡張するならば、社会的領域における新たな選択肢が開かれることになる。まず、脱構築主義の枠組みでは、能記によって一義的に指し示される実在が想定されていないことを確認しておこう。つまり、それぞれの能記は、よく調べてみると、他の能記を代理するにすぎない。さらに、能記の背後にある真の実体に近づこうとしても、これまた偽りのものにすぎない。しかし、能記・所記という実体は消え失せても、関係性のレベルを分析すれば、いわば「定数項」のようなものを見出すことができる。その定数項とは、関係性の中では能記それ自体は何も指し示さないが、差延のプロセスが意味を生成するという性質である。すなわち、関係性においては、差延のプロセスが重要となる。ある能記が他の能記群の反射光を浴びるとき——その反射光こそ、意味の構成要素である——、瞬間的に明快さが獲得される。ある能記が他の能記群の反射光を浴びるまでの「わずかな時間差」が、両者の間に境界線を形作るのである。この境界線をまたぐ能記から能記群への関係の中に、意味が誕生する。

ここで、テキストを越えた「世界」の分析へと足を踏み出してみよう。なぜならば、われわれには、「テキスト」の世界に閉じこもらなければならない必然性などないからだ。書くこと、話すことは、テキストそのものではない。テキストの領域に、いわゆる「行為」「対象」が入り込むのを、何が妨げるというのか？　第3章では、自然科学における言及関係を論じ、この可能性を示した。実際、もし「能記の戯れ」をこのように拡張するならば、それはまずヴィトゲンシュタインの「言語ゲーム」の概念、そして、より重要なこととして、より一般的な「生活形式」の概念に収斂する。能記の戯れは、基本的に、言語の内部の戯れであり、この戯れは、物理的環境の中での人間行為のパターンに埋め込まれている。以下では、伝統的な意味でのテキストから離れ、触知可能な事物の世界を生成する際に、関係性のプロセスが絶え間なく作動している様を見ていこう。

第3節　意味は関係性の中で生まれる

解釈学や文芸批評における最近の展開は、意味が個人の頭（心）の中で生じ、言葉（あるいは、他の行為）で表現され、他者の頭の中で解読されるという伝統的な観点を否定している。もし、意味が文字通り間主観性を確立する過程であるならば、われわれがコミュニケーションすることは不可能となってしまう。なぜならば、他者の言葉（あるいは、行為）からその「頭の中」を推理したり直観的に理解することなどできそうもないし、既存の意味システムの外部にある何かを理解することも不可能だからだ。要するに、「個人の主観性」という前提のもとで意味の問題を解こうとしても、必ず失敗に終わる。

しかし、これまでの章でも論じてきたように、意味の問題を解くにあたって、個人主義の伝統にしばられる必要はない。他者との意味共有の問題にアプローチする方法は、もう一つある。それは、「個人」を議論の出発点から取り去ることで、有望な可能性に満ちている。すなわち、まず個人の主観性からスタートし、言語による人間の理解を演繹的に説明するのではなくて、言語と理解の両者を生み出す関係性のレベルから分析をスタートしてみよう。こうしたアプローチは、一つには、パースとソシュールによって創始され、バルト、エーコ、グレマスらによって拡張された記号論運動の影響を受けている。ここでは、ある社会に共通する言語や記号のシステムに、多くの注意が向けられる。実際、社会は、意味システムへの共同参加によって成立する。だから、記号システムを前面に掲げることによって、意味の共有を共通の記号システムへ参加することの副産物とみなすことができる。この意味で、理解を可能にするのは、関係性に先立って存在し、コミュニケーション過程を開始する個人ではなく、関係性の慣習である。

重要な意味において、上述の文芸批評は、こうした記号論の伝統を受け継いでいる。また、読者反応理論も、著者の「心の中の意味」という問題を放棄し、代わりに、解釈者コミュニティの記号システムの共有の問題に注目する点で、記号論の系譜を引いている。実際、コミュニティは、記号システムを適用することによって、テキストの意味を生成する。同様に、デリダによれば、いかなる能記の意味も、一時的かつ不確定なものである。なぜならば、意味は他の能記に依存し、最終的には、意味システムの全体に拡散するからである。しかし、見てきたように、現在のところ、これらの理論は、人が意味を生成し維持する手段について満足のいく説明を提供できていないし、記号論の内部で一致した説明もない。ある論者が述べているように（Sless, 1986）、「記号論において、意味の問題ほど、不確定な感覚を抱かせるものはない」（p.88）。

現段階で、関係性理論の観点から、他者との意味共有を十分明瞭に説明することは難しい。しかしながら、その基本的前提を素描し、そのことによって既存の議論を拡張し、未来の可能性を示すことは有益であろう。そのために、私は記号論の伝統とその関連分野を利用するが、それは一つの出発点にすぎない。記号論の伝統は、主に、言語（典型的には、テキスト）の諸特性に焦点を合わせ、意味の生成を、言語（テキスト）のパターンに帰属している。しかしながら、第2章の議論を拡張するならば、記号論は、言語やテキストに焦点を合わせるあまり、意味発生の現場を直視していない。すなわち、言語やテキストそれ自体は意味をもたないし、それだけではコミュニケーションは不可能である。言語が意味を生成するのは、人間の相互作用の領域に位置づけられることによってのみである。意味する力を言語に与えるのは人間の交流であり、したがって、人間の交流こそが検討の中心に据えられなければならない。要するに、**テキスト性**は**共同性**に置き換えられなければならない。この置き換えによって、テキストの意味について主張されてきたことの多くを、関係性理論の立場から再構成することができるようになる。[1] 同時に、それによって、文芸批評の伝統と社会的批判を有意義に結びつけることが可能となる。以下、意味の関係性理論の基本的前提を、七点にわたって考察していこう。

（1）個人の発話それ自体は、意味をもたない

意味の間主観的説明によれば、「個人の心」こそが意味の源である。すなわち、意味は心の中で生成され、言葉や身振りによって伝達される、とされる。しかしながら、関係性理論からすると、意味が現れる正確な始点も、本来の源も、特定の場所も、存在しない。なぜならば、われわれは、常に、他者や世界との関係性にすでにして織り込まれているからだ。もし、意味の源なるものがあるとすれば、関係性に埋め込まれていない発話（マーキング、ジェスチャ

ー、など）を仮定しなければならないが、言うまでもなく、そのような発話など存在しない。したがって、個人の発話だけを取り出してみても、それ自体は意味をもたない。このことが最も明確に見て取れるのが、形態素——the、ed、too のような——である。形態素は、単独では、形態素以外の何物でもない——意味をもたない。それは、不透明で不確定な独立の能記として機能している。

もっとも、意味は関係性の中で生まれるという前提には、様々な例外があると考える人もいるだろう。例えば、闇夜の中の「助けて」という叫び声、「ジョーの店にようこそ」という看板などは、関係性とは独立に意味をもつと思われるかもしれない。しかし、こうした発話がコミュニケーションで使用できる意味をもつのは、過去の関係性の歴史——例えば、叫び声や案内板が人間の行動を調整してきた歴史——が存在しているからにほかならない。バフチン（Bakhtin, 1981）の言葉を借りれば、「個々の発話が互いに無関係ということはありえないし、一つの発話が独立して意味をもつこともありえない。それぞれの発話は、互いを気づき、互いを反映している」（p.91）。例えば、近くの空き地で女の子の唇から発せられる「ウー」という音について考えてみよう。この発話は、様々な意味を表しうるが、真実の意味など特定できはしない。たとえある文脈に位置づけたとしても、なお確定できない部分が残ってしまうはずだ。

（2）意味の潜在力は、他者の行為によって引き出される

個々の発話は、他の発話によって補われることによって——すなわち、言語その他の補足的な行為が付け加えられることによって——意味を獲得する。そうした補足は、最初の発話がコミュニケーションに成功したときの肯定——「はい」「その通り」——のようにシンプルなものかもしれないし、ある行為の形式をとるかもしれない——「見なさい」という言葉を聞いて、視線を上げるように。さらに、何らかの形で発話が拡張されることもあろう——ある人が「ジthe」と発話するのに続いて、もう一人が「エンド end」と発話するように。上述の例の場合、女の子の「ウー」という呼びかけに対して「何だい」という返答がなされるならば、「『ウー』というのは名前を呼ぶ声だったのだ」、という意味が生まれる。

したがって、単独の個人は、決して「意味する」ことができない。意味が生まれるには、他者が行為を補足し、それが関係性の中で役割を果たすことが必要なのだ。つまり、コミュニケーションするということは、他者によって意味という特権を与えられることである。もし、他者がある発話をコミュニケーションとして扱わないならば、あるいは、もし他者がある発話を自分自身と関連づけることができないならば、そのような発話は無意味である。このように考えると、事実上いかなる発話も、意味をなすかもしれないし、逆に、無意味とされるかもしれない。例えば、コジンスキー（Kosinski）の『チャンスBeing There』は、一見ばか者に見えるチャンシー・ガードナーの言葉が、周囲の信者によって深遠なものとされていく過程について、多くの面白い例を提供している。あるいは、ガーフィンケル（Garfinkel, 1967）は、日常会話の定型的な慣習を問題にし――「『パンクflat tire』とは、正確にはどういう意味か」、のように――、最も明確で疑問の余地のないように見える意味でさえも、失効する可能性があることを示している。

記号論の用語を用いるならば、私は、意味を、テキストという非人称的な構造と「言語システム」の両者から引き離し、関係性のプロセスの内部に位置づけようと試みている。多くの記号論者によれば、意味の基本的単位は、能記と所記の関係の中に含まれている。すなわち、意味は、それぞれの単位にあるのではなく、二つの単位の結びつきの中にある。しかしながら、ここで私は、その結びつきをテキストではなく、社会の内部に位置づけることにしたい。具体的には、個人の行為を素朴な「能記」とみなし、他者の反応を「所記」とみなすことにしたい。したがって、この「記号」関係――記号論の用語では、能記―所記の結びつき――は、「行為とその補足」に取って代わられる。所記としての行為が意味を獲得するのは、補足としての能記を通してのみであり、意味が生まれるのは、「行為とその補足」という関係性の内部においてのみである。ショッター（Shotter, 1993b）の言葉を借りれば、意味は、行為と反応から生まれるのではなく、共同行為から生まれるのである。

（3）意味は、他者の行為によって創造されるし、また、制限もされる

以上の議論においては、個人の最初の行為（発話、身振り、など）は、いかなる特定の補足的行為をも強制しない。すなわち、最初の行為は、単独では、**論理的な拘束力**をもたない。補足的行為は、二つの異なる仕方で作用する。第

一に、それは、発話の意味に具体的**可能性**を与える。すなわち、補足的行為によって、それはあれではなくてこれを意味するとか、他の行為ではなくてその行為を期待しているとか、ほかならぬこの要求をしている、ということがわかる。かくして、もしあなたが私に「ライトをもっていますか」と尋ねるならば、私は、困惑してあなたを見つめるという反応をすることが——つまり、あなたのセリフが意味ある行為であることを否定することが——できる。あるいは、別のやり方で反応することもできる——それぞれの反応は、発話に異なる意味を与える。例えば、あたふたとポケットを探して「いいえ、ライト（＝ライター）はもっていません」と答えてもよいし、「はい」と答えて歩き去ってもよいし、「私はビール係ではない（ライト・ビールを注文されるウェイターではない）」と言ってもよいし、あなたが本当は何を望んでいるのかを尋ねてもよいし、金切り声を上げて胎児のように身をかがめてもよい。

第二に、あなたの意味をこうした様々な反応の一つにしぼると、行為の可能性も**縮減**されていく。すなわち、これを意味するものとしたがゆえに、あれを意味することができなくなる。この意味で、私は、あなたを意味の運び手——「意図的行為者」——とする一方で、あなたの可能性を否定するようにも行為する。つまり、私は、膨大な可能性の中から、ある方向性を作り出し、あなたのアイデンティティと主体性の可能性を一時的に狭める。ただし、この縮減は一方的なものではない。補足的行為は、先行する行為を創り出しもすれば限定もする。日常生活におけるほぼ秩序化された状態では、行為—補足の調整はすでに行われているように見える。しかし、行為が論理的拘束力をもつように見えるのは——ほかでもないこの補足を要請しているように見えるのは——、そうした補足だけが理解可能で有意味であるように考えられているからにすぎない。つまり、胎児のような姿勢をとることは原理的には可能だが、そのことは関係性における様々な意味の可能性を廃棄するリスクを伴う。このように、行為—補足関係は、より適切には、相互的なものとみなされなければならない。すなわち、補足は、行為の意味を決定するように機能し、行為は補足の可能性を作り、制限する。

（4）いかなる補足的行為（あるいは、行為—補足関係）も、さらなる補足の対象となる

いったん補足がなされると、それは、最初の行為や発話と同じ位置に立つことになる。すなわち、その補足は、そ

れに続く最初の行為者（あるいは、他者）の行為による、さらなる特定化、明確化、消去に開かれている。すなわち、補足としての機能は、一過的なものであり、後に何が続くかによって変化する。つまり、補足は、意味を最終的に確定するのではなく、一時的な役目を果たすにすぎない。このことは、補足が、われわれがスタートした仮説的「行為」――補足されない限り、明確な意味をもたない行為――と同様の孤立した事象であることを意味しない。そうではなくて、補足は、最初の行為の文脈の中で生じ、その行為によって作られ拘束されるがゆえに、**行為と補足の間の関係**こそが、さらなる修正と明確化の対象となる。かくして、もし、あなたが私にライトをもっているかと尋ね、私が「はい」と答えて立ち去るならば、あなたがさらに指し示すべき対象が形成されたことになる。もし、あなたが驚いて私の後姿を見送るならば、あなたはその交流（行為―補足関係）が意味ある交流であるとはみなせなかったことになる。しかしながら、もしあなたが私の後姿に悪態をつくならば、あなたは行為―補足関係が意味をもつこと――この場合、私の補足が、あなたの質問に対する冷淡で意地悪な反応である、ということ――を確認したことになる。同じように、あなたは、いきなりビールの話をもち出した私に当惑し、その行為―補足関係がコミュニケーションとして失敗したと考えるかもしれないし、あるいは、私の行為が暗にライトビールのコマーシャルを指し示していることに気づいて笑い、意味ある交流を回復させるかもしれない。

二次の補足がなされるとともに、対話者間の関係も、その可能性を拡張され、そして再び制限される。例えば、あなたの質問とそれに対してビールをもち出した私の答えから作り出されるすべての可能な意味の中で、あなたの笑いは、われわれを、ともにジョークを言い合っているものとして構成する。この意味で、あなたの笑いは、例えばしかめっ面や素っ気ない反応では提供できない、特定の可能性を与えている。そして、こうして一つの未来が導かれると、他の可能な未来へのドアは一時的に閉ざされることになる。

（5）意味は、補足の連鎖によって絶え間なく再構成される

以上述べてきたように、「意味されるもの」や「人々の間でコミュニケーションされるもの」は、本質的に決定不能である。すなわち、意味は、補足による意味づけを通して絶え間なく成長し変化する、一時的な達成物である。ある

時点で固定し確定された意味も、次の時点では曖昧で未定なものとなるかもしれない。例えば、サラとスティーブが、自分たちがよく一緒に笑い合っていることに気づいたとしよう。しかし、スティーブがサラに、サラの笑いは「不自然で作られたような笑い」であり、自分を「気楽な人間」に見せようとしているようだ、と告げるならば、それまでの行為の定義は変更されることになる。あるいは、サラが、「スティーブ、あなたはあまりにも薄っぺらで、本気で話せないわ」と言い、互いの交流に意味があることを否定するかもしれない。さらに、これらのセリフは、補足の連鎖が進行する中で、否定されたり――「スティーブ、バカなこと言わないでよ」――、変更されたりする――「サラ、君はビルに惹かれているからそんなふうに言うんだね」。こうした否定と変更は、他者――友人、親戚、セラピスト、メディア、など――との相互作用によって絶え間なく繰り返される。あるいは、これまでの結婚生活を回顧し再定義する離婚カップルや、権利章典の意味についての最高裁の審議を考えればわかるように、否定と変更は、交流それ自体から一時的に取り除かれることもある。

さらに、「意味されるもの」の根本的なオープン性こそが、意味の社会的管理の探究に役立っている。意味のインデックス性と、関係内部における意味生成のアドホックな性質に関するガーフィンケルの初期の研究（Garfinkel, 1967）は、この領域の古典的な研究である。あるいは、科学者コミュニティが「事実」についての相互に受容可能な観点を実現する方法（Latour and Woolgar, 1979）、心理学者が集合的に被験者の考えを組み立てる方法（Danziger, 1990）、家族が過去についての相互に受容可能な観点を確立する方法（Middleton and Edwards, 1990）、知人が互いのアイデンティティを構成する方法（Shotter, 1984）、政治家が自らの公的発言の意味を再構成する方法（Edwards and Potter, 1992）など、これらはすべて、意味がいかにして形成されていくかをよく描いている。

しかしながら、ミクロ社会的関係性のみに目を奪われているのでは、あまりにも不十分である。なぜならば、「私が意味をなしている」かどうかは、究極的には私が決めることではないのはもちろんだが、そうかといって、意味の生成に携わる二者関係のプロセスのみによって決まるわけでもないからだ。われわれは、二者関係における意味の可能性を、過去の膨大な関係性の領域から引き出している。すなわち、その二者関係は、既存の意味生成パターンの拡張である。そして、その二者関係の外部に出て、他の人々とコミュニケーションすると、それらの他者は、われわれの二者関係パターンの補足としても機能し、われわれの二者関係が達成した意味を潜在的に変化させる。こうした交流は、さらに別の他者によって補足され、意味を与えられるだろう。実際、任意の交流における有意味なコミュニケーションは、究極的には、長期的関係性——いわば、社会全体にまで拡張された関係性の状況——に依存している。このように、われわれは、相互依存的に連結されている。個人の中に何かを意味する能力が宿っているのではないし、個人が「私」を所有しているのではない。存在しているのは、共同への可能性を秘めた関係性の世界のみである。

（6）関係性が調整され（秩序づけられ）てはじめて、存在論（何が存在するか）も確立する

意味と秩序の間には密接な関係がある。もし、二人の個人の交流がランダムなものであり、一方の任意の行為が他者の任意の反応の前兆として機能しうるのであれば、そのような交流を意味あるものと呼ぶことはできないだろう。すなわち、交流が秩序を発展させ、偶然性が制約される場合に限って、われわれは意味へと向かうことができる。[2] 例えば、もし、私があなたにボールを投げるとあなたがそれを捨て、もう一つボールを投げると今度はポケットに入れ、さらにボールを投げると足で踏みつぶすならば、常識的な基準では、意味の生成に失敗したことになる。しかしながら、私があなたにボールを投げ、あなたが受け取り私に投げ返す、という行為がうまく繰り返されるならば、私のボール投げには、あなたが投げ返すよう誘っている、という意味が与えられたことになる（逆も同様である）。つまり、行為は、相対的に構造化された連鎖の中で意味をもつようになる。[3]

このことは、関係性の参加者は、**肯定的存在論**を展開する傾向にあることを意味している。肯定的存在論とは、「あの世界」ではないほかならぬ「この世界」を作り上げ、相互作用が問題なく進行することを可能にする、相互に共有された「呼び声」である。例えば、宇宙物理学の研究者は、自分たちの理論的用語を短期的に変化させたりはしない。なぜならば、そのようなことをすれば、彼らが「生産的な研究成果」と呼ぶものを達成する集団の能力が破壊されてしまうからである。集団が効果的に機能するかどうかは、記述と説明のための相対的に安定した言語を維持できるかどうかにかかっている（第3章を参照）。より一般的には、肯定的存在論は、その文化に蓄積した常識的理解となる。まさにこうした反復パターンこそが、研究者が言語を「システム」として、すなわち、論理的含意をもつ固定的構造

として扱うことや、規則に支配されているものとして扱うことを可能にしているのである。[4]

（7）コンセンサスが形成されると、理解だけでなく理解の失敗の基礎も形成される

関係性は、秩序化への傾向をもつとともに、再帰的な連鎖を形成する――関係性の中で意味が確立されると秩序化が進み、秩序化が進むといっそう意味が確立される。しかし、この過程それ自体は、意味の間違い――人々が、理解していないと主張したり、お互いに理解できないと主張する場合――を説明しない。先の分析によって、意味の間違いという問題が、個人の主観性に基づいて解決できないことは明らかである。個々人は、他者の心にアクセスできないがゆえに理解に失敗するわけではないし、自分自身の心的機能の故障によって理解に失敗するわけでもない。では、関係性理論によれば、理解の失敗はどのように説明されるのだろうか？

第一に、最も単純なこととして、関係性が形成され、ローカルな存在論が発展する文脈は多様である。したがって、ある活動群に参加しても、そのことは他の活動への準備には必ずしもならない。例えば、英語とそれに関連する調整のパターンを訓練されても、中国の田舎で意味を生成する準備にはほとんどならない。いくら「正しい理解」があるにせよ、幼児や学生は、その正しい理解を達成する調整パターンに入る以前に、それとは異なる調整の慣習の中に吸収されてしまう。

このことは、理解の失敗の第二の理由と直接に関係している。これまで、二者関係や集団内において調整が達成されることを強調してきた。しかしながら、「理解」の概念それ自体、西洋という文脈に依存していることを指摘することは重要である。伝統的に、われわれは、「理解」が生じたかどうかによって様々な調整を区別するし、様々な社会的目的についてもそうする。だから、例えば、あるカップルが日常茶飯事のように議論を繰り返している場合、われわれは、文化的基準によって、そのカップルは互いに「誤解している（理解し合っていない）」と言うかもしれない。しかし、カップルの喧嘩という芝居を演出している場面では、口論が最も激しいときに、役者が完全に「理解した」と結論するだろう。すなわち、多くの場合、理解の失敗は、文化に特有のラベリング過程によって構成されるのである。このことは、理解に失敗したとして個人が非難されるケースについて特に重要である。われわれに言わせれば、「算数

の理解に失敗している」生徒を罰することと、指導に失敗しているとして教師を責めることとの間には、甲乙の差はない。いずれの場合も、相互調整の問題から「理解の失敗」が生じている点では同じだからである。

次に、理解の失敗の第三の理由を考察しよう――これは、同じ文化的背景を共有する人々に関するものである。すなわち、人々が共通の言語を使用しているが、理解を生成するプロセス（相互調整の過程）が困難に満ちていることに気づいている場合である。われわれの観点からすると、こうした不調和は、人間の関係性が常に発展する性質をもつことの結果である。すなわち、一般的に、人々が生活の中で動くと、関係性の領域は拡大するし、関係性の文脈も変化する。実際、われわれは、ある程度の新奇性――新たな文脈と新たな問題――には絶えず直面している。しかし、各時点におけるわれわれの行為は、過去のイメージを随伴せざるをえない。すなわち、われわれは、その時点におけるローカルな調和を達成するために、これまでの関係性の様々な断片を借用し、再編し、寄せ集める。その時点での意味は、常に、過去の大まかな再構成である――なじみの文脈から言葉を剥ぎ取り、それを現在進行中の認識の中に不安定ながらも挿入することである。個人のレベルでは、新たな関係性のそれぞれにおいて、人のアイデンティティは、自分の過去のアイデンティティとメタファー的関係にある――それは、過去の文脈から新奇な文脈への越境であり、そこでは過去の行為が繰り返され、新たな意味を獲得する。つまり、意味を生み出すすべての文化的手段――言葉、身振り、絵、など――は、多様な再文脈化の対象であるし、それぞれの言葉は、再文脈化されれば、様々な意味をもつことになる。したがって、次のことが言える。ある文脈で秩序だった連鎖を構成するそれぞれの行為は、同時に、他の連鎖の中で別の意味を担う行為でもある。すなわち、それぞれの行為は、他の多様な行為の連鎖を導く可能性をもっているし、それぞれの意味は、潜在的に、他の意味をもっている。したがって、誤解の可能性は、いつどこにでもあるのだ。

同じ文化の内部における理解の失敗には第四の理由がある。それは、様々な意味で、最も挑戦的な含意をもつ。ロシアの文芸批評家であるミハイル・バフチン（Bakhtin, 1981）は、文化における言語のパターンに二つの主な傾向を見出している。一つは**求心化する傾向**――意味の中心化、統一化への動き――であり、もう一つは**遠心化する傾向**――既存の統一性の破壊への動き――である。したがって、安定化へと向かう言語の傾向は、安定から遠ざかる傾向と永遠に競合することになる。すなわち、「すべての発話は、『単一の言語』に参加すると同時に、様々な社会的歴史的な異質化にも参加している」（p.272）のである。本書の文脈では、われわれは、この対立のダイナミズムを、言説領域の競合という観点から見ることができる。すなわち、中心化する力は、肯定的存在論の領域として現れ、脱中心化する力は、周辺性――肯定的存在論と対立し、破壊する意味の集合――の絶えざる生成の中に現れる。言い換えれば、肯定的存在論が形成されると、**否定的存在論**の基盤も生み出されるのだ。第1章で述べたように、「何が存在しているか」についての合意は、常に、「何が存在していないか」を背景として形成される。つまり、広い意味において、すべての意味のコミュニティは、それ自身を破壊する可能性を秘めているのである。

否定的存在論の存在は、理解の問題に対して重要な含意をもつ。すなわち、意味製作者としての二者関係やコミュニティは、自らの前提が他の対立する前提に置き換えられるという、否定の可能性に常にさらされており、したがって、関係性が消滅するという脅威に直面している。だから、コミュニティが神、民主主義、平等などの概念によって維持されているならば、無神論、ファシズム、民族主義のような否定的言説を常に警戒しなければならない。これらの対立的言説が存在するためには、まず肯定的存在論が明確になっていなければならない。しかしながら、同時に、対立的言説を監視し防御しようと身構えることは、否定的言説の理解を妨げる。というのも、肯定的存在論の内部にいる人にとって、「他者を理解しようとすること」――否定的存在論との調整を図ること――は、自らの現実と関係性を脅かすからだ。この意味で、否定的存在論のもとにいる人ととことん議論しても、互いに理解に達する可能性は低い。なぜならば、それぞれの側が、相手が「悪である」ことを確証できてしまうからだ。

第4節　発達研究における意味

以上、意味をめぐる最近の様々な議論を取り上げ、それを拡張することによって、意味の関係性理論の基礎を明らかにしてきた。意味の関係性理論は、意味生成を繊細かつダイナミックな過程と見る。そこでは、他者の言語（ないし、行為）の理解は、調整がうまくいく――ローカルな判断基準によって――ことの結果である。つまり、理解は、心の中で生じる心的行為ではなくて、公共領域で生じる社会的達成である。同時に、ローカルな調整のそれぞれは、それが埋め込まれているより広い社会過程の変遷に依存しており、それゆえ、再構成が失敗する危険にさらされている。このように、理解の達成は、「私」の個人的思考の結果ではなく、調整された行為の結果である。すなわち、理解は、われわれが埋め込まれている社会的過程による、**われわれ**の達成である。同時に、集団内における意味の達成は、それぞれ、不安定化と理解の失敗へと向かう力をもたらす。実際、コンセンサスとコンフリクトの間には、密接で相互依存的な関係があることがわかる。社会的理解の生成は、その崩壊の可能性をも懐胎しているのである。

本章の議論は、本書全体を通じての認知主義批判と一貫するものである。それはまた、間主観性の仮説に基づく意味の理論をも批判する。意味を個人の心の産物と見る伝統的観点は、他者との意味共有の問題に関して解決不能な難問を生じさせてしまうのであった。これに対して、われわれは、個人の主観性に代えて共同社会の調整を重要視することによって、現代の解釈学や脱構築理論が提起する批判を回避してきた。しかし、さらに、次のような批判がありうる。すなわち、伝統的アプローチが個人が関係性に入ることを説明しないように、関係性アプローチは、個人が社会言語能力をいかに獲得するかを説明していない、という批判である。子供は、いかにして言語能力を獲得するのだろうか？　子供は、いかにして協調できるようになるのだろうか？　もちろん、こうした過程は説明されなければならない。ここで、批判者が言うように、その回答には個人心理学の理論が必要であると思われるかもしれない。実際、ネルソン（Nelson, 1985）は、『理解：共有された意味の獲得 Making Sense: The Acquisition of Shared Meaning』でこうした観点に立ち、次のように主張している――「意味の発達の研究は、内的な系統性が、文脈における外的な意味の経験から、いかにして生じるかにかかっている」（p.9）。しかし、われわれの論点を改めて強調するならば、発達の問題にこうした個人主義的観点からアプローチしても無駄である。なぜならば、「外部のもの」が「内面」にいかに浸透するかという問題は、内面が、他者が受け取る音声や記号にいかに変換されるかという問題とともに、解決不能の難問だからだ。すなわち、両者とも個人主義的伝統の落とし子であり、これまで論じてきたように、いずれも原理的に解決不能である。

それに対して、意味の関係性理論によって、意味の獲得を、別のやり方で説明することができる。すなわち、関係性理論の記述・説明用語は、十分に拡張するならば、人間行為の十分な説明を提供する――それには、個人の社会化の問題も含まれる。これに対して、次のような再批判があるかもしれない――「他者の行為に接するとき、個人の内部に何かが生じるのではないか？　そして、その何かこそ、その人が何をするかを決定するのに不可欠なのではないか？」、と。確かに、何かは生じるだろう。しかし、その何かを、心理学的、認知主義的に説明することは、決して必然ではない。それは、その何かを、神経生理学や原子物理学の枠組みから説明することが必須ではないことと同じことだ。すなわち、これらは人間の動きを記述するやり方ではあるが、そのいずれも、理解したという感覚を生み出すのに根本的ではない。言い換えれば、これらの説明のいずれも、個人の行為を理解可能にするために絶対必要なわけではない。要するに、個人の「内的本質」の記述は、理解が達成される関係性の性質を明らかにするのには不要である――それは、個々のテニスボールの原子レベルの特性がわかれば、ウィンブルドンで勝てると主張しているようなものだ。

このことは、将来の「心理学化」のすべてを排除するものではない。見てきたように、心理学的説明は、西洋の社会生活にとって基本的なものであるが、その理由は、その記述が正確だからではなく、それらが関係性のパターンを構成しているからである。もし、あなたが「自分の思考、意図、希望、感情、願望」などについて口にすることができないならば、あなたは大半の社会生活に参加することができなくなるだろう。すなわち、心理学の専門家は、良くも悪くも、西洋文化のシンボリックな資源に大きな貢献をしているのである。さらに、述べてきたような関係性理論の枠組みの中にも、具体的に「認知的」用語が入り込む余地があるだろう。特に、そうした用語は、「認知」を再概念化する。その上で、再概念化された認知用語によって、一見社会的でないと思われる行為（普通、「頭の中でのリハーサル」「一人遊び」「将来のイメージ」などと言われる活動）――実は、これらも関係性の中で意味を獲得しているのだが――を説明することができるだろう。こうした観点は、ショッター（Shotter, 1993a）、アレ（Harré, 1986）、ワーチ（Wertsch, 1991）らの研究と軌を一にしている。

こうして、われわれは、意味の関係性理論に基づくアプローチの発達理論・研究への含意を導くことができる。次の三点がとりわけ重要である。第一に、われわれは、人間の発達を関係性理論から説明することを強く主張する。すなわち、発達を、個体発生の過程か環境の影響か――氏か育ちか――という観点から見るのではなく、関係性をユニットとし、そのプロセスを中心に据えた分析を行うことが生産的と考える。その説明には、単純な形式的因果性も実質的因果性も必要ない――関係性のプロセスの要素は、すべて、パズルの各ピースや弦楽四重奏の各楽器のように結びつくことができる。すなわち、関係性は、因果の概念を用いることなく、記述し説明することができる。実際、発達研究の領域には、これと関連した重要な先駆的研究がすでに存在する。特に注目すべきものとしては、道徳発達の社会的次元に関するクルティンとゲウィルツ（Kurtines and Gewirtz, 1987）の研究、子供の徒弟制度に関するロゴフ（Rogoff, 1989）の研究、思春期の関係性に関するユーニスとスモーラー（Youniss and Smollar, 1985）の研究、発達初期の友情に関するコルサロ（Corsaro, 1985）の研究、家族内関係に関するヒンデ（Hinde, 1988）の研究などがある。ヴィゴツキー理論の近年の復興も、「社会的なものへの移行」の証拠である。しかしながら、私の考えでは、こうした研究のほとんどは、関係性理論の領域の入り口にしか到達していない。なぜならば、これらの研究の大半において、社会への関心は、個人への関心に次ぐ二次的なものにとどまっているからだ。すなわち、社会的世界は、個々の子供の認知的・感情的発達に影響を与えるとされるが（逆も同様）、より重要視されているのは個々の子供の心の方である。個人の心の働きが、子供の関係性を理解する基盤である限り、関係性は二次的なものにとどまってしまう。

第二に、私の考えでは、発達研究は、より広範な社会性の領域へと拡張されなければならない。母子関係は確かに重要な出発点だが、「幼児の心」のように、それだけで発達の説明ができると考えられてしまう傾向がある。すなわち、母子関係は、その外部の社会領域から切り離されて論じられる傾向がある。関心を家族関係全体、友人関係、コミュニティへと拡張しても、なお不十分である。発達は、広範な社会過程によって構成されるからだ。発達は、文化の経済的実践、政治的実践、教育実践、技術的実践など多くの実践に分かち難く織り込まれている。実際、親子関係は自己充足的ではない。それは、周囲の文化生活のパターン――コミュニティ、職場、レジャー、など――によって構成され、その中で機能する。例えば、青少年の道徳意思決定の問題は、従来、最も狭い意味で、その少年の心の問題とされてきた。しかし、それは、その少年と友人や家族との結びつきのみならず、経済（仕事に就けるかどうか）、政治

（産児制限政策）、メディア（妊娠中絶のドラマ）などとの直接的結びつきといった、拡張された関係性のパターンの産物と見ることで、よりよく理解することができる。同時に、ローカルな意思決定は、広範な文化への波及効果をもちうる。例えば、妊娠中絶を擁護する意見を表明することは、他者にとってモデルの役割を果たしたり、病院が中絶手術をすることを促したりするし、逆に、中絶反対運動を刺激したりもする。このように考えると、妊娠中絶についての個人の意思決定は、本質的に、集合的である――その発生においても、反響においても。関係性理論のアプローチは、発達研究を重要な意味で拡張しうるのである。

　第三に、第2章での議論を繰り返すならば、関係性理論に注目することは、専門家を自己反省へと導く。「言語の意味はその社会的使用である」というヴィトゲンシュタインの提案の含意を拡張するならば、発達理論・発達研究そのものが、より広範な関係性のパターンの中に埋め込まれていることがわかる。発達心理学は、社会に子供の性質についての情報を伝えるのに、中心的役割を果たしてきた。実際、発達理論は、しばしば、専門領域の垣根を越え、社会におけるより広範な実践の中に入り込んでいる（例えば、ピアジェの理論が、教育実践や育児マニュアルに浸透していることを考えてみよ）。したがって、専門家であるわれわれが人間の生をいかに特徴づけるかは、きわめて大きな倫理的・社会的重要性をもつのだ。論じてきたように、人間理解の個人主義的観点を越えることの意味は大きい。

注

［1］ピアジェは、心的世界に社会が侵入する可能性に十分気づいていた。実際、『子供の心理学 The Psychology of the Child』の中で、ピアジェとインヘルダーは、「デュルケム社会学派」が提起した批判と、「言語は、論理を学習する際の本質的要因であるだけでなく、……それどころか、人間性の全体にわたるすべての論理の源なのである」（p.87）という議論に注意を向けている。これに対して、ピアジェらは、この可能性に反論する証拠を提出し、次のような個人主義的見解を改めてまとめている――「言語は、論理の源ではない。その逆に、言語が論理によって構造を与えられているのである」（p.90）。しかしながら、ここでの「証拠」は、内的な心という問題の多い前提に依拠しており、その前提がピアジェらの結論を循環的に支持しているにすぎない。

［2］別の言い方をすれば、関係性の中でわれわれが理解と呼ぶものを示すことは、他者の主観にアクセスすることによって達成されるのではなく、交流の連鎖の中で適切な行為をすることによって達成されるのである。

［3］ここでの分析は、人はかなり自由に意味を創造したり制約したりする能力をもつことを示唆していると思われるかもしれない。しかし、現実には、文化内には長期的な交流パターンが存在しているため、「何でもあり」とはならない。

［4］ここから、われわれは、多かれ少なかれ、永遠に対立から逃れることができない意味のシステムにとらわれている、と結論してはならない。なぜならば、関係性の新たな形式は、常に可能だからである。すなわち、過去にある形式にコミットしていたからといって、新奇な形式の理解可能性に入り込むことを妨げられるわけではない――それは、生涯チェスを楽しんでいるからといって、皆とクローケー（ゲートボールに似た球技）をすることができないわけではないのと同じことだ。

第12章　虚偽——言語的コミュニティの問題として

虚偽、偽善、詐欺——これらはみな、しばしば厳罰が与えられるにもかかわらず、日常生活にますます蔓延しているように見える。このことは、社会の道徳心が衰えつつあることを意味しているのだろうか？　社会構成主義の立場からすると、「虚偽」は、概念としても社会現象としても、注意深く検討されなければならない。なぜならば、虚偽は、「真実の誠実な発言が存在する」という信念を前提にしているからだ。これまでの議論から示唆されるように、もし、この信念が疑わしいものであるならば、虚偽もまた疑わしいものとなり、われわれが通常虚偽とみなしているものについて新たな概念が必要となる。われわれは、これまで、自己、感情、コミュニケーションについて、関係性理論の観点から考察してきた。本章では、こうした議論を虚偽へと拡張し、虚偽を関係性理論の観点から再定式化することによって、この社会問題に新たな観点を提出しようと思う。

さて、英語には、「虚偽」やその類語（「詐欺」「嘘つき」「ごまかし」「二枚舌」）ほど批判を浴びる言葉はない。親に嘘をつく子供に向けられる頭ごなしの叱責、データを捏造した科学者の学会からの追放、大衆を欺く政治家の告発——これらはすべて、虚偽をなす者に対する非難の声がきわめて強力に共有されていることを示している。同時に、虚偽に対する非難の慣行は、個人主義のイデオロギーを劇的に具現化したものでもある。個人主義のイデオロギーによれば、個人が嘘つきであるのは、（1）真実を知っているにもかかわらず、（2）他者とのコミュニケーションにおいてその真実を意図的に隠したり歪めたりする場合である。実際、虚偽についての主な定義を見てみると、基本的に心理学的であることがわかる。さらに、虚偽は不道徳な行為と思われているがゆえに、良心が未発達だったり衰えたりしているせいにされるのが普通である。嘘をつくのも個人、その責任があるのも個人、最終的に罰を受け矯正されなければならないのも個人、というわけだ。このように、虚偽というありふれた概念も、個人をめぐる言説的／非言説的行為の巨大なネットワークの中に埋め込まれている。つまり、虚偽という言葉の日常的使用が含意しているのは、社会秩序は諸個人の頭や心に由来し依存しているという観念にほかならない。

アリストテレスの時代から現代まで、学問は、こうした観点を大いに強化してきた。カントによれば、嘘をつくことは、自己の個人的義務に反するがゆえに、大いに不道徳である。個人は、道徳的行為を通じて自分の最大限の道徳性を表現するが、他者を騙すことは、道徳的行為の基準に反する。すなわち、虚偽は、人間の本質的性向に対する裏切りであるがゆえに、性格の弱さであり、卑しさへの屈服であるとされた。[1] あるいは、嘘をつくことは個人の他者に対する攻撃であると主張する者もいる。なぜならば、それは、よき社会に必要な共通の信頼を損ね、人間的な結びつきの基盤――正義と愛の可能性を含む結びつき――を破壊するからだ。[2] さらに、虚偽は支配の形式である、とされることもある。なぜならば、それは、嘘つきに不当な利益を与えることによって、本来平等なはずの関係を嘘つきに有利な支配関係へと変えてしまうからだ。

しかしながら、前章までの議論をふまえるならば、ここで立ち止まって考えなければならない。われわれは、個人主義的心理学の説明には、明らかに大きな問題が内在していることを確認してきた。すなわち、心についての主張を正当化することは、概念的にも実証的にもできない。心的世界を物質世界の鏡とみなす立場にも、心の働きを身体的行為の原因とみなす立場にも、大きな問題がある。むしろ、心の働きについての前提は、社会的交流の過程にその起源を求めることができるし、文化的・歴史的影響を受けているのであった。さらに、心理学的説明が好む自己充足的個人のイデオロギー――人は、基本的に孤立しており、他者を理解することはできない、とする見方――には、問題が多いことも確認した。これらの議論をふまえて虚偽の概念について考えるならば、その中心となる心理学的要素――知識と意図――は、両者とも疑わしいことがわかるだろう。すなわち、両者とも、西洋の心の概念に特有の構成概念であり、決して普遍的なものではなく、基本的に正当化されるものではない。

したがって、虚偽の心理学的基盤を問題にするためには、そこに含まれる憎悪とともに、その性質について再考しなければならない。社会構成主義からすると、虚偽の概念は真実の概念に基づいて理解されるがゆえに、このことは一層重要である。「真実を語る」ことを前提にせずに、「嘘をつく」とはどういうことかを明らかにすることなどできない。しかし、これまでの章で明らかにしたように、客観的事実という概念には問題が多い。さらに、言語が、言語とは独立した事象を写すことができるという前提は、到底維持し難い。そして、もし言語は何が事実かを描写しないのであれば——それが正確であろうと不正確であろうと——、事実を運ぶという伝統的言語観は危機にさらされる。では、もし言語が事実を運ぶのではないならば、嘘をつくことにはどのような意味があるのか？　もし正確な表象について明確な説明ができないならば、人はどのようにして騙したり欺いたりできるのだろうか？

しかし一方では、「虚偽」のような言葉は、ある程度の信頼性をもって日常生活で使用されている。実際、これらの言葉で指し示し、広範な同意を集めることのできる社会現象が存在する。したがって、これらの言葉を放棄するよう論じるのではなくて、これらの言葉を再構成することが賢明であろう。すなわち、虚偽を再概念化すること、より具体的には、関係性理論の観点からその意味を表現することが重要である。この意味で、以下の議論は、既存の心理学的説明のミクロ社会的再構成を試みてきたこれまでの議論を敷衍したものである。さらに、議論を進める中で、今後数十年の間に、虚偽の増加が予想されることを論じる。というのも、テクノロジーの変化は、虚偽がますます増加するような仕方で社会生活に影響を与えているからだ。最後に、虚偽というテーマを通して、道徳礼賛の伝統はあまり役に立たないし、悪弊すらあることを示そうと思う。関係性理論の観点に立つならば、われわれの関心は、良心と矯正の問題から、対立する関係性への忠誠の問題へと移行しなければならない。

第1節　現実の多様性と虚偽の出現

虚偽を分析するには、まず、事実の言説——逸脱や偽りと対照させることのできる適切な基準——がなければならない。事実の伝統的観点――世界の心への正確な反映、あるいは、事実の鏡としての言葉、という観点――については、すでに多くのことが言われてきた。こうした観点に代えて、本書では、事実が社会的構成物、すなわち、人々の関係性の産物であることを主張してきた。これまでの章で論じたように、人々は、長期間にわたって相互作用するにつれて、ローカルな存在論を生成するようになる。ローカルな存在論とは、関係性を満足に育んでいくことを可能にする、描写の言語である。共同体は、真実や現実を維持するために、多大な努力――公的非難と身体的刑罰を含む――をしている。というのも、真実や現実を知ることは、日々の生活の活力を維持することにほかならないからだ。ここで、第1章での中核的命題群の議論を敷衍し、こうした現実形成の原初的単位を**中核的関係性**（relational nucleus）と呼ぶことにしよう。いかなる中核的関係性においても、その参加者は、何が「真実」であるかを同定し、より正確に言えば、慣習的に同意可能な表現様式を指し示すことができる。例えば、もしわれわれが「美しく晴れている」ということに同意しており、かつ、そのように報告されるべきであると皆が同意しているときに、あなたが必ずそう報告するならば、あなたは真実を伝える天気レポーターになれる。このことは、決して、客観的に空が美しく晴れているからではない――別の観点からすれば、同じ天気が、「攻撃的なまでにまぶしい」「ブルジョア好みの理想のような」「満たされない願望の罪悪感を負わされている」などと表現されることもありうる。そうではなくて、真実を伝えることができるのは、われわれの間に「天気」の語り方についての同意があるからにすぎない。

では、普遍的事実という基準がないとすれば、虚偽をどのように理解すればよいのだろうか？　もし事実が心と世界の対応によっても言葉と世界の対応によっても達成されないならば、そしてもし事実がミクロ社会的調整の産物であるならば、虚偽の再概念化が必要である。まず、存在論的一枚岩、すなわち、「それが何であるか」が全員にとって完全に自明な常識であれば、虚偽が実質的に不可能であることを確認しておこう。言い換えれば、虚偽は、孤立した単一の中核的関係性の中では決して生じない。なぜならば、世界のあり様について完全に同一の思い込みをしている人間同士の間では、そもそも虚偽を語ることは意味をなさないからだ。すなわち、中核的関係性の基準に沿わない言説は、意味不明なのだ。例えば、もしわれわれにとって、暖かく晴れている日を「暖かく晴れている」と呼ぶことが自明であり、さらに、それを記述する方法が他にないとすれば、あなたはそう表現する以外には表現の仕方をもたないことになる。すなわち、あなたは、暖かく晴れているのではなくて、実は「多岐にわたる天気」であるなどと言うことはできない。なぜならば、「多岐にわたる天気」は、われわれの中核的関係性の中では意味不明だからだ。要するに、われわれがプライベートと思っている説明も、ことごとく、パブリックな説明である。あなたは、「暖かく晴れている」以外の、あなたに固有の表現をすることはできない。

この例を拡張して、盗みの場合について考えてみよう。ある種の財について誰もが所有権をもっていることがいつでもどこでも自明であるような文化においては[3]、その種の財を誰かから盗むということは意味をなさない。すなわち、こうした状況下では、そのような行為の意味を理解できる個人はいないがゆえに、盗みは端的に存在しないだろう。このような社会で人の物を盗むことは、例えば、朝食に犬をとろうとするヨーロッパ人のようなものだ。もちろん、朝食に犬をとることは物理的には不可能ではないだろうが、意味不明である。一方、われわれの文化が犬を食べることを正当化しているならば、犬を食べることを理解し敬意さえ表するかもしれない[4]。

したがって、虚偽が生じるためには、第一に、現実について異なる説明をする多様な中核的関係性がなければならず、第二に、複数の中核的関係性に同時に所属する可能性がなければならない。すなわち、もし単一の中核的関係性しか存在しなければ、虚偽は生じえない。さらに、単に二つの中核的関係性があるだけでは、虚偽は生じない。例えば、私有財産という概念しかもたないグループ（グループA）と、共有財産という概念しかもたないグループ（グループB）について考えてみよう。この場合、互いに相手の慣習を妨害する可能性はあるが、虚偽の可能性はない。あなたがグループAに所属しているのであれば、あなたは財産を私有するだろうし、同時にそれはグループBの人々にとっては不可解な行為に映るだろう。しかし、あなたは、グループBの慣習についての知識をもたない限り、財産を不正に私有しようとは思わないし、実際、そんなことは不可能である。もし、あなたがグループAのローカルな慣習に則っていないとしても、それは無知や不注意とレッテルを貼られるだけであって、騙していたとは言われようがない。かくして、騙すためには、あなたは少なくとも二つの関係性に身を置いていなければならない――ある行為が理解可能な関係性と、その同じ行為が理解可能ではない関係性とに。

言い換えれば、複数の中核的関係性の存在は、同一の「出来事」について、相互に排他的ではあるが、それぞれの関係性においては等しく「真実」であるような説明を用意する。虚偽の可能性は、ある個人が少なくとも二つの中核的関係性――一つはある行為が理解可能な関係性、もう一つはその行為が理解可能ではない関係性――のメンバーである場合に生じる。例えば、関係性Aにおいては、人々が所有権をもっていることが自明であり、したがって、他者の財を盗むことはこの権利の侵害であるから、盗みは罰せられるべきであることが自明であるとしよう。見てきたように、関係性Aのすべてのメンバーがこれ以外の考えを決してもたないのであれば、盗みは決して生じない。しかしながら、関係性Aのメンバーの一人が、関係性Bのメンバーでもあるならば、関係性Aに特有の存在論が否定される可能性が出てくる。特に、もし関係性Bのメンバーが、私的所有のシステムは不公平で抑圧的であり、したがって、「もてる者」から所有物を奪うことは名誉なことであると信じているならば、関係性Bのメンバーが、関係性Aにとって不快なことをすることもありうるだろう。さて、虚偽の可能性が生じるのは、あなたが二つの関係性のメンバーであり、そうした行為の説明を集団Aから求められる場合である。関係性Aにおいて、あなたが「盗み」の嫌疑をかけられた場合、どのような可能性があるか概観してみよう。

（1）**告白**：あなたは、自分の罪を告白し――「はい、私は自動車を盗みました」――、関係性Aに共有されている現実に同意するかもしれない。その結果、罰を受けるだけでなく、もう一つの現実B――「この自動車は私のものだ、なぜならば、裕福な人々は貪欲で、私に儲ける機会を与えないから」――と、現実Bの拠り所である関係性を否定することになる。

（2）**釈明**：あなたは、関係性Bの常識を、関係性Aのメンバーに教えようとするかもしれない。すなわち、自分がそのような行為をする「正当かつ妥当な理由」があったことを示そうとするかもしれない。もしあなたがこの新たな存在論を教えることに成功するならば、あなたの行為は「犯罪」であることを免れるだろう。関係性Aのメンバーは次のように結論するかもしれない――「あなたはその自動車に乗る権利がある。あなたは不公平に扱われてきた。われわれは、われわれのやり方や法律を改めよう」、と。もちろん、このような結果は起こりそうにない。なぜならば、中核的関係性Aにとってその現実Aは、生きた理解可能性だからである。それは、日常生活のパターンの中に複雑に織り込まれた真実と善を明確化するものである。だから、現実Aに浸ると、他のあらゆる現実は無縁になる。しかし、もし、別の現実が十分に理解可能であるならば、関係性Aの共有理解が変化するかもしれない。すなわち、別の理解とそれに伴う実践が、関係性Aのそれに取って代わるかもしれない。しかし、関係性Aのメンバーが自らの現実にとどまることを望む限り、別の現実が正当化される見込みはない。

（3）**虚偽**：明らかに、上記の選択肢のいずれもあなたにとって最適なものではない。第一の選択肢は、処罰と、自分が所属するもう一つの関係性の否定をもたらす。第二の選択肢は、うまくいきそうにない。これらに対して、魅力的な選択肢は、関係性Aのメンバーに対して、彼らが言う意味での盗みをしたことを否定すること、すなわち、騙すことである。なぜならば、もしうまく騙すことができれば、罰を免れ、関係性Bとの結びつきを維持することになるだけでなく、関係性Aの「よきメンバーであること」を享受し続けることができるからだ。

個人が複数の関係性に参加する高度に複雑な社会においては、それぞれの関係性は現実を構成する独自の可能性をもっているため、虚偽の可能性も強まる。もちろん、虚偽のほとんどは、些細なものだろう——日常の「罪のない嘘」のように。しかしながら、告白には高いコストがかかること——罰せられるとともに、もう一つの関係性を否定することになる——、釈明は困難であること——例えば、集団は、普通、自分たちの生活様式を維持するために、自分たちの現実を守ろうとする——、これらの理由から、虚偽は魅力的なものとなる。このように考えると、今後、虚偽は増えていくと考えられる。他のところ（Gergen, 1991b）で詳述したように、二十世紀のテクノロジーは、われわれの関係性の容量を指数関数的に増大させた。すなわち、二十世紀初頭の電話、自動車、ラジオにはじまり、ここ数十年のテレビやジェット機の発明、そして現在におけるコンピューター、衛星通信、トランジスタを用いた情報処理などに至るまで、われわれは他者——他者の価値観、他者の態度、他者の意見、他者の人格——に満たされている。このことは、友情や家族の絆が生み出され、世界中で維持されている、日常生活の領域に当てはまるだけではない。制度上の領域——ビジネス、政府、教育、軍隊、など——においても、地球規模の結びつきが当たり前のものとなりつつある。さらに、こうした相互依存性のインパクトに加えて、無数の草の根的組織——宗教団体、政治団体、民族集団、運動競技連盟、環境保護団体、など——が、様々な地域の人々を加速度的に集結させている[5]。

人間が結びつく領域がこのように拡大することは、われわれが参加する中核的関係性の範囲——これが現実であり正しいと思える可能性——が拡大することを意味している。このことは、ある関係性の基準によれば正しいが別の関係性の基準によれば不都合な行為を通じて、正当な行為の範囲を広げるだけでなく、「虚偽をあばく」方法をも増大させる。こうして、関係性の容量の増大は、秘密と虚偽をもたらすのである。現在、われわれが、欺瞞、スパイ、裏表のある言行、侵入行為、組織の秘密漏洩、インサイダー取引、書類偽造、剽窃などの事例に取り囲まれているのが、まさにそれである。であるならば、公的な信頼は風化の危険に直面しているのではないか？　実際、多くの人々が、信頼の風化はすでに重大な局面を迎えていると考えている。

このような虚偽の社会的拡大に対して、完全な解決法を提示することはできないが、本書で展開してきた関係性理論の観点は、議論に新たな展望をもたらすものである。次に、関係性理論の観点からある政治的スキャンダルを考察し、その問題と含意を明らかにし、それを通じて関係性理論の可能性を考察する。

第2節　虚偽とイラン——コントラ論争

一九八七年春、合衆国政府の任務遂行能力は、政府中枢——レーガン大統領、その側近、大統領府、関係諸機関を含む——の虚偽を議会とマスコミがあばこうとしたことによって、きわめて危ういものとなっていた。議会、民衆、同盟国は、政府の活動に関して、大いに欺かれたと主張した。レーガン大統領は、人質戦略をとるイランと「取引をしない」よう他国に勧告し、合衆国政府を代表して公的誓約をしたが、その裏ではまさに取引をしていたのである。さらに、議会が、ニカラグアの社会主義政府の転覆を図る反乱軍（ニカラグア・コントラ）に対するさらなる軍事援助を禁止する法律を制定した後でも、大統領らは、私的かつ秘密裏にコントラに資金と武器の援助を行っていた。嘘を重ねていくうちに、人質厚遇のためにイランに売った武器の代金が、後にコントラ軍の活動支援のために送られたことが明らかになった。最終的に、コントラ軍支援は非難されたが、政府はこうした活動の一切を断固として否定した。しかし、政府高官のこうした言行は、信頼できないように思われた。このため、政治不信は深刻なものとなった。

政府による虚偽の発覚という点で、イラン―コントラ・スキャンダルは、アメリカやその他の国々にとって目新しい出来事ではない。ニクソン時代のウォーターゲート事件以来、アメリカのマスコミは、政府による虚偽の可能性にきわめて敏感になっていた。なぜならば、虚偽スキャンダルは、ニュースの世界においてきわめて儲かる商品だからだ。こうしたスキャンダルが周期的に繰り返されるのは、アメリカに限った話ではない。フランスでは、官僚の活動について長い間不信が抱かれており、政府内部で裏切り行為が発覚したことが、マスコミで頻繁に報道されている。また、イギリスのマスコミは、政府レベルでの虚偽、二枚舌、スパイ活動を明らかにしようとする確固たる信念をもっている。同様に、ドイツでは、再統一以来、旧東ドイツの共産党員間の虚偽が発覚し、ジャーナリズムをにぎわせている。政府による虚偽へのこのような広範な関心は、西洋文化において権威が一般的に失墜しているためと考えることができる。すなわち、ハーバーマス（Habermas, 1979）、リオタール（Lyotard, 1984）が論じているように、権威の伝統的正統性は、道徳的にも理論的にもその基盤を深くむしばまれている。実際、政権を握っている人々は、民衆との関係において、「何が事実かを判定すること」をもはや任されてはいない。なぜならば、政権による「現実の認定」は、政府に都合のよいものと思われるようになっているからだ。かくして、公共の信頼は崩壊の危機にある。

しかも、これまでの分析からすると、現代におけるこうした広範な不安は、強まるとまでは言わないにしても、継続しそうだと考えざるをえない。すなわち、公務員の資質が問われ、罰則や予防策が確立され、過去の苦い教訓が広く行きわたっているにもかかわらず、虚偽はこれからもしばらくは頻繁に使用されるだろう。そして、こうした問題が繰り返されると、それは政治にとって当たり前の事実となり、政治不信は一層助長されるだろう。さて、これまでの議論では、こうした変化を、テクノロジーとそれによる現実の増殖という観点から説明してきた。しかしながら、イラン―コントラ・スキャンダルは、さらに別の観点から説明されなければならない――すなわち、組織における現実の複数性という観点である。

まず、組織内部における**現実の多層構造（laminations of reality）**――複雑な官僚機構の中に多層的に存在する中核的関係性——について考えてみよう。多層的でない関係性は、二人の対話者の間にしか存在しない——これが、中核的関係性が形成される初期条件である。見てきたように、中核的関係性内部での活動によって、関係性内部では自明の信念が形成される。もしすべての現実が自明であり、競合する現実が存在しないならば、上で述べたような虚偽は理解不能な選択肢にすぎない。例えば、大統領が、自らの政策のすべてを、マスコミ関係者一人とともに実行するのであれば、虚偽は存在しない。なぜならば、その二人が、自分たちが自明視する以外の準拠枠組みをもっていないならば、虚偽は論理的に不可能であるからだ。

　しかし、現実の場面では、大統領の関係性領域は「多層化」されている。第二の中核的関係性として、大統領とその顧問という関係性を加えよう。これにより、第二の現実が出現する条件が整ったことになる（図12・1を参照）。おそらく、「ホワイトハウスの内部で作られた現実」と「大統領とマスコミの間で作られた現実」との間には乖離があるだろう。まさにここにおいて、虚偽の可能性が生じる。すなわち、報道関係者の間で語られることと、ホワイトハウスの内部で語られることが、必ずしも一致しないということだ。こうして、あるところでは容認される行為が、別のところでは検閲の対象となる。

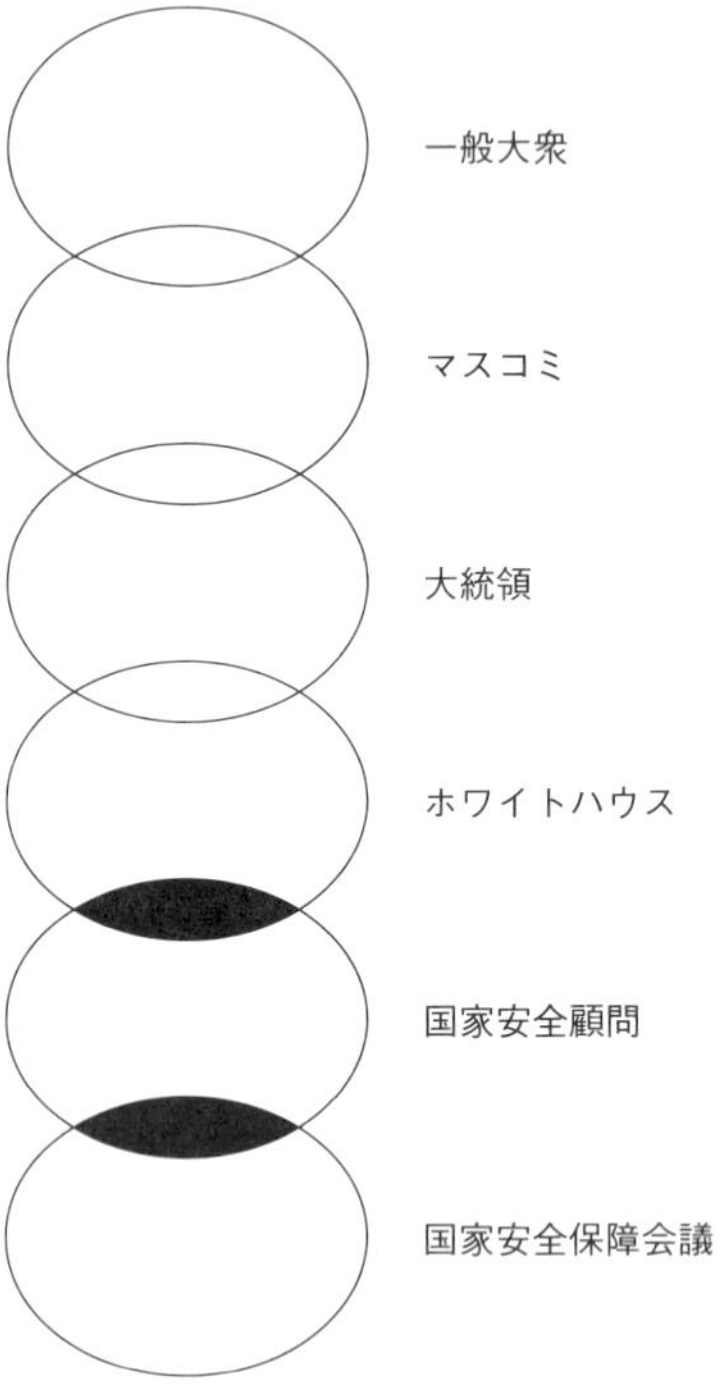

図12.1　政治的現実の多層構造

　この虚偽の可能性は、マスコミが少なくともう一つの中核的関係性——メディア視聴者との間に形成される関係性——に参加しているという事実によって、さらに拡大される。このもう一つの関係性の層によって、大統領は、自分とマスコミ関係者によって作られた現実が、メディアの受け手にもそのまま引き継がれているとは信じる

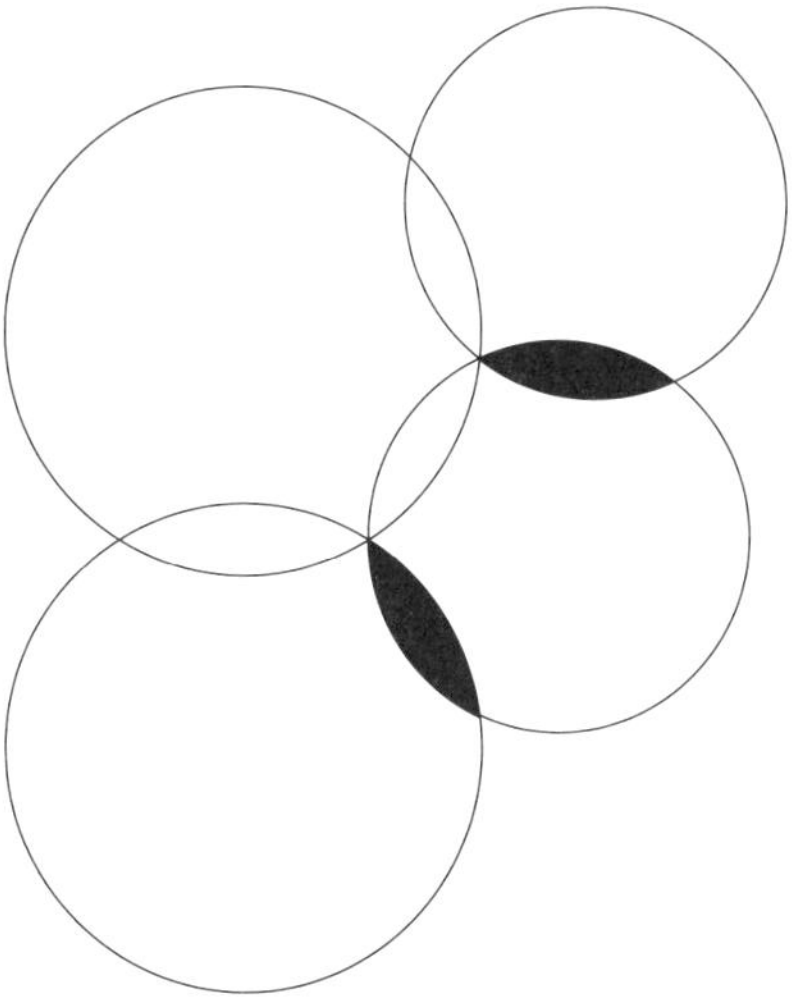

図12.2　大統領の現実の重複構造

ことができなくなる。実際、メディアの側にも虚偽の可能性がある。すなわち、大衆に伝える際に、誠実な観点を、自らの集団目的――論争の喚起、賞の獲得、新聞の販売、など――のために「歪めようとする」可能性である。

こうして虚偽の可能性が系統的に増大すると、さらに複雑な問題が生じる。大統領がマスコミを信頼できなくなれば、大統領の公的発表（この場合、プレス・ミーティング）は、諮問委員会のチェックを確実に受けることになる。そうなると、大統領が公共領域において提示することを許される現実は、ホワイトハウス内部で秘密裡かつ慎重に計算された結果となるだろう。かくして、大統領の公的言明は、大統領とマスコミ（ないし、大衆）の関係性による真正の成果ではなく、公的現実の領域において最大の効果をあげるように計画された人為的計略となる。もしホワイトハウス内部の議論を大衆が知ることができるならば、大統領の言葉の信憑性は弱められるだろう。実際、ウォーターゲート事件では、マスコミや大衆がホワイトハウス内部のこうした議論に気づいたため、公的発表はますます疑われることとなった。

さらに、政府の様々なレベルにおける、現実の多層構造を考えてみよう。例えば、大統領府のメンバーは、配下の大組織――国務省、国防省、など――を統轄している。また、ホワイトハウスの主要スタッフの一人は、国家安全顧問である。

その国家安全顧問は、大組織（国家安全保障会議）——レーガン時代に着実に強化された——を率いているが、そのメンバーが大統領やホワイトハウスのスタッフと接触する機会はほとんどない。実際、国家安全顧問は、少なくとも二つの中核的関係性に同時に関わっており、そこでは少なくとも二つの競合する現実がありうる（図12・2を参照）。

ここにおいて、政府内部での虚偽の可能性がさらに増大する。なぜならば、国家安全保障会議の内部で作られた存在論は、ホワイトハウスのスタッフとの間で作られた存在論とは異なるだろうからだ。さらに、それは、大統領とスタッフとの間で作られた存在論とも、大統領とマスコミとの間で作られた存在論とも異なるだろう。実際、こうした複雑な可能性は、何ヶ月もの間、アメリカ人の関心を惹き、国家安全保障会議の活動について、詳細な調査が行われることになった。そして、この集団の明らかな欺瞞——人質と武器の交換、および、違法なコントラ支援——は、大統領とその顧問に対する信頼を脅かすことにもなった。

以上、政府内部における中核的関係性の多層構造が、いかにして虚偽と不信を招くかについて見てきた。しかし、政府の中核的関係性は、垂直的に結びついているだけでなく、水平的にも結びついている。例えば、大統領は、自分のスタッフと垂直的な関係にあるが、それとは別に、大統領府、議会、最高裁判所、自らの政党、企業などのメンバーと相互依存的（水平的）に結びついてもいる。こうした過程は、政府におけるあらゆる多層構造に見出すことができる。さらに、これらの個人（ないし、集団）のそれぞれは、さらに別の関係性にも、垂直的かつ水平的に、結びついている。こうした**相互依存の重複構造（multiplicity in interdependency）**は、虚偽の可能性を大いに増大させる。なぜならば、どの中核的関係性のメンバーも、別の中核的関係性との関係において自らの現実を放棄することが、潜在的には可能だからだ。ある関係性において「現実」であり意味があるとされるものであっても、別の関係性の中では再構成され、その結果、あまりにも単純で、素朴で、誤っており、非道徳的で、危険であるとすらみなされるかもしれない。いかなる関係性においても、「良識」だけが作られる——それは、自分たちの世界は、それなりにつじつまがあっていて正しい、という感覚である。しかしながら、その現実が、別の理解の文脈に移されると、一挙に「虚偽」の可能性が生じるわけだ。

系統的に生じるごまかしの典型は、「漏洩」と「告白」である。すなわち、政府機構のどのレベルの人も、秘匿すべき現実を、その聖域の内部からマスコミに暴露しようとするかもしれない。例えば、ホワイトハウス補佐官が他のスタッフの協議内容を漏らす、パイロットがコントラに武器を送るという機密指令をしゃべる、国家安全保障会議のオリバー・ノース氏の秘書が査察前に文書を廃棄しようとしたことを暴露する、などである。ところが、中核的関係性の内部では、その同じ人物は妥当で正しい活動を実行している。例えば、フェイス・ホールは、セキュリティ・チェックを通るとき、自分の服の中に書類を隠すことによって正しいことをする、まじめな秘書である。しかしながら、同じ言動がマスコミの現実に変換されると、それは重大なもみ消しの証拠となる。

おそらく、二枚舌の告発は、政府内の人々が国民の意思に忠実であろうとしている場合でさえ生じる。すなわち、政権担当者が共通の善に忠実であるときでさえ、虚偽の告発が予想される。どうしてか？　このことは、大部分、人が多層的な様々な関係性の間を移動するときに生じる、微妙な現実の転換に理由を求めることができる。現実の転換とは、異なる言説領域（ないし、存在論）が互いに接触する際に生じる、意味の変容である。すなわち、もし、ある個人が、現実について異なる概念をもつ二つの関係性に参加しているならば、その人は、二つの関係性の融合物——それぞれの関係性の影響を受けているが、どちらのコピーでもない現実概念——を発達させる可能性が高い。例えば、「国家機密に不可欠」という現実と、「他者の権利のはなはだしい侵害」という現実とが融合されると、「賢明だが不完全な政策」という現実が生み出されるだろう。このように、個人は、おそらく、競合する現実の間に明確な一線を引いているわけではない。すなわち、それらの現実は、十分に重なり合っており、個人は単一の現実の内部に住んでいると感じることができる。

しかしながら、組織（ないし、複雑な社会）の多層構造を移動し続けると、最初の中核的関係性における現実は遠くに消え失せてしまう。ある文脈においてあるものを意味していた言葉が、第二の文脈では別のものを意味するようになり、第三の文脈ではさらにその意味が変化するからだ。すなわち、もともとの前提はますます捉えにくく移ろいやすいものになるし、きわめて重大なコミットメントがいつのまにか希薄になってしまう。こうして、最初は一般大衆との関係性において事実とされていたものが、その後に作られた関係性における現実——一般大衆とは離れたところにある多層的な関係性において作られた現実——と乖離してくる。

ここで改めて、「同盟国はテロリストと交渉を行わないように」というレーガン大統領の要請と、後に、大統領が交渉を行っていたことを否定したことについて考えてみよう。証拠が明白に示しているように、この公的現実は、ホワイトハウスの内部ではそのままコピーされてはいない。大統領は、スタッフとのミーティングの中で、イランのテロリストに拘束されている人質の自由を確保すべきであること、そのためには、もし必要であれば、強行措置をも辞さないことを言明していた。文書から明らかなように、ホワイトハウス・スタッフのレベルにおけるこの抽象的なメッセージは、安全保障理事会のレベルで再び変容した。すなわち、そこでは、このメッセージは、イラン政府との対話を模索するものと翻訳された。特に、安全保障理事会は、もしイランに武器を供給することができれば、イランのソ連に対する依存は弱まり、穏健派とのより持続的な関係が保証され、イランによる人質の解放が間接的にもたらされる、と考えていた。

現実の転換については、もう一つの関係性を付け加えなければならない——すなわち、国際的な交渉過程そのものとの融合である。すなわち、アメリカとイランの代表が会見したとき、代償——人質と武器の交換——があったことはますます明白になった。こうして、様々な関係性が関与したことによって、公的現実は百八十度転換してしまった。新聞記事も示しているように、これら複数のレベルにおける現実の推移は、あるレベルでの概念が前のレベルの形そのままにはコピーされないようなステップを踏んだのである。実際、彼らは現実の乖離を自覚しており、このことがさらなる虚偽を導いた。一般的に、組織の各レベルにおいて、われわれは、何らかのローカルな基準に基づく「合理的かつよい」意思決定であったし、ある意味で、すべての意思決定は、正しくふるまおうと真剣に考えている人々によってなされていた。しかし、現実が、関係性の多層性・重複性の中で多様化し変容することによって、「恐るべき欺瞞」が生じたのである。

第3節　虚偽と道徳判断

以上、虚偽についてミクロ社会的説明をしてきたが、これに対しては批判があるかもしれない。すなわち、以上の分析は、虚偽は不可避であるから、われわれはそれを甘受するしかないと示唆している、という批判である。なぜ、われわれは、公共の信頼を欺き破壊するような人々を許容するような理論を求めなければならないのか？　もし個人が欺瞞的行為に対する道徳的責任をもたないのであれば、社会はいかにして維持できるのか？　こうした批判は、確かにもっともである。しかしながら、本章の分析は、例えば、イラン―コントラ問題の様々な関係者を是認しようとするものでは決してない。同様に、私は、ヒトラー、スターリンらの欺瞞を間接的に支持しようとしているわけでもない。以下では、こうした様々な形式の虚偽を「個人の道徳」という観点から捉えた場合の含意を、関係性理論の観点から捉えた場合の含意と対照させつつ考察していこう。第4章の議論をふまえるならば、虚偽に対する「個人の道徳」という観点からの対応よりも、関係性理論の含意を追求する方が、長い目で見れば、われわれの社会の改善にとって効果的となる。

このことを検討するために、虚偽に対する道徳的観点にはどのような問題があるかについて考えてみよう。まず、道徳判断は、心と言語についての疑わしい前提に基づいている――すなわち、心は行為の源泉としての役割を果たし、言語は現実の正確な像を提供しうる、という前提である。これまで述べてきたように、これらの前提は、様々な点で問題がある。さらに、道徳判断は、判断者と加害者を引き離すくさびとなる。例えば、裁判官は、自分を、罪や軽蔑を受けなければならない被告よりも、道徳的に上位にあると考える。一方、被告は、自分の行為を正当化する観点を保持しているために、罰や軽蔑には根拠がないと考えることも少なくない。したがって、道徳家が考えるように被告が悔恨の情を見せて解決するのではなく、憤慨、敵意、孤立、復讐への希望――未来の関係性への暗い見通し――といった反応が見られることが多い。

最後に、愚直なまでの有徳者であっても、その人の言うことが正当とは限らない。現在、普遍的に合意されるような道徳原理のシステムは存在しない。[6] 社会構成主義の観点からしても、普遍的道徳が固定しうると考える理由はない。なぜならば、ある共同体や中核的関係性の内部で発達した道徳原理を、他の関係性の内部でも理解可能にし、拘束力をもたせる手段などほとんどないからだ。例えば、西洋的伝統の内部でさえ、熱心な道徳家が、「正直」という原則に普遍的にコミットしていることはまれである。[7] だから、正直という原則の名のもとに罰することは、この意味で、偽善的である。あらゆる状況において正直である人などいるというのか？　例えば、厳格な道徳家であっても、ユダヤ人をナチの強制収容所から守るために嘘をついた人たちに敬意を払うだろう。このように、われわれの多くは、正当な目的のためであれば、「不正直」を支持している。一般に、人心をかき乱すから虚偽なのではない。そうではなくて、虚偽の意味は、個別の事例の結果に依存しているのだ。この最後の論点を足がかりにして、虚偽に対する関係性理論の含意を再考していこう。

まず、ある中核的関係性に属する人々が、（彼らの観点から見て）虚偽の説明を受け、損害を被っていると考えているときに、その不満から「虚偽だ」という声が発せられる可能性について考えてみよう。例えば、イラン―コントラの事例では、議会のメンバーは、「虚偽」の報告が議会の権限を侵害し、議会による公正な政策過程を妨害したという理由で、政府を批判した。しかし、仮に政府が軍事支出の予算見積を不当につりあげたとしても、それが虚偽であると批判されることはめったにない。実際、政府による数字のでっちあげは、多かれ少なかれ予想できることだ。ここでこの虚偽が批判されない最も重要な理由は、この虚偽が、議会の既存の前提を脅かさないという事実である。すなわち、議会は、仮に政府が虚偽の予算を計上したとしても、自分たちが予算をコントロールする権限をもち、合理的かつ効率的に自分たちの任務を遂行することができる。ここから明らかなことは、いかなる集団の「損失」も、その集団内で共有された前提に依存していることだ。すなわち、損失は、現実世界の事実ではなく、現実をめぐる対話に依存しているのだ。実際、議会がイラン―コントラ事件を議会権限の侵害（損失）とみなしたのは、議会の権限、国益、政府の権利などについて、議会内部で幅広い前提が共有されていたからにほかならない。もちろん、これらすべての前提は、他の関係性から見れば、通用するとは限らないし、再構成の対象ともなる。

このように考えると、ある集団内で「虚偽」とみなされ罰を与えられる行為は、その集団の共通理解を犯す行為である。すなわち、それは、まず、その集団の理解可能性のシステムの中で、その存在論を表面的には共有している誰かによって遂行される説明である（例えば、泥棒は、「私はその自動車を盗まなかった」という言葉が意味することを完全に理解している）。しかしながら、それは、その集団の基準によれば、虚偽の説明とみなされる。結果として、嘘つきは「われわれの一員」ではなく、われわれの慣例を重んじず、われわれと同じ信念をもたず、われわれの関係性や制度を破壊する、ということが明らかになる。西洋の伝統においては、こうした失敗（泥棒の意味を知っていたけれども、盗みを実行してしまった）は、犯罪者個人に帰属される――すなわち、判断力のなさ、道徳心の欠如、歪んだ性格、などに。だから、その非道徳的行為やそれに伴う虚偽が必然であることを理解可能にするような、社会的・関係的文脈が考慮されることはめったにない。あるいは、より一般的に言えば、われわれが正しく認識できないのは、虚偽が、**相反する関係性への忠誠**の――少なくとも二つの両立不能な理解可能性の狭間に身を置いていることの――産物であるということだ。もちろん、道徳的（心理的）欠点に関して嘘つきを罰することが悪いと言っているわけではない。しかし、そうすることによって、誤った行為と虚偽の理由、両者の主たる原因が隠蔽されてしまうのである。

個人を罰することは、他者が同様の行為をすることを思いとどまらせるかもしれないが、同時に、強い敵意を誘発する可能性もある。これとは対照的に、本章で述べてきた関係性理論による説明は、当事者をより対話的な姿勢へと導く。すなわち、関係性理論による説明は、当事者たちの自明の世界観を「現実の正確な反映」とみなしたり、その善悪の観点を「基本的なもの」とみなしたりするのではなく、その理解を相対的な枠組みの中で、すなわち、様々な理解の中の一つとして見るように導く。さらに、現実がローカルな社会的構成の産物であることが明らかになれば、新たな構成の仕方を考慮する道が開かれる。そうなれば、理解の範囲が拡張し、そうでなければ「極悪非道のふるまい」であった行為が理解可能となるような理解の仕方が生まれるかもしれない。例えば、イラン―コントラ事件の場合について言えば、調査委員会、訴訟、個人的中傷などは、対話の形式に置き換えられるだろう。すなわち、国家安全保障会議、ＣＩＡ、その他政府組織の行為は、どうすれば議会や国民にとって理解可能なものとなりうるのか？　そうした行為が適正で立派だとすれば、それはどのような意味でだろうか？　このように理解可能性の幅を広げることによって、われわれは、虚偽のもつ肯定的な意味合いを理解することもできる。

もちろん、この関係性理論への移行は、当事者に限定してはならない。われわれは、嘘をつかざるをえない人々が、その嘘によって現実を脅かされる人を深く理解するようになるような、対話形式を模索しなければならない。例えば、夫以外の魅力的な男性との関係性に引っぱられている妻について考えてみよう。妻が、その男性との関係性にはまり込み、その結果として夫に嘘をつくならば、彼女は容赦ない非難の対象になるだろう。その結果、配偶者関係からの疎外（つまり、離婚）という関係が帰結するかもしれない。しかしながら、もし夫婦に第三の言説——ローカルな妥当性と説得力をもつ関係性——が用意されるならば、情事への誘惑はそれほど魅力的ではないだろうし、浮気をしたらどうなるかについてももっとよく考えるだろう。この場合、嘘をつく必要性は小さくなり、道徳的忠告もいらなくなる。このような新しい関係性の導入は、対立する現実間の葛藤を根絶するわけではないが、発生した葛藤を緩和する力をもつ。より前向きに考えれば、こうした関係性理論に基づけば、より大きな柔軟性やより深いコミットメントが可能になる——要するに、関係性を存続させるためには、その関係性を多層化・重複化していくことが重要なのである。

この立場からすると、国家安全保障会議の問題は、そのローカルな現実に基づいた行為ではなく、議会や国民の現実を十分に認識できなかったことにあった。もし会議のメンバーが、自分たちとは別の観点の合理性を認め、そうした観点が信頼され実践されていることを認識していたならば、彼らのローカルな現実は変容したことだろう。すなわち、もし彼らが他の関係性——政府の壁の向こう側——に身を置き、その手続きを十分に検証することができたならば、（議会の基準や公的基準から見た）憎むべき行為をすることはなかっただろう。原理的に言えば、もしすべての関係者がすべての関係性に参加しているならば、虚偽が魅力的な選択肢となるような行為は、合理的ではなくなるはずだ。

日常生活の多くの領域においては、嘘をついたり非難したりする誘惑を低減するために、人々に多様な関係性に身を置こうとすることを要求するのは、おそらく理想主義にすぎるだろう。なぜならば、われわれがそのときどきの現実に浸っているとき、別の言説は——かつて親しんだものでさえ——わきへ押しやられてしまうからだ。例えば、タンゴに没頭しているときに、ワルツをうまく踊ることはできないだろう。したがって、強く望まれるのは、顕在的な現実に変化をもたらすような具体的かつ継続的な手段である。そのためには、政府、ビジネス、大学、軍、警察などにおける意思決定の文脈に入り込む異質な声を増やすための多大な努力が必要である。このような試みは、特定の現実と、それに伴う道徳的正当化のもつ絶対的な力を緩和させる。しかしながら、こうした対話の可能性は、参加者のアイデンティティが制限される場合——ある人は「女性の視点」を代表し、ある人は「黒人の視点」を代表し、ある人は「貧者の視点」を代表する、などのような場合——には、限定されてしまう。対話が限定されてしまうと、人々が異質なカテゴリーに目を向けなくなってしまうだけでなく、ほとんどの人々がその一員であるような多様な理解可能性が否定されてしまう。したがって、必要なのは、人々が、自らの社会的生活の関係性が多層的・重複的特徴をもっていることを当たり前に共有できるような方法を創造していくことである。

注

［1］特に、カント（Kant, 1971）の『道徳形而上学 The Doctrine of Virtue』を参照。

［2］Sissela Bok（1978）は、「真実性の原則」（p.32）においてこの観点を具現し、それをキケロの著作から二十世紀の道徳哲学の流れに位置づけている。

［3］このことを敷衍した議論としては、Cooperrider and Pasmore（1991）、Gergen（1991b）を参照。

［4］サブカルチャーの現実についての有益な議論として、Carbaugh（1990）を参照。

［5］ここでこのような図式を用いているのは、分析目的のためである。より適切な定式化をしようとするならば、相互に関連する中核的関係性がクラスターをなす三次元空間を考えるべきだろう。しかし、ここでの議論にとっては、二次元で十分である。

［6］詳しくは第4章を参照。

［7］ここでの分析は、関係性が多層的重複構造をなしていることを強調し、虚偽の理由を、同時に複数の関係性の成員であることに求めている。しかしながら、複数の関係性に属していることが虚偽をなす唯一の原因ではない。なぜならば、ある人が現在いかなる関係性に属しているかとは無関係に、その人は過去において数多くの関係性の中に身を置いてきている。そして、その複数の関係性の文化を理解する術を身につけている。したがって、ある人が盗みの有用さを理解している（つまり、盗みを働いた）からといって、即座に、その人が盗みを是とする別の関係性に属しているからだとは言えない。社会の大部分を包含する関係性——世の中の主流の関係性——においてすら、歴史的に盗みが理解可能となっているかもしれないのだ。実際、スパイ小説、探偵小説、あるいは恋愛小説においてすら、盗みが「よき結末」に結びつくプロセスが描かれている。このように、われわれは、

しばしば相矛盾さえする多くの関係性につつまれている（Billig et al., 1988も参照）。

訳者あとがき

本書は、ケネス・ガーゲン（Kenneth J. Gergen）著『Realities and Relationships』（一九九四年、Harvard University Press）の翻訳である。本書において、ガーゲンは、社会構成主義の理論的骨格を示すとともに、社会構成主義に基づく社会心理学（ミクロ社会学としての社会心理学）の具体的研究の方向性を、豊富な研究例を紹介しつつ示している。その意味で、本書は前著「Toward Transformation in Social Knowledge（第二版）（一九九四年、SAGE Publications Ltd; 邦訳『もう一つの社会心理学』（一九九八年、ナカニシヤ出版））」に続くガーゲンの主著である。

ガーゲンは、一九五七年イエール大学心理学部を卒業、一九六二年デューク大学心理学部で博士号を取得後、ハーバード大学助教授を経て、一九六七年よりスワースモア大学心理学部助教授、一九七一年より同教授として現在に至っている。日本には、一九七二〜七三年にフルブライト交換研究員として、二〇〇〇年に日本学術振興会研究員として、いずれも京都大学に滞在している。二〇〇〇年の来日時には、日本心理学会第六十四回大会において基調講演（「Psychological Science in Postmodern Context」）を行ったほか、複数の大学に招かれて社会構成主義の講演を行った。筆者は通訳としてガーゲンに同行し、社会構成主義のアイディアや具体的研究について彼とじっくりと話し合う機会を得た。

ガーゲンの研究歴は、ある意味とても興味深い。もともと彼は、社会的交換に取り組む実験社会心理学者として知られていた。この分野に関してJournal of Personality and Social Psychology（ＪＰＳＰ）などに何本も論文を発表しているし、教科書も執筆している。その後、自己研究に関心を移すが、そこでも主に実験研究にコミットしていた。一九七三年、「Social Psychology as History」をＪＰＳＰに発表したことが転機となり、徐々に、社会構成主義者として知られるようになっていく。今や社会構成主義の第一人者であり、同時に、最も痛烈な実験心理学の批判者と目されている。この劇的な研究関心の変化――人によっては、変節とさえ言うだろう――の理由を、彼に尋ねてみた（実際、前述の日本心理学会における講演後に、講演の感想などを幾人かで話し合っていたところ、このガーゲンがあの実験社会心理学者として有名なガーゲンと同一人物であることに気づいていない人がいたほどである！）。ガーゲンは笑いながら、しかし真剣に、次のように答えた。「自分としては、自分の研究関心がそれほど劇的に変化したとは思っていない。関係性を重視するようになったのは、社会心理学の意義を自分なりに徹底的に考えた末の、ある意味必然的な帰結だ」。

さて、本書の魅力は、何といっても、社会構成主義の可能性が積極的に語られていることだ。前著『もう一つの社会心理学』では、ともすると議論の重点は論理実証主義批判に置かれ、その語り口は理詰めで刺々しささえ感じさせる面があった。しかし、本書では、従来の社会心理学――および、論理実証主義――に対する批判は、より洗練され、レトリックの力を増しているように見える。さらに、社会構成主義の積極的可能性が、豊富な研究例をもとに、きわめて前向きに述べられている。具体的には、まず第一に、メタ理論としての社会構成主義は、「われわれの前に立ち現れる現実は、ことごとく、社会的構成の産物である」ことを基本的主張とする。この前提に立てば、研究の意味は、「事実を明らかにする」ことではなく、新たな現実を作り上げることにあることになる。したがって、社会構成主義に基づく研究は、価値の問題に関わり、積極的により望ましい現実を構成していくものである。さらに、社会構成主義のメタ理論そのものが、より望ましい社会を実現する可能性を秘めていることも述べられている。このように、社会構成主義のメタ理論は、研究が、望ましい社会を実現していく実質的可能性をもつことをアピールする。第二に、このメタ理論と親和的な理論が、関係性理論――「関係性が現実を作る」――である。本書で「自己」「感情」「セラピー」

「意味」「虚偽」をテーマに述べられているように、関係性理論は従来の心理学的研究および日常的常識を相対化し、新たな行為の可能性を広げてくれることが説得的に述べられている。第三に、社会構成主義においては、方法論は、理論的言説に表現力を与えるためのレトリック装置であると主張される。したがって、理論に生成力をもたせるために、多様な方法論が模索されなければならない。実際、本書で言及されている研究が依拠する方法論も、シナリオ実験、面接調査、テキスト分析、セラピーなどにおける実践的テクニックなど、きわめて多岐にわたっている（前述の二〇〇〇年の講演で、ガーゲンは、方法論について「方法論的アナーキズム」を標榜している）。要するに、社会構成主義に立つならば、より望ましい社会を実現するという目的に向かって、より自由に研究をすることができる。本書はそのためのヒントや具体例に満ちている。

本書のもう一つの魅力――というよりも、有用性――は、本書が社会構成主義に基づく研究のきわめて良質なレビューであることである。すなわち、本書は、社会構成主義の出現へと至る様々な思想の潮流――経験主義、合理主義から解釈学、脱構築理論などの現代思想まで――のエッセンスをわかりやすくまとめていると同時に、広く社会構成主義の立場に立つ研究の、少なくとも出版時点における最も充実したレビューとなっている。社会構成主義に興味をもち勉強しようと考える読者は、本書さえ読めば、その思想的背景も具体的研究例も十分に理解できるだろう。さらに、このレビューの充実さは、逆に、社会構成主義がいかに広い裾野をもつかの証左になっているとも言えよう。

ただし、本書にいくばくかの物足りなさがないではない。それは、本書で紹介されている研究に、三つの意味で偏りがあることからくる物足りなさである。第一に、本書は認識論的研究に偏っている。社会構成主義は、理論の評価基準として生成的基準を掲げ、社会を望ましい方向へと変革することこそが研究の意義であると主張する。しかし、本書に紹介された研究の多くは、社会構成主義に立てばこのような可能性が開けることを示唆する――いわば、新たな認識を提示する――レベルの研究である。言い換えれば、社会構成主義に基づく実践を通じて具体的にこのような社会変革を果たしたというレベルの研究は少ない。実践が重要であるという社会構成主義の主張を徹底するならば、研究者、実践家、当事者による共同的実践がより重視されるべきだろう。

第二に、本書は、discipline-oriented な研究に偏っている。各章の目次を見ればわかるように、本書において主に検討の俎上に乗せられているのは、「自己」「感情」「意味」など、すぐれて社会心理学的な研究対象である。もちろん、これらの研究対象が重要であることは言うまでもないが、しかし、共同的実践を重視するならば、人々が日常的に直面している社会問題を扱う issue-oriented な研究も一層重要であるはずだ。

もっとも、これらの批判は、ガーゲンもすでに織り込み済みかもしれない。ガーゲンは、一九九一年に、社会構成主義に賛同する研究者や実践家とともに、THE TAOS INSTITUTE というＮＰＯを旗揚げし、そこでも主導的役割を果たしている。ＴＡＯＳで行われている実践は、組織開発、教育実践、家族療法などきわめて多岐にわたるが、いずれも社会構成主義の理論に基づいた研究者と実践家による共同的実践である点が注目に値する。言い換えれば、ガーゲンは、社会構成主義および関係性理論の切れ味を試す――理論の生成力を測る――ための仕組みを作り出し、実際にその有効性を示しているのだ。

さて、本書の第三の偏りは、本書で言及されている研究のほぼすべてが、質的研究で占められている点である。実際、本書に限らず、社会構成主義的研究イコール質的研究という認識は、現在、きわめて広く共有されているように見受けられる。しかし、筆者の考えでは、社会構成主義研究には、量的研究――より正確には、数学的言語を用いた研究――も必要不可欠である。なぜならば、第一に、社会構成主義研究が issue-oriented な研究を重視するのであれば、様々な学問分野と連携する学際的研究が必要となる。その際、実質的な学問間連携が可能であるためには、研究遂行のための言語を最低限共有している必要がある。しかるに、もし数学的言語をブラインドスポットに置いてしまうならば、社会構成主義がいわゆる理系の学問分野とスクラムを組むことは、実質的に不可能になってしまう。第二に、より重要なこととして、社会構成主義は、言語による現実構成を重視する。そして、研究を通じた社会変革――新たな現実構成――が可能であるとすれば、それはひとえに、研究者の用いる（理論）言語が、日常語の交換のみでは見えてこない現実を提示できるからである。数学的言語も、理論言語の重要な一部である――数学的言語を用いるからこそ見えてくる現実もあるし、数学的言語を用いるからこそ構成される現実もある。

もちろん、こうした偏りがあるからといって、本書の価値が損なわれるわけではない。本書が出版されたのは今からおよそ十年前であり、現在われわれが本書を読んでいささかも物足りなさを感じないとすれば、むしろそのことの方が問題だろう。それは、われわれの社会構成主義の理解や研究が停滞していることを意味するかもしれないのだから。重要なことは、このような批判を通じて、社会構成主義の言説をより一層パワーアップしていくことだ。翻って考えれば、社会構成主義の強みは、競合する理論に「あれかこれか」の選択をせまるのではなく、より豊かな実践のために「あれもこれも」を有効な言説的資源として取り込んでいけることにある。社会構成主義の可能性をより広げていくことは、われわれに課せられた使命なのだ。

翻訳は、深尾が第一稿を作成し、それをもとに永田が完成稿を作成した。訳文の作成にあたっては、京都大学総合人間学部の杉万俊夫教授、京都大学大学院人間・環境学研究科大学院生の東村知子さん、日比野愛子さんから格別のご教示をいただいた。もちろん、翻訳の誤りはすべて訳者らの責任である。特に、訳者らの専門外である哲学、文芸理論に関連する記述など、翻訳に誤りが残っていることを恐れる。これらの誤訳については、機会を見つけて改訂したいので、読者のご叱責とご教示をお願いしたい。

二〇〇四年四月

永田　素彦

人名索引

事項索引

don: Sage.
Young, K. 1982. Edgework: Frame and boundary in the phenomenology of narrative. *Semiotica,* 41: 277–315.
———, ed. 1993. *Bodylore.* Louisville: University of Kentucky Press.
Youniss, J. 1980. *Parents and peers in social development.* Chicago: University of Chicago Press.
——— 1987. Social construction and moral development: Update and expansion of an idea. In W. Kurtines and J. Gewirtz, eds. *Moral development through social interaction.* New York: John Wiley and Sons.
Youniss, J., and J. Smollar. 1985. *Adolescent relations with mothers, fathers, and friends.* Chicago: University of Chicago Press.
Zimmerman, D. H., and M. Pollner. 1970. The everyday world as a phenomenon. In J. Douglas, ed. *Understanding everyday life,* pp. 80–104. Chicago: Aldine.

Weedon, C. 1987. *Feminist practice and poststructuralist theory.* Oxford: Blackwell.
Weimer, W. B. 1979. *Notes on the methodology of scientific research.* Hillsdale, N.J.: Erlbaum.
Weinstein, A. 1988. *The fiction of relationship.* Princeton: Princeton University Press.
Weisstein, N. 1971. Psychology constructs the female. In V. Gornick and B. K. Moran, eds. *Women in sexist society,* pp. 96–104. New York: Basic.
Wertsch, J. V. 1985. *Vygotsky and the social formation of mind.* Cambridge: Harvard University Press.
——— 1991. *Voices of the mind: A sociocultural approach to mediated action.* Cambridge: Harvard University Press.
Wexler, P. 1983. *Critical social psychology.* Boston: Routledge Kegan Paul.
White, H. 1973. *Metahistory.* Baltimore: Johns Hopkins University Press.
——— 1978. *Tropics of discourse.* Baltimore: Johns Hopkins University Press.
White, M., and D. Epston. 1990. *Narrative means to therapeutic ends.* New York: Norton.
Whorf, B. L. 1956. *Language, thought and reality.* Cambridge: Technology Press of Massachusetts.
Wiener, M. 1991. Schizophrenia: A defective, deficient, disrupted, disorganized concept. In W. F. Flack, Jr., D. R. Miller, and M. Wiener, eds. *What is schizophrenia?* New York: Springer-Verlag.
Wiener, M., and D. Marcus. 1994. A sociocultural construction of "depression." In T. A. Sarbin and J. I. Kitsuse, eds. *Constructing the social.* London: Sage.
Wilkinson, S., ed. 1986. *Feminist social psychology: developing theory and practice.* Milton Keynes; Philadelphia: Open University Press.
Williams, R. 1976. *Keywords: A vocabulary of culture and society.* New York: Oxford University Press.
Wilmot, W., and J. Hocker. 1993. Couples and change: Intervention through discourse and images. In N. Coupland and J. Nussbaum, eds. *Discourse and lifespan identity.* London: Sage.
Winch, P. 1946. *The idea of social science.* London: Routledge Kegan Paul.
Wittgenstein, L. 1953. *Philosophical investigations.* Trans. G. Anscombe. New York: Macmillan.
Wood, L., and H. Rennie. 1994. Formulating rape: The discursive construction of victims and villains. *Discourse and Society.* 5, 125-148
Woolgar, S., ed. 1988. *Knowledge and reflexivity.* Newbury Park, Calif.: Sage.
Woolgar, S., and D. Pawluck. 1985. Ontological gerrymandering: The anatomy of social problems explanations. *Social Problems,* 32: 218.
Wortham, S. 1985. How justifiable are interpretive ladders? Possibilities for objective knowledge in the social sciences. Senior Honors Thesis, Swarthmore College.
Wright, P., and A. Treacher. 1982. *The problem of medical knowledge: Examining the social construction of medicine.* Edinburgh: University of Edinburgh Press.
Wyer, R. S., and T. K. Srull. 1989. *Memory and cognition in its social context.* Hillsdale, N.J.: Erlbaum.
Young, J., and R. Mathews. 1992. *Rethinking criminology: The realist debate.* Lon-

everyday life, 169–187. Chicago: Aldine.
Tyler, S. A. 1986. Post-modern ethnography. From documents of the occult to occult documents. In J. Clifford and G. Marcus, eds. *Writing culture*. Berkeley: University of California Press.
——— 1988. *The unspeakable*. Madison: University of Wisconsin Press.
Unger, R. K. 1983. Through the looking glass: No wonderland yet! (The reciprocal relationship between methodology and models of reality). *Psychology of Women Quarterly*, 8: 19–32.
Urwin, C. 1985. Constructing motherhood: The persuasion of normal development. In C. Steedman, C. Urwin, and V. Walkerdine, eds. *Language, gender, and childhood*. London: Routledge.
Valsiner, J. 1991. Construction of the mental: From the cognitive revolution to the study of development. *Theory and Psychology*, 1: 477–495.
——— 1992. Narratives in the making of histories in psychology. Paper presented at the First Conference for Socio-cultural Research, Madrid.
Vandenberg, B. 1993. Developmental psychology, God and the good. *Theory and Psychology*, 3: 191–205.
van den Berg, J. H. 1961. *Metabletica: Uber die Wandlung des Menschen*. Gottingen: Vadenhoeck and Ruprecht.
van Dijk, T. A. 1992. Discourse and the denial of racism. *Discourse and Society*, 3: 87–118.
van Eemeren, F. H., and R. Grootendorst. 1983. *Speech acts in argumentative discussions*. Dordrecht: Foris.
Van Maanen, J. 1988. *Tales of the field*. Chicago: University of Chicago Press.
von Glasersfeld, E. 1987. The control of perception and the construction of reality. *Dialectica*, 33: 37–50.
——— 1988. The reluctance to change a way of thinking. *Irish Journal of Psychology*, 9: 83–90.
Vuchinich, S. 1984. Sequencing the social structure in family conflict. *Social Psychology Quarterly*, 47: 217–234.
Vygotsky, L. S. 1978. *Mind in society: The development of higher psychological processes*. Cambridge: Harvard University Press.
Walkerdine, V. 1984. Developmental psychology and the child-centered pedagogy. In J. Henriques, W. Holloway, C. Urwin, V. Louze, and V. Walkerdine, eds. *Changing the subject*, pp. 153–202. London: Methuen.
——— 1988. *The mastery of reason*. London: Routledge Kegan Paul.
——— 1993. Beyond developmentalism. *Theory and Psychology*, 3: 451–470.
Wallach, M., and L. Wallach. 1983. *Psychology's sanction for selfishness*. San Francisco: W. H. Freeman.
Watson, J. B. 1924. *Behaviorism*. Chicago: University of Chicago Press.
Watzlawick, P., ed. 1984. *The invented reality*. New York: Norton.
Watzlawick, P., J. Beavin, and D. Jackson. 1967. *Pragmatics of human communication: A study of interactional patterns, pathologies and paradoxes*. New York: Norton.
Waxman, S. 1991. Contemporary approaches to concept development. *Cognitive Development*, 6: 105–118.
Wechsler, I. 1929. *The neuroses*. Philadelphia: Saunders.

——— 1963. *Law, liberty and psychiatry: An inquiry into the social uses of mental health practices.* New York: Macmillan.
——— 1970. *The manufacture of madness: A comparative study of the inquisition and the mental health movement.* New York: Harper and Row.
Tappan, M. B. 1991. Narative, authorship, and the development of moral authority. In M. B. Tappan and M. J. Packer, eds. *Narrative and storytelling: Implications for understanding moral development.* San Francisco: Jossey-Bass.
Tavris, C. 1989. *Anger: The misunderstood emotion.* New York: Simon and Schuster.
Taylor, C. 1981. Interpretation and the sciences of man. *Review of Metaphysics.* Cambridge: Harvard University Press.
——— 1989. *Sources of the self.* Cambridge: Harvard University Press.
——— 1991. *The ethics of authenticity.* Cambridge: Harvard University Press.
Tetlock, P. 1991. An alternative metaphor in the study of judgment and choice: People as politicians. *Theory and Psychology,* 1: 451–477.
Thibaut, J., and H. H. Kelley. 1959. *The social psychology of groups.* New York: John Wiley and Sons.
Thomas, D. 1979. *Naturalism and social science: A post-empiricist philosophy of social science.* Cambridge: Cambridge University Press.
Thomas, J. 1993. Doing critical ethnography. *Qualitative Research Methods Series,* 26: 57–69.
Thorndike, E. L. 1933. *An experimental study of rewards.* New York: Columbia University Press.
Tiefer, L. 1992. Social constructionism and the study of human sexuality. In E. Stein, ed. *Forms of desire.* New York: Routledge.
Tolman, C. W., and W. Maiers. 1991. *Critical psychology: Contributions to an historical science of the subject.* Cambridge: Cambridge University Press.
Tololyan, K. 1989. Narrative culture and the motivation of terrorism. In J. Shotter and K. Gergen, eds. *The texts of identity.* London: Sage.
Toulmin, S. 1961. *Foresight and understanding.* New York: Harper and Row.
Toulmin, S., and D. E. Leary. 1985. The cult of empiricism in psychology, and beyond. In S. Koch and D. E. Leary, eds. *A century of psychology as a science: Retrospections and assessments.* New York: McGraw-Hill.
Tracey, D. 1987. *Plurality and ambiguity.* New York: Harper and Row.
Treichler, P. A. 1987. AIDS, homophobia and biomedical discourse: An epidemic of signification. *Cultural Studies,* 1: 263–305.
Trigg, R. 1980. *Reality at risk: A defense of realism in philosophy and the sciences.* Totowa, N.J.: Barnes and Noble.
Tseelon, E. 1992a. What is beautiful is bad: Physical attractiveness as stigma. *Journal for the Theory of Social Behavior,* 22: 295–310.
——— 1992b. Is the presented self sincere? Goffman, impression management and the postmodern self. *Theory, Culture and Society,* 9: 115–128.
Turkington, C. 1985. Support helps schizophrenics meet needs. *American Psychological Association Monitor,* October: 52.
Turner, B. S. 1990. *Theories of modernity and postmodernity.* London: Sage.
Turner, R. 1970. Words, utterances and activities. In J. Douglas, ed. *Understanding*

Spence, D. 1982. *Narrative truth and historical truth: Meaning and interpretation in psychoanalysis.* New York: Norton.

——— 1987. *The Freudian metaphor.* New York: Norton.

Spencer, D. P. 1992. Automythologies and the reconstruction of aging. In J. Okely and H. Callaway, eds. *Anthropology and autobiography.* London: Routledge.

Spender, D. 1980. *Man made language.* London: Routledge.

Spitzer, R. L., and J. B. Williams. 1985. Classification of mental disorders. In H. L. Kaplan and B. J. Sadock, eds. *Comprehensive textbook of psychiatry,* pp. 580–602. Baltimore: Williams and Wilkins.

Squire, C. 1989. *Significant differences: Feminism in psychology.* London: Routledge.

Srivastva, S., and F. J. Barrett. 1988. The transforming nature of metaphors in group development: A study in group theory. *Human Relations,* 41: 31–64.

Stainton Rogers, R., and W. Stainton Rogers. 1992. *Stories of childhood: Shifting agendas of child concern.* Hemel Hempstead, U.K.: Harvester Wheatsheaf.

Stam, H. 1987. The psychology of control: A textual critique. In H. Stam, T. Rogers, and K. Gergen, eds. *Psychological theory,* pp. 131–157. New York: Hemisphere.

——— 1990. Rebuilding the ship at sea: The historical and theoretical problems of constructionist epistemologies in psychology. *Canadian Psychology,* 31: 239–253.

Stearns, P. N. 1989. *Jealousy: The evolution of an emotion in American history.* New York: New York University Press.

Steier, F. 1991. *Research and reflexivity.* London: Sage.

Stein, E., ed. 1990. *Forms of desire, sexual orientation and the social constructionist controversy.* New York: Routledge.

Steiner, I. 1972. *Group process and productivity.* New York: Academic Press.

Stenner, P., and C. Eccleston. 1994. On the textuality of being. *Theory and Psychology,* 4: 85–104.

Stephan, W. G. 1985. Intergroup relations. In G. Lindzey and E. Aronson, eds. *The handbook of social psychology.* New York: Random House.

Sternberg, R. J. 1990. *Metaphors of mind: Conceptions of the nature of intelligence.* New York: Cambridge University Press.

Still, A., and A. Costall, eds. 1991. *Against cognitivism: Alternative foundations for cognitive psychology.* London: Harvester Wheatsheaf.

Stitch, S. 1983. *From folk psychology to cognitive science.* Cambridge: MIT Press.

Stout, J. 1988. *Ethics after Babel.* Boston: Beacon Press.

Stratton, P. 1992. Selling constructionism to market research. *Human Systems,* 2: 253–273.

Strauss, A. 1979. *Negotiations.* San Francisco: Jossey-Bass.

Sulieman, S. R., and I. Crossman. 1980. *The reader in the text.* Princeton: Princeton University Press.

Sullivan, E. V. 1984. *A critical psychology.* New York: Plenum.

Sullivan, H. S. 1953. *The interpersonal theory of psychiatry.* New York: Norton.

Sutton-Smith, B. 1979. Presentation and representation in fictional narrative. *New Directions for Child Development,* 6: 37–60.

Szasz, T. S. 1961. *The myth of mental illness: Foundations of a theory of personal conduct.* New York: Hoeber-Harper.

Press.
——— 1993b. *Conversational realities.* London: Sage.
Shotter, J., and K. J. Gergen, eds. 1989. *Texts of identity.* London: Sage.
Shweder, R. A. 1982. Fact and artifact in trait perception: The systematic distortion hypothesis. In B. A. Maher and W. B. Maher, eds. *Progress in experimental personality research.* Vol. 11. New York: Academic Press.
——— 1991. *Thinking through cultures.* Cambridge: Harvard University Press.
Shweder, R. A., and E. Bourne. 1982. Does the concept of the person vary cross-culturally? In A. J. Marsella and G. White, eds. *Cultural conceptions of mental health and therapy.* Boston: Reidel.
Shweder, R. A., and J. G. Miller. 1985. The social construction of the person: How is it possible? In K. J. Gergen and K. E. Davis, eds. *The social construction of the person.* New York: Springer-Verlag.
Shweder, R. A., and N. Much. 1987. Determinations of meaning: Discourse and moral socialization. In W. Kurtines and J. Gewirtz, eds. *Moral development through social interaction.* New York: John Wiley and Sons.
Siegel, H. 1987. *Relativism refuted.* Dordrecht: Reidel.
Sigman, S. 1987. *A perspective on social communication.* Lexington, Mass.: Lexington Books.
Silver, M., and J. P. Sabini. 1978. The social construction of envy. *Journal for the Theory of Social Behavior,* 8: 313–332.
Silver, M., and J. Sabini. 1985. Sincerity: Feelings and constructions in making a self. In K. J. Gergen and K. E. Davis, eds. *The social construction of the person.* New York: Springer-Verlag.
Silverman, H. J. 1990. *Postmodernism, philosophy and the arts.* New York: Routledge.
Simmel, G. 1950. *The sociology of Georg Simmel.* Glencoe, Ill.: Free Press.
Simon, H. A., and K. Kotowsky. 1963. Human acquisition of concepts for sequential patterns. *Psychological Review,* 70: 534–546.
Simons, H. W., ed. 1989. *Rhetoric in the human sciences.* London: Sage.
——— 1990a. *Case studies in the rhetoric of the human services.* Chicago: University of Chicago Press.
——— 1990b. *The rhetorical turn.* Chicago: University of Chicago Press.
Skinner, B. F. 1971. *Beyond freedom and dignity.* New York: Random House.
——— 1989. The origins of cognitive thought. *American Psychologist,* 44: 13–18.
Sless, D. 1986. *In search of semiotics.* Totowa, N.J.: Barnes and Noble.
Smedslund, J. 1988. *Psycho-logic.* New York: Springer-Verlag.
——— 1991. The pseudoempirical in psychology and the case for psychologic. *Psychological Inquiry,* 2: 325–338.
Smith, K., and D. Berg. 1987. A paradoxical conception of group dynamics. *Human Relations,* 40: 633–658.
Smith, M. B. 1969. *Social psychology and human values.* Chicago: Aldine.
Smythies, J. R., and J. Beloff. 1989. *The case for dualism.* Charlottesville: University of Virginia Press.
Solomon, R. C. 1984. *Getting angry.* Boston: Jamesian Theory Press.
Spector, M., and J. I. Kitsuse. 1987. *Constructing social problems.* New York: Aldine.

ments. *Social Psychological Quarterly,* 74: 271–278.
Schlick, M. 1925. *General theory of knowledge.* New York: Springer-Verlag.
Schnitman, D. F., and S. I. Fuks. 1993. Paradigma y crisis: Entre el riesgo y law posibilidad. *Psyckhe,* 2: 33–42.
Scholes, R. 1985. *Textual power.* New Haven: Yale University Press.
Scholes, R., and R. Kellogg. 1966. *The nature of narratives.* New York: Oxford University Press.
Schonbach, P. 1990. *Account episodes: The management and escalation of conflict.* Cambridge: Cambridge University Press.
Schott, R. 1988. *Cognition and eros: A critique of the Kantian paradigm.* Boston: Beacon.
Schutz, A. 1962. *Collected papers: The problem of social reality.* The Hague: Martinus Nijhoff.
——— 1980. *On phenomenology and social relations.* Chicago: Chicago University Press.
Schutze, Y. 1986. Die gute Mutter: Zur Geschichte des normativen Musters "*Mutterliebe.*" Bielefeld: Kleine Verlag.
Schwartz, B. 1986. *The battle for human nature.* New York: Norton.
——— 1990. The creation and destruction of value. *American Psychologist,* 45: 7–15.
Searle, J. R. 1970. *Speech acts.* London: Cambridge University Press.
———1985. *Minds, brains and science.* Cambridge: Harvard University Press.
Seidman, S., and D. Wagner. 1992. *Postmodernism and social theory.* Oxford: Blackwell.
Selman, R. L., and L. H. Schultz. 1990. *Making a friend in youth: Developmental theory and pair therapy.* Chicago: University of Chicago Press.
Semin, G., and J. Chassein. 1985. The relationship between higher order models and everyday conceptions of personality. *European Journal of Social Psychology,* 15: 1–16.
Semin, G., and B. Krahe. 1987. Lay conceptions of personality: Eliciting tiers of a scientific conception of personality. *European Journal of Social Psychology,* 17: 199–209.
Semin, G., and A. S. Manstead. 1983. *The accountability of conduct.* Sydney, U.K.: Academic Press.
Sennett, R. 1977. *The fall of public man.* New York: Knopf.
Shailor, J. G. 1994. *Empowerment in dispute mediation: A critical analysis of communication.* Westport, Conn.: Praeger.
Shelley, P. B. 1967. *Shelley's critical prose.* Lincoln: University of Nebraska Press.
Shotter, J. 1975. *Images of man in psychological research.* London: Methuen.
——— 1978. Remembering and forgetting as social institutions. *Laboratory of Comparative Human Cognition,* 9: 11–18.
——— 1980. Action, joint action and intentionality. In M. Brenner, ed. *The structure of action.* Oxford: Blackwell.
——— 1984. *Social accountability and selfhood.* Oxford: Blackwell.
——— 1991. Rhetoric and social construction of cognitivism. *Theory and Psychology,* 1: 495–515.
——— 1993a. *Cultural politics of everyday life.* Toronto: University of Toronto

tion. *Journal of Personality and Social Psychology,* 36: 1332–43.

——— 1981. Cognitive psychology as ideology. *American Psychologist,* 36: 730–743.

——— 1983. Deconstructing psychology's subject. *Journal of Mind and Behavior,* 4: 135–164.

——— 1988. The debate on individualism. *American Psychologist,* 43: 15–22.

Sanday, P. 1988. The reproduction of patriarchy in feminist anthropology. In M. Gergen, ed. *Feminist thought and the structure of knowledge.* New York: New York University Press.

Sandelands, L. E. 1990. What is so practical about theory? Lewin revisited. *Journal for the Theory of Social Behavior,* 20: 235–262.

Sarbin, T. R. 1968. Ontology recapitulates philosophy: The mythic nature of anxiety. *American Psychologist,* 23: 411–418.

——— 1984. *Narrative psychology: The storied nature of human conduct.* New York: Praeger.

——— 1986. Emotion and act: Roles and rhetoric. In R. Harré, ed. *The social construction of emotions,* pp. 83–98. New York: Basil Blackwell.

Sarbin, T. R., and J. C. Mancuso. 1980. *Schizophrenia: Medical diagnosis or verdict?* Elmsford, N.Y.: Pergamon.

Sarbin, T. R., and K. E. Scheibe, eds. 1983. *Studies in social identity.* New York: Praeger.

Sarnoff, I., and S. Sarnoff. 1989. *Love-centered marriage in a self-centered world.* New York: Hemisphere.

Sassen, G. 1980. Success anxiety in women: A constructivist interpretation of its social significance. *Harvard Educational Review,* 50: 13–24.

Saussure, F. de, 1983. *Course in general linguistics.* Trans. R. Harris. London: Duckworth.

Schacht, T. E. 1985. DSM-III and the politics of truth. *American Psychologist,* 40: 513–521.

Schachter, S. 1964. The interaction of cognitive and physiological determinants of emotional state. In L. Berkowitz, ed. *Advances in experimental social psychology.* Vol. 1. New York: Academic Press.

Schank, R. C., and R. P. Abelson. 1977. *Scripts, plans, goals and understanding.* Hillsdale, N.J.: Erlbaum.

Schapp, W. 1976. *In Geschichten verstrickt zum Sein von Mensch und Ding.* Wiesbaden: Heymann.

Scheff, T. J. 1966. *Being mentally ill.* Chicago: Aldine.

Scheibe, K. E. 1986. Self-narratives and adventure. In T. R. Sarbin, ed. *Narrative psychology.* New York: Praeger.

Scheman, N. 1983. Individualism and the objects of psychology. In S. Harding and M. Hintikka, eds. *Discovering reality.* Dordrecht: Reidel.

Schenk, H. G. 1966. *The mind of the European romantics.* London: Constable.

Scherer, K. 1984. Emotion as a multicomponent process. In P. Shaver, ed. *Review of personality and social psychology.* Beverly Hills: Sage.

Schlegoff, E. A., and H. Sacks. 1973. Opening up closings. *Semiotica,* 7: 289–327.

Schlenker, B. 1985. *The self and social life.* New York: McGraw-Hill.

Schlenker, B. R., and S. W. Darby. 1981. The use of apologies in social predica-

Press.
——— 1991. *Objectivity, relativism, and truth*. New York: Cambridge University Press.
Rosaldo, M. 1980. *Knowledge and passion: Illongot notions of self and social life*. Cambridge: Cambridge University Press.
Rosaldo, R. 1986. Illongot hunting as story and experience. In V. W. Turner and E. D. Bruner, eds. *The anthropology of experience*. Chicago: University of Chicago Press.
Rosanoff, A. J. 1938. *Manual of psychiatry and mental hygiene*. New York: Wiley.
Rosch, E. 1978. Principles of categorization. In E. Rosch and B. B. Lloyd, eds. *Cognition and categorization*. Hillsdale, N.J.: Erlbaum.
Rose, N. 1985. *The psychological complex*. London: Routledge and Kegan Paul.
——— 1990. *Governing the soul*. London: Routledge.
Rosen, G. 1968. *Madness in society*. Chicago: Chicago University Press.
Rosen, S. 1987. *Hermeneutics as politics*. New York: Oxford.
Rosenau, P. 1992. *Post-modernism and the social sciences*. Princeton: Princeton University Press.
Rosenwald, G. C., and R. L. Ochberg. 1992. Introduction: Life stories, cultural politics, and self-understanding. In G. C. Rosenwald and R. L. Ochberg, eds. *Storied lives: The cultural politics of self-understanding*. New Haven: Yale University Press.
Rosnow, R. L. 1981. *Paradigms in transition*. New York: Oxford University Press.
Rotter, J. 1966. Generalized expectancies for internal versus external control of reinforcement. *Psychological Monographs*, 80: 343–355.
Rummelhart, D. 1977. Understanding and summarizing brief stories. In D. Leberge and S. J. Samuels, eds. *Reading, perception and comprehension*. Hillsdale, N.J.: Erlbaum.
Russell, B. 1924. Logical atomism. In J. H. Muirhead, ed. *Contemporary British philosophy*. London: Allen and Unwin.
Ryder, R. G. 1987. *The realistic therapist: Modesty and relativism in therapy and research*. Newbury Park, Calif.: Sage.
Ryle, G. 1949. *The concept of mind*. London: Hutchinson.
Sabini, J., and M. Silver. 1982. *The moralities of everyday life*. London: Oxford University Press.
Sahlin, N. E. 1991. Baconian inductivism in research on human decision-making. *Theory and Psychology*, 1: 431–451.
Said, E. 1979. *Orientalism*. New York: Random House.
——— 1993. *Culture and imperialism*. New York: Knopf.
Salipante, P., and R. Bouwen. 1990. The social construction of grievances: Organizational conflict as multiple perspectives. Unpublished paper, Weatherhead School of Management, Case Western Reserve University.
Salmond, A. 1982. Theoretical landscapes: On cross-cultural conceptions of knowledge. In D. Parkis, ed. *Semantic anthropology*. London: Academic Press.
Sampson, E. E. 1977. Psychology and the American ideal. *Journal of Personality and Social Psychology*, 35: 767–782.
——— 1978. Scientific paradigms and social values: Wanted—A scientific revolu-

Paul.
——— 1987. *The many faces of realism.* LaSalle, Ill.: Open Court.
Queneau, R. 1981. *Exercises in style.* New York: New Directions.
Quine, W. V. O. 1953. *From a logical point of view.* Cambridge: Harvard University Press.
——— 1960. *Word and object.* Cambridge: MIT Press.
Rabinow, O., and W. M. Sullivan, eds. 1979. *Interpretive social science reader.* Berkeley: University of California Press.
Rawls, J. 1971. *A theory of justice.* Cambridge: Harvard University Press.
Reason, P. 1988. *Human inquiry in action.* London: Sage.
Reber, A. S. 1985. *The Penguin dictionary of psychology.* London: Penguin.
Reed, M. 1985. *Re-directions in organizational analysis.* London: Tavistock.
Regis, E. 1984. *Gewirth's ethical rationalism.* Chicago: University of Chicago Press.
Reinharz, S. 1985. Feminist distrust: Problems of context and content in sociological work. In D. Berg and K. Smith, eds. *Exploring clinical methods for social research.* Beverly Hills, Calif.: Sage.
Reiss, D. 1981. *The family's construction of reality.* Cambridge: Harvard University Press.
Restle, F. A. 1962. The selection of strategies in cue learning. *Psychological Review,* 69: 320–343.
Richards, G. 1989. *On psychological language.* London: Routledge.
Ricoeur, P. 1979. The model of the text: Meaningful action considered as a text. In P. Rabinow and W. Sullivan, eds. *Interpretive social science: A reader.* Berkeley: University of California Press.
——— 1981. *Hermeneutics and the human sciences.* Trans. J. Thompson. New York: Cambridge University Press.
Riesman, C. K. 1990. *Divorce talk: Women and men make sense of relationships.* New Brunswick, N.J.: Rutgers University Press.
Riger, S. 1992. Epistemological debates, feminist voices. *American Psychologist,* 47: 730–740.
Rimmon-Kenan, S. 1983. *Narrative fiction: Contemporary poetics.* London: Methuen.
Ring, K. 1967. Some sober questions about frivolous values. *Journal of Experimental Social Psychology,* 3: 113–123.
Roberts, H. 1981. *Doing feminist research.* London: Routledge.
Rodin, M. 1992. The social construction of premenstrual syndrome. *Social Science and Medicine,* 35(1): 49-56.
Rogoff, B. 1989. *Apprenticeship in thinking.* New York: Oxford University Press.
Rommetveit, R. 1980. On "meanings" of acts and what is meant and made known by what is said in a pluralistic social world. In M. Brenner, ed. *The structure of action,* pp. 108–149. Oxford: Basil Blackwell.
Rorty, R. 1979. *Philosophy and the mirror of nature.* Princeton: Princeton University Press.
——— 1983. Postmodernist bourgeois liberalism. *Journal of Philosophy,* 80: 585–594.
——— 1989. *Contingency, irony, and solidarity.* New York: Cambridge University

Pearce, W. B. 1989. *Communication and the human condition.* Carbondale: Southern Illinois University Press.
——— 1992. A camper's guide to constructionisms. *Human Systems,* 2: 139–162.
Pearce, W. B., and V. E. Cronen. 1980. *Communication action and meaning.* New York: Praeger.
Peeters, H. 1996. The historical vicissitudes of mental diseases, their character and treatment. In C. Grauman and K. Gergen, eds. *Historical dimensions of psychological discourse.* New York: Cambridge University Press.
Penn, P., and M. Frankfurt. 1994. Creating a participant text: Writing, multiple voices, narrative multiplicity. *Family Process.* 33(3), 217-231
Pennebaker, J., and D. Epstein. 1983. Implicit psychophysiology: Effects of common beliefs and idiosyncratic physiological responses on symptom reporting. *Journal of Personality,* 3: 468–496.
Petrey, S. 1990. *Speech acts and literary theory.* New York: Routledge Kegan Paul.
Pfohl, S. 1992. *Death at the parasite cafe.* New York: St. Martin's Press.
Piaget, J. 1952. *The origins of intelligence in children.* New York: Norton.
——— 1954. *The construction of reality in the child.* New York: Basic Books.
——— 1955. *The language and thought of the child.* New York: Meridian.
Piaget, J., and B. Inhelder. 1969. *The psychology of the child.* New York: Basic Books.
Pinder, C. C., and V. W. Bourgeois. 1982. Controlling tropes in administrative science. *Science Quarterly,* 27: 641–652.
Plon, M. 1974. On the meaning of the notion of conflict and its study in social psychology. *European Journal of Social Psychology,* 4: 389–436.
Plutchik, R. 1980. A general psychoevolutionary theory of emotion. In R. Plutchik and H. Kellerman, eds. *Emotion, theory, research and experience.* New York: Academic Press.
Polkinghorne, D. E. 1988. *Narrative knowing and the human sciences.* Albany: State University of New York Press.
Popper, K. R. 1959. *The logic of scientific discovery.* London: Hutchinson.
——— 1963. *Conjectures and refutations.* New York: Harper.
——— 1968. *The logic of scientific discovery.* New York: Harper and Row.
Porter, T. M. 1992. Objectivity as standardization: The rhetoric of impersonality in measurement, statistics, and cost-benefit analysis. *Annals of Scholarship,* 9: 19–60.
Potter, J., and M. Wetherell. 1987. *Discourse and social psychology: Beyond attitudes and behaviour.* London: Sage.
Potter, J., P. Stringer, and Y. Wetherell. 1984. *Social texts and context.* London: Routledge and Kegan Paul.
Prelli, L. 1989. *A rhetoric of science.* Columbia: University of South Carolina Press.
Pribram, K. H. 1980. The biology of emotions and other feelings. In R. Plutchik and H. Kellerman, eds. *Emotion, theory, research and experience.* New York: Academic Press.
Propp, V. 1968. *Morphology of the folktale.* Austin: University of Texas Press.
Psathas, G. 1979. *Everyday language.* New York: Irvington.
Putnam, H. 1978. *Meaning and the moral sciences.* London: Routledge and Kegan

Originally published in 1873.
Nir, R., and I. Roeh. 1992. Intifada coverage in the Israeli press. *Discourse and Society,* 3: 47–60.
Nisbett, R., and L. Ross. 1990. *Human inference: Strategies and shortcomings of human judgment.* Englewood Cliffs, N.J.: Prentice-Hall.
Norris, C. 1983. *The deconstructive turn.* New York: Methuen.
Novick, P. 1989. *That noble dream.* New York: Cambridge University Press.
Nowell-Smith, P. H. 1977. The constructionist theory of history. *History and Theory: Studies in the Philosophy of History,* 16: 4–12.
Nuckolls, C. 1992. The cultural construction of diagnosyic categories. *Social Science and Medicine,* 35: 1-21.
Nussbaum, F. 1988. Eighteenth-century women's antibiographical commonplaces. In S. Benstock, ed. *The private self.* London: Routledge.
O'Hanlon, B., and J. Wilk. 1987. *Shifting contexts.* New York: Guilford Press.
Ogilvie, D. M., and R. D. Ashmore. 1991. Self-with-other representation as a unit of analysis in self concept research. In R. C. Curtis, ed. *The relational self.* New York: Guilford.
Olds, L. 1992. *Metaphors of interrelatedness.* New York: State University Press.
Ong, W. J. 1982. *Orality and literacy.* London: Methuen.
Ortega y Gasset, J. 1941. *History as a system.* New York: Norton.
Ossorio, P. 1978. *What actually happens.* Columbia: University of South Carolina Press.
Overton, W. E. 1993. The structure of developmental theory. In P. van Geert and L. P. Mos, eds. *Annals of theoretical psychology.* Vol. 7. New York: Plenum.
Overton, W. R., and H. W. Reese. 1973. Models of development: Methodological implications. In J. R. Nesselroade and H. W. Reese, eds. *Life-span developmental psychology: Methodological issues.* New York: Academic Press.
Packer, M. 1987. Social interaction as practical activity: Implications for the study of social and moral development. In W. Kurtines and J. Gewirtz, eds. *Moral development through social interaction.* New York: John Wiley and Sons.
Packer, M., and R. Addison. 1989. *Entering the circle: Hermeneutic investigation in psychology.* Albany: State University of New York Press.
Palmer, A. 1987. Cognitivism and computer simulation. In A. Costall and A. Still, eds. *Cognitive psychology in question.* New York: St. Martin's.
Parker, I. 1987. Social representations: Social psychology's (mis)use of sociology. *Journal for the Theory of Social Behavior,* 17: 447–470.
——— 1992. *Discourse dynamics.* London: Routledge.
Parker, I., and J. Shotter, eds. 1990. *Deconstructing social psychology.* London: Routledge Kegan Paul.
Parlee, M. B. 1979. Psychology and women. *Signs,* 5: 121–133.
Parsons, T. 1964. *Social structure and personality.* New York: Free Press.
Pasmore, W., and F. Friedlander. 1982. An action research program for increasing employee involvement in problem solving. *Administrative Science Quarterly,* 27: 343–362.
Pawluk, S. J. 1989. The social construction of teasing. *Journal for the Theory of Social Behavior,* 19: 145–168.

Mitroff, I. 1974. *The subjective side of science.* Amsterdam: Elsevier.
Moors, A. 1991. Women and the Orient: A note on difference. In L. Nencel and P. Pels, eds. *Constructing knowledge.* London: Sage.
Morawski, J. G. 1979. The structure of psychological communities: A framework for examining the sociology of social psychology. In L. H. Strickland, ed. *Soviet and western perspectives on social psychology.* Oxford: Pergamon Press.
——— 1987. After reflection: Psychologists' uses of history. In H. Stam, T. Rogers, and K. Gergen, eds. *The analysis of psychological theory.* Washington, D.C.: Hemisphere.
———, ed. 1988. *The rise of experimentation in American psychology.* New Haven: Yale University Press.
Morss, J. R. 1990. *The biologizing of childhood: Developmental psychology and the Darwinian myth.* Hove: Erlbaum.
Moscovici, S. 1963. Attitudes and opinions. *Annual Review of Psychology.* Palo Alto, Calif.: Annual Reviews, Inc.
——— 1984. The phenomenon of social representations. In R. Farr and S. Moscovici, eds. *Social representations.* London: Cambridge University Press.
Mulkay, M. 1985. *The word and the world.* London: George Allen and Unwin.
Mulkay, M., and G. N. Gilbert. 1982. What is the ultimate question? Some remarks in defence of the analysis of scientific discourse. *Social Studies of Science,* 12: 309–19.
Mummendey, A. 1982. Zum Nutzen des Aggressionsbegriffs für die psychologische Aggressionsforschung. In R. Hilke and W. Kempf, eds. *Menschliche Aggression: Naturwissenschaftliche Perspektiven der Aggressionsforschung.* Bern-Stuttgart-Wien: Hans Huber.
Mummendey, A., M. Bornewasser, G. Loschper, and V. Linneweber. 1982. It is always somebody else who is aggressive. *Zeitschrift für Sozialpsychologie,* 13: 341–352.
Murray, K. D. 1985a. Justificatory accounts and the meaning of the marathon as a social event. *Australian Psychologist,* 20: 62–74.
——— 1985b. Life as fiction. *Journal for the Theory of Social Behavior,* 15: 189–202.
Myers, F. R. 1979. Emotions and the self: A theory of personhood and political order among Pintupi Aborigines. *Ethos,* 7: 343–70.
Nehamas, A. 1985. *Nietzsche: Life as literature.* Cambridge: Harvard University Press.
Nelson, J. S., A. Megill, and D. McCloskey, eds. 1987. *The Rhetoric of the Human Sciences.* Madison: University of Wisconsin Press.
Nelson, K. 1985. *Making sense: The acquisition of shared meaning.* Orlando: Academic Press.
Nencel, L., and P. Pels, eds. 1991. *Constructing knowledge: Authority and critique in social science.* London: Sage.
Neurath, O. 1933. *Einheitwissenschaft und Psychologie.* Vienna: Gerold.
Newman, F. 1991. *The myth of psychology.* New York: Costillo.
Nietzsche, F. 1979. On truth and falsity in their ultramoral sense. In O. Levy, ed. *The complete works of Friedrich Nietzsche.* New York: Russell and Russell.

McGuire, W. J. 1973. The yin and the yang of progress in social psychology: Seven koans. *Journal of Personality and Social Psychology,* 26: 446–456.
McKay, V. 1993. Making connections: Narrative as the expression of continuity between generations of grandparents and grandchildren. In N. Coupland and J. Nussbaum, eds. *Discourse and lifespan identity.* London: Sage.
McKinlay, A., and J. Potter. 1987. Social representations: A conceptual critique. *Journal for the Theory of Social Behavior,* 17: 471–488.
McLaughlin, M. L. 1984. *Conversation: How talk is organized.* Beverly Hills, Calif.: Sage.
McNamee, S. 1988. Accepting research as social intervention: Implications for a systematic epistemology. *Communication Quarterly,* 36: 50–68.
——— 1992. Reconstructing identity: The communal construction of crisis. In S. McNamee and K. Gergen, eds. *Therapy as social construction.* London: Sage.
McNamee, S., and K. J. Gergen, eds. 1992. *Therapy as social construction.* New York: Macmillan.
Mead, G. H. 1934. *Mind, self and society.* Chicago: Chicago University Press.
Mechanic, D. 1980. *Mental health and social policy.* Englewood Cliffs, N.J.: Prentice-Hall.
Megill, A. 1991. Four senses of objectivity. *Annals of Scholarship,* 8: 301–320.
Mendelsohn, E. 1977. The social construction of scientific knowledge. In E. Mendelsohn and P. Weingert, eds. *The social production of scientific knowledge.* Dordrecht: Reidel.
Meng, K., and V. M. Quasthoff, eds. 1992. *Narrative development in a social context.* Hillsdale, N.J.: Erlbaum.
Menzies, I. 1960. A case study in the functioning of social systems as a defence against anxiety. *Human Relations,* 13: 95–121.
Messer, S. B., L. A. Sass, and R. L. Woolfolk, eds. 1988. *Hermeneutics and psychological theory.* New Brunswick, N.J.: Rutgers University Press.
Middleton, D., and D. Edwards, eds. 1990. *Collective remembering.* London: Sage.
Milgram, S. 1974. *Obedience to authority.* New York: Harper and Row.
Millen, J. H. 1992. The social construction of blame: A mediation case study. *Human Systems,* 2: 199–216.
Miller, G. A., E. Galanter, and K. Pribram. 1960. *Plans and the structure of behavior.* New York: Holt, Rinehart and Winston.
Miller, J. B. 1976. *Toward a new psychology of women.* Boston: Beacon Press.
Miller, P. J., R. Potts, H. Fung, L. Horgstra, and J. Matz. 1990. Narrative practices and the social construction of self in childhood. *American Ethologist,* 17: 292–311.
Mills, C. W. 1940. Situated actions and vocabularies of motives. *American Sociological Review,* 5: 904–913.
Minh-ha, T. T. 1989. *Woman native other.* Bloomington: Indiana University Press.
Mink, L. A. 1969. History and fiction as modes of comprehension. *New Literary History,* 1: 556–569.
Mischler, E. G. 1986. *Research interviewing: Context and narrative.* Cambridge: Harvard University Press.
Mitchell, W. J. T. 1982. *The politics of interpretation.* Chicago: University of Chicago Press.

dale, N.J.: Erlbaum.
Mannheim, K. 1951. *Ideology and utopia.* New York: Harcourt Brace. Originally published in 1929.
Marcus, D. K., and M. Wiener. 1989. Anorexia nervosa reconceptualized from a psychological transaction perspective. *American Journal of Orthopsychiatry,* 59: 346–354.
Marcus, G. 1980. Rhetoric and the ethnographic genre in anthropological research. *Current Anthropology,* 21: 507–514.
——— 1982. Ethnographics as text. *Annual Review of Anthropology,* 11: 25–69.
Marcus, G. E., and M. M. J. Fischer. 1986. *Anthropology as cultural critique.* Chicago: University of Chicago Press.
Marcuse, H. 1964. *One-dimensional man: Studies in the ideology of advanced industrial society.* Boston: University Press.
Margolis, J. 1966. *Psychotherapy and morality.* New York: Random House.
——— 1991. *The truth about relativism.* Cambridge, Mass.: Blackwell.
Markman, E. M. 1989. *Categorization and naming in children: Problems in induction.* Cambridge: MIT Press.
Marsh, P., E. Rosser, and R. Harré. 1978. *The rules of disorder.* London: Routledge and Kegan Paul.
Martin, E. M. 1987. *The woman in the body: A cultural analysis of reproduction.* Boston: Beacon Press.
Martin, J. 1990. Deconstructing organizational taboos: The suppression of gender conflict in organizations. *Organization Science,* 1: 339–359.
Martin, W. 1986. *Recent theories of narrative.* Ithaca: Cornell University Press.
Martinez, J. 1984. *Chicano psychology.* New York: Academic Press.
Marx, K., and F. Engels. 1967. *The communist manifesto.* Harmondsworth, U.K.: Penguin.
Maslow, A. H. 1961. Peak-experiences as acute identity experiences. *American Journal of Psychoanalysis,* 21: 254–260.
Masserman, J. 1960. *Psychoanalysis and human values.* New York: Grune and Stratton.
Maturana, U. 1988. Reality: The search for objectivity or the quest for a compelling argument. *Irish Journal of Psychology,* 9: 25–82.
Mayo, E. 1933. *The human problems of an industrial civilization.* New York: Macmillan.
Maze, J. R. 1991. Representationism, realism and the redundancy of mentalese. *Theory and Psychology,* 1: 163–186.
McAdams, D. P. 1985. *Power, intimacy and the life story.* New York: Guilford.
——— 1993. *The stories we live by.* New York: William Morrow and Sons.
McCloskey, D. N. 1985. *The rhetoric of economics.* Madison: University of Wisconsin Press.
McCrea, F. B. 1983. The politics of menopause: The "discovery" of a deficiency disease. *Social Problems,* 31: 111–123.
McGillicuddy-DeLisi, A. V. 1980. The role of parental beliefs in the family as a system of mutual influences. *Family Relations,* 29: 317–323.
McGowan, J. 1991. *Postmodernism and its critics.* Ithaca: Cornell University Press.

——— 1990. *Science as social knowledge: Values and objectivity in scientific inquiry*. Princeton: Princeton University Press.
Lopes, L. L. 1991. The rhetoric of irrationality. *Theory and Psychology,* 1: 65–82.
Lopez-Pinero, J. M. 1983. *Historical origins of the concept of neurosis*. Trans. D. Berrios. Cambridge: Cambridge University Press.
Lorber, J., and S. A. Farrell. 1990. *The social construction of gender*. Newbury Park, Calif.: Sage.
Loseke, D. R. 1992. *The battered women and shelters: The social construction of wife abuse*. Albany: State University of New York Press.
Luhman, N. 1987. *Love as passion*. Cambridge: Harvard University Press.
Lukacs, G. 1964. *Studies in European realism*. New York: Grosset and Dunlap.
Lukes, S. 1974. *Power: A radical view*. London: Macmillan.
——— 1985. *Individualism*. Oxford: Blackwell.
Lulofs, R. S. 1952. The social construction of forgiveness. *Human Systems,* 3: 183–197.
Lutz, C. 1985. *Depression and the translation of emotional worlds*. In G. White and J. Kirkpatrick, eds. *Person, self and experience: Exploring Pacific ethnopsychologies*. Berkeley: University of California Press.
——— 1986a. The anthropology of emotions. *Annual Anthropology Review,* 15: 405–436.
——— 1986b. Emotion, thought and estrangement: Emotion as a cultural category. *Cultural Anthropology,* 1: 287–309.
——— 1988. *Unnatural emotions*. Chicago: University of Chicago Press.
Lutz, C., and L. Abu-Lughod, eds. 1990. *Language and the politics of emotion*. Cambridge: Cambridge University Press.
Lyons, W. 1986. *The disappearance of introspection*. Cambridge: MIT Press.
Lyotard, J. F. 1984. *The post-modern condition: A report on knowledge*. Minneapolis: University of Minnesota Press.
MacCorquodale, K., and P. E. Meehl. 1948. On a distinction between hypothetical constructs and intervening variables. *Psychological Review,* 55: 95–107.
MacFarlane, A. 1978. *The origins of English individualism*. Oxford: Blackwell.
MacIntyre, A. 1973. Ideology, social science and revolution. *Comparative Politics,* 5: 321–341.
——— 1984. *After virtue*. 2nd ed. Notre Dame, Ind.: University of Notre Dame Press.
Mackie, D. M., and D. L. Hamilton, eds. 1993. *Affect, cognition, and stereotyping: Interactive processes in group perception*. San Diego: Academic Press.
MacKinnon, C. 1987. *Feminism unmodified*. Cambridge: Harvard University Press.
Mahoney, M. 1991. Interactive processes in group perception. *Human change processes*. New York: Basic Books.
Mancuso, J. C., and T. R. Sarbin. 1983. The self-narrative in the enactment of roles. In T. R. Sarbin and K. E. Scheibe, eds. *Studies in social identity*. New York: Praeger.
Mandler, G., and W. Kessen. 1975. *The language of psychology*. Melbourne, Fla.: Krieger.
Mandler, J. M. 1984. *Stories, scripts and scenes: Aspects of schema theory*. Hills-

Lasch, C. 1979. *The culture of narcissism.* New York: Norton.
Lather, P. 1991. *Getting smart.* London: Routledge.
Latour, B. 1987. *Science in action.* Cambridge: Harvard University Press.
Latour, B., and S. Woolgar. 1979. *Laboratory life: The social construction of scientific facts.* Beverly Hills, Calif.: Sage.
Laudan, L. 1977. *Progress and its problems.* Berkeley, Calif.: University of California Press.
Lax, W. D. 1992. Postmodern thinking in a clinical practice. In S. McNamee and K. J. Gergen, eds. *Therapy as social construction.* London: Sage.
Lazarus, R. S. 1991. Progress on a cognitive-motivational-relational theory of emotion. *American Psychologist,* 46: 819–834.
Leahy, R. L. 1983. *The child's construction of social inequality.* New York: Academic Press.
Leary, D. 1990. *Metaphors in the history of psychology.* Cambridge: Cambridge University Press.
Le Fevre, K. B. 1987. *Invention as a social act.* Carbondale: Southern Illinois University Press.
Leifer, R. 1990. The medical model as the ideology of the therapeutic state. *Journal of Mind and Behavior,* 11: 247–258.
Leppington, R. 1991. From constructivism to social constructionism and doing critical therapy. *Human Systems,* 2: 79–104.
Lessl, T. 1993. Punctuation in the constitution of public identities: Primary and secondary sequences in the Scopes Trial. *Communication Theory,* 3: 91–112.
Leudar, I. 1990. Sociogenesis, coordination and mutualism. *Journal for the Theory of Social Behavior,* 21: 197–219.
Levine, M. 1966. Hypothesis behavior by humans during discrimination learning. *Journal of Experimental Psychology,* 71: 331–336.
Levinson, S. 1982. Law as literature. *Texas Law Review,* 60: 388–411.
Lévi-Strauss, C. 1969. *The raw and the cooked.* Trans. D. Weighton. New York: Harper and Row.
Lincoln, Y. 1985. *Organizational theory and inquiry: The paradigm revolution.* Beverly Hills, Calif.: Sage.
Lipchik, E. 1993. "Both/And" solutions. In S. Friedman, ed. *The new language of change.* New York: Guilford Press.
Lippman, S. 1986. "Nothing but the facts, ma'am": The impact of testimony construction and narrative style on jury decisions. Unpublished senior thesis, Swarthmore College.
Livingstone, M. 1987. The representation of personal relationships in television drama: Realism, convention and morality. In R. Burnett, P. McGhee, and D. Clarke, eds. *Accounting for relationships.* London: Methuen.
London, P. 1986. *The modes and morals of psychotherapy.* New York: Hemisphere Publishing.
Long Laws, J. 1971. A feminist review of marital adjustment literature: The rape of the Locke. *Journal of Marriage and the Family,* 33: 483–517.
Longino, H. 1989. Feminist critiques of rationality: Critiques of science or philosophy of science. *Women's Studies International Forum,* 12: 261–270.

Koch, S. 1963. Epilogue. In S. Koch, ed. *Psychology: A study of a science,* vol. 3. New York: McGraw-Hill.
Kohlberg, L. 1971. *Collected papers on moral development and moral education.* Cambridge: Moral Education and Research Foundation.
Kohli, M. 1981. Biography: Account, text and method. In D. Bertaux, ed. *Biography and society.* Beverly Hills, Calif.: Sage.
Kondo, D. K. 1990. *Crafting selves: Power, gender and discourses of identity in a Japanese workplace.* Chicago: University of Chicago Press.
Kovel, J. 1980. The American mental health industry. In D. Ingleby, ed. *Critical psychiatry: The politics of mental health,* pp. 72–101. New York: Pantheon.
——— 1988. *The radical spirit: Essays on psychoanalysis and society.* London: Free Press.
Krausz, M., ed. 1989. *Relativism, interpretation and confrontation.* Notre Dame, Ind.: University of Notre Dame Press.
Krieger, M. 1956. *The new apologists for poetry.* Minneapolis: University of Minnesota Press.
Kruglanski, A. 1992. *Lay epistemics and human knowledge.* London: Plenum.
Kuhn, T. S. 1962. *The structure of scientific revolutions.* Chicago: University of Chicago Press.
——— 1970. *The structure of scientific revolutions.* 2nd rev. ed. Chicago: University of Chicago Press.
——— 1977. *The essential tension.* Chicago: University of Chicago Press.
Kukla, A. 1989. Nonempirical issues in psychology. *American Psychologist,* 44: 785–794.
Kulka, R., J. Veroff, and E. Douvan. 1979. Social class and the use of professional help for personal problems: 1957–1976. *Journal of Health and Social Behavior,* 26: 2–17.
Kurtines, W. M., and J. L. Gewirtz. 1987. *Social interaction and sociomoral development.* New York: Wiley.
Kvale, S., ed. 1992. *Psychology and postmodernism.* London: Sage.
Labov, W. 1982. Speech actions and reactions in personal narrative. In D. Tanner, ed. *Analyzing discourse: Text and talk.* Washington, D.C.: Georgetown University Press.
Lakatos, I. 1970. Falsification and the methodology of scientific research programmes. In I. Lakatos and A. Musgrave, eds. *Criticism and the growth of knowledge.* Cambridge: Cambridge University Press.
Lakoff, G., and M. Johnson. 1980. *Metaphors we live by.* Chicago: University of Chicago Press.
Landau, M. 1991. *Narratives of human evolution.* New Haven: Yale University Press.
Lang, B. 1990. *The anatomy of philosophical style.* London: Basil Blackwell.
Laqueur, T. 1990. *Making sex: Body and gender from the Greeks to Freud.* Cambridge: Harvard University Press.
Larsen, K. 1980. *Social psychology: Crisis or failure.* Montmouth, Oreg.: Institute for Theoretical History.
———, ed. 1986. *Dialectics and ideology in psychology.* New Jersey: Ablex.

Kaye, K. 1982. *The mental and social life of babies*. Chicago: University of Chicago Press.
Kaysen, S. 1993. *Girl, interrupted*. New York: Turtle Bay.
Keeney, B. 1983. *Aesthetics of change*. New York: Guilford.
Keller, E. F. 1985. *Reflections on gender and science*. New Haven: Yale University Press.
Kelley, H. H. 1972. *Causal schemata and the attribution process*. New York: General Learning Press.
Kelly, G. A. 1955. *The psychology of personal constructs*. New York: Norton.
Kelly, M. H., and F. C. Keil. 1985. The more things change . . . : Metamorphoses and conceptual structure. *Cognitive Science*, 9: 403–416.
Kelman, H. 1968. *A time to speak: On human values and social research*. San Francisco: Jossey-Bass.
Kermode, F. 1967. *The sense of an ending*. New York: Oxford University Press.
Kessen, W. 1979. The American child and other cultural inventions. *American Psychologist*, 34: 815–820.
——— 1990. *The rise and fall of development*. Worcester, Mass.: Clark University Press.
Kessler, S. J., and W. McKenna. 1978. *Gender: An ethnomethodological approach*. New York: Wiley.
Kiesler, C. A., and A. Sibulkin. 1987. *Mental hospitalization: Myths and facts about a national crisis*. Newbury Park, Calif.: Sage.
Kilduff, M. 1993. Deconstructing organizations. *Academy of Management Review*, 18: 13–31.
Kirk, S., M. Siporin, and H. Kutchins. 1989. The prognosis for social work diagnosis. *Social Casework: The Journal of Contemporary Social Work*, 70: 295–304.
Kirkpatrick, J. 1985. How personal differences can make a difference. In K. J. Gergen and K. E. Davis, eds. *The social construction of the person*. New York: Springer-Verlag.
Kirschner, S. 1996. Sources of redemption in psychoanalytic developmental psychology. In G. F. Graumann and K. J. Gergen, eds. *Historical dimensions of psychological discourse*. Cambridge: Cambridge University Press.
Kissling, E. A. 1991. Street harassment: The language of sexual terrorism. *Discourse and Society*, 2: 451–460.
Kitchener, R. F. 1986. *Piaget's theory of knowledge: Genetic epistemology and scientific reason*. New Haven: Yale University Press.
Kitzinger, C. 1987. *The social construction of lesbianism*. London: Sage.
Kleinman, A. 1988. *The illness narratives*. New York: Basic Books.
Knorr, K. D., R. Krohn, and R. Whitley, eds. 1981. *The social process of scientific investigation*. Dordrecht: Reidel.
Knorr-Cetina, K. D. 1981. *The manufacture of knowledge*. Oxford: Pergamon.
Knorr-Cetina, K. D., and M. Mulkay. 1983. *Science observed*. Beverly Hills, Calif.: Sage.
Knudson, R. M. 1985. Marital compatibility and mutual identity confirmation. In W. Ickes, ed. *Compatible and incompatible relationships*. New York: Springer-Verlag.

tal study. *Psychological Monographs,* 28: 123–125.
——— 1943. *Principles of behavior.* New York: Appleton-Century Crofts.
Hume, K. 1984. *Fantasy and mimesis.* London: Methuen.
Hutschemaekers, G. 1990. *Neurosen in Nederland.* Nijmegen: Sun.
Ibanez, T. G. 1983. Los efectos politicos de la psicologia social. *Cuadernos de Psicologia,* 11: 95–106.
——— 1988. *Ideologias de la vida cotidiana.* Barcelona: Sendai ediciones.
——— 1991. Social psychology and the rhetoric of truth. *Theory and Psychology,* 1: 187–201.
——— 1992. Cómo se puede no ser constructivista hoy en día? *Revista de Psicoterapia,* 3, no. 12: 17–27.
Ingleby, D. 1980. Understanding mental illness. In D. Ingleby, ed. *Critical psychiatry: The politics of mental health,* pp. 23–71. New York: Pantheon.
Ingram, D. 1990. *Critical theory and philosophy.* New York: Paragon House.
Irigaray, L. 1974. *Speculum of the other woman.* Ithaca: Cornell University Press.
Iyengar, S. 1991. *Is anyone responsible? How television frames political issues.* Chicago: University of Chicago Press.
Jaggar, A. 1983. *Feminist politics and human nature.* New York: Rowman.
Jagtenberg, T. 1983. *The social construction of science.* Dordrecht: D. Reidel.
Janssen-Jurreit, M. 1982. *Sexism: The male monopoly on the history of thought.* London: Pluto Press.
Jansz, J. 1991. *Person, self and moral demands.* Leiden: DSWO Press.
Jayyusi, L. 1993. Premeditation and happenstance: The social construction of intention, action and knowledge. *Human Studies,* 16: 435–454.
Jennings, R. 1988. Translation, interpretation and understanding. *Philosophy of Social Science,* 18: 343–353.
Jodelet, D. 1984. The representation of the body and its transformations. In R. Farr and S. Moscovici, eds. *Social representations.* Cambridge: Cambridge University Press.
Johnson, P. B., and I. H. Frieze. 1978. Biases in psychology: What are the facts? In I. Frieze, ed. *Women and sex roles: A social psychological perspective.* New York: Norton.
Johnson-Laird, P. N. 1988. *The computer and the mind.* Cambridge: Harvard University Press.
Jones, E. E. 1990. *Interpersonal perception.* New York: W. H. Freeman.
Josselson, R., and A. Lieblich. 1993. *The narrative study of lives.* London: Sage.
Kagan, J. 1983. Classifications of the child. In P. H. Mussen, ed. *Handbook of Child Psychology.* Vol. 1, *History, Theory and Methods.* New York: Wiley.
Kahn, J., J. C. Coyne, and G. Margolin. 1985. Depression and marital disagreement: The social construction of despair. *Journal of Social and Personal Relationships,* 2: 445–461.
Kant, I. 1956. *Critique of practical reason.* Trans. L. W. Beck. New York: Bobbs-Merrill.
——— 1971. *The doctrine of virtue.* Part 2 of *The metaphysics of morals.* Trans. M. J. Gregor. Philadelphia: University of Pennsylvania Press.
Katz, J. 1989. Rational common ground in the sociology of knowledge. *Philosophy of the Social Sciences,* 19: 257–271.

Research Triangle Institute.
Hawkesworth, M. 1992. From objectivity to objectification: Feminist objections. *Annals of Scholarship,* 8: 451–477.
Heelas, P., and A. Lock. 1981. *Indigenous psychologies: The anthropology of the self.* London: Academic Press.
Hegel, G. W. 1979. *Phenomenology of spirit.* New York: Oxford Press.
Heider, F. 1958. *The psychology of interpersonal relations.* New York: Wiley.
Heller, A., and F. Feher. 1988. *The postmodern political condition.* New York: Columbia University Press.
Hendrick, C., ed. 1989. *Close relationships.* Newbury Park, Calif.: Sage.
Henriques, J., W. Hollway, C. Urwin, C. Venn, and V. Walkerdine. 1984. *Changing the subject: Psychology, social regulation and subjectivity.* London: Methuen.
Henwood, K., and G. Coughlan. 1993. The construction of "closeness" in mother-daughter relationships. In N. Coupland and J. Nussbaum, eds. *Discourse and lifespan identity.* London: Sage.
Herzlich, C. 1973. *Health and illness: A social psychological analysis.* London: Academic Press.
Higgins, T., and J. Bargh. 1987. Social cognition and social perception. *Annual Review of Psychology.* Palo Alto, Calif.: Annual Reviews, Inc.
Hill, R. F., and J. D. Fortenberry. 1992. Adolescence as a culture-bound syndrome. *Social Science and Medicine,* 35(1): 73-80.
Hinde, R. A. 1988. *Relationships within families.* New York: Oxford University Press.
Hirsch, E. D. 1967. *Validity in interpretation.* New Haven: Yale University Press.
——— 1976. *The aims of interpretation.* Chicago: University of Chicago Press.
Hirschauer, S. 1991. The manufacture of bodies in surgery. *Social Studies of Science,* 21: 279–319.
Hitler, A. 1943. *Mein Kampf.* New York: Houghton Mifflin.
Hochschild, A. 1983. *The Managed Heart.* Berkeley: University of California Press.
Hoffman, L. 1981. *Foundations of family therapy.* New York: Basic.
——— 1985. Constructing realities: An art of lenses. *Family Process,* 29: 1–12.
——— 1992. A reflexive stance for family therapy. In S. McNamee and K. J. Gergen, eds. *Therapy as social construction.* London: Sage.
Hollis, M. 1977. *Models of man.* London: Cambridge University Press.
Hollway, W. 1989. *Subjectivity and method in psychology.* London: Sage.
Holzkamp, K. 1976. *Kritische Psychologie.* Hamburg: Fischer, Tasch Verlag.
Hopper, R. 1992. *Telephone conversation.* Bloomington: Indiana University Press.
Horkheimer, M., and T. W. Adorno. 1972. *Dialectic of enlightenment.* Trans. J. Cumming. New York: Seabury.
Howard, G. S. 1988. *A tale of two stories.* Notre Dame, Ind.: Academic Press.
Hubbard, R. 1983. Have only men evolved? In S. Harding and M. Hintikka, eds. *Discovering reality: Feminist perspectives on epistemology, metaphysics, methodology, and philosophy of science.* Dordrecht: Reidel.
——— 1988. Some thoughts about the masculinity of the natural sciences. In M. Gergen, ed. *Feminist thought and the structure of knowledge.* New York: New York University Press.
Hull, C. L. 1920. Quantitative aspects of the evolution of concepts: An experimen-

aesthetic: Essays on postmodern culture. Port Townsend, Wash.: Bay Press.
Hallam, R. S. 1994. Some Constructionist Observation on 'Anxiety' and its History. In T. R. Sarbin and J. I. Kitsuse, eds. *Constructing the Social.* London: Sage.
Hamilton, D., and T. Rose. 1980. Illusionary correlation and the maintenance of stereotypic beliefs. *Journal of Personality and Social Psychology,* 39: 832–845.
Hampden-Turner, C. 1970. *Radical man: The process of psycho-social development.* Cambridge: Schenkman.
Handler, J. F., and Y. Hasenfeld. 1991. *The moral construction of poverty.* Newbury Park: Sage.
Hankiss, A. 1981. Ontologies of the self: On the mythological rearranging of one's life-history. In D. Bertaux, ed. *Biography and society.* Beverly Hills, Calif.: Sage.
Hanson, N. R. 1958. *Patterns of discovery.* Cambridge: Cambridge University Press.
Haraway, D. 1988. Situated knowledges: The science question in feminism and the privilege of partial perspective. *Feminist Studies,* 14: 575–599.
Hardin, G. 1968. The tragedy of the commons. *Science,* 162: 1243–1248.
Harding, S. 1986. *The science question in feminism.* Ithaca: Cornell University Press.
Harding, S., and M. Hintikka, eds. 1983. *Discovering reality: Feminist perspectives on epistemology, metaphysics, method, and philosophy of science.* Dordrecht: Reidel.
Hardy, B. 1968. Towards a poetics of fiction: An approach through narrative. *Novel,* 2: 5–14.
Hare-Mustin, R., and J. Marecek. 1988. The meaning of difference: Gender theory, postmodernism, and psychology. *American Psychologist,* 43: 455–464.
Harkness, S., and C. M. Super. 1983. The cultural construction of child development. *Ethos,* 11: 222–231.
Harré, R. 1979. Social being: A theory for social psychology. Oxford: Basil Blackwell.
——— 1983. *Personal being.* Cambridge: Harvard University Press.
——— 1986. The social constructionist viewpoint. In R. Harr, ed. *The social construction of emotion.* Oxford: Blackwell.
——— 1988. *Varieties of realism.* Oxford: Oxford University Press.
——— 1992. What is real psychology: A plea for persons. *Theory and Psychology,* 2: 153–158.
Harré, R., and P. Secord. 1972. *The explanation of social behaviour.* Oxford: Blackwell.
Harris, J. F. 1992. *Against relativism: A philosophical defense of method.* La Salle, Ill.: Open Court.
Harris, L. M., K. J. Gergen, and J. W. Lannamann. 1986. Aggression rituals. *Communication Monographs,* 53: 252–265.
Hartmann, H. 1960. *Psychoanalysis and moral values.* New York: International Universities Press.
Harvey, D. 1989. *The condition of postmodernity.* London: Blackwell.
Harwood, H. J., D. M. Napolitano, and P. L. Kristiansen. 1983. *Economic costs to society of alcohol and drug abuse and mental illness.* Research Triangle, N.C.:

Gordon, R. 1990. *Anorexia and bulimia.* Cambridge: Basil Blackwell.
Gouldner, A. W. 1960. A norm of reciprocity: A preliminary statement. *American Sociological Review,* 25: 161–178.
Gowen, S. G. 1991. Beliefs about literacy: Measuring women into silence—hearing women into speech. *Discourse and Society,* 1: 297–311.
Grace, G. W. 1987. *The linguistic construction of reality.* London: Routledge.
Graumann, C. F. 1988. Der Kognitivismus in der Sozialpsychologie—Die Kehrseite der Wende, *Psychologische Rundschau,* 39: 83–90.
Graumann, C. F., and M. Sommer. 1984. Schema and inference: Models in cognitive social psychology. In J. R. Royce and L. P. Mos, eds. *Annals of theoretical psychology,* vol. 1. New York: Plenum Press.
Gray, B., M. Bougan, and A. Donnellon. 1985. Organizations as constructions and destructions of meaning. *Journal of Management,* 11: 77–92.
Green, B. 1977. On the evaluation of sociological theory. *Philosophy of the Social Sciences,* 7: 33–50.
——— 1988. *Literary methods and sociological theory.* Chicago: University of Chicago Press.
Greenberg, D. F. 1988. *The construction of homosexuality.* Chicago: University of Chicago Press.
Greenblat, C. S. 1983. A hit is a hit is a hit . . . Or is it? In R. J. Finnkelhor, R. J. Gelles, G. T. Hotaling, and M. A. Strauss, eds. *The dark side of families: Current family violence research,* pp. 132–158. Beverly Hills, Calif.: Sage.
Greenwood, J. D. 1991. *Relations and representations.* London: Routledge.
——— 1992. Realism, empiricism and social constructionism: Psychological theory and the social dimensions of mind and action. *Theory and Psychology,* 2: 131–152.
Gregory, D. 1994. *Geographical imaginations.* Cambridge: Blackwell.
Greimas, A. 1987. *On meaning: Selected writings in semiotic theory.* Minneapolis: University of Minnesota Press.
Groeben, N. 1990. Subjective theories and the explanation of human action. In G. Semin and K. J. Gergen, eds. *Everyday understanding.* London: Sage.
Gross, M. L. 1978. *The psychological society.* New York: Random House.
Gubrium, J., and J. A. Holstein. 1990. *What is a family?* Mountainview, Calif.: Mayfield.
Gubrium, J., J. A. Holstein, and D. Buckholdt. 1994. *Constructing the life course.* Dix Hills, N.Y.: General Hall.
Guerin, B. 1992. Behavior analysis and the social construction of knowledge. *American Psychologist,* 47: 1423–1432.
Gurvitch, G. 1971. *The social frameworks of knowledge.* New York: Harper and Row. Originally published in 1966.
Haan, N., E. Aerts, and B. Cooper. 1985. *On moral grounds.* New York: New York University Press.
Habermas, J. 1971. *Knowledge and human interest.* Boston: Beacon Press.
——— 1975. *Legitimation crisis.* Boston: Beacon Press.
——— 1979. *Communication and the evolution of society.* Boston: Beacon Press.
——— 1983. Modernity—an incomplete project. In H. Foster, ed. *The anti-*

ences. In M. Gergen, ed. *Feminist thought and the structure of knowledge.* New York: New York University Press.
——— 1989. Talking about menopause: A dialogic analysis. In L. E. Thomas, ed. *Research on adulthood and on aging: The human sciences approach.* Albany: State University of New York Press.
——— 1992. Life stories: Pieces of a dream. In G. Rosenwald and R. Ochberg, eds. *Telling lives.* New Haven: Yale University Press.
Gewirth, A. 1987. *Reason and morality.* Chicago: University of Chicago Press.
Gibson, J. J. 1979. *The ecological approach to visual perception.* Boston: Houghton Mifflin.
Giddens, A. 1976. *New rules of sociological method.* New York: Basic Books.
——— 1984. *The constitution of society: Introduction of the theory of structuration.* Berkeley: University of California Press.
——— 1991. *Modernity and self-identity.* Stanford: Stanford University Press.
Gigerenzer, G., and D. J. Murray. 1987. *Cognition as intuitive statistics.* Hillsdale, N.J.: Erlbaum.
Gilligan, C. 1982. *In a different voice: Psychological theory and women's development.* Cambridge: Harvard University Press.
Gilligan, C., N. Lyons, and T. Hanmer. 1989. *Making connections.* Troy, N.Y.: Emma Willard School.
Gilly, M. 1980. *Maitres-eleves: Roles institutionnels et representations.* Paris: Presses Universitaires de France.
Gilmour, R., and S. Duck. 1986. *The emerging field of personal relationships.* Hillsdale, N.J.: Erlbaum.
Giorgi, A. 1985. *Phenomenology and psychological research.* Pittsburgh: Duquesne University Press.
Goffman, E. 1959. *The presentation of self in everyday life.* New York: Doubleday.
——— 1961. *Asylums: Essays on the social situation of mental patients and other inmates.* Garden City, N.J.: Doubleday.
——— 1967. *Interaction ritual: Essays in face-to-face behavior.* Chicago: University of Chicago Press.
——— 1969. *Strategic interaction.* Philadelphia: University of Pennsylvania Press.
Goldman, A. 1988. *Moral knowledge.* London: Routledge.
Goodman, N. 1978. *Ways of worldmaking.* New York: Hackett.
Goodnow, J. J. 1984. Parents' ideas about parenting and development: A review of issues and recent work. In M. E. Lamb, A. L. Brown, and B. Rogoll, eds. *Advances in developmental psychology.* Hillsdale, N.J.: Erlbaum.
——— 1988. Parents' ideas, actions, and feelings: Models and methods from developmental and social psychology. *Child Psychology,* 59: 286–320.
Goodnow, J. J., and W. A. Collins. 1990. *Development according to parents.* Hillsdale, N.J.: Erlbaum.
Goolishian, H., and H. Anderson. 1987. Language systems and therapy: An evolving idea. *Journal of Psychotherapy,* 24: 529–538.
——— 1992. The client is the expert: A not-knowing approach to therapy. In S. McNamee and K. Gergen, eds. *Therapy as social construction.* London: Sage.
Goolishian, H., and L. Winderman. 1988. Constructivism, autopoiesis and problem determined systems. *Irish Journal of Psychology,* 9: 130–43.

——— 1989b. The myth of cognitive diagnostics. In A. Gellatly, D. Rogers, and J. A. Sloboda, eds. *Cognition and social worlds.* Oxford: Clarendon.

Genette, R. 1980. *Narrative discourse.* Ithaca: Cornell University Press.

Gergen, K. J. 1973. Social psychology as history. *Journal of Personality and Social Psychology,* 26: 309–320.

——— 1984. An introduction to historical social psychology. In K. Gergen and M. Gergen, eds. *Historical social psychology.* Hillsdale, N.J.: Erlbaum.

——— 1985. The social constructionist movement in modern psychology. *American Psychologist,* 40: 266–275.

——— 1988a. Knowledge and social process. In D. Bar-Tal and A. Kruglanski, eds. *The social psychology of knowledge.* Cambridge: Cambridge University Press.

——— 1988b. If persons are texts. In S. B. Messer, L. A. Sass, and R. L. Woolfolk, eds. *Hermeneutics and psychological theory.* New Brunswick, N.J.: Rutgers University Press.

——— 1990. Realities and their relationships. In W. J. Baker, M. E. Hyland, R. van Hezewijk, and S. Terwee, eds. *Recent trends in theoretical psychology: VII,* pp. 51–62. New York: Springer-Verlag.

——— 1991a. Metaphors of the social world. In D. Leary, ed. *Metaphors in the history of psychology.* Cambridge: Cambridge University Press.

——— 1991b. *The saturated self.* New York: Basic Books.

——— 1994a. *Toward the transformation in social knowledge,* 2nd ed. London: Sage.

——— 1997. Social construction and the educational process. In L. Steffe, ed. *Alternative epistemologies in education.* Hillsdale, N.J.: Erlbaum.

——— 1994b. Mind, text, and society: Self memory in social context. U. Neisser and R. Fivush, eds. *The remembered self.* New York: Cambridge University Press.

Gergen, K. J., and K. E. Davis, eds. 1985. *The social construction of the person.* New York: Springer-Verlag.

Gergen, K. J., and M. M. Gergen. 1983. Narratives of the self. In T. R. Sarbin and K. E. Scheibe, eds. *Studies in social identity.* New York: Praeger.

——— 1986. Narrative form and the construction of psychological science. In T. R. Sarbin, ed. *Narrative psychology: The storied nature of human conduct.* New York: Praeger.

——— 1987. Narratives of relationship. In M. McGhee, D. D. Clarke, and R. Burnett, eds. *Accounting for relationship.* Oxford: Blackwell.

——— 1988. Narrative and the self as relationship. In L. Berkowitz, ed. *Advances in experimental social psychology.* San Diego: Academic Press.

Gergen, K. J., G. Gloger-Tippelt, and P. Berkowitz. 1990. Everyday conceptions of the developing child. In G. Semin and K. J. Gergen, eds. *Everyday understanding: Social and scientific implications.* London: Sage.

Gergen, M. M. 1980. Antecedents and consequences of self-attributional preferences in later life. Ph.D. diss., Temple University.

——— ed. 1988a. *Feminist thought and the structure of knowledge.* New York: New York University Press.

——— 1988b. Toward a feminist metatheory and methodology in the social sci-

House.
——— 1980. *Power/knowledge*. New York: Pantheon.
Freytag, G. 1895. *Freytag's technique of the drama*. Chicago: Griggs. Originally published in 1863.
Friedman, J. 1991. Further notes on the adventures of Phallus in Blunderland. In L. Nencel and P. Pels, eds. *Constructing knowledge*. London: Sage.
Friedman, S. 1993. *The new language of change*. New York: Guilford Press.
Friedman, S., and M. T. Fanger. 1991. *Expanding therapeutic possibilities: Putting grief psychotherapy to work*. New York: Livingston.
Frindte, W. 1991. Konstruktion von Welten. Unpublished manuscript, Friedrich-Schiller-Universität Jena.
Frisby, D. 1985. *Fragments of modernity*. Cambridge: Polity Press.
Frost, P. J., et al. 1991. *Reframing organizational culture*. Newbury Park, Calif.: Sage.
Frug, M. J. 1992. *Postmodern legal feminism*. New York: Routledge.
Fruggeri, L. 1992. Therapeutic process as the social construction of change. In S. McNamee and K. Gergen, eds. *Therapy as social construction*. London: Sage.
Frye, N. 1957. *Anatomy of criticism*. Princeton: Princeton University Press.
Fuller, S. 1988. *Social epistemology*. Bloomington: Indiana University Press.
——— 1993. *Philosophy of science and its discontents*. New York: Guilford.
Furby, L. 1979. Individualistic bias in studies of locus of control. In A. Buss, ed. *Psychology in social context*. New York: Halstead Press.
Furnham, A., and V. Lowik. 1984. Lay theories of the causes of alcoholism. *British Journal of Medical Psychology*, 57: 319–332.
Furst, L. R. 1969. *Romanticism in perspective*. London: Methuen.
Gadamer, H. 1975. *Truth and method*, ed. C. Barden and J. Cumming. New York: Seabury. Originally published in 1960.
Gagnon, J., and W. Simon. 1973. *Sexual conduct*. Chicago: Aldine.
Gaines, A. 1992. From DSM-Ⅰ to DSM-Ⅲ-R; voices of self, mastery and yhe other: A cultural constructivist reading of U.S. psychiatric classification. *Social Science and Medicine*, 35: 3-24.
Galambos, J. A., R. P. Abelson, and J. B. Black. 1986. *Knowledge structures*. Hillsdale, N.J.: Erlbaum.
Gallie, W. B. 1964. *Philosophy and the historical understanding*. London: Chatto and Windus.
Gardner, C. B. 1994. The social construction of pregnancy and fetal development: Notes on a nineteenth-century rhetoric of endangerment. In T. R. Sarbin and J. I. Kitsuse, eds. *Constructing the social*. London: Sage.
Garfield, J. L. 1988. *Belief in psychology*. Cambridge: MIT Press.
Garfinkel, H. 1967. *Studies in ethnomethodology*. Englewood Cliffs, N.J.: Prentice-Hall.
Geertz, C. 1973. *The interpretation of cultures*. New York: Basic Books.
——— 1975. On the nature of anthropological understanding. *American Scientist*, 63: 47–53.
Gellatly, A. 1989a. The misleading concept of cognitive competencies. *Theory and Psychology*, 2: 363–390.

temological hubris. *Journal of Mind and Behavior,* 11: 285–300.

——— 1993. *Madness, heresy, and the rumor of angels.* Chicago: Open Court.

Farr, R., and S. Moscovici. 1984. *Social representations.* Cambridge: Cambridge University Press.

Fausto-Sterling, Anne. 1985. *Myths of gender: Theories about women and men.* New York: Basic Books.

Felson, R. 1984. Patterns of aggressive social interaction. In A. Mummenday, ed. *Social psychology of aggression.* Heidelberg: Springer-Verlag.

Festinger, L. 1954. A theory of social comparison processes. *Human Relations,* 7: 117–140.

——— 1957. *A theory of cognitive dissonance.* Evanston, Ill.: Row, Peterson.

Feyerabend, P. K. 1976. *Against method.* New York: Humanities Press.

——— 1978. *Science in a free society.* London: Thetford Press.

Finch, J. 1980. Devising conventional performances: The case of clergymen's wives. *Sociological Review,* 28: 851–870.

Fine, M. 1993. *Beyond silenced voices: Class, race and gender in the United States.* Albany: State University Press of New York.

Fish, S. 1979. Normal circumstances, literal language, direct speech acts, the ordinary, the everyday, the obvious, what goes without saying, and other special cases. In P. Rainbow and W. Sullivan, eds. *Interpretive social science: A reader,* pp. 258–266. Berkeley: University of California Press.

——— 1980. *Is there a text in this class? The authority of interpretive communities.* Cambridge: Harvard University Press.

Fisher, H. 1995. Whose right is it to define the self? *Theory and Psychology.* 5(3), 323-352

Fiske, S., and S. Taylor. 1991. *Social cognition.* 2nd ed. New York: McGraw-Hill.

Fivush, R. 1989. Exploring sex differences in the emotional content of mother-child conversation about the past. *Sex Roles,* 20: 675–691.

Flanagan, O. 1991. *Varieties of moral personality.* Cambridge: Harvard University Press.

Flax, J. 1987. Postmodernism and gender relations in feminist theory. *Signs,* 12: 621–43.

Fleck, L. 1979. *Genesis and development of a scientific fact.* Chicago: University of Chicago Press.

Fodor, J. A. 1981. *Representations: Philosophical essays on the foundations of cognitive science.* Cambridge: MIT Press.

Fodor, J., M. Garrett, E. Walker, and C. Parkes. 1980. Against definitions. *Cognition,* 8: 263–267.

Fonow, M. M., and J. A. Cook, eds. 1991. *Beyond methodology: Feminist scholarship as lived research.* Bloomington: Indiana University Press.

Forgas, J. 1979. *Social episodes: The study of interaction routines.* New York: Academic Press.

——— 1981. *Social cognition.* New York: Academic Press.

Foucault, M. 1972. *The archeology of knowledge.* New York: Harper Colophon.

——— 1978. *The history of sexuality.* Vol. 1, *An introduction.* New York: Pantheon.

——— 1979. *Discipline and punish: The birth of the prison.* New York: Random

Dinnerstein, D. 1976. *The mermaid and the minotaur.* New York: Harper and Row.
Dipple, E. 1988. *The unresolvable plot: Reading contemporary fiction.* London: Routledge.
Donagan, A. 1977. *The theory of morality.* Chicago: University of Chicago Press.
Douglas, M. 1986. *How institutions think.* London: Routledge Kegan Paul.
Douzinas, C., and R. Warrington. 1991. *Postmodern jurisprudence: The law of text in the texts of law.* London: Routledge.
Dreyfus, H. L., and S. E. Dreyfus. 1986. *Mind over machine: The power of human intuition and expertise in the era of the computer.* New York: Free Press.
Duck, S. 1994. Strategies, spoils and a serpent's truth: On the delights and dilemmas of personal relationships. In W. R. Supsch and B. H. Spitzberg, eds. *The dark-side of interpersonal communication.* Hillsdale, N.J.: Erlbaum.
Durrant, M., and K. Kowalski. 1993. Enhancing views of competence. In S. Friedman, ed. *The new language of change.* New York: Guilford.
Eagly, A. 1987. *Sex differences in behavior: A social-role interpretation.* Hillsdale, N.J.: Erlbaum.
Eakin, P. J. 1985. *Fictions in autobiography.* Princeton: Princeton University Press.
Edelman, M. 1974. The political language of the helping professions. *Politics and Society,* 4: 295–310.
——— 1988. *Constructing the political spectacle.* Chicago: University of Chicago Press.
Edmondson, R. 1984. *Rhetoric in sociology.* London: Macmillan.
Edwards, D., and N. Mercer. 1987. *Common knowledge: The development of understanding in the classroom.* New York: Methuen.
Edwards, D., and J. Potter. 1992. *Discursive psychology.* London: Sage.
Edwards, D., M. Ashmore, and J. Potter. 1995. Death and furniture: The rhetoric, politics and theology of bottom line arguments against relativism. History of the Human Sciences, 8(2), 25-49.
Efran, J., M. Lukens, and R. Lukens. 1990. *Language structure and change.* New York: Norton.
Eiser, J. R. 1980. *Cognitive social psychology.* New York: McGraw-Hill.
Elsbree, L. 1982. *The rituals of life: Patterns in narrative.* Port Washington, N.Y.: Kennikat Press.
Engestrom, Y., and D. Middleton. 1992. *Communal cognition in the workplace.* London: Sage.
Epstein, E. 1991. The problem of individual differences in special education: The social construction of school problems. Ph.D. diss., Union Institute.
Epstein, S. 1980. The self-concept: A review and the proposal of an integrated theory of personality. In E. Staub, ed. *Personality: Basic issues and current research.* Englewood Cliffs, N.J.: Prentice-Hall.
Epston, D., and M. White. 1992. A proposal for a re-authoring therapy. In S. McNamee and K. J. Gergen, eds. *Therapy as social construction.* London: Sage.
Fabian, J. 1983. *Time and the other: How anthropology makes its object.* New York: Columbia University Press.
Farber, S. 1990. Institutional mental health and social control: The ravages of epis-

Press.
Daniels, M. 1988. The myth of self-actualization. *Humanistic Psychology,* 28: 7–38.
Danziger, K. 1990. *Constructing the subject: Historical origins of psychological research.* Cambridge: Cambridge University Press.
Daston, L. 1992. Baconian facts, academic civility, and the prehistory of objectivity. *Annals of Scholarship,* 8: 337–365.
Davidson, D. 1973. On the very idea of a conceptual scheme. *Proceedings of the American Philosophical Association,* 1973–74: 5–20.
Davies, B., and R. Harré. 1990. Positioning: The discursive production of selves. *Journal for the Theory of Social Behaviour,* 20: 43–63.
Davis, K. E., and M. K. Roberts. 1985. Relationships in the real world: The descriptive psychology approach to personal relationships. In K. J. Gergen and K. E. Davis, eds. *The social construction of the person.* New York: Springer-Verlag.
Davis, K. E., and M. Todd. 1981. Friendship and love relationships. In K. E. Davis and T. O. Mitchell, eds. *Advances in descriptive psychology,* vol. 2. Greenwich, Conn.: JAI Press.
Day, J. M. 1991. The moral audience: On the narrative mediation of moral "judgment" and moral "action." In M. B. Tappan, and M. J. Packer, eds. *Narrative and storytelling: Implications for understanding moral development.* San Francisco: Jossey-Bass.
——— 1993. Belief: Language, performance, and narrative in the psychology of religion. *International Journal for the Psychology of Religion,* 3: 213–230.
Deaux, K. 1985. Sex and gender. *Annual Review of Psychology,* 36: 49–81.
Deese, J. 1984. *American freedom and social sciences.* New York: Columbia University Press.
Deetz, S. 1992. *Democracy in an age of corporate colonization.* Albany: State University of New York Press.
DeJean, J. 1991. *Tender geographies: Women and the origins of the novel in France.* New York: Columbia University Press.
Deleuze, G., and F. Guattari. 1986. *A thousand plateaus.* Minneapolis: University of Minnesota Press.
De Man, P. 1979. Shelley disfigured. In H. Bloom, P. De Man, J. Derrida, G. Hartman, and J. H. Miller, eds. *Deconstruction and criticism.* New York: Continuum.
Denzin, N., and Y. Lincoln. 1994. *Handbook of qualitative research.* Thousand Oaks, Calif.: Sage.
DeRivera, J. 1984. The structure of emotional relationships. In P. Shaver, ed. *Review of personality and social psychology.* Beverly Hills, Calif.: Sage.
Derrida, J. 1976. *Of grammatology.* Baltimore: Johns Hopkins University Press.
——— 1978. *Writing and difference.* Trans. A. Bass. Chicago: University of Chicago Press.
de Shazer, S. 1991. *Putting differences to work.* New York: Norton.
de Waele, J. P., and R. Harré. 1976. The personality of individuals. In R. Harré, ed. *Personality.* Oxford: Blackwell.
Dilthey, W. 1984. *Selected writings.* In H. P. Rickman, ed. Cambridge: Cambridge University Press. Originally published in 1914.

production in a marginalized subculture. In S. McNamee and K. Gergen, eds. *Therapy as social construction*. London: Sage.

Cohen, E. 1993. Towards a history of physical sensibility: Pain in the later middle ages. Paper presented at the Israel Academy of Sciences and Humanities.

Cohler, B. J. 1982. Personal narrative and the life-course. In P. Battles and O. G. Brim, eds. *Life-span development and behavior*. New York: Academic Press.

Cole, M. 1985. The zone of proximal development: Where culture and cognition create each other. In J. Wertsch, ed. *Culture, communication, and cognition: Vygotskian perspectives*. Cambridge: Cambridge University Press.

Collins, H. M. 1985. *Changing order*. London: Sage.

Collins, H. M., and T. J. Pinch. 1982. *The social construction of extraordinary science*. London: Routledge Kegan Paul.

Connor, S. 1989. *Postmodernist culture*. London: Blackwell.

Cooperrider, D. L. 1990. Positive imagery, positive action: The affirmative basis of organizing. In S. Srivastva, D. Cooperrider, and Associates, eds. *Appreciative management and leadership*. San Francisco: Jossey-Bass.

Cooperrider, D. L., and W. A. Pasmore. 1991. The organizational dimension of global change. *Human Relations*, 44: 763–787.

Cooperrider, D. L., and S. Srivastra. 1987. Appreciative inquiry into organization life. *Research in organizational change and development*, 1: 129–169.

Corbin, A. 1986. *The foul and the fragrant*. Cambridge: Harvard University Press.

Corsaro, W. A. 1985. *Friendship and peer culture*. Norwood, N.J.: Ablex.

Coulter, J. 1979. *The social construction of the mind*. New York: Macmillan.

——— 1983. *Rethinking cognitive theory*. New York: St. Martin's Press.

——— 1989. *Mind in action*. Oxford: Blackwell.

Coupland, N., and J. F. Nussbaum, eds. 1993. *Discourse and lifespan identity*. Newbury Park, Calif.: Sage.

Coyne, J. C. 1976. Toward an interactional description of depression. *Psychiatry*, 29: 28–39.

Craig, R. T., and K. Tracy. 1982. *Conversational coherence*. Beverly Hills, Calif.: Sage.

Crapanzano, V. 1986. Hermes' dilemma: The masking of subversion in ethnographic description. In J. Clifford and G. Marcus, eds. *Writing culture*. Berkeley: University of California Press.

Critchley, S. 1992. *The ethics of deconstruction*. Oxford: Blackwell.

Csikszentmihalyi, M., and O. Beattie. 1979. Life themes: A theoretical and empirical explanation of their origins and effects. *Journal of Humanistic Psychology*, 19: 45–63.

Culler, J. 1982. *On deconstruction*. Ithaca: Cornell University Press.

Curtis, R. C., ed. 1990. *The relational self*. New York: Guilford.

Cushman, P. 1991. Ideology obscured: Political uses of the self in Daniel Stern's infant. *American Psychologist*, 46: 206–219.

Daft, R. 1983. Learning the craft of organizational research. *Academy of Management Review*, 8: 539–546.

Daly, M. 1978. *Gyn/ecology: The metaethics of radical feminism*. Boston: Beacon

——— 1975. On the conflicts between biological and social evolution and between psychology and moral tradition. *American Psychologist*, 30: 1103–1126.
Campbell, J. 1956. *The hero with a thousand faces*. New York: Meridian. Originally published in 1949.
Cantor, D., and J. Brown. 1981. Explanatory roles. In C. Antaki, ed. *The psychology of ordinary explanations*, pp. 221–242. London: Academic Press.
Cantor, N., and W. Mischel. 1979. Prototypes in person perception. In L. Berkowitz, ed. *Advances in experimental social psychology*. New York: Academic Press.
Caplan, P. 1989. *The cultural construction of sexuality*. London: Routledge.
Caputo, J. D. 1993. *Against ethics*. Bloomington: Indiana University Press.
Carbaugh, D., ed. 1990. *Cultural communication and intercultural contact*. Hillsdale, N.J.: Erlbaum.
Carey, J. 1988. *Media, myths and narratives*. London: Sage.
Carey, S. 1985. *Conceptual change in childhood*. Cambridge: MIT Press.
Carnap, R. 1928. *Knowledge: Theory of ontology*. Berlin: Schlachtensee.
Carr, D. 1984. *Time, narrative and history*. Bloomington: Indiana University Press.
Carrithers, M., S. Collins, and S. Lukes. 1985. *The category of the person*. Cambridge: Cambridge University Press.
Casson, R. W. 1981. *Language, culture and cognition*. New York: Macmillan.
Castel, R., F. Castel, and A. Lovell. 1982. *The psychiatric society*. New York: Columbia University Press.
Chamberlin, J. 1990. The ex-patient's movement: Where we've been and where we're going. *Journal of Mind and Behavior*, 11: 223–226.
Champagne, L. 1990. *Out-from under*. New York: Theatre Communications Group.
Charme, S. L. 1984. *Meaning and myth in the study of lives: A Sartrean perspective*. Philadelphia: University of Pennsylvania Press.
Chodorow, N. 1978. *The reproduction of mothering*. Berkeley: University of California Press.
Chomsky, N. 1968. *Language and mind*. New York: Harcourt, Brace and World.
Churchland, P. M. 1980. A perspective on mind-brain research. *Journal of Philosophy*, 77: 4.
——— 1981. Eliminative materialism and propositional attitudes. *Journal of Philosophy*, 78: 2.
Cicourel, A. V. 1974. *Cognitive sociology: Language and meaning in social interaction*. New York: Free Press.
Cixous, H. 1986. *The newly born woman*. Trans. B. Wing. Minneapolis: University of Minnesota Press.
Clegg, S. 1989. *Frameworks of power*. London: Sage.
Clifford, J. 1983. On ethnographic authority. *Representations*, 2: 132–143.
Clifford, J., and G. Marcus. 1986. *Writing culture*. Berkeley: University of California Press.
Clough, P. T. 1992. *The end(s) of ethnography: From realism to social criticism*. Newbury Park, Calif.: Sage.
Coelho de Amorim, A., and F. G. Cavalcante. 1992. Narrations of the self: Video

Dialectics and ideology in psychology. New Jersey: Ablex.
——— 1987. *Critical theories of psychological development*. New York: Plenum.
Brown, C. W., and E. E. Ghiselli. 1955. *Scientific method in psychology*. New York: McGraw-Hill.
Brown, J. 1992. *The definition of a profession: The authority of metaphor in the history of intelligence testing, 1890–1930*. Princeton: Princeton University Press.
Brown, M., and G. Kreps. 1993. Narrative analysis and organizational development. In S. L. Herndon and G. L. Kreps, eds. *Qualitative Research*. Cresskill, N.J.: Hampton Press.
Brown, P. 1973. *Radical psychology*. New York: Harper-Colophon.
Browning, L. D. 1992. Lists and stories as organization communication. *Communication Theory*, 2: 281–302.
Bruffee, K. A. 1993. *Collaborative learning, higher education, interdependence, and the authority of knowledge*. Baltimore: Johns Hopkins University Press.
Bruner, J. 1986. *Actual minds, possible worlds*. Cambridge: Harvard University Press.
——— 1990. *Acts of meaning*. Cambridge: Harvard University Press.
Bruner, J., and C. Feldman. 1990. Metaphors of consciousness and cognition in the history of psychology. In D. Leary, ed. *Metaphors in the history of psychology*. New York: Cambridge University Press.
Buck-Morss, S. 1975. Socio-economic bias in Piaget's theory and its implications for the cultural controversy. *Human Development*, 18: 35–49.
Bugental, J. F. T. 1965. *The search for authenticity*. New York: Holt, Rinehart and Winston.
Bukatman, S. 1993. *Terminal identity: The virtual subject in postmodern science fiction*. Durham, N.C.: Duke University Press.
Burke, K. 1965. *Language as symbolic action*. Berkeley: University of California Press.
Burkitt, I. 1993. *Social selves*. London: Sage.
Burnett, R., P. McGhee, and D. Clarke. 1987. *Accounting for relationships*. London: Methuen.
Burton, R. *The anatomy of melancholy*. Oxford: Clarendon Press. Originally published in 1624.
Bury, M. R. 1987. Social constructionism and the development of medical sociology. *Sociology of Health and Illness*, 9: 137–169.
Buss, A. R. 1979. The emerging field of sociology of psychological knowledge. In A. Buss, ed. *Psychology in social context*. New York: Irvington.
Butler, J. 1990. *Gender trouble: Feminism and the subversion of identity*. New York: Routledge.
Butt, M. 1992. *Psychology, sin and society*. New York: University Press of America.
Butting, R. 1985. Accounts as a reconstruction of an event's context. *Communication Monographs*, 52: 57–77.
Califano speaks on health care costs at Grace Square celebration. 1984. *Psychiatric News*, 14.
Campbell, D. 1969. Ethnocentricism of disciplines and the scale model of omniscience. In M. Sherif and C. W. Sherif, eds. *Interdisciplinary relationships in the social sciences*, pp. 140–152. Chicago: Aldine.

Billig, M., et al. 1988. *Ideological dilemmas: A social psychology of everyday thinking.* London: Sage.

Bleier, R. 1984. *Science and gender: A critique of biology and its theories on women.* New York: Pergamon.

Bloom, A. 1987. *The closing of the American mind.* New York: Simon and Schuster.

Bloor, D. 1976. *Knowledge and social imagery.* London: Routledge Kegan Paul.

Bogen, D., and M. Lynch. 1989. Taking account of the hostile native: Plausible deniability and the production of conventional history in the Iran-Contra hearings. *Social Problems,* 36: 197–224.

Bohme, G. 1977. Cognitive norms, knowledge interests and the constitution of the scientific object. In E. Mendelsohn and P. Weingart, eds. *The social production of scientific knowledge.* Dordrecht: Reidel.

Bok, S. 1978. *Lying: Moral choice in public life.* New York: Vintage.

Booth, W. 1982. *The rhetoric of fiction.* Chicago: University of Chicago Press.

Borg-Laufs, M., and L. Duda. 1991. *Zur sozialen Konstruktion von Geschmackswahrnehmung.* Braunschweig: Vieweg.

Borstelman, L. J. 1983. Children before psychology: Ideas about children from antiquity to the late 1800's. In P. H. Mussen, ed. *Handbook of child psychology,* vol. 1: *History, theory and methods,* 4th ed. New York: Wiley.

Bourdieu, P. 1977. *Outline of a theory practice.* London: Cambridge University Press.

Bowers, J. 1991. Time, representation and power/knowledge: Towards a critique of cognitive science as a knowledge-producing practice. *Theory and Psychology,* 4: 543–571.

Bower, G., and T. Trabosso. 1964. *Attention in learning.* New York: John Wiley and Sons.

Boyle, M. 1991. *Schizophrenia: A scientific delusion.* London: Routledge.

Bradley, B. S. 1989. *Visions of infancy: A critical introduction to child psychology.* Cambridge: Polity Press.

——— 1993. A serpent's guide to children's "theories of mind." *Theory and Psychology,* 3: 497–521.

Brice Heath, S. 1983. *Ways with words.* Cambridge: Cambridge University Press.

Briggs, J. L. 1970. *Never in anger: Portrait of an Eskimo family.* Cambridge: Harvard University Press.

Brim, O. G., and J. Kagan. 1980. *Constancy and change in human development.* Cambridge: Harvard University Press.

Britton, B. K., and A. D. Pellegrini, eds. 1990. *Narrative thought and narrative language.* Hillsdale, N.J.: Erlbaum.

Brodsky, A. M., and R. T. Hare-Mustin. 1980. *Women and psychotherapy: An assessment of research and practice.* New York: Guilford.

Brooke-Rose, C. 1981. *A rhetoric of the unreal.* Cambridge: Cambridge University Press.

Broughton, J. M. 1981. Piaget's structural developmental psychology vs. ideology-critique and the possibility of a critical developmental theory. *Human Development,* 24: 382–411.

——— 1986. The psychology, history and ideology of the self. In K. Larsen, ed.

Barthes, R. 1964. *Elements of semiology*. Paris: Jonathan Cape.
——— 1974. *S/Z*. New York: Hill and Wang.
Bateson, G. 1972. *Steps to an ecology of mind*. New York: Ballantine.
——— 1979. *Mind and nature*. New York: E. P. Dutton.
Baudrillard, J. 1988. *The ecstasy of communication*. New York: Semiotext(e).
Bazerman, C. 1988. *Shaping written knowledge*. Madison: University of Wisconsin Press.
Bedford, E. 1957. Emotions and statements about them. *Proceedings of the Aristotelian Society, 57*.
Belenky, M., B. M. Clinchy, N. R. Goldberger, J. M. Tarule. 1986. *Women's ways of knowing*. New York: Basic Books.
Bellah, R. N., et al. 1985. *Habits of the heart*. Berkeley: University of California Press.
Bennett, W. L., and M. S. Feldman. 1981. *Reconstructing reality in the courtroom*. New Brunswick, N.J.: Rutgers University Press.
Benson, P. 1993. *Anthropology and literature*. Urbana: University of Illinois Press.
Berg, D., and K. Smith, eds. 1985. *Exploring clinical methods for social research*. Beverly Hills, Calif.: Sage.
Berg, I. K., and S. de Shazer. 1993. Making numbers talk: Language in therapy. In S. Friedman, ed. *The new language of change*. New York: Guilford Press.
Berger, P., and T. Luckmann. 1966. *The social construction of reality*. New York: Doubleday/Anchor.
Berkowitz, M., F. Oser, and W. Althof. 1987. The development of sociomoral discourse. In W. Kurtines and J. Gewirtz, eds. *Moral development through social interaction*. New York: John Wiley and Sons.
Berman, M. 1982. *All that's solid melts into air: The experience of modernity*. New York: Simon and Schuster.
Berscheid, E. 1986. Mea culpa and lamentations: Sir Francis, Sir Isaac, and the slow progress of soft psychology. In R. Gilmour and S. Duck, eds. *The emerging field of personal relationships*. Hillsdale, N.J.: Erlbaum.
Bertaux, D., ed. 1984. *Biography and society: The life history approach in the social sciences*. London: Sage.
Bettelheim, B. 1976. *The uses of enchantment*. New York: Knopf.
Betti, E. 1980. Hermeneutics as the general methodology of the *Geisteswissenschaften*. In J. Bleicher, *Contemporary hermeneutics*. Boston: Routledge and Kegan Paul.
Bhagat, R. 1983. Intellectual performance and utilization in a two-paradigm administrative and organizational science: A philosophy of science-based assessment. In R. H. Kilmann and K. Thomas and Associates, eds. *Producing useful knowledge for organizations*. New York: Praeger.
Bhaskar, R. 1978. *A realist theory of science*, 2nd ed. Atlantic Highlands, N.J.: Humanities Press.
——— 1989. *Reclaiming reality*. London: Verso.
——— 1991. *Philosophy and the idea of freedom*. Cambridge: Blackwell.
Bhavnani, K. 1991. *Talking politics: A psychological framing of views from youth in Britain*. Cambridge: Cambridge University Press.
Billig, M. 1987. *Arguing and thinking*. London: Cambridge University Press.

Apfelbaum, E., and I. Lubek. 1976. Resolution vs. revolution? The theory of conflicts in question. In L. Strickland, F. Aboud, and K. J. Gergen, eds. *Social psychology in transition.* New York: Plenum Press.
Arbib, M. A., and M. B. Hesse. 1986. *The construction of reality.* Cambridge: Cambridge University Press.
Argyris, C. 1980. *Inner contradictions of rigorous research.* New York: Academic Press.
Ariès, P. 1962. *Centuries of childhood: A social history of family life.* Trans. R. Baldick. New York: Vintage.
Armistead, N. 1974. *Reconstructing social psychology.* Baltimore, Md.: Penguin.
Armon-Jones, C. 1986. The social functions of emotion. In R. Harré, ed. *The social construction of emotions.* Oxford: Blackwell.
Astley, G. 1985. Administrative science as socially constructed truth. *Administrative Science Quarterly,* 30: 497–513.
Astley, W. G., and R. Zammuto. 1992. Organization science, managers, and language games. *Organization Science,* 3: 443–459.
Atkinson, J. M. 1977. *Discovering suicide: Studies in the social organization of sudden death.* London: Macmillan Press.
Atwood, J. D., and S. Dershowitz. 1992. Constructing a sex and marital therapy frame: Ways to help couples deconstruct sexual problems. *Journal of Sex and Marital Therapy,* 18: 196–217.
Auer, P. 1990. Rhythm in telephone closings. *Human Studies,* 13: 361–392.
Austin, J. L. 1962a. *How to do things with words.* New York: Oxford University Press.
——— 1962b. *Sense and sensibilia.* London: Oxford University Press.
Averill, J. R. 1982. *Anger and aggression: An essay on emotion.* New York: Springer-Verlag.
——— 1985. The social construction of emotion: With special reference to love. In K. J. Gergen and K. E. Davis, eds. *The social construction of the person.* New York: Springer-Verlag.
Averill, J. R., and E. P. Nunley. 1992. *Voyages of the heart.* New York: Free Press.
Baars, B. J. 1981. *The cognitive revolution in psychology.* New York: Guilford Press.
Badinter, E. 1980. *Mother love: Myth and reality.* New York: Macmillan.
Bailey, F. G. 1983. *The tactical uses of passion.* New York: Cornell University Press.
Bakhtin, M. 1981. *The dialogic imagination.* Austin: University of Texas Press.
Bandura, A. 1977. *Social learning theory.* Englewood Cliffs, N.J.: Prentice-Hall.
Barnes, B. 1974. *Scientific knowledge and sociological theory.* London: Routledge and Kegan Paul.
——— 1992. How not to do the sociology of knowledge. *Annals of Scholarship,* 8: 321–337.
Barratt, B. B. 1984. *Psychic reality and psychoanalytic knowing.* Hillsdale, N.J.: Erlbaum.
Barrett, W. 1979. *The illusion of technique.* Garden City, N.Y.: Anchor.
Bar-Tal, D., and A. Kruglanski, eds. 1988. *The social psychology of knowledge.* Cambridge: Cambridge University Press.

参考文献

Abrams, M. H. 1971. *Natural supernaturalism: Tradition and revolution in romantic literature*. New York: Norton.

Adoni, H., and S. Mane. 1984. Media and the social construction of reality. *Communication Research,* 11: 323–340.

Adorno, T. 1970. *The authoritarian personality*. New York: Norton.

Ajzen, I., and M. Fishbein. 1980. *Understanding attitudes and predicting social behavior*. Englewood Cliffs, N.J.: Prentice-Hall.

Albert, H. 1985. *A treatise on critical reason*. Princeton: Princeton University Press.

Allen, B. 1993. *Truth in philosophy*. Cambridge: Harvard University Press.

Allen, R. L., and C. Kuo. 1991. Communications and beliefs about racial equality. *Discourse and Society,* 1: 259–279.

Allport, C. A. 1975. The state of cognitive psychology. *Quarterly Journal of Experimental Psychology,* 27: 141–152.

Althusser, L., and E. Balibar. 1970. *Reading capital*. New York: Pantheon.

American Psychiatric Association. 1987. *Diagnostic and statistical manual of mental disorders,* 3rd ed. revised. Washington, D.C.

Andersen, M. L. 1994. The many and varied social constructions of intelligence. In T. R. Sarbin and J. I. Kitsuse, eds. *Constructing the social*. London: Sage.

Andersen, T. 1991. *The reflecting team: Dialogues and dialogues about the dialogues*. New York: Norton.

Anderson, H., and H. Goolishian. 1988. Human systems as linguistic systems: Evolving ideas about the implications for theory and practice. *Family Process,* 27:371–393.

Anscombe, G. E. M. 1976. *Intention*. Oxford: Basil Blackwell. Originally published in 1953.

Antaki, C. 1981. *The psychology of ordinary explanations*. London: Academic Press.

【訳者略歴】

永田素彦（ながた・もとひこ）
京都大学大学院人間・環境学研究科教授　博士（人間・環境学）
京都大学文学部卒，同大学院人間･環境学研究科博士前期課程修了
専攻＝社会心理学・グループダイナミックス
［主要著作，論文］分譲マンション復興をめぐる住民間コンフリクトの動態（実験社会心理学研究，39, 172-187, 2000）
Genomics: Ethical, legal and social dimension（分担執筆，Earthscan Publications，近刊）
K. J. ガーゲン『もう一つの社会心理学』（共訳，ナカニシヤ出版，1998）

深尾 誠（ふかお・まこと）
大分大学経済学部教授
茨城大学人文学部卒，九州大学大学院教育学研究科博士課程修了
専攻＝社会心理学
［主要著作］弓野憲一編『特別活動と総合的学習の心理学』（分担執筆，ナカニシヤ出版，1999）
小森康永他編『ナラティブ・セラピーの世界』（分担執筆，日本評論社，1999）
A. W. ウィッカー『生態学的心理学入門』（共訳，九州大学出版会，1994）

社会構成主義の理論と実践
関係性が現実をつくる

2004年 5月20日　初版第1刷発行
2025年 1月30日　初版第7刷発行

定価はカヴァーに
表示してあります。

原著者　Kenneth J. Gergen
訳　者　永田素彦
　　　　深尾　誠
発行者　中西　良
発行所　株式会社ナカニシヤ出版
〠606-8161 京都市左京区一乗寺木ノ本町15
Telephone　075-723-0111
Facsimile　075-723-0095
郵便振替　01030-0-13128
URL http://www.nakanishiya.co.jp/
E-mail iihon-ippai@nakanishiya.co.jp

装丁＝白沢 正／印刷＝ファインワークス／製本＝新日本製本
Printed in Japan
ISBN978-4-88848-864-8　C3036